数学新教育丛书

互联网+ 基于网络画板的高中数学实验设计

杨志友 杨曾麟 张世凡 主编

清華大学出版社
北 京

图书在版编目(CIP)数据

互联网+基于网络画板的高中数学实验设计/杨志友，杨曾麟，张世凡主编. —北京：清华大学出版社，2022.11

(数学新教育丛书)

ISBN 978-7-302-61997-0

Ⅰ. ①互… Ⅱ. ①杨… ②杨… ③张… Ⅲ. ①中学数学课—实验—教学设计—高中 Ⅳ. ①G633.602

中国版本图书馆 CIP 数据核字(2022)第 186411 号

责任编辑：汪 操
封面设计：常雪影
责任校对：王淑云
责任印制：刘海龙

出版发行：清华大学出版社
网 址：http://www.tup.com.cn，http://www.wqbook.com
地 址：北京清华大学学研大厦 A 座 **邮 编**：100084
社 总 机：010-83470000 **邮 购**：010-62786544
投稿与读者服务：010-62776969，c-service@tup.tsinghua.edu.cn
质量反馈：010-62772015，zhiliang@tup.tsinghua.edu.cn
印 装 者：北京国马印刷厂
经 销：全国新华书店
开 本：185mm×260mm **印 张**：14.5 **字 数**：348 千字
版 次：2022 年 11 月第 1 版 **印 次**：2022 年 11 月第1 次印刷
定 价：49.00 元

产品编号：093699-01

编 委 会

主 编 杨志友 杨曾麟 张世凡

副主编 方正娥 龙绍华

编 委 陈 飞 李连代 谭真银 李 勇

李海林 李 飞 陈良荣 杨 柳

熊 云 邓李平 冉 红

前言

PREFACE

所谓“实验”就是对一个待解的问题进行探索、尝试和发现的过程，物理、化学的实验如此，数学实验也是如此。数学作为一门研究现实世界数量关系和空间形式的科学，它的理论体系的建立也不是凭空想出来的，它也是由前人经过无数次的尝试和不懈的探索而得出的，这一漫长的过程就是数学实验！由于数学的特点，我们在进行数学教学时，不可能让学生再去重复前人的发现过程，但我们有必要让学生学会探索问题的方法，让他们体验数学实验的乐趣，从而改变他们的数学学习观，让他们知道数学结论不只是用公式和定理来推导，数学结论也可以通过实验来发现。

在传统的教学模式中，由于教学手段和技术等问题的制约，教师只能把数学知识加以整理后直接教给学生，使得原本严谨、抽象的数学知识变得高深莫测，也使得学生觉得索然无味，毫无兴致。如果在教学过程中引入数学实验，可以让学生像“研究者”一样在实验过程中发现和探索，自己寻求解决问题的途径。通过数学实验可以部分再现“现实的数学”，让学生体会从具体到抽象、从粗糙到精确的数学发现过程。在使用精确的数学语言之前，先让他们去感觉和体验，然后用自己的语言描述这种感受，最后上升到精确的数学语言。这样通过“做”数学，让学生直接参与数学知识的建构过程，既符合现代“建构主义”教学理论，又使数学的学习变得轻松有趣。

随着信息科技日益普及，计算机进入教学领域以及优秀数学教学软件的出现，使得我们进行数学实验成为可能。中国科学院张景中院士团队开发的《网络画板》为我们进行数学实验提供了良好的软件环境。

本书按人教 A 版编排顺序，基于“网络画板”设计了 51 个实验，教师可根据学生实际选择实验。在数学实验中，教师要引导学生通过互助合作学习来探究数学问题解决的途径，来体验数学“再创造”过程；要将数学知识、数学问题和数学软件三者结合起来融为一体，改变教学方式，放手让学生实验，充分调动学生的学习积极性，突出学生的主体地位，鼓励学生交流合作，让学生感受数学与计算机技术结合的神奇和魅力。

希望我们的实验内容能激起同学们的学习热情，能为你们的数学学习带来乐趣！

编　者

2022 年 5 月

目录

CONTENTS

第 1 章　函数及其基本性质 …… 1

实验 1.1　二次函数在给定区间上的值域 …… 1
实验 1.2　探究函数的单调性 …… 6
实验 1.3　探究函数的奇偶性 …… 12
实验 1.4　指数函数的图像与性质 …… 18
实验 1.5　对数函数的图像与性质 …… 24
实例 1.6　反函数图像间的关系 …… 30
实验 1.7　探究函数 $y=x+\frac{a}{x}$ 的图像与性质 …… 32
实验 1.8　简单的幂函数 …… 36
实验 1.9　探究分段函数的性质 …… 38
实验 1.10　函数图像变换规律探究 …… 41
实验 1.11　探究复合函数的性质 …… 48

第 2 章　函数的应用 …… 53

实验 2.1　一元二次方程实根分布 …… 53
实验 2.2　探究函数零点的个数 …… 57
实验 2.3　用二分法求方程的近似解 …… 62
实验 2.4　幂、指数、对数函数模型的比较 …… 65

第 3 章　三角函数 …… 72

实验 3.1　任意角与任意角的三角函数 …… 72
实验 3.2　三角函数的诱导公式 …… 76
实验 3.3　正弦函数、余弦函数的图像 …… 79
实验 3.4　正弦函数、余弦函数的性质 …… 83
实验 3.5　正切函数的图像与性质 …… 88
实验 3.6　探究函数 $y=A\sin(\omega x+\varphi)$ 的图像与性质 …… 93
实验 3.7　正弦定理 …… 99
实验 3.8　余弦定理 …… 103

实验 3.9 解三角形的进一步讨论 …… 105

第 4 章 平面向量 …… 109

实验 4.1 平面向量基本定理 …… 109
实验 4.2 平面向量数量积 …… 112
实验 4.3 平面向量数量积几何意义的应用 …… 116
实验 4.4 等和线定理及其应用 …… 119
实验 4.5 极化恒等式及其应用 …… 124
实验 4.6 平面向量与三角形 …… 127

第 5 章 数列与不等式 …… 132

实验 5.1 等差数列前 n 项和的最值 …… 132
实验 5.2 斐波那契数列 …… 136
实验 5.3 探究杨辉三角的秘密 …… 139
实验 5.4 基本不等式 …… 143

第 6 章 概率与统计 …… 147

实验 6.1 割圆术 …… 147
实验 6.2 随机事件的概率 …… 152

第 7 章 解析几何 …… 157

实验 7.1 直线的倾斜角与斜率 …… 157
实验 7.2 两直线的平行与垂直 …… 161
实验 7.3 点到直线的距离 …… 164
实验 7.4 直线系方程 …… 166
实验 7.5 直线中的对称问题 …… 171
实验 7.6 直线最值问题探究 …… 176
实验 7.7 直线与圆的位置关系 …… 180
实验 7.8 圆与圆的位置关系 …… 184
实验 7.9 探究两圆方程差的意义 …… 189
实验 7.10 探究直线和圆中的最值问题 …… 192
实验 7.11 探究与圆有关的轨迹问题 …… 197
实验 7.12 阿波罗尼斯圆性质及其应用 …… 202
实验 7.13 椭圆的定义及标准方程 …… 208
实验 7.14 圆锥曲线的光学性质及其应用 …… 213
实验 7.15 圆锥曲线的统一定义 …… 219

参考文献 …… 221

第 1 章

函数及其基本性质

我们生活的世界时刻都在发生变化，变化无处不在，对于这些变化着的现象，都可以用数学有效地描述它们的变化规律。函数正是描述客观世界变化规律的重要数学模型，通过函数模型可以帮助我们解决许多实际问题。因此，学习函数知识对研究客观世界，掌握事物变化规律具有重要的意义。

函数是中学数学中的基本概念。高中阶段不仅把函数变成变量之间的依赖关系，同时还用集合与对应的关系刻画函数，函数的思想方法贯穿整个高中数学课程。

函数的学习要立足于现实生活，从具体问题入手，以问题为背景，按照"问题情境—数学活动—意义建构—数学理论—数学运用—回顾反思"的顺序结构，通过实验、观察、归纳、抽象、概括，科学地提出、分析和解决问题。能够运用集合的观点理解函数的概念，研究函数的性质，最后利用函数的知识和思想解决相关问题，体会函数与方程的有机联系，通过函数知识的学习，学生进一步感受函数是探索自然现象、社会现象基本规律的工具和语言，学会用函数的思想、变化的观点分析问题、解决问题，达到培养创新思维的目的。

实验 1.1　二次函数在给定区间上的值域

二次函数是重要的初等函数之一，很多问题都可化归为二次函数来处理。二次函数又与一元二次方程、一元二次不等式有着密切的联系，因此必须熟练掌握它的性质，并能灵活地运用它的性质去解决实际问题。二次函数在给定闭区间上的最值或值域问题，更是常见的题型，能够熟练地解决此类问题，也是高考必备的能力要求。

【实验目标】

1. 通过亲自动手操作实验，会结合图像与函数的知识进行分类讨论，求解二次函数的最值问题，提高学生的综合能力，培养学生良好的思维习惯，加深对数形结合、分类讨论等数学思想的认识。

2. 了解图像与函数的关系，进一步感受数形结合的基本思想。

3. 经历从“轴动区间定”到“轴定区间动”的类比推理，培养学生类比推理能力，使学生养成积极思考，独立思考的好习惯，同时培养学生的团队合作精神。

【实验形式】

小组(4 人一组)合作探究

【实验流程】

(一) 探究轴定区间定型最值问题

例 1 已知函数 $f(x)=x^2-2x-2$，分别求 $f(x)$ 在下列区间的最大值、最小值。

(1) $[-2,-1]$；(2) $[-2,2]$；(3) $[-1,4]$；(4) $[2,4]$。

【实验过程】

1. 浏览器地址栏输入 https://www.netpad.net.cn/svg.html#posts/195506，打开课件。

2. 把上方的工具“全局坐标系”改为“坐标系”，如图 1.1.1 所示。

3. 单击下侧工具栏中的“$y=f(x)$”工具 f(x)，对话框设置如图 1.1.2 所示，单击【确定】绘制函数 $f(x)=x^2-2x-2(x\in[-20,20])$ 的图像；单击右下侧【外观】，设置【线型】为虚线，如图 1.1.3 所示。

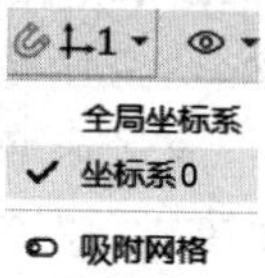

图 1.1.1

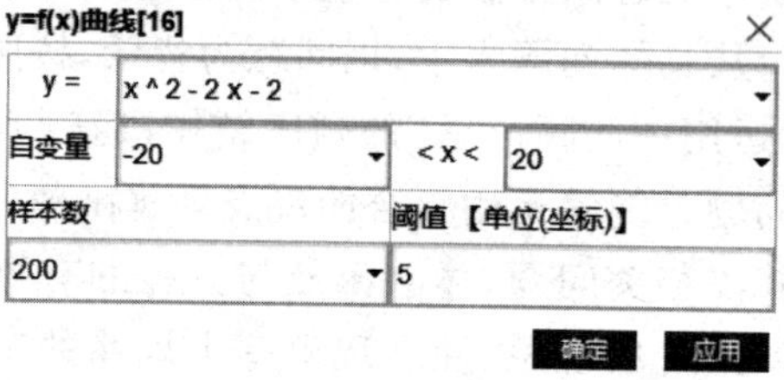

图 1.1.2

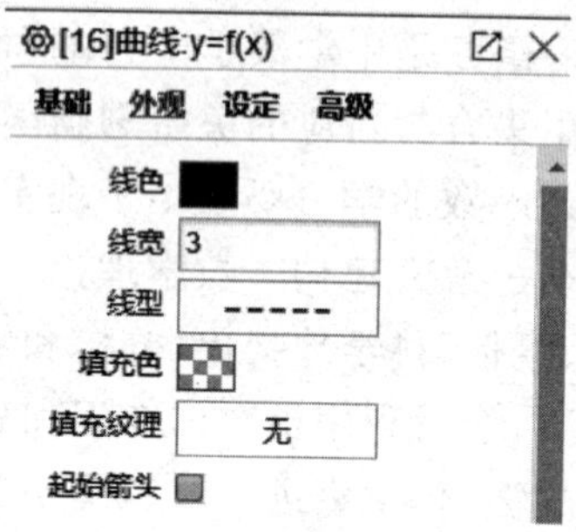

图 1.1.3

4. 同第 3 步绘制函数 $f(x)=x^2-2x-2(x\in[-2,-1])$ 的图像；单击右下侧【外观】，设置【线色】为红色；观察图像，求函数 $f(x)=x^2-2x-2(x\in[-2,-1])$ 的最大值和最小值及取得最值的条件，填写下表。

5. 鼠标移到函数 $f(x)=x^2-2x-2(x\in[-2,-1])$ 的图像，用鼠标右键单击，在弹出的菜单中选择【编辑】，修改自变量范围为 $[-2,2]$，观察图像，求函数 $f(x)=x^2-2x-2$ $(x\in[-2,2])$ 的最大值和最小值及取得最值的条件，填写下表。

6. 修改自变量范围为 $[-1,4]$，观察图像，求函数 $f(x)=x^2-2x-2(x\in[-1,4])$ 的最大值和最小值及取得最值的条件，填写下表。

7. 修改自变量范围为 $[2,4]$，观察图像，求函数 $f(x)=x^2-2x-2(x\in[2,4])$ 的最大值和最小值及取得最值的条件，填写下表。

【实验记录】

根据上面实验结果，完成下表。

函数	$f(x)=x^2-2x-2$			
区间	$[-2,-1]$	$[-2,2]$	$[-1,4]$	$[2,4]$
图像				
最大值				
最小值				

【实验分析】

对称轴和区间都确定（简称轴定区间定）的二次函数最值求解应当借助函数________，着重关注________________。

【设计意图】

轴定区间定型最值问题是二次函数在给定区间求最值题型中最基本的题型，学生可以自己完成，4 个问题依次是对称轴在闭区间右侧、内部、左侧的情形，通过观察图像，运用单调性的相关知识也可以解决。这里难度较大的是如何让学生讨论列出此类题型的最值的规律，故要借助图像引导学生总结出解法及规律。

（二）轴定区间变型最值问题

例 2　求函数 $f(x)=x^2-2x-2(x\in[t,t+2],t\in\mathbf{R})$ 的最值。

【实验过程】

1. 单击下侧工具栏中的“变量”工具 a=2，变量对话框设置如图 1.1.4 所示，单击【确定】，新建变量 t。

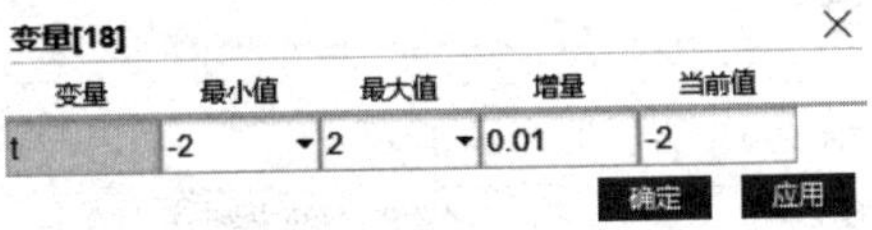

图　1.1.4

2. 鼠标移到函数 $f(x)=x^2-2x-2(x\in[2,4])$ 的图像，用鼠标右键单击，在弹出的菜单中选择【编辑】，修改自变量范围为 $[t,t+2]$。

3. 单击下侧工具栏中的“直角坐标点”工具，弹出的对话框设置如图 1.1.5 所示，单击【确定】构造坐标分别为 $(t,0)$，$(t+2,0)$ 的两点 A，B；其中点 $A(t,0)$ 可用鼠标拖动。

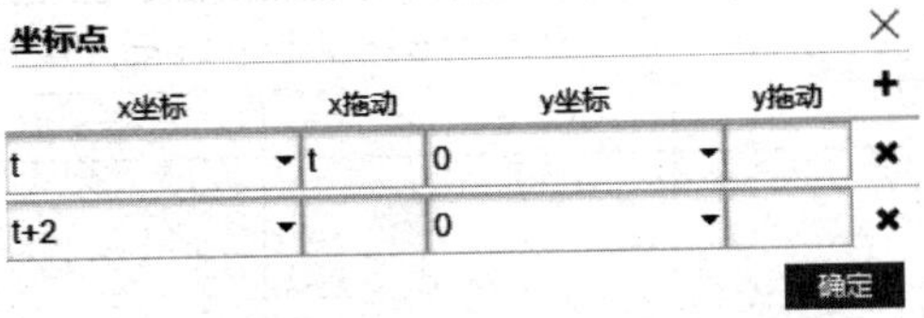

图　1.1.5

4. 单击左侧工具栏的“智能画笔”工具，将鼠标移到点 A，单击，竖直向上拖动鼠标待出现【平行相交】的提示后，再次单击，构造线段 AC，如图 1.1.6 所示，单击右下侧【外观】，设置【线型】为虚线。

5. 同第 4 步构造过点 C 垂直于 y 轴的虚线 CD，如图 1.1.7 所示。

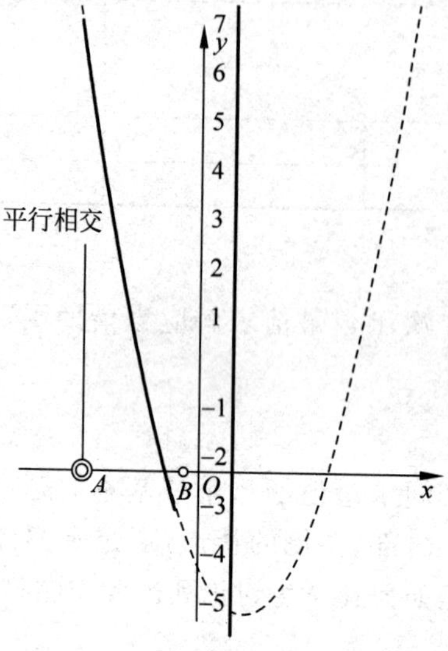

图 1.1.6

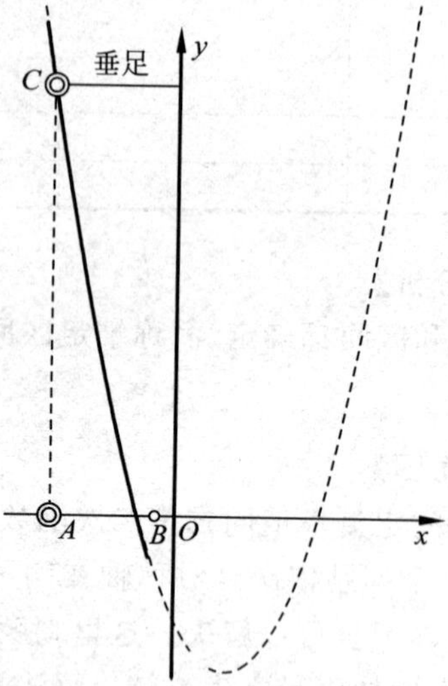

图 1.1.7

6. 同第 4 步构造过点 B 垂直于 x 轴且与 $f(x)=x^2-2x-2(x\in[t,t+2])$ 相交的线段 BE，过 E 垂直于 y 轴的线段 EF。

7. 单击下侧工具栏的“$x=g(y)$”工具，弹出的对话框设置如图 1.1.8 所示，单击【确定】绘制二次函数的对称轴 $x=1$，设置【线色】为紫色，【线型】为虚线。

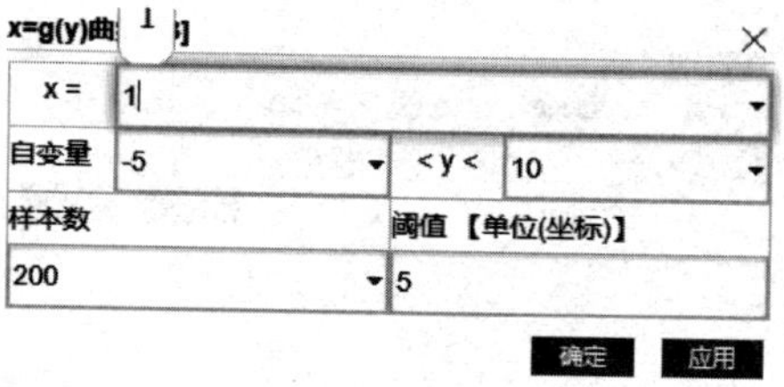

图 1.1.8

【实验记录】

拖动变量 t 的滑杆或点 A，改变 t 的值，观察图像，小组合作，完成下表。

函数	$f(x)=x^2-2x-2(x\in[t,t+2])$			
t 的取值范围				
图像				
最大值				
最小值				

【实验分析】

对称轴固定、区间含参数(简称轴定区间变)的二次函数最值求解：借助函数________，按________________分类讨论。

【设计意图】

拖动变量 t 的滑杆或点 A，t 的值变化时相应的区间在变化，二次函数在闭区间上的图像也随着变化，从而影响到最值。教师注意引导学生反复拖动、观察，并注意用函数概念加以说明，此处也是让学生对函数概念螺旋式上升理解的一个具体例子。学生讨论归纳本例的解题方法和规律时教师要引导学生注意分类讨论思想的应用。

(三) 轴变区间定型最值

例 3　求函数 $f(x)=x^2-2tx-2$ 在区间$[0,2]$上的最大值与最小值。

【实验过程】

1. 鼠标移到函数 $f(x)=x^2-2x-2(x\in[-20,20])$的图像(虚线)，用右键单击，在弹出的菜单中选择【编辑】，修改函数式为 x^2－2tx－2；同法修改函数 $f(x)=x^2-2x-2(x\in[t,t+2])$(红线)的函数式为 x^2－2tx－2，自变量范围为$[0,2]$；修改 $x=1$ 的表达式为 $x=$t。

2. 鼠标移到点 B，用右键单击，在弹出的菜单中选择【编辑】，修改横坐标为 2；鼠标移到点 C，单击，按 Del 键删除。

【实验记录】

拖动变量 t 的滑杆或点 A，改变 t 的值，观察图像，小组合作，完成下表。

函数	$f(x)=x^2-2tx-2(x\in[0,2])$			
t 的取值范围				
图像				
最大值				
最小值				

【实验分析】

对称轴含参数、区间固定(简称轴变区间动)的二次函数最值求解：借助函数________，按________________分类讨论。

【设计意图】

启发学生类比轴定区间变的情形，结合函数的图像和性质进行分类讨论，注意明确如果两个自变量的值到对称轴的距离相等，则它们的函数值也相等，离对称轴的距离越远的点的函数值的绝对值越大的性质来求解函数的最值的表达式。

【实验结论】

1. 轴定区间定解题策略：

2. 轴定区间变解题策略：

3. 轴变区间定解题策略：

【结论应用】

1. 求函数 $f(x)=-x^2+8x$ 在下列区间上的最值：(1)$[-6,0]$；(2)$[2,6]$；(3)$[7,10]$。

2. 已知函数 $f(x)=x^2+2x-3,x\in[t,t+2]$,求函数 $f(x)$ 的最值。

3. 求函数 $f(x)=x^2+ax+3$ 在区间$[-2,2]$上的最值。

【课外探究】

1. 求函数 $f(x)=-x^2+2tx-1$ 在区间$[-2,0]$的最大值与最小值。

2. 求二次函数 $f(x)=ax^2-2a^2x+1$ 在区间$[-1,2]$上的最值?

实验 1.2　探究函数的单调性

在初中学习函数时,借助图像的直观性研究了一些函数的增减性,这节内容是初中有关内容的深化、延伸和提高。函数的单调性是函数众多性质中的重要性质之一,本节知识是函数的概念和图像知识的延续,它和后面的函数奇偶性合称为函数的简单性质,是今后研究指数函数、对数函数、幂函数及其他函数单调性的理论基础；在解决函数值域、定义域、不等式、比较两数大小等具体问题中均需用到函数的单调性；同时在这一节中利用函数图像来研究函数性质的数形结合思想将贯穿于我们整个高中数学教学。

【实验目标】

1. 通过亲自动手操作实验,经历概念的形成和发展过程,提示数学概念和数学问题的本质,从而使教学的重点更加突出。

2. 培养手脑结合的实践能力,提高观察、分析、猜想等数学思维能力,体验数学知识的创造过程。

3. 体验探索成功的乐趣,激发学习的兴趣,培养学生对数学的情感,提升学生的数学核心素养。

【实验流程】

(一) 感知数学　引入新课

问题 1　观察以下图像,它们都反映了事物的哪种变化规律?

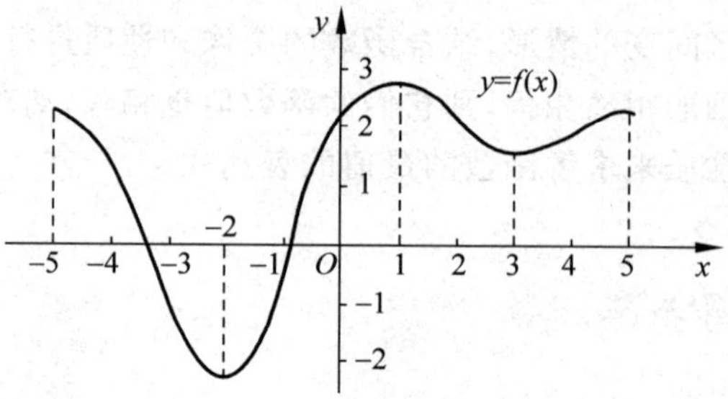

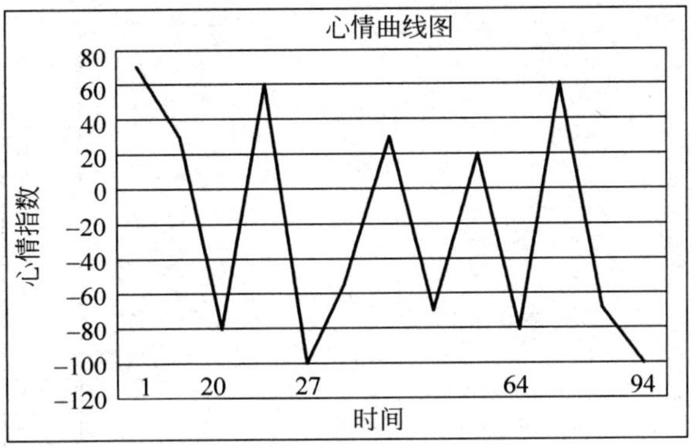

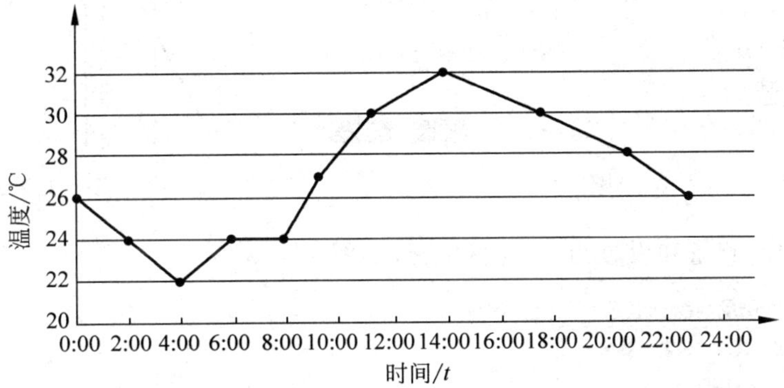

【设计意图】

创设生活中常见数据曲线图的例子情境，激发学生的学习兴趣。通过问题渗透函数是研究事物运动变化规律的好模型，通过两种语言的描述："上升""下降""$f(x)$随着 x 的增大而增大或减小"，完成对函数单调性概念的第一次认识。点出课题，同时获得判断单调性的直观方法——图像法。

（二）探究函数单调递增

问题 2　利用网络画板作出函数 $y=2x-1, y=x^3, y=-\frac{1}{x}$ 的图像，描述函数图像有什么变化趋势。

【实验过程】

1. 浏览器地址栏输入 https://www.netpad.net.cn/svg.html#posts/195511，打开课件。

2. 把上方的工具"全局坐标系"改为"坐标系"。如图 1.2.1 所示。

3. 单击下侧工具栏中的"$y=f(x)$"工具 f(x)，对话框设置如图 1.2.2 所示，单击【确定】绘制函数 $f(x)=2x-1$ 的图像；单击右下侧【外观】，设置合适的【线色】。

4. 单击左侧工具栏的"智能画笔"工具，鼠标移到 x 轴上，单击，然后向函数图像方向竖直拖动鼠标，待出现【平行相交】的提示后，再次单击，构造线段 AB，如图 1.2.3 所示，单击右下侧【外观】设置【线型】为虚线。

5. 鼠标移到点 B，右键单击，在弹出的菜单中选择【测量】—【x 坐标】得到点 B 的横坐标 m0，单击右下侧的【基础】，在【名称】后输入 x=，单击【外观】设置【展示】为【当前标签】，【字号】为 24，如图 1.2.4 所示。

图 1.2.1

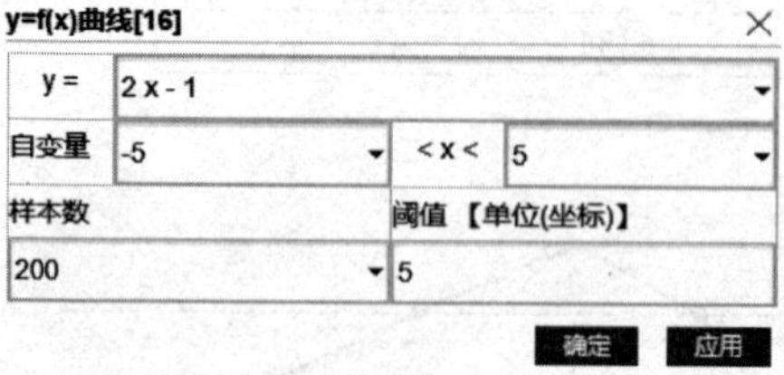

图 1.2.2

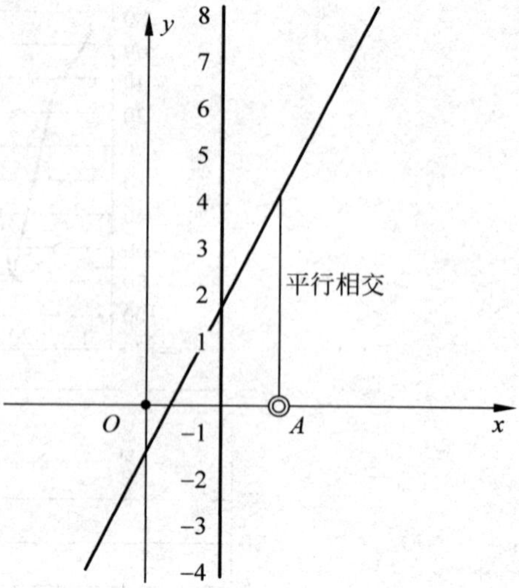

图 1.2.3

6. 同第 5 步，测量和设置点 B 的纵坐标，如图 1.2.5 所示。

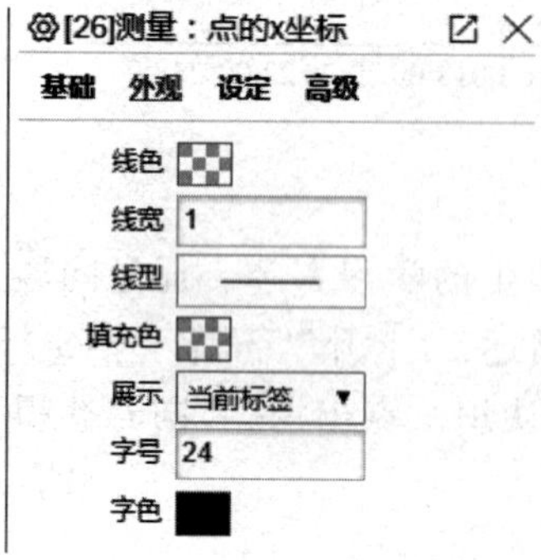

图 1.2.4

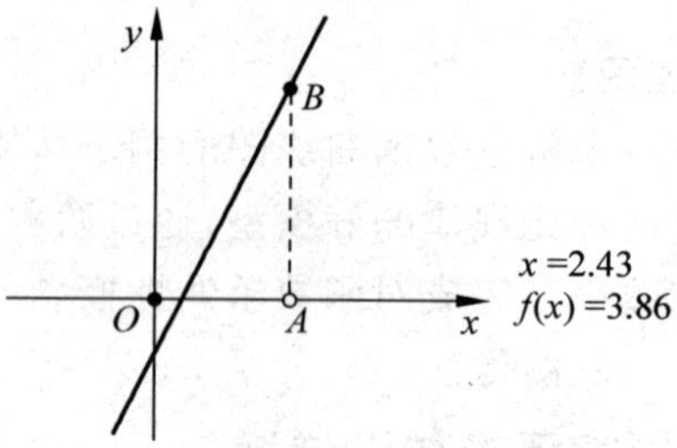

图 1.2.5

7. 从左往右拖动点 A，观察函数图像特征，总结随着 x 的逐渐增大，$f(x)$的变化情况，并填写实验记录。

8. 双击函数 $f(x)$的图像，将 2x−1 换成 x^3，绘制函数 $y=x^3$ 的图像，从左往右拖动点 A，观察函数图像特征，总结随着 x 的逐渐增大，$y=x^3$ 的变化情况，并填写实验记录。

9. 小组合作：函数 $y=2x-1$ 与 $y=x^3$ 的图像有什么共同特征？这两个函数有什么相同的性质？如何描述这个性质？填写实验分析。

设计意图：从图像直观感知到文字描述，完成对函数单调递增的第一次认知，明确相关概念，准确表述单调递增，学生认为单调递增的知识似乎够用了，为下面认知冲突做好铺垫。

10. 双击函数 $f(x)$的图像，将 x^3 换成 −1/x，绘制函数 $y=-\dfrac{1}{x}$的图像，从左往右拖动点 A，观察函数图像特征，总结随着 x 的逐渐增大，$y=-\dfrac{1}{x}$的变化情况，并填写实验记录。

11. 小组合作：上面三个函数图像有哪些相同的特征？是否完全一样？这三个函数有

哪些相同的性质？如何用准确的符号语言表述这个性质？填写实验分析。

设计意图：学生总结时可能会漏掉“在某区间上”，规范表达“函数在哪个区间上具有怎样的单调性”，借此强调函数的单调性是相对某区间而言的，是函数的局部性质。

【实验记录】

实　验	变　量	函　数		
		$y=2x-1$	$y=x^3$	$y=-\frac{1}{x}$
第一次	x			
	y			
第二次	x			
	y			
第三次	x			
	y			
第四次	x			
	y			
第五次	x			
	y			
第六次	x			
	y			
第七次	x			
	y			
第八次	x			
	y			

【实验分析】

1. 函数 $y=2x-1$，$y=x^3$ 的图像从左往右逐渐________，即 $x\in$________时函数值随 x 的增大而________。

2. 在 y 轴的________，函数 $y=-\frac{1}{x}$ 的图像从左往右逐渐________，即 $x\in$________时函数值随 x 的增大而________。

3. 如何利用函数 $f(x)=-\frac{1}{x}$ 的解析式描述该函数“在区间 $(0,+\infty)$ 上，$f(x)$ 随着 x 增大而增大”？

设计意图：通过同时对比函数的列表和图像，借助“数”“形”同时呈现形成的感受，让学生更容易概括。提示“增大是体现大小比较的词汇”，启发学生用比较大小的方法抽象概括，并用“当……时，有……”来体现“随着”这种变量间的伴随关系。

4. 函数 $f(x)=-\frac{1}{x}$“在区间 $(0,+\infty)$ 上，$f(x)$ 随着 x 增大而增大”这种性质我们称为函数 $f(x)=-\frac{1}{x}$ 在区间 $(0,+\infty)$ 上单调递增。请用数学语言准确描述函数 $f(x)$ 在某个区间 D 单调递增。

设计意图：把函数 $f(x)=-\frac{1}{x}$ 推广到一般函数，并把讨论区间一般化，由特殊到一般，具体到抽象，生成规范准确的符号语言。引导学生阅读教材，书读百遍其义自见，用自己的语言对比，提高语言表达能力，加深印象，巩固学习效果。

（三）探究函数单调递减

问题 3 类比函数单调递增，用网络画板画出函数 $y=-2x+1$，$y=x^2(x\leqslant 0)$，$y=\frac{1}{x}$，$y=x+\frac{1}{x}$ 的图像，描述函数有什么变化趋势。

【实验过程】

1. 双击函数 $f(x)$ 的图像，将 -1/x 换成 -2x+1，绘制函数 $y=-2x+1$ 的图像，从左往右拖动点 A，观察函数图像特征，填写实验记录。

2. 双击函数 $f(x)$ 的图像，将 -2x+1 换成 x^2，【自变量】修改为 $-5<x<0$，绘制函数 $y=x^2(x\leqslant 0)$ 的图像，从左往右拖动点 A，观察函数图像特征，填写实验记录。

3. 小组合作：总结函数 $y=-2x+1$ 与 $y=x^2(x\leqslant 0)$ 的图像有哪些相同的特征。这两个函数有什么相同的性质？如何用准确的符号语言表述这个性质？填写实验分析。

4. 双击函数 $f(x)$ 的图像，将 x^2 换成 1/x，【自变量】修改为 $-5<x<5$，绘制函数 $y=\frac{1}{x}$ 的图像，从左往右拖动点 A，观察函数图像特征，填写实验记录。

5. 双击函数 $f(x)$ 的图像，将 1/x 换成 x+1/x，绘制函数 $y=x+\frac{1}{x}$ 的图像，从左往右拖动点 A，观察函数图像特征，填写实验记录。

设计意图：类比增函数的定义得到减函数的定义，渗透类比、分类整合等数学思想，形成由特殊到一般，由局部到整体等研究问题的一般方法。

【实验记录】

实验	变量	函数			
		$y=-2x+1$	$y=x^2(x\leqslant 0)$	$y=\frac{1}{x}$	$y=x+\frac{1}{x}$
第一次	x				
	y				
第二次	x				
	y				
第三次	x				
	y				
第四次	x				
	y				
第五次	x				
	y				

续表

实　验	变　量	函　数			
		$y=-2x+1$	$y=x^2(x\leqslant 0)$	$y=\frac{1}{x}$	$y=x+\frac{1}{x}$
第六次	x				
	y				
第七次	x				
	y				
第八次	x				
	y				

【实验分析】

1. 函数 $y=-2x+1$，$y=x^2(x\leqslant 0)$的图像从左往右逐渐________，即 $x\in(-\infty,0]$时，函数值随 x 的增大而________。

2. 在 y 轴的________，函数 $y=\frac{1}{x}$的图像从左往右逐渐________，即 $x\in(-\infty,0]$时，函数值随 x 的增大而________。

3. $x\in(-\infty,0]$时，函数 $y=x+\frac{1}{x}$的图像从左往右逐渐________，函数值随 x 的增大而________；$x\in(-\infty,0]$时，函数 $y=x+\frac{1}{x}$的图像从左往右逐渐________，函数值随 x 的增大而________。

4. 函数 $f(x)=\frac{1}{x}$"在区间$(0,+\infty)$上，$f(x)$随着 x 的增大而减小"这种性质我们称为函数 $f(x)=\frac{1}{x}$在区间$(0,+\infty)$上单调递减。请用数学语言准确描述函数 $f(x)$在某个区间 D 单调递减。

【实验结论】

函数单调性定义：

【结论应用】

1. 判断题：你认为下列说明是否正确，请说明理由。

(1) 设函数 $y=f(x)$的定义域为$[a,+\infty)$，若对任意 $x>a$，都有 $f(x)>f(a)$，则 $y=f(x)$在区间$[a,+\infty)$上递增。

(2) 设函数 $y=f(x)$的定义域为 $\mathbf{R}$，若对任意 $x_1,x_2\in(a,+\infty)$，且 $x_1>x_2$，都有 $f(x_1)>f(x_2)$，则 $y=f(x)$是递增的。

设计意图：突破本课难点之一：不能取特定值来判别函数的单调性，本题是要学生理解可以从特殊推广到一般，但不能用特殊代替一般。

2. 图 1.2.6 是定义在区间$[-5,5]$上的函数 $y=f(x)$，根据图像说出函数的单调区间，以及在每一单调区间上，它是增函数还是减函数。

设计意图：回顾引入的例子，体现数学的应用价值；用单调性的知识来作答，巩固新学

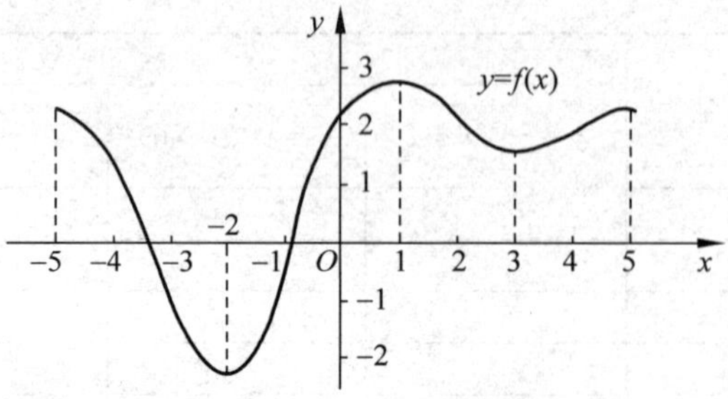

图 1.2.6

的概念；加强函数单调性是个局部性质的意识和巩固图像观察法。

3. 证明函数 $y=x+\frac{1}{x}$ 在区间 $(0,1)$ 内是减函数，在区间 $(1,+\infty)$ 内是增函数。

设计意图：利用函数单调性的定义证明函数的单调性，是本课教学内容重点之一，是学生第一次接触用解析式和不等式关系的结合体——作差法证明函数单调性的环节，由师生共同完成，有示范性作用，对后续学习形成良好示范。总结步骤，让学生由概念性知识转化到程序性知识，加深对函数单调性定义和对函数单调性符号语言的理解。

实验 1.3 探究函数的奇偶性

函数奇偶性是函数重要性质之一，是在学习了函数、轴对称和中心对称图形的基础上来学习的，既是函数概念的延续和拓展，也是今后研究各种基本初等函数的基础。这一节利用函数图像来研究函数性质的数形结合思想，这一思想将始终贯穿整个高中数学的教与学当中。从方法论的角度来看，本节教学过程中还渗透了数形结合、归纳转化等数学思想方法。同时在生活及生产实际中有着广泛的应用，所以函数的奇偶性应重点研究。

【实验目标】

1. 利用网络画板的图形功能作出几个特殊函数的图像，通过图像直观地获得对函数奇偶性的认识。

2. 利用网络画板的数据处理功能，探究数量变化特征，通过验证发现数量特征对于定义域中的"任意"值都成立，最后在这个基础上建立奇(偶)函数的概念。

3. 通过函数奇偶性概念的形成过程，培养学生观察、归纳、抽象的能力，渗透数形结合的数学思想，培养从特殊到一般的概括能力。

【实验流程】

对称性在自然界中的存在是一个普遍的现象，如美丽的蝴蝶是左右对称的(轴对称)。现实生活中有许多以对称形式呈现的事物，如汽车的车前灯，汉字中也有诸如"双""林"等对称形式的字体，函数里也有这样的现象。

问题 1 请思考回答下面的问题：

1. 中心对称图形的概念；2. 轴对称图形的概念。

数学中，对称也是函数图像的一个重要特征，用网络画板作出下面四个函数的图像，请说出它们的图像是中心对称图形还是轴对称图形或者两者都不是。

(1) $y=|x|$；(2) $y=x^2$；(3) $y=-x^3$；(4) $y=x-\dfrac{1}{x}$。

【实验过程】

1. 浏览器地址栏输入 https://www.netpad.net.cn/svg.html#posts/316434，打开课件。

2. 把上方的工具"全局坐标系"改为"坐标系"，如图 1.3.1 所示。

3. 单击下侧工具栏中的"$y=f(x)$"工具，在弹出的对话框中输入 abs(x)，单击【确定】绘制函数 $y=|x|$ 的图像；单击右下侧【外观】设置【线色】为红色。

4. 同第 3 步，绘制函数 $y=x^2$ 的图像，并设置【线色】为蓝色，如图 1.3.2 所示。

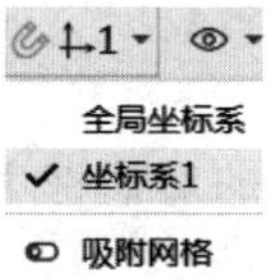

图 1.3.1

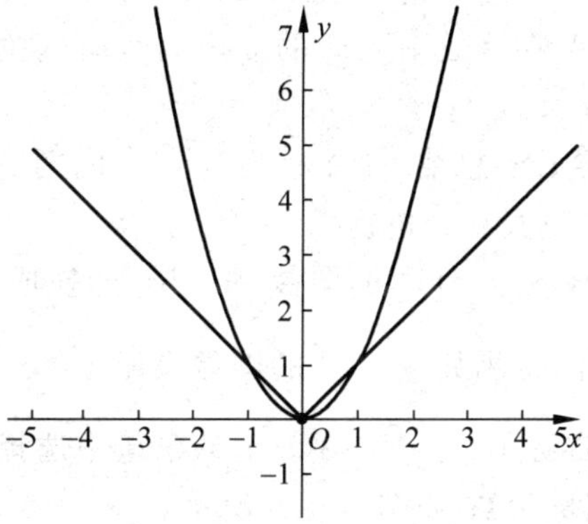

图 1.3.2

5. 观察这两个函数图像，猜测它们的对称性，填写实验记录。

6. 单击函数 $y=|x|$ 的图像，再单击函数 $y=x^2$ 的图像，同时选中这两个函数图像，单击下侧工具栏中的"元素上的点"工具，绘制图像上一点 A。

7. 鼠标右键单击点 A，在弹出的菜单中选择【测量】—【x 坐标】，得点 A 的横坐标 m0，单击右下侧【基础】，在【名称】后输入 x_A=，单击【外观】设置【展示】为【当前标签】，【字号】为 24，【字色】为蓝色；同法测量和设置点 A 的纵坐标，如图 1.3.3 所示。

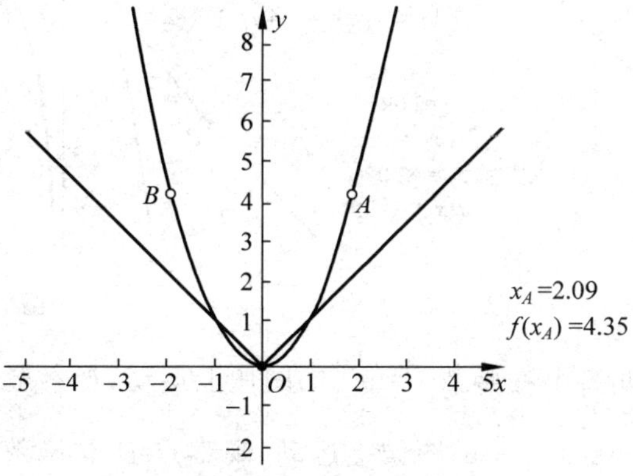

图 1.3.3

8. 单击下侧工具栏中的“直角坐标点”工具(x,y)，在弹出的对话框中设置，如图 1.3.4 所示，单击【确定】构造坐标为(−m0，m1)的点 B；同第 7 步分别测量点 A、点 B 的坐标，如图 1.3.5 所示。

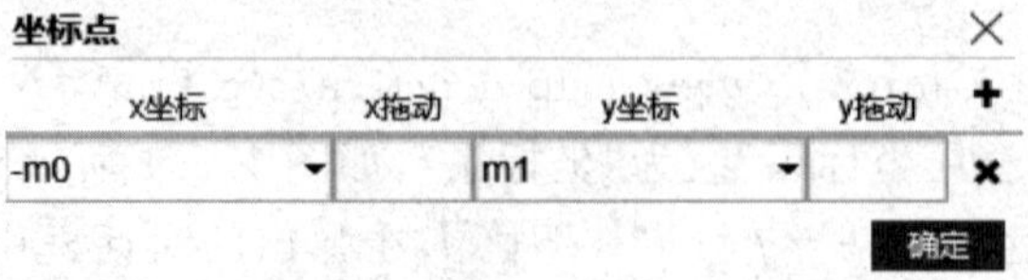

图 1.3.4

9. 小组合作：拖动点 A 在函数 $y=|x|$ 的图像上运动，观察点 B 与函数 $y=|x|$ 图像的关系；拖动点 A 在函数 $y=x^2$ 的图像上运动，观察点 B 与函数 $y=x^2$ 图像的关系；填写实验记录。

10. 小组合作：总结 $y=|x|$ 与 $y=x^2$ 的图像的共同特征，探究如何用数学语言准确描述这种特征，填写实验分析。

11. 双击函数 $y=|x|$ 的图像，将 abs(x)换成 x^3，将函数 $y=|x|$ 的图像换成函数 $y=x^3$ 的图像；同法将函数 $y=x^2$ 的图像换成 $y=x-\frac{1}{x}$ 的图像。

12. 鼠标右键单击点 B，在弹出的菜单中选择【编辑】，在弹出的对话框中将【y 坐标】换成−m1，单击【确定】；如图 1.3.6 所示。

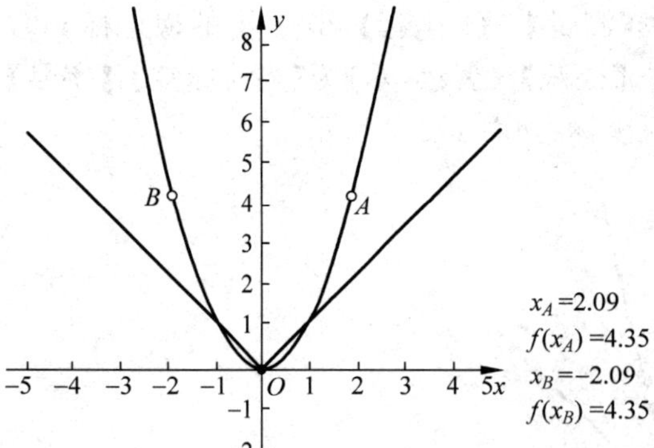

图 1.3.5

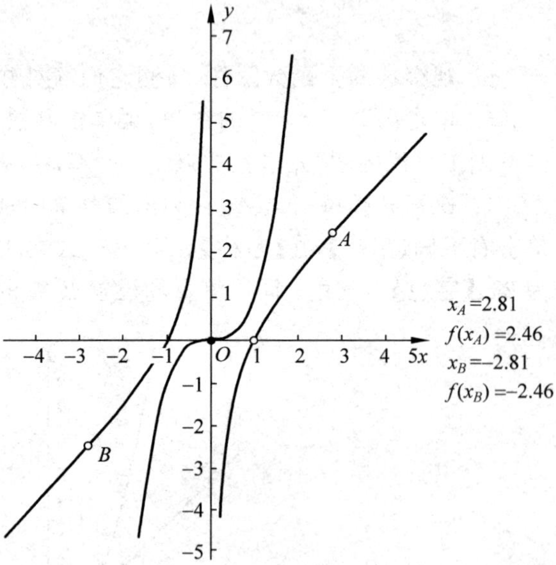

图 1.3.6

13. 小组合作：拖动点 A 在函数 $y=x^3$ 的图像上运动，观察点 B 与函数 $y=x^3$ 图像的关系；拖动点 A 在函数 $y=x-\frac{1}{x}$ 的图像上运动，观察点 B 与函数 $y=x-\frac{1}{x}$ 图像的关系；填写实验记录。

14. 小组合作：总结 $y=-x^3$ 与 $y=x-\dfrac{1}{x}$ 的图像的共同特征，用数学语言准确描述这种特征，填写实验分析。

【设计意图】

利用几个特殊的函数的图像，让学生从“形”的角度获得函数图形的感性认识，也即从“形”的角度认识偶函数。如何从数的角度描述函数图像关于 y 轴、原点对称是教学的难点。这个过程也是学生从感性认识上升为理性认识的关键。

【实验记录】

实验	变量	函数							
		$y=\|x\|$		$y=x^2$		$y=-x^3$		$y=x-\dfrac{1}{x}$	
		A	B	A	B	A	B	A	B
第一次	x								
	y								
第二次	x								
	y								
第三次	x								
	y								
第四次	x								
	y								
第五次	x								
	y								
第六次	x								
	y								
图像对称性									

【实验分析】

1. $y=|x|$ 与 $y=x^2$ 的图像都关于________对称，用数学符号描述：________，具有这个性质的函数我们称为偶函数；则偶函数的定义是________________________。

2. $y=-x^3$ 与 $y=x-\dfrac{1}{x}$ 的图像都关于________对称，用数学符号描述：________，具有这个性质的函数我们称为奇函数；则奇函数的定义是________________________。

问题2　判断函数 $y=x+\dfrac{1}{x}(x>0)$；$y=x^3-2x(-2<x\leqslant 2)$；$y=x^2(-2\leqslant x\leqslant 5)$；$y=-2x^2+1(-1\leqslant x\leqslant 2)$ 的奇偶性。

【实验过程】

1. 双击函数 $y=x^3$ 的图像，将 x^3 换成 x^3－2x，【自变量】的范围修改为 $-2\leqslant x\leqslant 2$，得到函数 $y=x^3-2x(-2\leqslant x\leqslant 2)$ 的图像；单击下侧工具栏中的“直角坐标点”工具(x,y)，在弹出的对话框中设置【x 坐标】为－2，【y 坐标】为－4，单击右下侧【外观】，设置【线色】为蓝色，【填充色】为白色，得到函数 $y=x^3-2x(-2<x\leqslant 2)$ 的图像。

2. 同第 1 步将函数 $y=x-\frac{1}{x}$ 的图像换成函数 $y=x+\frac{1}{x}(x>0)$ 的图像；如图 1.3.7 所示。

3. 小组合作：拖动点 A 在函数 $y=x+\frac{1}{x}(x>0)$ 的图像上运动，观察点 B 与函数 $y=x+\frac{1}{x}(x>0)$ 图像的关系；拖动点 A 在函数 $y=x^3-2x(-2<x\leqslant 2)$ 图像上运动，观察点 B 与函数 $y=x^3-2x(-2<x\leqslant 2)$ 图像的关系，填写实验记录。

4. 小组合作：函数 $y=x+\frac{1}{x}(x>0)$ 与 $y=x^3-2x(-2<x\leqslant 2)$ 是否是奇函数，为什么？奇函数的定义中要特别注意什么？填写实验分析。

5. 双击函数 $y=x+\frac{1}{x}(x>0)$ 的图像，将 x+1/x 换成 x^2，【自变量】的范围修改为 $-2\leqslant x\leqslant 5$，得到函数 $y=x^2(-2\leqslant x\leqslant 5)$ 的图像；同法将函数 $y=x^3-2x(-2<x\leqslant 2)$ 的图像换成函数 $y=-2x^2+1(-1\leqslant x\leqslant 2)$ 的图像。

6. 鼠标右键单击点 B，在弹出的菜单中选择【编辑】，在弹出的对话框中将【y 坐标】换成 m1，单击【确定】；如图 1.3.8 所示。

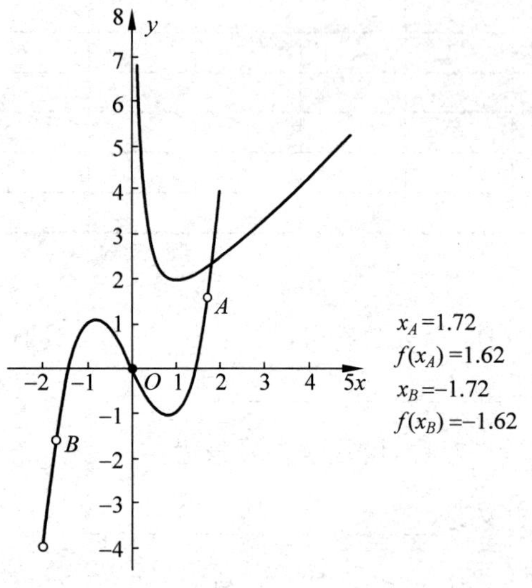

图 1.3.7

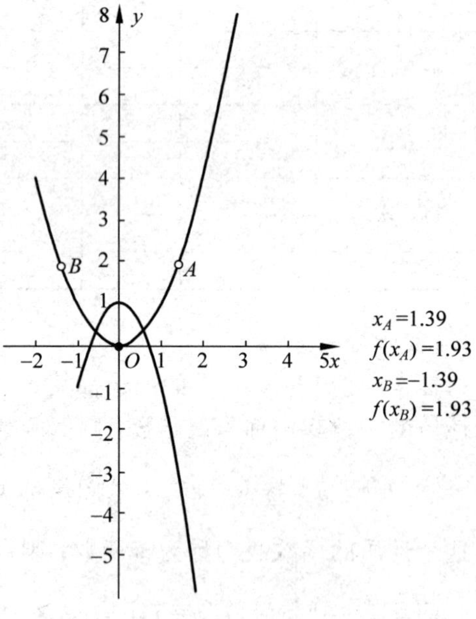

图 1.3.8

小组合作：拖动点 A 在函数 $y=x^2(-2\leqslant x\leqslant 5)$ 的图像上运动，观察点 B 与函数 $y=x^2(-2\leqslant x\leqslant 5)$ 图像的关系；拖动点 A 在函数 $y=-2x^2+1(-1\leqslant x\leqslant 2)$ 的图像上运动，观察点 B 与函数 $y=-2x^2+1(-1\leqslant x\leqslant 2)$ 图像的关系，填写实验记录。

小组合作：函数 $y=x^2(-2\leqslant x\leqslant 5)$ 与 $y=-2x^2+1(-1\leqslant x\leqslant 2)$ 是否是偶函数，为什么？偶函数的定义中要特别注意什么？填写实验分析。

【设计意图】

在学生给出偶函数的定义后，对定义要再进一步的认识，对“任意一个”变成“存在一个”要进行探讨，并讨论把定义域变成不关于原点对称时的情况。从概念教学的角度来看，这又遵循了从特殊到一般，又从一般到特殊的认知过程。通过一系列问题串的设计，学生能够形成对偶函数定义的深刻理解。偶函数的定义挖掘得深刻，奇函数的学习自然是水到渠成。

【实验记录】

实验	变量	$y=x+\frac{1}{x}(x>0)$		$y=x^3-2x$ $(-2<x\leqslant 2)$		$y=x^2$ $(-2\leqslant x\leqslant 5)$		$y=-2x^2+1$ $(-1\leqslant x\leqslant 2)$	
		A	B	A	B	A	B	A	B
第一次	x								
	y								
第二次	x								
	y								
第三次	x								
	y								
第四次	x								
	y								
第五次	x								
	y								
第六次	x								
	y								
图像对称性									

【实验分析】

1. 函数是奇函数其定义域必须________________。
2. 函数是偶函数其定义域必须________________。
3. 判断函数奇偶性时，必须先________________________。

【实验结论】

1. 函数 $f(x)$是奇函数⇔图像关于________对称⇔________________。

   函数 $f(x)$是偶函数⇔图像关于________对称⇔________________。
2. 判断函数奇偶性的基本步骤：

【结论应用】

1. 判断下列函数的奇偶性。

(1) $f(x)=\sqrt{9-x^2}+\sqrt{x^2-9}$；(2) $f(x)=0$；

(3) $f(x)=(x+1)\sqrt{\frac{1-x}{1+x}}$；(4) $f(x)=-x^5+2x^3+x, x\in[-2,3)$；

(5) $f(x)=\frac{\sqrt{4-x^2}}{|x+3|-3}$；(6) $f(x)=\begin{cases}x^2+2, & x>0\\ 0, & x=0\\ -x^2-2, & x>0\end{cases}$。

2. 已知 $y=f(x)$ 是定义在 $\mathbf{R}$ 上的奇函数，则下列函数中为奇函数的是（　　）。

① $y=f(|x|)$；② $y=f(-x)$；③ $y=xf(x)$；④ $y=f(x)+x$。

A. ①③　　B. ②③　　C. ①④　　D. ②④

3. 已知奇函数 $f(x)$ 在 y 轴右边的图像如图 1.3.9 所示，试画出函数 $f(x)$ 在 y 轴左边的图像。对于奇函数在对称区间上的单调性，说说自己的发现。

4. 已知偶函数 $f(x)$ 在 y 轴右边的图像如图 1.3.10 所示，试画出函数 $f(x)$ 在 y 轴左边的图像。对于偶函数在对称区间上的单调性，说说自己的发现。

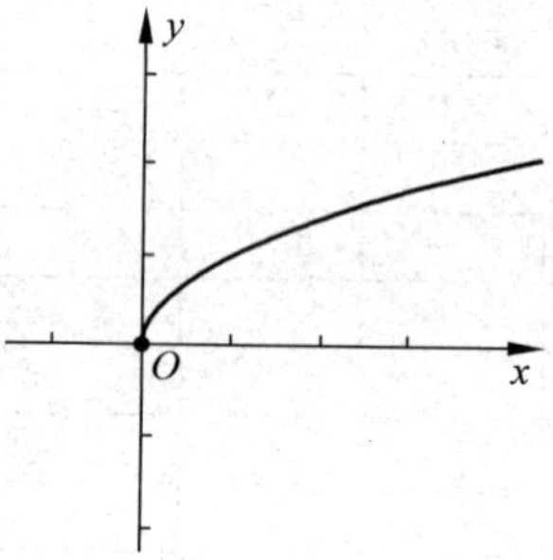

图 1.3.9

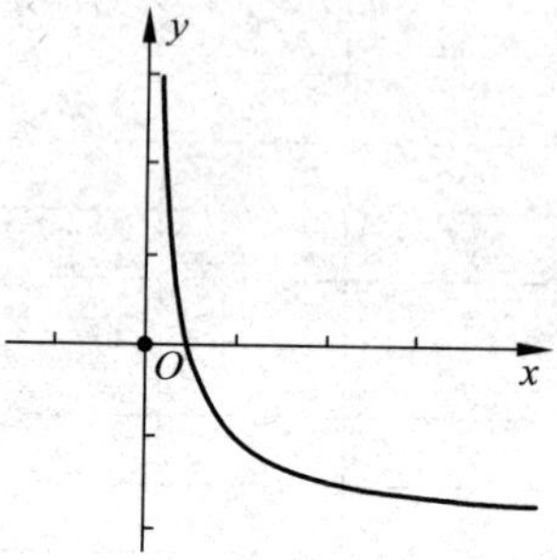

图 1.3.10

实验 1.4　指数函数的图像与性质

指数函数是在系统学习函数概念和函数性质（奇偶性、单调性）后，研究的第一类基本初等函数。探究重点在于研究两层关系：一是图像特征（几何）与函数性质（代数）的对应联系；二是图像性质与底数的联系表征。实验内容包括三部分：一是绘制具体指数函数图像，观察图像特征，并从函数性质角度加以解释；二是观察指数函数图像的动态变化过程，归纳指数函数的一般性质；三是研究相关联指数函数（底数互为倒数）的图像特征。

【实验目标】

1. 列举一个具体指数函数绘制图像，结合图像观察，尝试从函数性质（如定义域、值域、单调性等）角度解释观察到的图像特征。

2. 从连续动态变换的视角，归纳验证指数函数的一般性质。

3. 经历一类函数图像与性质的探究过程，感悟数学学习与研究的具体策略：从图像到性质，从具体到一般，从猜想到证实。

【实验流程】

（一）建立指数函数概念

问题 1　这两个函数的结构有什么共同特征？

① 设 x 年后我国的 GDP 为 2000 年的 y 倍，那么：$y=1.073^x$ $(x\in\mathbf{N}, x\leqslant 20)$；

② 生物体内碳 14 含量 P 与死亡年数 t 之间的关系：$P=\left(\frac{1}{2}\right)^{\frac{t}{5720}}$ $(t\geqslant 0)$；

追问：如果用字母来代替数字，那么这样的函数如何表示为更一般的形式？

【设计意图】

考虑到知识间的联系，以本章开篇的两个例子为出发点，找出两个函数表达形式上的共同特征——底数是常数，而指数是自变量，进而提炼出指数函数模型 $y=a^x$。

x 是自变量，y 是因变量，描述了这两个变量之间的函数关系，底数 a 是个常数。类似于上节课研究指数与指数幂的运算，为使这个函数适用范围更广，希望把函数的定义域扩展为实数集 **R**，那么对底数 a 的取值有什么要求呢？

展示问题并先让学生独立思考，再组织学生展开小组讨论并适时进行点拨、评价。老师引导学生思考：取 $a<0$、$a=0$ 和 $a=1$ 时会有什么情况？

① 若 $a<0$ 会有什么问题？（如 $a=-2$，则在实数范围内相应的函数值不存在，情况比较复杂）

② 若 $a=0$ 会有什么问题？（对于 $x\leqslant 0$，0^x 都无意义）

③ 若 $a=1$ 又会怎么样？（1^x 无论 x 取何值，它总是 1，对它没有研究的必要）

指数函数的概念：

一般地，函数 $y=a^x$（$a>0$ 且 $a\neq 1$）叫作指数函数，其中 x 是自变量，函数的定义域是 **R**。

设计意图：通过学生观察思考、讨论总结得出新知，加深对指数函数概念中 $a>0$ 且 $a\neq 1$ 的理解，同时培养学生合作学习与交流，发现探索的能力，也为后面研究函数的图像和性质埋下了伏笔。

（二）探究指数函数性质

建立了一个函数，接下来就要来探究这个函数的性质。

问题 2　你准备怎样研究指数函数的性质呢？

问题 3　我们一般要研究哪些性质呢？

【设计意图】

1. 引导学生讨论研究指数函数性质的方法，思考需要研究函数的哪些性质，强调形数互助，进而突出函数图像在研究性质中所起到的直观作用。

2. 指数函数的图像是讨论它的性质的重要载体。借助网络画板，可以非常直观地观察、归纳指数函数的性质。

◆描点法作指数函数图像

【实验过程】

1. 浏览器地址栏输入 https://www.netpad.net.cn/svg.html#posts/190550，打开课件。

2. 单击上侧“全屏”工具，全屏打开课件。

3. 可以在课件上看到，屏幕上已经绘制了六个点，如图 1.4.1 所示，拖动鼠标可以改变点的位置；单击按钮“连线”，可绘制出经过六个点的光滑曲线；拖动变量 a 的滑杆，改变 a 的值，反复操作（每次需单击按钮“重置”），观察当底数 a 发生变化时图像的变化。

【设计意图】

本步骤用于拟合函数图像的绘制过程（即列表→描点→连线），需要细致操作、适当重复

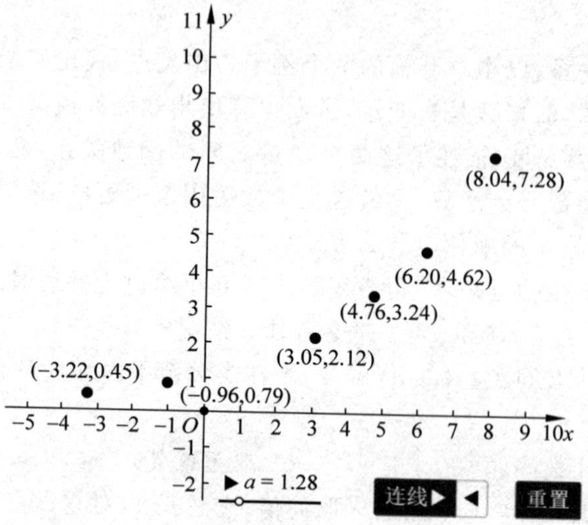

图　1.4.1

（即改变参数 a 的值，再操作一遍），在过程中获得对函数性质（特别是单调性）的直接体验，构建 x 与 y 的对应联系，不能急于求成（绘制函数图像是一瞬间的事，但理解函数的性质则需慢慢体会）。

◆探究指数函数的基本性质

【实验过程】

1. 重新打开网络画板。

2. 单击下侧工具栏中的"$y=f(x)$"工具 f(x)，对话框设置如图 1.4.2 所示，单击【确定】绘制函数 $f(x)=\left(\frac{1}{3}\right)^x$ 的图像；单击右下侧【外观】，设置合适的【线色】。

3. 同第 2 步，分别绘制函数 $g(x)=3^x$，$h(x)=\left(\frac{1}{2}\right)^x$，$\varphi(x)=2^x$ 的图像，并设置不同的【线色】，如图 1.4.3 所示。

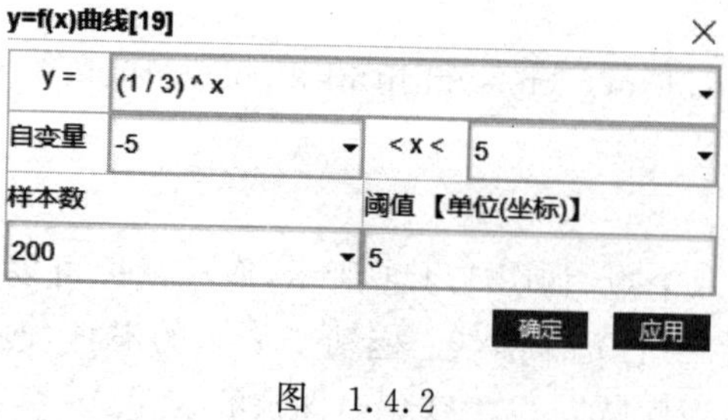

图　1.4.2

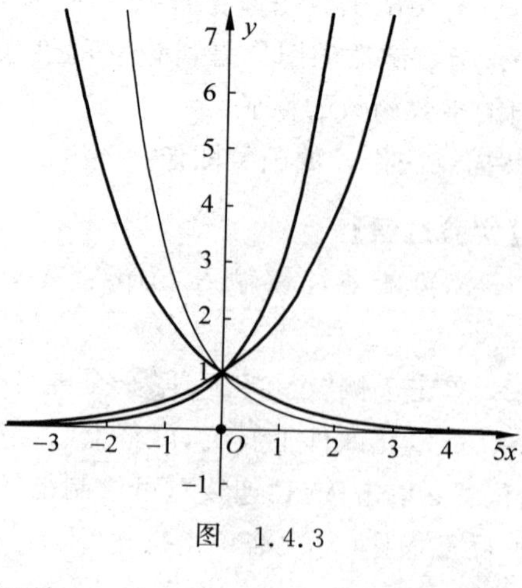

图　1.4.3

4. 小组合作：观察这四个函数图像，完成实验记录。

5. 单击下侧工具栏中的"变量"工具 a=2，修改【增量】为 0.01，【当前值】为 1.2，单击【确定】，新建变量 a。

6. 同第 2 步，绘制函数 $F(x)=a^x$ 的图像。

7. 小组合作：拖动变量 a 的滑杆，改变 a 的值，反复操作，观察当底数 a 发生变化时图像发生的变化，验证刚才得到的指数函数图像特征及性质，填写实验记录。

【实验记录】

		$y=2^x$	$y=3^x$	$y=\left(\frac{1}{2}\right)^x$	$y=\left(\frac{1}{3}\right)^x$	$y=a^x\ (a>0$ 且 $a\neq1)$
图像特征	图像					
	位置					
	定点					
	升降					
函数性质	定义域					
	值域					
	等式					
	单调性					

【实验结论】

根据以上实验，归纳总结指数函数的性质，完成下表。

	$y=a^x\ (a>0$ 且 $a\neq1)$	
	$a>1$	$0<a<1$
图像		
定点		
定义域		
值域		
单调性		

【设计意图】

1. 经历从具体到一般的研究函数性质的方法，通过独立思考和交流讨论，概括出指数函数的性质，培养学生的表达能力。

2. 借助网络画板对函数图像能进行直接操作的优越性，例如动态演示的函数图像变化，重复引起变化的关键因素等，可以使学生方便地观察函数的整体变化情况。这对学生归纳、概括函数的性质及不同函数之间的联系与区别非常有利。

◆探究指数函数图像具体分布

【实验过程】

1. 单击下侧工具栏中的“$y=f(x)$”工具 f(x)，对话框输入 1，单击【确定】绘制函数 $y=1$ 的图像，单击右下侧【外观】，设置【线型】为虚线，如图 1.4.4 所示。

2. 小组合作：观察 4 个函数 $f(x)=\left(\frac{1}{3}\right)^x$，$g(x)=3^x$，$h(x)=\left(\frac{1}{2}\right)^x$，$\varphi(x)=2^x$ 的图像与直线 $y=1$ 的位置关系；拖动变量 a 的滑杆，改变 a 的值，反复操作，对照图 1.4.5，填写实验记录。

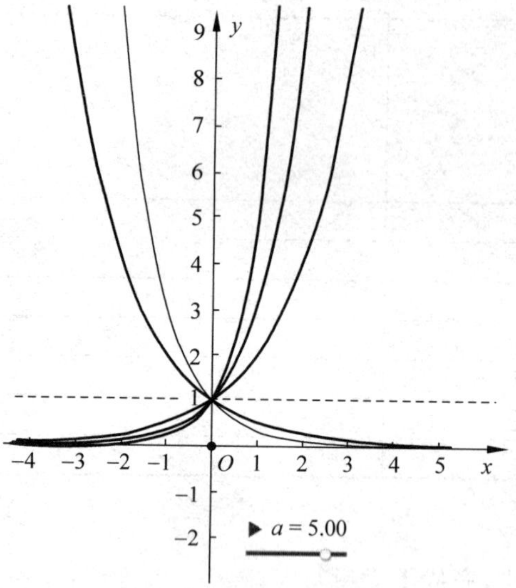

图 1.4.4

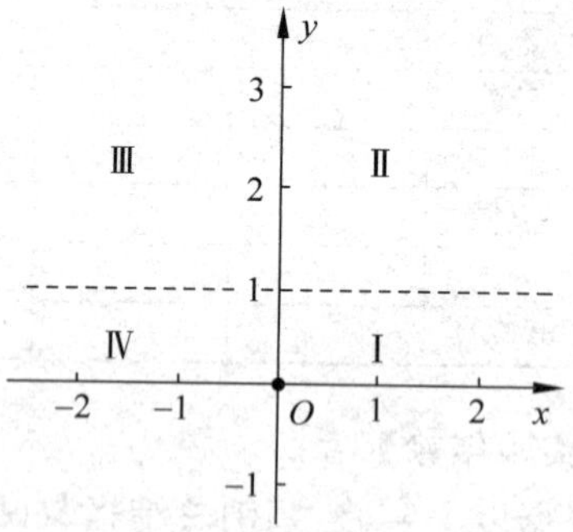

图 1.4.5

3. 选中直线 $y=1$，按 Del 键删除。

4. 单击下侧工具栏的“$x=g(y)$”工具 g(y)，在弹出对话框中输入 1，【自变量】修改为 $-2<y<12$，单击【确定】绘制直线 $x=1$；设置【线型】为虚线。

5. 小组合作：观察 4 个函数 $f(x)=\left(\frac{1}{3}\right)^x$，$g(x)=3^x$，$h(x)=\left(\frac{1}{2}\right)^x$，$\varphi(x)=2^x$ 的图像与直线 $x=1$ 交点的位置关系；拖动变量 a 的滑杆，改变 a 的值，反复操作，填写实验记录。

【实验记录】

		$y=2^x$	$y=3^x$	$y=\left(\frac{1}{2}\right)^x$	$y=\left(\frac{1}{3}\right)^x$	$y=a^x$ ($a>0$ 且 $a\neq1$)
区域	第一象限					
	第二象限					
与(0,1)关系		随着底数的增大，指数函数图像绕着点(0,1)______方向旋转				
与 $x=1$ 交点		随着底数越大与直线 $x=1$ 的交点______				
性质	$x>0$					
	$x<0$					

【实验结论】

	$y=a^x(a>0$ 且 $a\neq1)$	
	$a>1$	$0<a<1$
函数值分布	$x<0, y\in$ ________ $x<0, y\in$ ________	$x<0, y\in$ ________ $x<0, y\in$ ________

◆探究指数函数图像间的对称关系

【实验过程】

1. 单击下侧工具栏中的“$y=f(x)$”工具，在对话框输入(1/a)^x，单击【确定】绘制函数 $G(x)=\left(\frac{1}{a}\right)^x$ 的图像。

2. 选中函数 $g(x)=3^x$，$\varphi(x)=2^x$，$F(x)=a^x$ 图像，单击下侧工具栏中的“元素上的点”工具，绘制图像上一点 A。

3. 选中点 A 和 y 轴，单击下侧工具栏的“轴对称”工具，构造点 A 关于 y 轴的对称点 B；如图 1.4.6 所示。

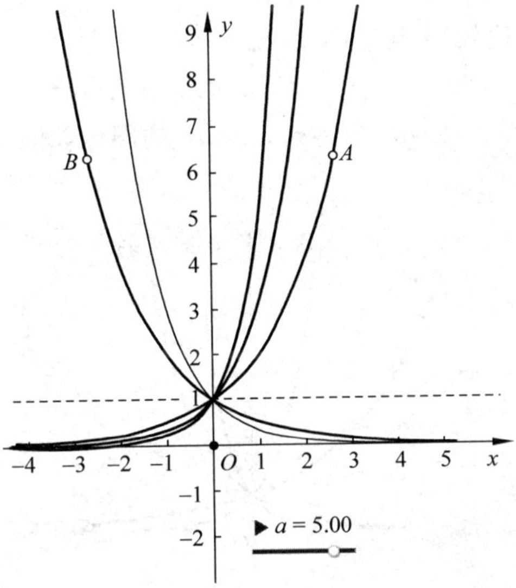

图　1.4.6

4. 小组合作：观察，猜测函数 $g(x)=3^x$ 与函数 $f(x)=\left(\frac{1}{3}\right)^x$ 的图像，$h(x)=\left(\frac{1}{2}\right)^x$ 与 $\varphi(x)=2^x$ 的图像，$F(x)=a^x$ 与 $\left(\frac{1}{a}\right)^x$ 的图像间的关系，拖动点 A 在函数图像上运动，观察点 B 的位置；拖动变量 a 的滑杆，改变 a 的值，反复操作，填写实验记录。

【实验记录】

	$y=2^x$	$y=\left(\frac{1}{2}\right)^x$	$y=3^x$	$y=\left(\frac{1}{3}\right)^x$	$y=a^x$	$y=\left(\frac{1}{a}\right)^x$
图像间关系						

【实验结论】

底数互为________的两个指数函数图像关于________对称，理由是________。

一般地，函数 $y=f(x)$ 与 $y=f(-x)$ 图像关于________对称。

【设计意图】

研究指数函数性质后，继续研究两个特殊指数函数图像关于 y 轴对称的关系，引导学生从解析式角度证明这个对称性，使其从现象看到问题的本质，并且推广到一般指数函数中，最后再推广到两个一般抽象函数中。学生可以从中体会到几何与代数的关系，达到数与形的完美结合，整个过程中学生的思维可以得到锻炼。

【结论应用】

1. 比较下列各题中两值的大小。

(1) $1.7^{2.5}$ 与 1.7^{3}；(2) $0.8^{-0.1}$ 与 $0.8^{-0.2}$；

(3) $\left(\frac{1}{4}\right)^{0.8}$ 与 $\left(\frac{1}{4}\right)^{1.8}$；(4) $\left(\frac{8}{7}\right)^{0.8}$ 与 $\left(\frac{7}{8}\right)^{-0.9}$；

(5) $0.2^{-0.3}$ 与 $0.3^{-0.3}$；(6) $1.7^{0.3}$ 与 $0.9^{3.1}$。

2. 已知下列不等式，比较 m 与 n 的大小。

(1) $2^m<2^n$；(2) $0.2^m>0.2^n$；(3) $a^m>a^n(a>0$ 且 $a\neq1)$。

3. 已知指数函数 $y=a^x,y=b^x,y=c^x,y=d^x$ 的图像如图 1.4.7 所示，试判断底数 a,b,c,d 的大小。

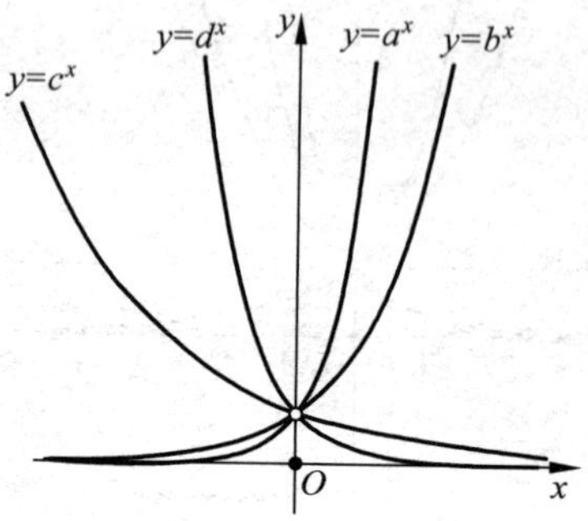

图 1.4.7

实验 1.5 对数函数的图像与性质

对数函数是高中数学继指数函数之后的又一重要初等函数，无论从知识角度还是从思想方法角度，对数函数都与指数函数有类似之处。与指数函数相比，对数函数所涉及的知识更丰富、方法更灵活，能力要求也更高。而且学习对数函数是对指数函数知识和方法的巩固、深化和提高，也为解决函数综合问题及其在实际中的应用奠定良好的基础。

【实验目标】

1. 类比指数函数的学习方法，通过选取不同的底数，绘制丰富的图像，对函数图像进行观察、分类、归纳认识，感受从感性上升到理性，从特殊到一般的思维过程。

2. 通过对图像的观察分析，发现并总结对数函数的基本性质，掌握研究函数的一般方法，提高探究意识。

3. 会利用对数函数的图像和性质解决一些简单的问题，提高应用意识。

【实验流程】

通过前面指数函数的学习，我们初步形成了研究函数的思路和方法。在随后的对数及其运算性质的学习中，我们又认识到了指数、对数之间的紧密联系，今天我们继续学习一个基本初等函数——对数函数。

它到底是一个什么样的函数？它与指数函数又有什么关系呢？让我们一起拭目以待！

【设计意图】

简要回顾前面所学知识，为本节课的学习做好铺垫，最后以问题串的形式激发学生对对数函数的学习兴趣。

问题1　首先请看一个考古学上的数学问题：考古学家一般通过提取附着在出土文物、古遗址上死亡生物体的残留物，利用 $t=\log_{\sqrt[5730]{\frac{1}{2}}}p$ 估算出出土文物和古遗址的年代。

例如，对于下表中所示的碳14的含量 p，请同学们利用计算器计算出生物死亡年数 t 的值(保留到整数)。通过计算请同学们分析：t 是不是 p 的函数，为什么？

碳14的含量 p	0.5	0.3	0.1	0.01	0.001
生物死亡年数 t	5730	9953	19035	38069	57104

【设计意图】

通过实例引出对数函数的概念，让学生体会研究对数函数的实际意义。学生通过计算，可以体会两个变量间的对应关系，从而联想到利用函数的定义分析新的问题。

预设的师生活动：从特殊的几组数值推广到一般，学生根据函数的定义可以得出结论：对于每一个碳14含量 p，都有唯一确定的年代 t 与它对应，所以 t 是 p 的函数。关系式 $t=\log_{\sqrt[5730]{\frac{1}{2}}}p$ 就是函数的解析式。

这个函数解析式是一个对数式，底数为一个常数，自变量在真数的位置上，生活中还有很多类似形式的函数，将它们抽象为数学问题，就是我们今天要研究的对数函数。

一般地，我们把函数 $y=\log_a x(a>0$ 且 $a\neq1)$ 叫作对数函数，其中 x 是自变量，函数的定义域是 $(0,+\infty)$。

问题2　类比指数函数的学习过程，你能制定一套研究对数函数的方案吗？请先独立思考，之后小组讨论，确定你们的研究方案。

【设计意图】

培养学生规划研究方案的意识和能力，达到对函数概念以及指数函数的巩固的目的，并为本节课的研究理清思路。

学生按照要求完成之后进行展示交流。具体方案如下：

研究的思路是：先作函数图像，然后根据图像研究函数性质(包括定义域、值域、单调性、奇偶性、特殊点、图像的其他变化特征等方面)。

问题 3 借助网络画板,根据前面确定的方案在小组内研究,看看能得到什么结论,并且思考能否用一个恰当的形式记录下来。

【设计意图】

将研究函数性质的主动权交给学生,培养学生基于类比进行自主学习的能力。

◆探究对数函数的基本性质

【实验过程】

1. 浏览器地址栏输入 https://www.netpad.net.cn/svg.html#posts/195517,打开课件。

2. 把上方的工具“全局坐标系”改为“坐标系”,如图 1.5.1 所示。

3. 单击下侧工具栏中的“变量”工具 a=2,变量对话框设置如图 1.5.3 所示,单击【确定】,新建变量 a。

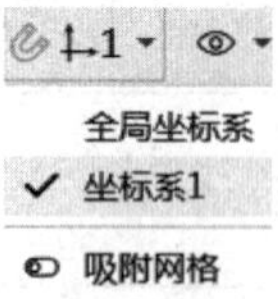

图 1.5.1

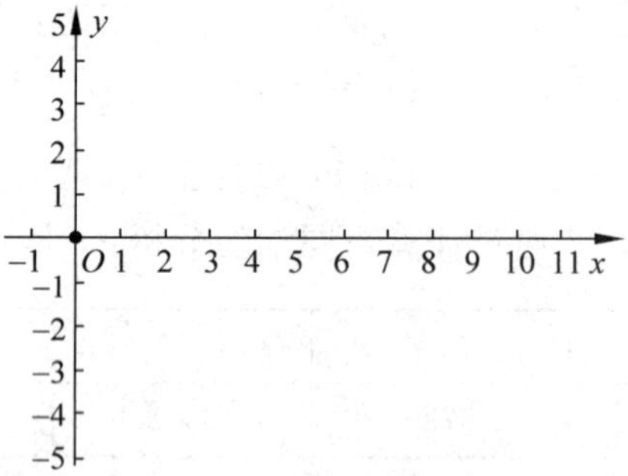

图 1.5.2

4. 单击下侧工具栏中的“$y=f(x)$”工具 f(x),对话框设置如图 1.5.4 所示,单击【确定】绘制函数 $f(x)=\log_{\frac{1}{3}}x$ 的图像;单击右下侧【外观】,设置合适的【线色】。

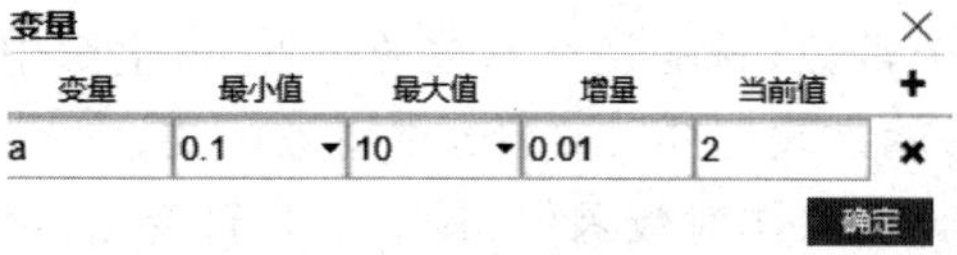

图 1.5.3

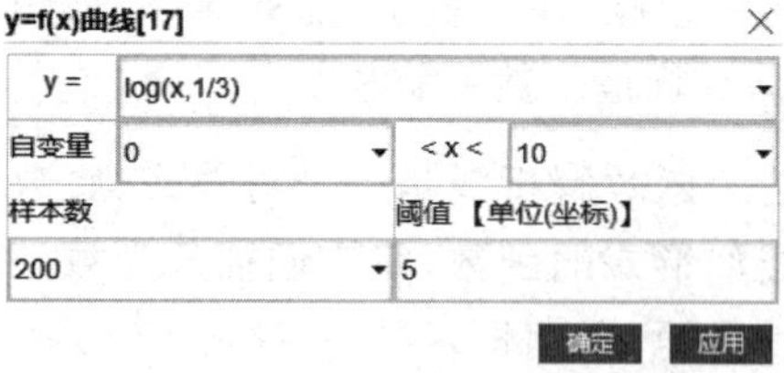

图 1.5.4

5. 同第 4 步,分别绘制函数 $g(x)=\log_3 x$,$h(x)=\log_{\frac{1}{2}}x$,$\varphi(x)=\log_2 x$ 的图像,并设置不同的【线色】,如图 1.5.5 所示。

6. 同第 4 步,绘制函数 $F(x)=\log_a x$ 的图像。

7. 小组合作:观察函数图像的位置、升降,是否经过定点,拖动变量 a 的滑杆,改变 a 的值,反复操作,填写实验记录。

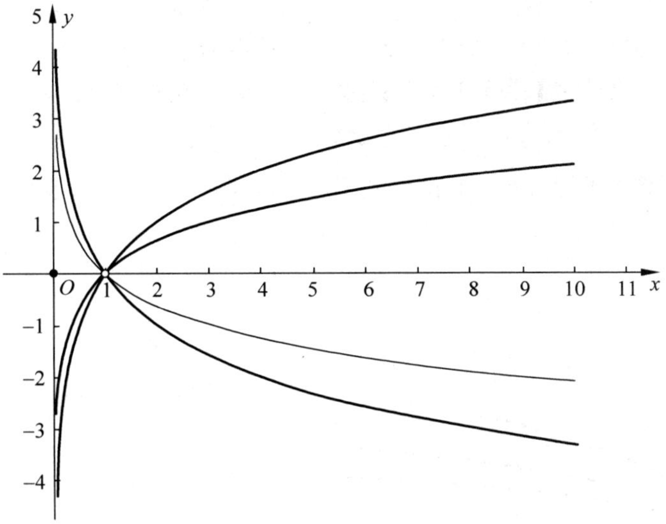

图　1.5.5

【实验记录】

		$y=\log_2 x$	$y=\log_3 x$	$y=\log_{\frac{1}{2}} x$	$y=\log_{\frac{1}{3}} x$	$y=\log_a x$（$a>0$ 且 $a\neq 1$）
图像特征	图像					
	位置					
	定点					
	升降					
函数性质	定义域					
	值域					
	等式					
	单调性					

【实验结论】

根据以上实验，归纳总结对数函数的性质，完成下表

	$y=\log_a x$（$a>0$ 且 $a\neq 1$）	
	$a>1$	$0<a<1$
图像		
定点		
定义域		
值域		
单调性		

◆探究对数函数的图像具体分布

【实验过程】

1. 单击下侧工具栏的“$x=g(y)$”工具，在弹出对话框中输入 1，单击【确定】绘制直线 $x=1$；单击右下侧【外观】，设置【线型】为虚线，如图 1.5.6 所示。

2. 小组合作：对照图 1.5.7，观察 4 个函数 $f(x)=\log_{\frac{1}{3}}x$，$g(x)=\log_3 x$，$h(x)=\log_{\frac{1}{2}}x$，$\varphi(x)=\log_2 x$ 的图像与直线 $x=1$ 的位置关系；拖动变量 a 的滑杆，改变 a 的值，反复操作，填写实验记录。

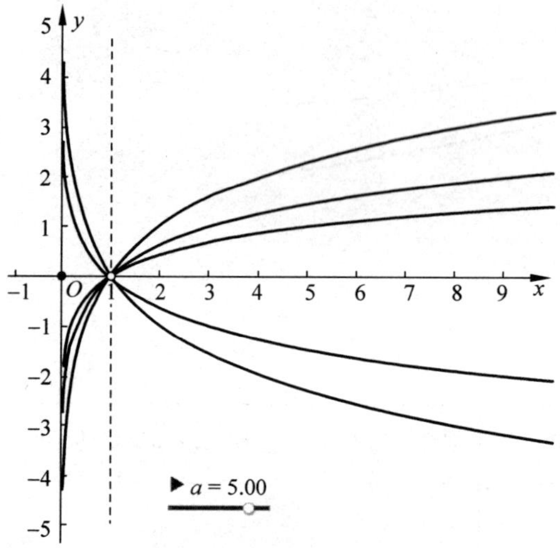

图 1.5.6

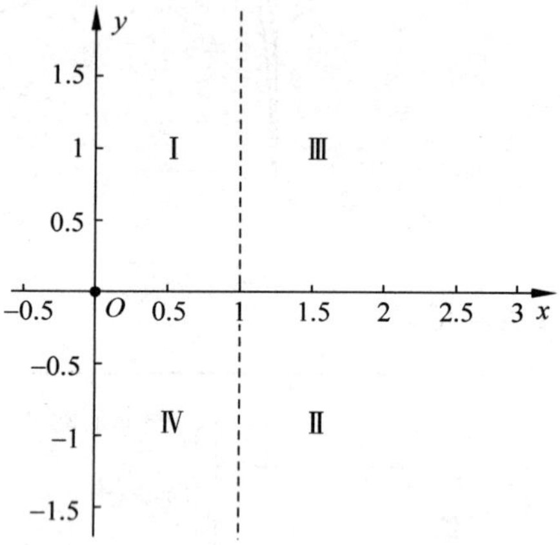

图 1.5.7

3. 选中直线 $x=1$，按 Del 键删除。

4. 单击下侧工具栏中的“$y=f(x)$”工具，在对话框中输入 1，【自变量】修改为 $-2<x<12$，单击【确定】，绘制函绘制函数 $y=1$ 的图像，单击右下侧【外观】，设置【线型】为虚线。

5. 小组合作：观察 4 个函数 $f(x)=\log_{\frac{1}{3}}x$，$g(x)=\log_3 x$，$h(x)=\log_{\frac{1}{2}}x$，$\varphi(x)=\log_2 x$ 的图像与直线 $y=1$ 交点的位置关系；拖动变量 a 的滑杆，改变 a 的值，反复操作，仔细观察，填写实验记录。

【实验记录】

		$y=\log_2 x$	$y=\log_3 x$	$y=\log_{\frac{1}{2}} x$	$y=\log_{\frac{1}{3}} x$	$y=\log_a x(a>0$ 且 $a\neq 1)$
区域	第一象限					
	第二象限					
与(1,0)关系		随着底数的增大，指数函数图像绕着点(1,0)________方向旋转				
与 $y=1$ 交点		随着底数越大与直线 $y=1$ 的交点________				
性质	$x>1$					
	$0<x<1$					

【实验结论】

	$y=a^x(a>0$ 且 $a\neq 1)$	
	$a>1$	$0<a<1$
函数值分布	$x>1,y\in$ ________ $0<x<1,y\in$ ________	$x>1,y\in$ ________ $0<x<1,y\in$ ________

◆探究对数函数图像间的对称关系

【实验过程】

1. 单击下侧工具栏中的“$y=f(x)$”工具，在对话框中输入 log(x,1/a)，【自变量】修改为 $0<x<10$，单击【确定】，绘制函数 $G(x)=\log_{\frac{1}{a}}x$ 的图像。

2. 单击选中函数 $g(x)=\log_3 x$，$\varphi(x)=\log_2 x$，$F(x)=\log_a x$ 的图像，单击下侧工具栏中的“元素上的点”工具，在图像上绘制点 A。

3. 选中点 A，x 轴，单击下侧工具栏的“轴对称”工具，构造点 A 关于 x 轴的对称点 B，如图 1.5.8 所示。

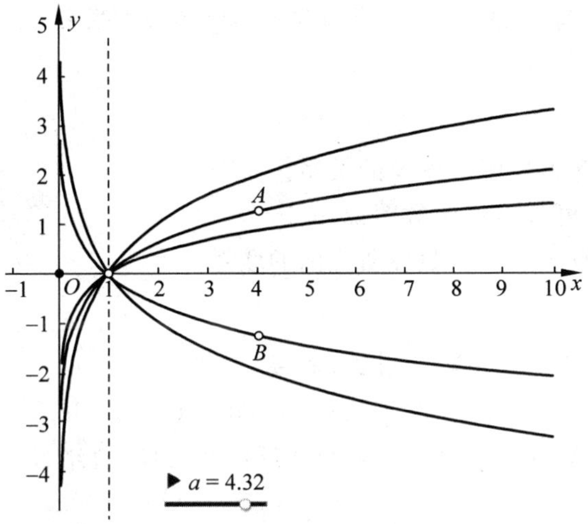

图 1.5.8

小组合作：观察、猜测函数 $f(x)=\log_{\frac{1}{3}}x$ 与 $g(x)=\log_3 x$ 的图像，$h(x)=\log_{\frac{1}{2}}x$ 与 $\varphi(x)=\log_2 x$ 的图像，$F(x)=\log_a x$ 与 $G(x)=\log_{\frac{1}{a}}x$ 的图像间的关系，拖动点 A 在图像上运动，观察点 B 的位置；拖动变量 a 的滑杆，改变 a 的值，反复操作，填写实验记录。

【实验记录】

	$y=\log_2 x$	$y=\log_{\frac{1}{2}}x$	$y=\log_3 x$	$y=\log_{\frac{1}{3}}x$	$y=\log_a x$ $(a>0$ 且 $a\neq 1)$	$y=\log_{\frac{1}{a}}x$ $(a>0$ 且 $a\neq 1)$
图像间关系						

【实验结论】

底数互为________的两个对数函数图像关于________对称，理由是________________。一般地，函数 $y=f(x)$ 与 $y=-f(x)$ 图像关于________对称。

【结论应用】

1. 求下列函数的定义域：

(1) $y=\log_2 x^2$；(2) $y=\log_3(4-x)$。

2. 比较下列各组数中两个值的大小。

(1) $\log_2 3.4,\log_2 8.5$；(2) $\log_{0.3}1.8,\log_{0.3}2.7$；(3) $\log_2 0.8,\log_{0.2}0.6$；

(4) $\log_2 7,\log_5 7$；(5) $\log_a 5.1,\log_a 5.9(a>0$ 且 $a\neq 1)$。

实例 1.6　反函数图像间的关系

反函数是数学中一个很重要的概念，它是我们以后进一步研究五大类基本初等函数的一个不可缺少的重要组成部分。由于函数是一种对应关系，这个概念本身不好理解，而反函数又是函数中的一种特殊现象，所以弄清函数与其反函数的关系，是正确理解反函数概念必不可少的重要环节。

【实验目标】

1. 通过观察知道互为反函数图像的关系。
2. 已知函数图像，可画出反函数图像。
3. 掌握互为反函数的两个函数性质之间的联系。

【实验流程】

例 1　写出下列函数的反函数解析式，填写下表。

(1) $y=3x-2$；(2) $y=x^3$；(3) $y=x^2(x>0)$；(4) $y=\log_2 x$。

例 2　利用网络画板分组画出上述函数和反函数图像，总结各组图像之间的关系。

【实验过程】

1. 浏览器地址栏输入 https://www.netpad.net.cn/svg.html#posts/195519，打开课件。

2. 单击上侧“全屏”工具，全屏打开课件。

3. 单击下侧工具栏中的“$y=f(x)$”工具，在对话框中输入 3x－2，单击【确定】绘制函数 $f(x)=3x-2$ 的图像，单击右下侧【外观】，设置合适的【线色】，单击【设定】勾选【限制】。

4. 同第 3 步绘制和设置函数 $g(x)=\dfrac{x+2}{3}$ 的图像，如图 1.6.1 所示，观察、猜测两函数图像间的关系，用网络画板验证。

5. 单击下侧工具栏中的“直角坐标点”工具，弹出的对话框中【x 坐标】输入 1，【y 坐标】输入 1，绘制坐标为(1,1)的点 A；选中原点，点 A，单击下侧工具栏的“直线”工具，构造直线 $y=x$，单击右下侧【外观】，设置【线型】为虚线，如图 1.6.2 所示。

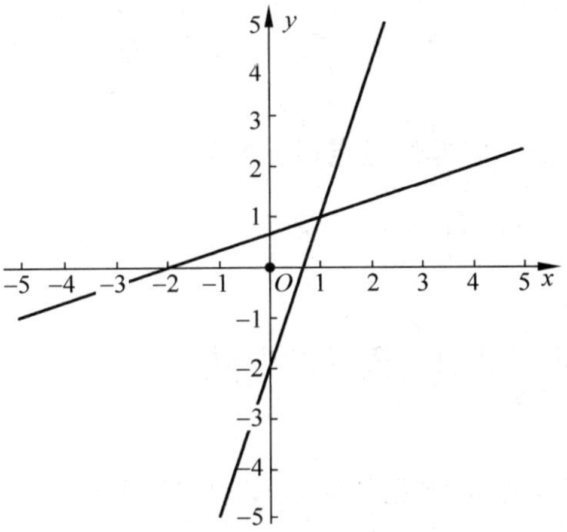

图　1.6.1

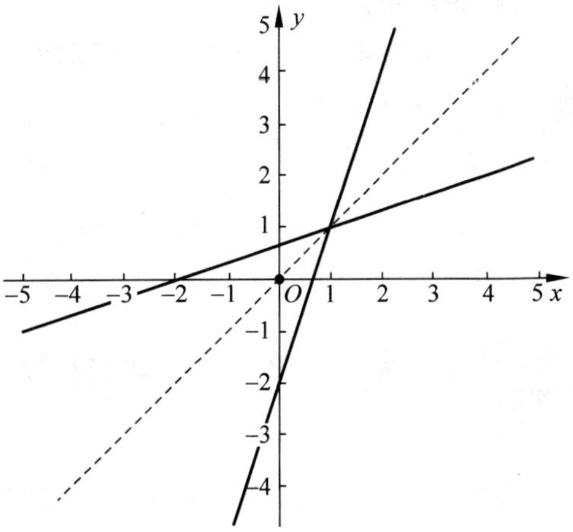

图　1.6.2

6. 单击左侧工具栏中的“点”工具，用鼠标单击 $f(x)=3x-2$ 的图像，在图像上绘制一点 B；依次选中点 B，直线 $y=x$，单击下侧工具栏的“轴对称”工具，构造点 B 关于直线 $y=x$ 的对称点 C。

7. 选中点 B，C，单击下侧工具栏中的“线段”工具，构造线段 BC，单击右下侧【外观】，设置【线型】为虚线。

8. 拖动点 B 在函数图像上运动，观察点 C 与函数 $g(x)$ 图像的关系。

【小组合作】

1. 证明 $f(x)=3x-2$ 与 $g(x)=\dfrac{x+2}{3}$ 的图像关于直线 $y=x$ 对称。

2. 考察两函数定义域、值域、单调性、奇偶性，完成下表。

3. 将函数 $f(x)$，$g(x)$ 分别换成 $y=x^3$，$y=x^2(x>0)$，$y=\log_2 x$ 及其反函数，完成下表。

4. 猜测 $y=f(x)$ 与其反函数 $y=f^{-1}(x)$ 间的关系填入下表，并说明理由。

	解析式	图像间关系	定义域	值域	单调性	奇偶性
原函数	$y=2x$					
反函数						
原函数	$y=\dfrac{2}{x}$					
反函数						
原函数	$y=x^2(x>0)$					
反函数						
原函数	$y=\log_2 x$					
反函数						
原函数	$y=f(x)$		M	P	增(减)	奇
反函数	$y=f^{-1}(x)$					

【结论应用】

1. 已知函数 $f(x)=a^x-k$ 的图像过点(1,3)，其反函数 $y=f^{-1}(x)$ 的图像过点(2,0)，则 $f(x)$ 的表达式为________。

2. 函数 $y=\log_a(x-1)(a>0$ 且 $a\neq1)$ 的反函数的图像经过点(1,4)，则 $a=$________。

3. 函数 $f(x)=\log_2 x$ 的反函数为 $y=g(x)$，若 $g\left(\frac{1}{a-1}\right)=\frac{1}{4}$，则 $a=$________。

实验 1.7 探究函数 $y=x+\frac{a}{x}$ 的图像与性质

形如 $y=x+\frac{a}{x}$ 的函数是我们在高中阶段学习数学时常见的函数模型，其图像与性质也是各类考试中的热点问题。通过对 $y=x+\frac{a}{x}$ 的初步学习，体会研究函数性质的基本方法。

【实验目标】

1. 拓宽学生的函数视野，结合基本函数的学习类比得出函数 $y=x+\frac{a}{x}$ 的研究方案；在直观观察和理性论证中认识数学学科的两个侧面，从而提升数学研究能力，特别是以技术为工具来研究数学。

2. 在应用技术工具的过程中，从向书本学数学走向应用技术工具研究数学；在合作交流分享中形成思维的碰撞，在质疑、验证中提升数学思维水平的层次。

【实验流程】

(一) 研究函数 $y=x+\frac{1}{x}$ 的图像与性质

【实验过程】

◆绘制函数 $y=x+\frac{1}{x}$ 的图像

1. 浏览器地址栏输入 https://www.netpad.net.cn/svg.html#posts/195520，打开课件。

2. 把上方的工具“全局坐标系”改为“坐标系”，如图 1.7.1 所示。

3. 单击下侧工具栏中的“$y=f(x)$”工具 f(x)，对话框中输入 x+1/x，单击【确定】绘制函数 $f(x)=x+\frac{1}{x}$ 的图像，单击右下侧【外观】，设置合适的【线色】，单击【设定】勾选【限制】，如图 1.7.2 所示。

◆观察函数图像，猜测函数图像的对称性并用网络画板验证。

4. 单击左侧工具栏中的“点”工具，在函数图像上单击鼠标，在图像上绘制一点 A；选中点 A，原点，单击下侧工具栏中的“中心对称”工具，构造点 A 关于原点的对称点 B；如图 1.7.3 所示。

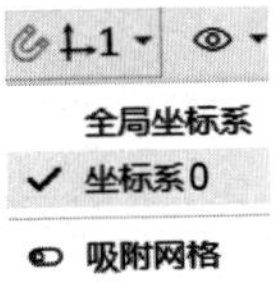

图　1.7.1

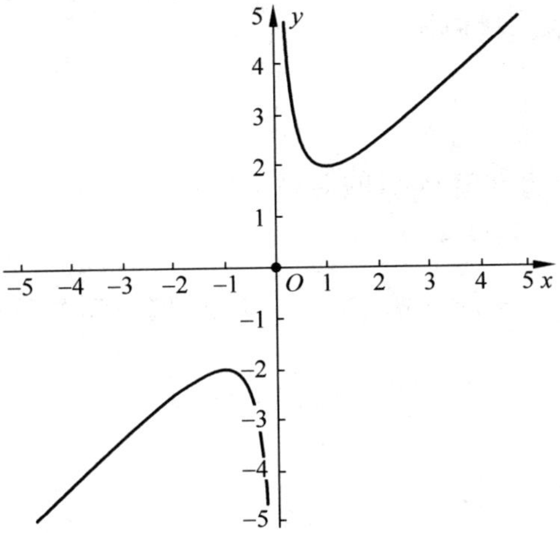

图　1.7.2

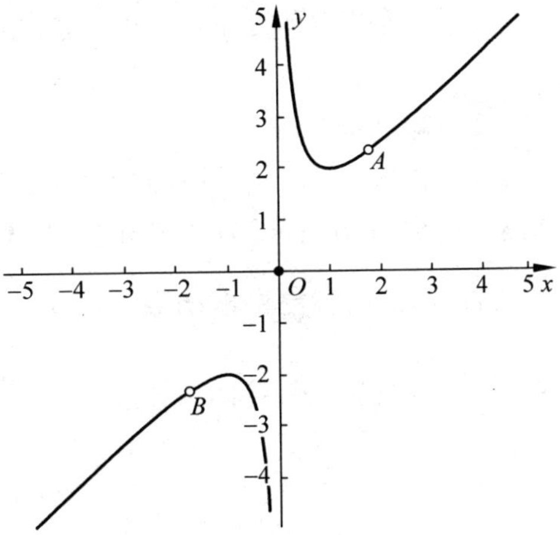

图　1.7.3

5. 拖动点 A，观察点 B 与函数图像的关系，验证你的猜测。

◆你能证明 $y=x+\frac{1}{x}$ 的图像关于原点对称吗？

◆观察函数图像，猜测函数在 $(-\infty,0)$ 与 $(0,+\infty)$ 上的单调性，并进行证明。

◆分析函数在 $(-\infty,0)$ 上的最大值与在 $(0,+\infty)$ 上的最小值。

【实验记录】

认真完成实验过程 1～5，并完成下表。

函数	图像	对称性	单调性	最值
$y=x+\frac{1}{x}$				

【实验分析】

经历以上实验，完成下列填空。

(1) 函数 $f(x)=x+\frac{1}{x}$ 的图像关于________对称，$f(x)$ 是________函数（填“奇”或“偶”），则 $f(-x)=$________。

(2) 函数 $f(x)=x+\frac{1}{x}$ 在 $(0,+\infty)$ 上的最小值是________，在 $(-\infty,0)$ 上的最大值是________。

(3) 函数 $f(x)=x+\frac{1}{x}$ 的定义域是________，值域是________。

(4) 函数 $f(x)=x+\frac{1}{x}$ 的单调递增区间是________________，单调递减区间是________。

（二）研究函数 $y=x+\dfrac{a}{x}$ 的图像与性质

【实验过程】

1. 单击下侧工具栏中的“变量”工具，在弹出的对话框中修改【最小值】为－10，【增量】为0.01，【当前值】为2，单击【确定】，创建变量 a。

2. 用鼠标右键单击函数 $f(x)=x+\dfrac{1}{x}$ 的图像，弹出菜单选择【编辑】，修改表达式为 x+$\dfrac{\mathrm{a}}{\mathrm{x}}$，单击【确定】，绘制函数 $y=x+\dfrac{a}{x}$ 的图像；如图1.7.4所示。

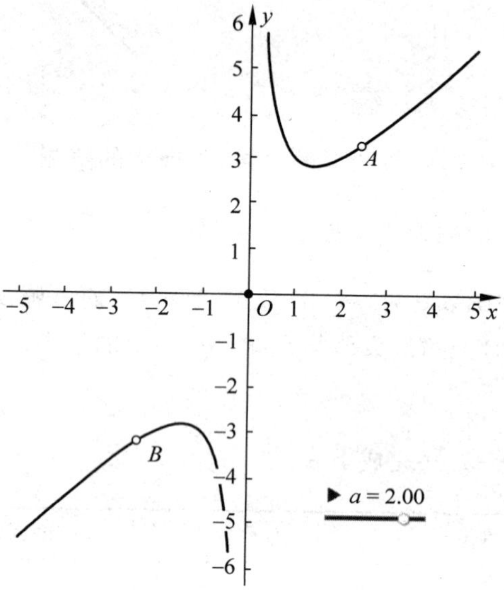

图 1.7.4

【实验记录】

拖动变量 a 的滑杆，观察函数图像，探究系数 a 对函数图像的影响，完成下表。

函数	$y=x+\dfrac{a}{x}$		
类型	$a>0$	$a=0$	$a<0$
图像	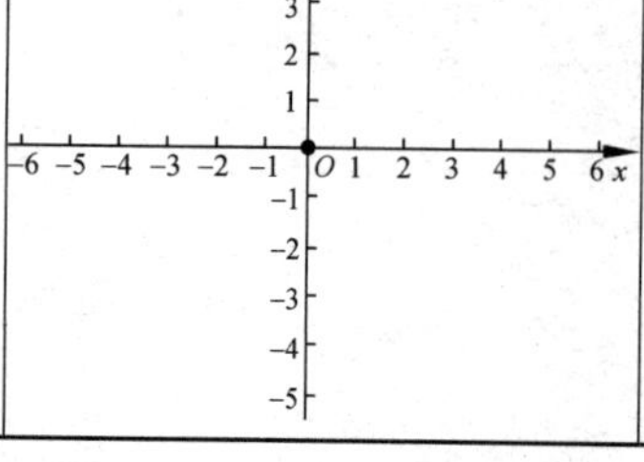	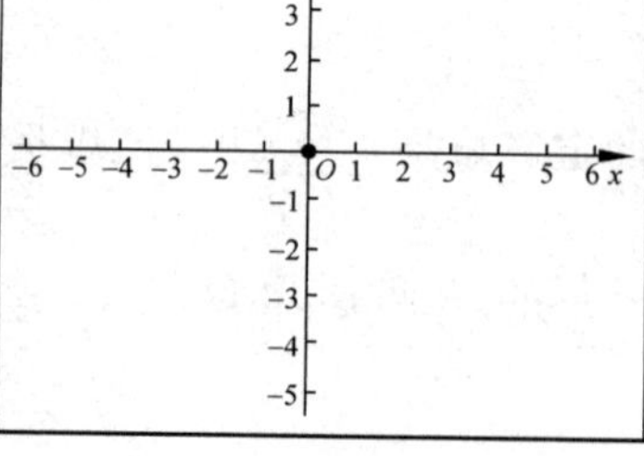	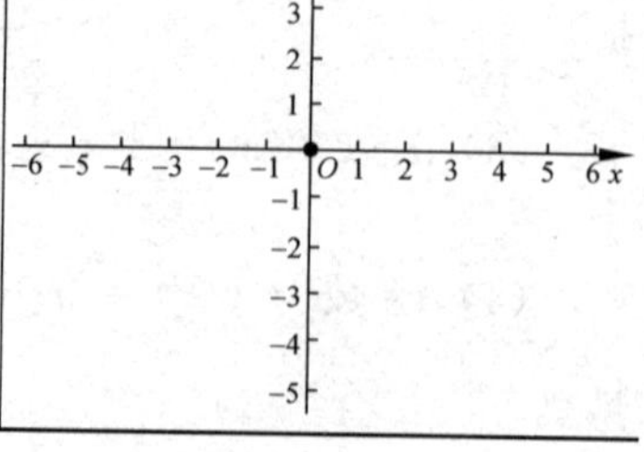

【实验分析】

1. 函数 $y=x+\frac{a}{x}(a\neq 0)$ 的定义域是________，当 $a>0$ 时，值域是________。

2. 函数 $y=x+\frac{a}{x}(a\neq 0)$ 是________函数，图像关于________对称。

3. 当 $a<0$ 时，函数 $y=x+\frac{a}{x}$ 的单调递________区间是________________________。

当 $a>0$ 时，函数 $y=x+\frac{a}{x}$ 的单调递增区间是________________，单调递减区间是________。

【实验拓展】

探究系数 a，b 对函数 $y=ax+\frac{b}{x}(ab\neq 0)$ 图像的影响，完成下表。

函数	$y=ax+\frac{b}{x}(ab\neq 0)$			
类型	(1) $\begin{cases}a>0\\b>0\end{cases}$	(2) $\begin{cases}a<0\\b<0\end{cases}$	(3) $\begin{cases}a>0\\b<0\end{cases}$	(4) $\begin{cases}a<0\\b>0\end{cases}$
图像形状	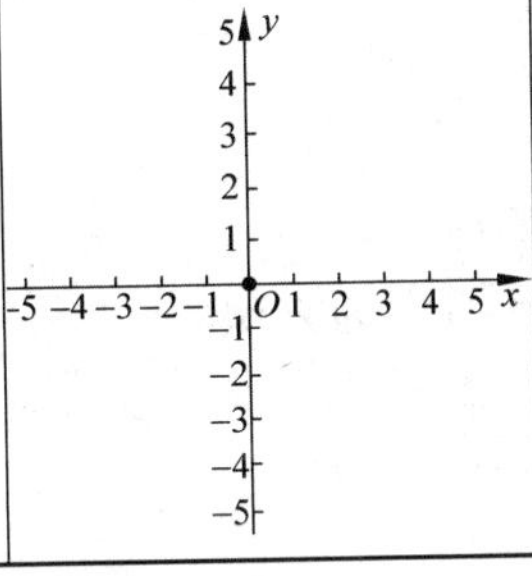	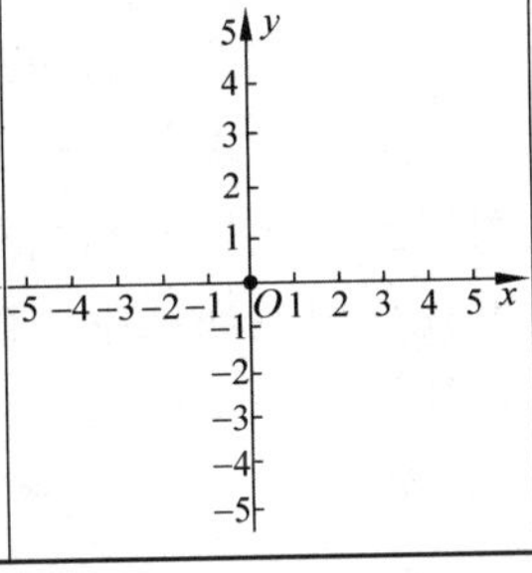	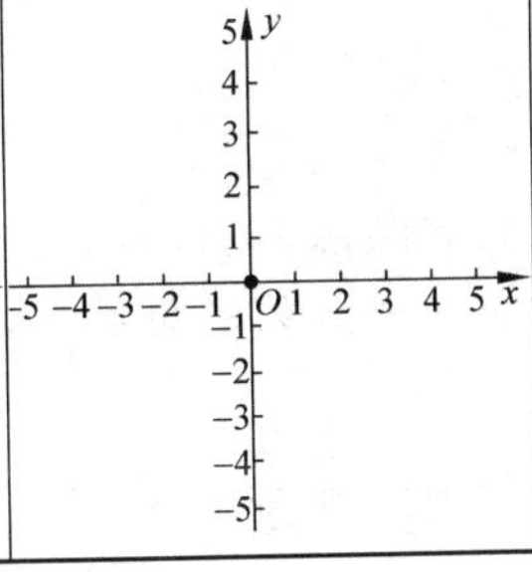	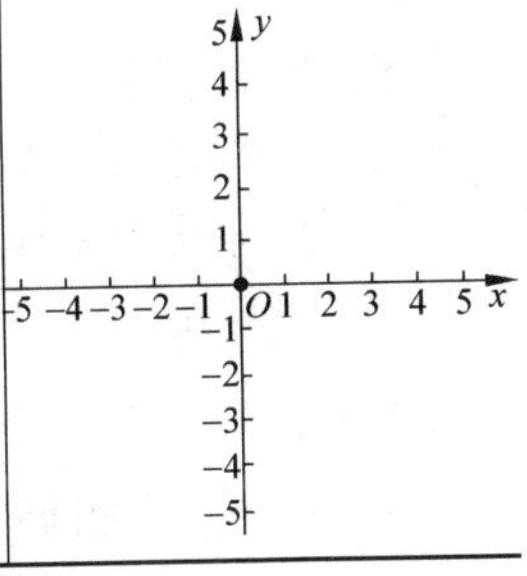

【课外拓展】

依次作出下表中三个函数的图像，分别研究图像特征。

函数	$y=x-\frac{1}{x}$	$y=x^2+\frac{1}{x^2}$	$y=x^3+\frac{1}{x^3}$
图像形状	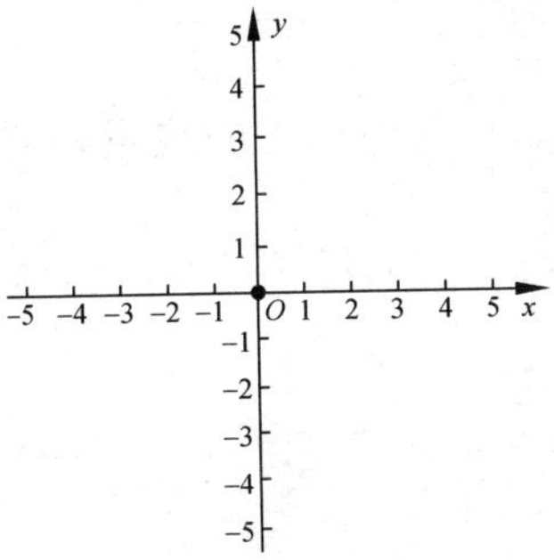	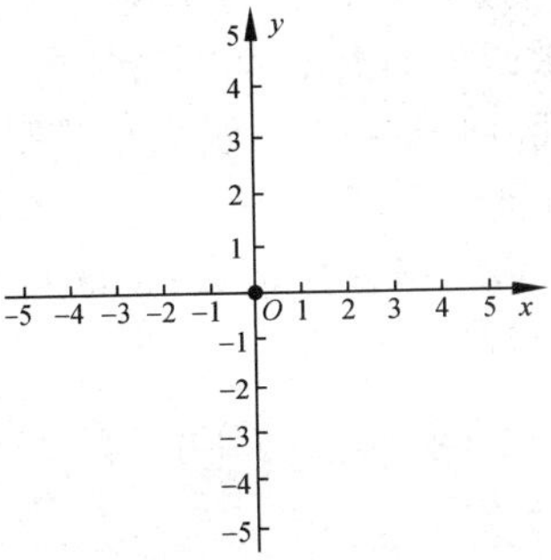	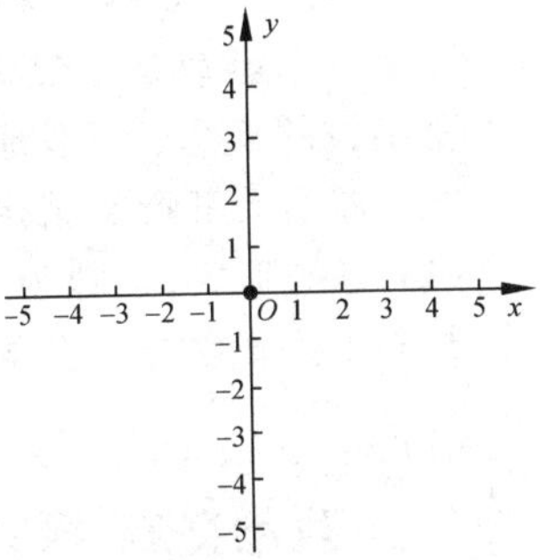
对称性			

续表

函数	$y=x-\frac{1}{x}$	$y=x^2+\frac{1}{x^2}$	$y=x^3+\frac{1}{x^3}$
单调性			
最大值			
最小值			

实验 1.8 简单的幂函数

《幂函数》选自高一数学(北师大版)必修 1 第 2 章第 5 节，是基本初等函数之一。它不仅有着广泛的实际应用，而且起着承前启后的作用。从教材的整体安排看，学习了解幂函数是为了进一步获得比较系统的函数知识和研究函数的方法，为今后学习三角函数等其他函数打下良好的基础。在初中曾经研究过 $y=x$，$y=x^2$，$y=x^{-1}$ 三种幂函数。这节内容，是对初中有关内容的进一步的概括、归纳与拓展，是与幂有关知识的高度升华。通过本节课的学习，建立幂函数这一函数模型，并能用系统的眼光看待以前已经接触过的函数，体会研究的方法，以便能将该方法迁移到对其他函数的研究。

【实验目标】

1. 理解幂函数的概念。
2. 结合几个幂函数的图像，了解幂函数图像的变化情况和简单性质。
3. 会利用定义证明简单函数的奇偶性，了解利用奇偶性画函数图像的方法。

【实验流程】

(一) 创设情景，引出概念

问题 1 写出下列 y 关于 x 的函数解析式：

① 正方形边长 x、面积 y；则 $y=$________。

② 正方体棱长 x、体积 y；则 $y=$________。

③ 正方形面积 x、边长 y；则 $y=$________。

④ 如果小明购买了每支 1 元的笔 x 支，他需要支付 y 元；则 $y=$________。

⑤ 某人骑车 x 秒内匀速前进了 1km，骑车速度为 $y$km/s：$y=$________。

以上五个函数是指数函数吗？有什么共同特征？

幂函数的概念：一般地，形如 $y=x^\alpha$ 的函数称为幂函数，其中 x 是自变量，α 为常数。

注：幂函数解析的结构特征

(1) 幂的形式，系数为 1；(2) 指数是常数；(3) 底数是自变量；(4) 只有一项。

判断下列函数是否是幂函数。

(1) $y=x^{\frac{5}{3}}$；(2) $y=-x^2$；(3) $y=(x+1)^2$；(4) $y=x^0$；(5) $y=x^{-\frac{1}{2}}$；(6) $y=2^x$。

(二) 互动交流，探究性质

【实验过程】

1. 浏览器地址栏输入 https://www.netpad.net.cn/svg.html#posts/195521，打开课件。

2. 把上方的工具“全局坐标系”改为“坐标系”，如图 1.8.1 所示。

3. 单击下侧工具栏中的“$y=f(x)$”工具 f(x)，在对话框中输入 x，单击【确定】绘制函数 $f(x)=x$ 的图像，单击右下侧【外观】，设置合适的【线色】。

4. 同第 3 步绘制函数 $y=x^2$，$y=x^3$，$y=x^{\frac{1}{2}}$，$y=x^{-1}$ 的图像，并设置合适的【线色】，如图 1.8.2 所示。

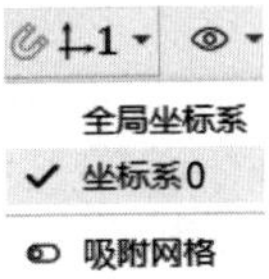

图　1.8.1

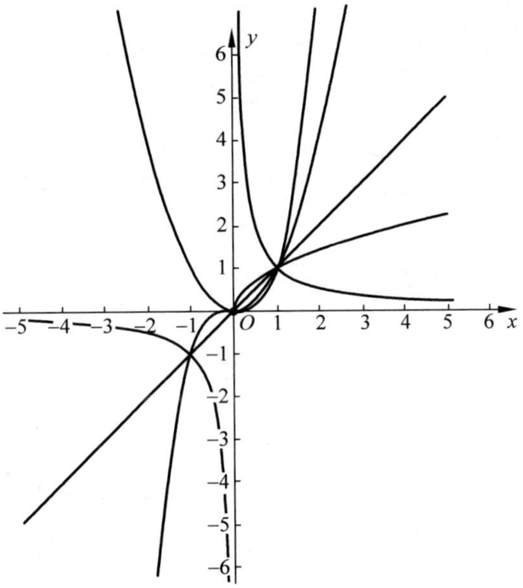

图　1.8.2

5. 单击下侧工具栏中的“变量”工具 a=2，修改【最小值】为 0，【增量】为 0.01，【当前值】为 0.1，单击【确定】，新建变量 a。

6. 单击下侧工具栏的“$x=g(y)$”工具 g(y)，在弹出对话框中输入 a，修改【自变量】范围为 $-10\leqslant y\leqslant 10$，单击【确定】绘制直线 $x=a$；单击右下侧【外观】，设置【线型】为虚线。

7. 小组合作：观察这五个函数图像，拖动变量 a 的滑杆，改变 a 的值，讨论函数图像的特征，填写下表。

8. 小组合作：根据图像特征，分析、归纳幂函数的性质，填写下表。

<table>
<tr><td colspan="2">函数</td><td>$y=x$</td><td>$y=x^2$</td><td>$y=x^3$</td><td>$y=x^{\frac{1}{2}}$</td><td>$y=x^{-1}$</td></tr>
<tr><td rowspan="6">图像特征</td><td>图像</td><td></td><td></td><td></td><td></td><td></td></tr>
<tr><td>分布象限</td><td></td><td></td><td></td><td></td><td></td></tr>
<tr><td>升降</td><td></td><td></td><td></td><td></td><td></td></tr>
<tr><td>对称性</td><td></td><td></td><td></td><td></td><td></td></tr>
<tr><td>公共点</td><td colspan="5"></td></tr>
<tr><td>与 $x=a(a>0)$ 的交点</td><td colspan="5">$x\in$________幂指数越大，交点越________；$x\in$________幂指数越大，交点越________。
在第一象限，在直线 $x=1$ 右侧的图像：指数越大，图像越靠近________，指数越小，图像越靠近________。
在直线 $x=1$ 左侧的图像：指数越大，图像越靠近________，指数越小，图像越靠近________。</td></tr>
</table>

续表

函数		$y=x$	$y=x^2$	$y=x^3$	$y=x^{\frac{1}{2}}$	$y=x^{-1}$
性质	定义域					
	值域					
	单调性					
	奇偶性					
	大小关系	当 $x\in$ ________，α 越大，x^{α} ________；当 $x\in$ ________，α 越大，x^{α} ________				

【设计意图】

采用合作探究的方式，突出本节重点，突破本节难点，激发学生积极学习的兴趣和合作精神，分步设置两个任务，层层递进，一方面能够使学生掌握基础知识，另一方面能够经历探索的过程，体会研究解决问题的方法。

【结论应用】

1. 利用幂函数的性质，比较下列各题中两个幂的值的大小。

(1) $2.5^{\frac{4}{5}}, 2.7^{\frac{4}{5}}$；(2) $0.7^{\frac{7}{4}}, 0.9^{\frac{7}{4}}$；(3) $(\sqrt{3})^{-\frac{5}{3}}, (\sqrt{5})^{-\frac{5}{3}}$；(5) $1.4^{-\frac{1}{2}}, 0.7^{-\frac{1}{2}}$。

2. 讨论函数 $y=x^{\frac{2}{5}}$ 的定义域、奇偶性，作出它的图像，并根据图像说明函数的单调性。

3. 证明幂函数 $f(x)=\sqrt{x}$ 在 $(0,+\infty)$ 上是增函数。

实验 1.9 探究分段函数的性质

分段函数的特点是在函数的定义域内，对于自变量 x 的不同取值区间，有着不同的对应法则，因而需要按自变量的不同取值区间将函数进行分段表示。分段函数的解析式虽然有“几段”，但它终是一个函数，而不是“几个函数”。因而研究分段函数时，常常需要分段研究，整体考虑。分类讨论与数形结合是高中数学学习的两种重要思想方法，在分段函数的学习过程中体现尤为明显。准确地进行分类讨论，恰当地运用数形结合，对训练思维能力、分析问题和解决问题的能力有一定的作用。

【实验目标】

(1) 通过具体实例，了解分段函数的概念，会运用研究函数的方法研究分段函数的定义域、值域、奇偶性、单调性等。

(2) 通过搜索知识经验和生活经验中的分段函数，体会函数建模思想；通过对简单含参分段函数的研究，进一步渗透数形结合思想和分类讨论的思想。

【实验流程】

(一) 探究分段函数的奇偶性

例 1 已知 $f(x)=\begin{cases}x^2+x, & x<0\\ x^2-x, & x\geq 0\end{cases}$，判断函数 $f(x)$ 的奇偶性。

【实验过程】

1. 浏览器地址栏输入 https://www.netpad.net.cn/svg.html#posts/195524，打开课件。

2. 把上方的工具“全局坐标系”改为“坐标系”，如图 1.9.1 所示。

3. 单击下侧工具栏中的“$y=f(x)$”工具，对话框设置如图 1.9.2 所示，单击【确定】绘制函数 $f(x)=\begin{cases}x^2+x, & x<0\\ x^2-x, & x\geqslant 0\end{cases}$ 的图像，如图 1.9.3 所示。

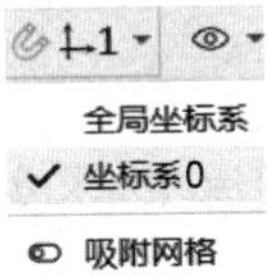

图　1.9.1

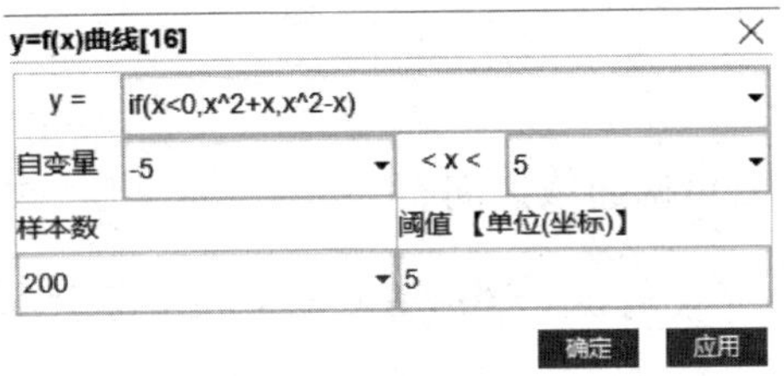

图　1.9.2

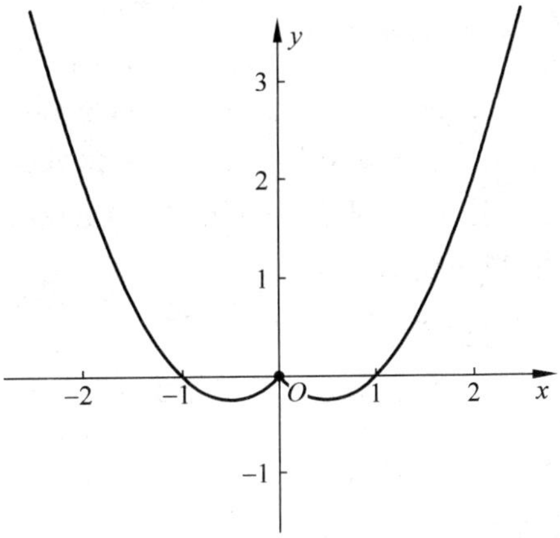

图　1.9.3

4. 小组合作：观察函数图像，猜测函数的奇偶性。

5. 单击选中函数图像，单击下侧工具栏中的“元素上的点”工具，在图像上构造一点 A。

6. 选中点 A，y 轴，单击下侧工具栏的“轴对称”工具，构造点 A 关于 y 轴的对称点 B；拖动点 A 在函数图像上运动，观察点 B 与函数图像的关系，验证猜测。

7. 小组合作：用函数奇偶性定义证明函数 $f(x)$ 的奇偶性，总结分段函数奇偶性判定方法，填写实验记录。

【结论应用】

1. 判断下列函数的奇偶性。

(1) $f(x)=\begin{cases}x+2, & x<-1\\ 0, & -1\leqslant x\leqslant 1\\ -x+2, & x>1\end{cases}$；(2) $g(x)=\begin{cases}x^2+2x+3, & x<0\\ 2, & x=0\\ -x^2+2x-3, & x>0\end{cases}$。

2. 证明函数 $g(x)=\begin{cases}x^2-2x+5, & x<0\\ 0, & x=0\\ -x^2-2x-5, & x>0\end{cases}$ 是奇函数。

3. 设 $f(x)$ 为奇函数，且当 $x\geqslant 0$ 时，$f(x)=e^x-1$，则当 $x<0$ 时，$f(x)=$(　　)。

A. $e^{-x}-1$　　B. $e^{-x}+1$　　C. $-e^{-x}-1$　　D. $-e^{-x}+1$

(二) 探究分段函数的单调性

例 2　已知 $f(x)=\begin{cases}x^2+x, & x<0\\ x^2-x, & x\geqslant 0\end{cases}$，求函数 $f(x)$ 的单调区间。

【实验过程】

1. 用鼠标双击函数 $f(x)=\begin{cases}x^2+x, & x\leqslant 0\\ x^2-x, & x>0\end{cases}$ 的图像,在弹出的对话框中修改表达式为:if(x<0,x^2+2x,2^x-2),【阈值】修改为0.5;单击【确定】。

2. 单击下侧工具栏中的"直角坐标点"工具。弹出对话框中【x坐标】输入0,【y坐标】输入-1,单击【确定】,绘制点 C,单击右下侧【外观】,设置【线色】为蓝色,【填充色】为白色,绘制函数 $f(x)=\begin{cases}x^2+x, & x\leqslant 0\\ 2^x-2, & x>0\end{cases}$ 的图像;如图1.9.4所示。

3. 选中点 A,B,按Del键删除。

4. 观察函数图像,写出函数单调区间,填写实验记录。

5. 小组讨论,证明函数 $f(x)$ 在 $(-\infty,-1)$ 上单调递减,总结求分段函数单调区间的方法,填写实验记录。

【结论应用】

1. 写出函数 $y=|1+2x|+|2-x|$ 的单调递减区间。

2. 已知函数 $f(x)=\begin{cases}(a-2)x-1, & x\leqslant 0\\ \log_a x, & x\geqslant 1\end{cases}$,若 $f(x)$ 在 $(-\infty,+\infty)$ 上单调递增,求实数 a 的取值范围。

(三)探究分段函数的最值

例3 已知 $f(x)=\begin{cases}x^2+x-1, & -3\leqslant x<0\\ x^2-x, & 0\leqslant x\leqslant 2\end{cases}$,求 $f(x)$ 的最大值和最小值。

1. 用鼠标双击 $f(x)=\begin{cases}x^2+x, & x\leqslant 0\\ 2^x-2, & x>0\end{cases}$ 的图像,在弹出的对话框中修改表达式为if(x<0,x^2+x-1,x^2-x),【自变量】修改为 $-3\leqslant x\leqslant 2$,单击【确定】,绘制 $f(x)=\begin{cases}x^2+x-1, & -3\leqslant x<0\\ x^2-x, & 0\leqslant x\leqslant 2\end{cases}$ 的图像,如图1.9.5所示。

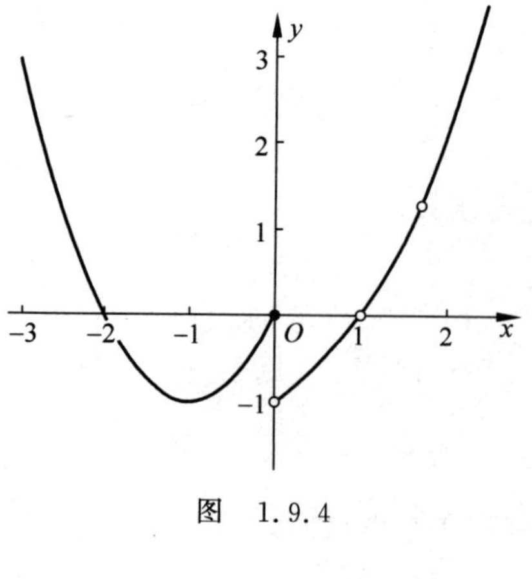

图 1.9.4

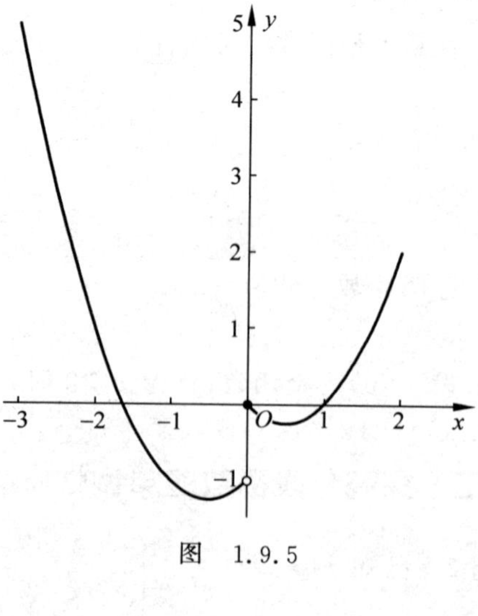

图 1.9.5

2. 观察函数图像，写出函数的最大值与最小值，填写实验记录。

3. 小组合作：总结求分段函数最值的方法，填写实验记录。

【结论应用】

1. 函数 $y=|x-1|+|x+1|$ 的值域是____________。

2. 已知函数 $f(x)=1-2x^2$，$g(x)=x^2-2x$，若 $F(x)=\begin{cases}g(x), & f(x)\geqslant g(x)\\ f(x), & f(x)<g(x)\end{cases}$，则 $F(x)$ 的值域是________。

3. 已知函数 $f(x)=x^2+|2x-a|$（$x\in\mathbf{R}$，a 为常数）。

(1) 当 $a=2$ 时，讨论函数 $f(x)$ 的单调性；

(2) 若 $a>-2$，函数 $f(x)$ 的最小值为 2，求实数 a 的值。

【实验记录】

性　质	函　数	解答过程
奇偶性	$f(x)=\begin{cases}x^2+x, & x<0\\ x^2-x, & x\geqslant 0\end{cases}$	奇偶性：________ 理由：
	分段函数奇偶性判定方法：	
单调性	$f(x)=\begin{cases}x^2+x, & x<0\\ x^2-x, & x\geqslant 0\end{cases}$	单增区间：________________ 单减区间：________________
	求分段函数单调性的方法：	
最值	$f(x)=\begin{cases}x^2+x-1, & -3\leqslant x<0\\ x^2-x, & 0\leqslant x\leqslant 2\end{cases}$	当 x ________时，$f(x)_{max}=$________ 当 x ________时，$f(x)_{min}=$________
	求分段函数最值的方法： 分段函数值域是____________________ 分段函数的最大值是________；分段函数的最小值是________	

实验 1.10　函数图像变换规律探究

函数的认识和研究应该从基本函数入手，但不应仅停留于基本函数，考虑到基本函数的图像经过平移、放缩和旋转可以得出一系列派生函数的图像，将研究的范围拓展到一般函数就要思考、归纳总结图像的变换规律，因为能做出函数图像即意味着我们可以据此研究函数的性质，如定义域、值域、单调性、对称性等。

【实验目标】

1. 借助实验平台，在“一改、二拖、三动画”中认识函数图像的变换（平移、对称、翻折）规律，并通过平台验证所发现的数学结论。

2. 初步学会在明确研究问题的基础上确定研究方案，在研究过程中学会刻画特殊的元素(点或线)以帮助我们发现数学规律。

【实验流程】

(一) 探究函数图像的平移变换

例 1 已知函数 $f(x)=x^2+2x-3$。

(1) 如何由 $f(x)$ 的图像变换得到函数 $g(x)=(x-a)^2+2(x-a)-3$ 的图像;

(2) 如何由 $f(x)$ 的图像变换得到函数 $\varphi(x)=x^2+2x-3+a$ 的图像。

【实验过程】

1. 浏览器地址栏输入 https://www.netpad.net.cn/svg.html#posts/195526,打开课件。

2. 单击下侧工具栏中的"变量"工具,新建变量 a(【最小值】为 -6,【最大值】为 6,【增量】为 0.01,【当前值】为 4)。

3. 单击下侧工具栏中的"$y=f(x)$"工具,在弹出的对话框中输入 x^2+2x-3,【自变量】范围修改为 $-4\leqslant x\leqslant 2$,单击【确定】绘制函数 $f(x)=x^2+2x-3(-4\leqslant x\leqslant 2)$ 的图像。

4. 选中函数 $f(x)$ 的图像,单击下侧工具栏中的"平移"工具,平移对话框设置如图 1.10.1 所示,单击【确定】得到 $f(x)$ 图像水平方向平移 t 个单位后的图像,设置其【线色】为紫色,【线形】为虚线。单击下侧工具栏中的"动画"工具,设置如图 1.10.2 所示。

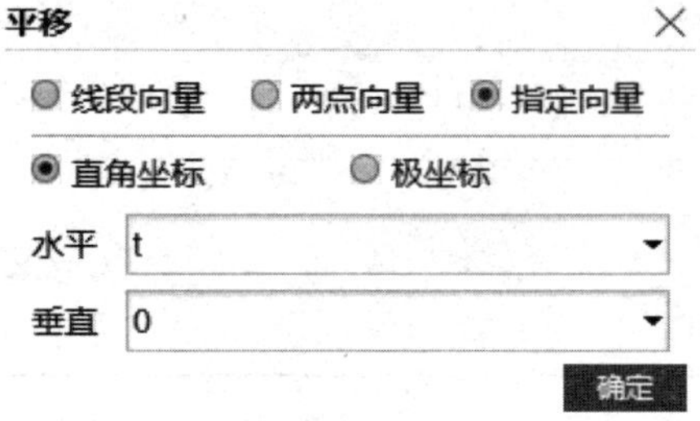

图 1.10.1

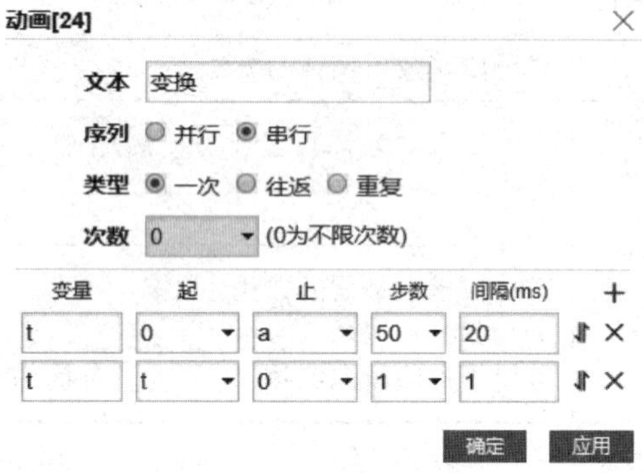

图 1.10.2

5. 同第 3 步绘制函数 $g(x)=(x-a)^2+2(x-a)-3(a-4\leqslant x\leqslant a+2)$ 的图像,并设置其【线色】为红色。

6. 选中 $f(x)$ 的图像,单击下侧工具栏中的"元素上的点",构造 $f(x)$ 图像上一点,单击右下侧【基础】设置【名称】为 P,单击【外观】设置【填充】、【线色】为蓝色,【点径】为 5。

7. 用鼠标右击点 P,在弹出的菜单选择【测量】—【x 坐标】,得到点 P 的横坐标 m0;同法测量点 P 的纵坐标 m1;点 P 的坐标。

8. 单击下侧工具栏中的"直角坐标点"工具,在弹出对话框设置如图 1.10.3 所示,构造点,设置其【名称】为 Q,同第 6 步设置点 Q,测量点 Q 的坐标;单击右下侧【基础】去掉【可选】后的勾选。

9. 选中点 P,Q,单击下侧工具栏中的"线段"工具,构造线段 PQ,设置其【线形】为

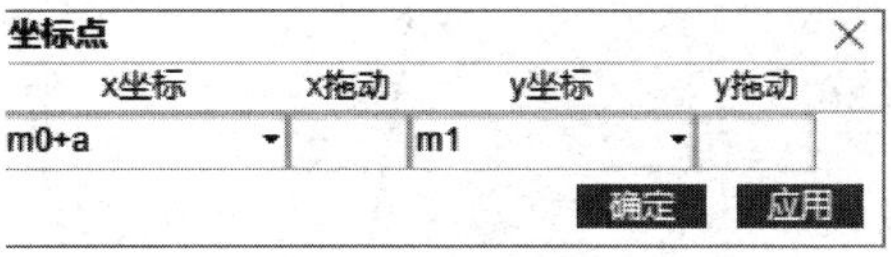

图　1.10.3

虚线。

10. 单击下侧工具栏的“动画”工具，弹出的对话框设置如图 1.10.2 所示，单击【确定】构造动画按钮，如图 1.10.4 所示。

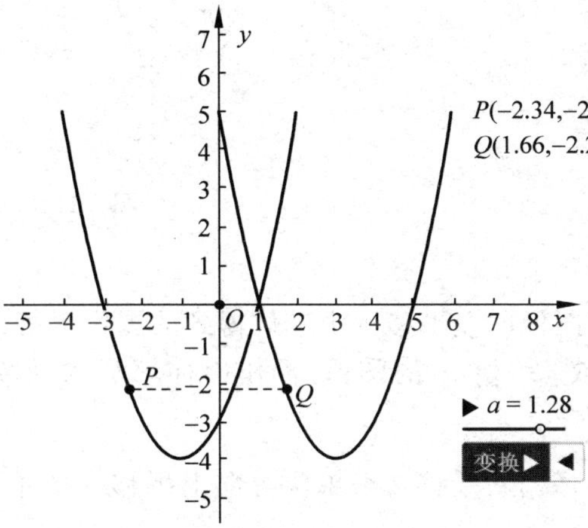

图　1.10.4

11. 小组合作：拖动变量 a 的滑杆改变 a 的值，拖动点 P 在 $f(x)$ 图像上移动，观察点 P、点 Q 坐标的关系，猜测由函数 $y=x^2+2x-3$ 的图像(黑线)变换得到 $y=(x-a)^2+2(x-a)-3$ 的图像(红线)的方法；单击按钮【变换】验证猜测；可自行修改 $f(x)$ 的解析式及相应的 $g(x)$ 的解析式，反复实验多次，归纳总结如何由函数 $f(x)$ 的图像变换得到函数 $f(x+a)$ 的图像，填写实验记录。

12. 用鼠标双击 $y=(x-a)^2+2(x-a)-3$ 的图像(红线)，在弹出的对话框中修改函数式为 x^2+2x−3+a，【自变量】范围修改为 $-4\leqslant x\leqslant 2$，单击【确定】，作出函数 $y=x^2+2x-3+a$ 的图像。

13. 用鼠标右键单击点 Q，在弹出的菜单选择【编辑】，修改【x 坐标】为 m0，【y 坐标】为 m1+a。

14. 单击右上侧【路径：平移】，如图 1.10.5 所示，单击右下侧【设定】修改【水平】为 0，【垂直】为 t；界面如图 1.10.6 所示。

15. 小组合作：拖动变量 a 的滑杆改变 a 的值，拖动点 P 在 $f(x)$ 图像上移动，观察点 P、点 Q 坐标的关系，猜测如何由函数 $y=x^2+2x-3$ 的图像(黑线)变换得到 $y=x^2+2x-3+a$ 的图像(红线)；单击按钮【变换】验证猜测；可自行修改 $f(x)$ 的解析式及相应的 $g(x)$ 的解析式，反复实验多次，归纳总结如何由函数 $f(x)$ 的图像变换得到函数 $f(x)+a$ 的图像，填写实验记录。

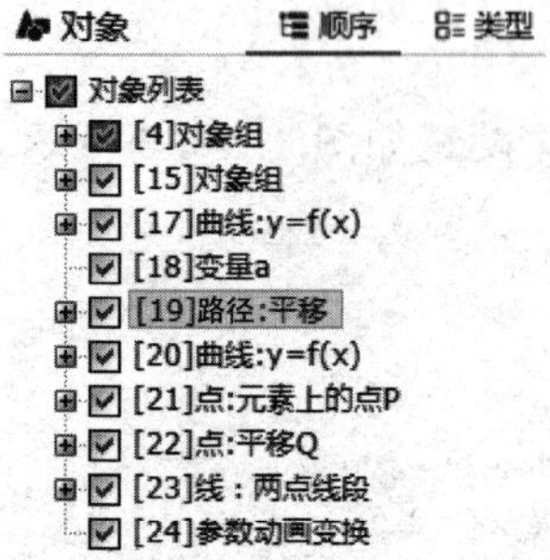

图 1.10.5

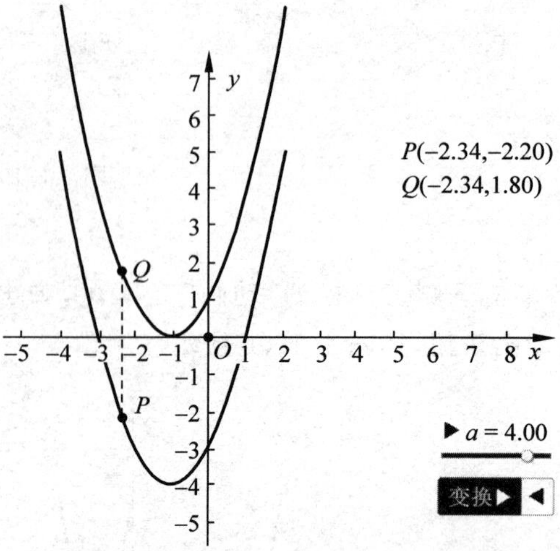

图 1.10.6

【结论应用】

1. 将函数 $y=\lg 2x$ 的图像向左平移 1 个单位得到的图像解析式为________。

在网络画板中作出函数 $y=\lg 2x$ 的图像，再作出你填写的函数图像，验证你的结论是否正确。

2. 将函数 $y=x^{\frac{3}{5}}$ 的图像向右平移 2 个单位再向上平移 3 个单位后得到新的图像解析式为________________。

3. 把一个函数的图像向左平移 1 个单位再向下平移 2 个单位后得到的图像的解析式为 $y=2^x-1$，则原来函数的解析式________。

4. 为了得到函数 $y=2^{x-3}-1$ 图像，只需要把函数 $y=2^x$ 的图像上所有的点(　　)。

A. 向右平移 3 个单位长度，再向下平移 1 个单位长度

B. 向左平移 3 个单位长度，再向下平移 1 个单位长度

C. 向右平移 3 个单位长度，再向上平移 1 个单位长度

D. 向左平移 3 个单位长度，再向上平移 1 个单位长度

5. 能利用平移变换的规律画出 $y=(x-2)^2+1$，$y=\dfrac{1}{x-1}+2$ 的图像(可适当添加辅助线)。

【设计意图】

开展数学实验，重要的是获得足够的亲身体验，本案例在使用时可修改 $f(x)$ 的解析式反复实验，从而让变换规律的发现“水到渠成”。在操作过程中需要注意节奏，其基本步骤是“一改(解析式)二拖(参数 a 的滑动条)三动画(点 P 及 $q(x)$ 图像)”，观察点的变化和观看动画只是辅助手段，重点是发现平移方向与 a 值符号的相异性，此外，可将左右平移实验改为上下平移实验。

(二) 探究函数图像的对称变换

例 2 已知函数 $f(x)=x^2+2x-3$。

(1) 如何由 $f(x)$ 的图像变换得到函数 $g(x)=-x^2-2x+3$ 的图像；

(2) 如何由 $f(x)$ 的图像变换得到函数 $\varphi(x)=x^2-2x-3$ 的图像；

(3) 如何由 $f(x)$ 的图像变换得到函数 $\varphi(x)=-x^2+2x+3$ 的图像。

【实验过程】

1. 鼠标双击 $y=x^2+2x-3+a$ 的图像，在弹出的对话框中修改函数式为 $-$x^2$-$2x$+$3，单击【确定】即作出函数 $y=-x^2-2x+3$ 的图像。

2. 用鼠标右键单击点 Q，在弹出的菜单选择【编辑】，修改【x 坐标】为 m0，【y 坐标】为 $-$m1。

3. 单击右上侧【路径：平移】，选中变量 a，按钮【变换】，按 Del 键删除；界面如图 1.10.7 所示。

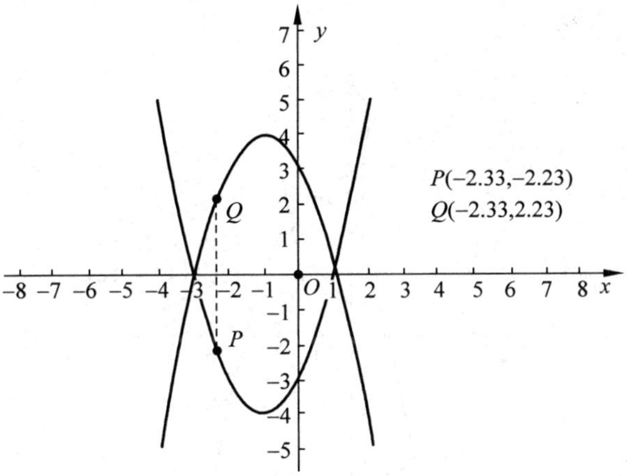

图　1.10.7

4. 小组合作：拖动点 P 在 $f(x)$ 图像上移动，观察点 P，Q 坐标的关系，猜测如何由函数 $y=x^2+2x-3$ 的图像（黑线）变换得到 $y=-x^2-2x+3$ 的图像（红线）；可自行修改 $f(x)$ 的解析式及相应的 $g(x)$ 的解析式，反复实验多次，归纳总结如何由函数 $f(x)$ 的图像变换得到函数 $-f(x)$ 的图像，填写实验记录。

5. 鼠标双击 $y=x^2+2x-3+a$ 的图像，在弹出的对话框中修改函数式为 x^2$-$2x$-$3，【自变量】范围修改为 $-2\leqslant x\leqslant 4$，单击【确定】作出函数 $y=x^2-2x-3$ 的图像。

6. 用鼠标右键单击点 Q，在弹出的菜单选择【编辑】，修改【x 坐标】为 $-$m0，【y 坐标】为 m1；界面如图 1.10.8 所示。

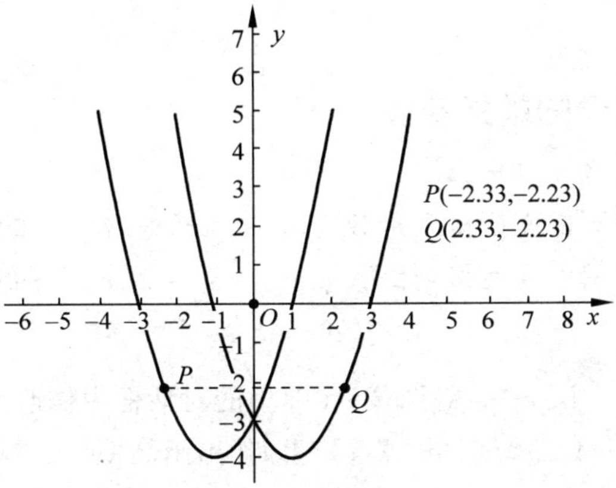

图　1.10.8

7. 小组交流：拖动点 P 在 $f(x)$ 图像上移动，观察点 P,Q 坐标的关系，猜测如何由函数 $y=x^2+2x-3$ 的图像(黑线)变换得到 $y=x^2-2x-3$ 的图像(红线)；可自行修改 $f(x)$ 的解析式及相应的 $g(x)$ 的解析式，反复实验多次，归纳总结如何由函数 $f(x)$ 的图像变换得到函数 $f(-x)$ 的图像，填写实验记录。

8. 鼠标双击 $y=x^2+2x-3+a$ 的图像，在弹出的对话框中修改函数式为 -x^2+2x+3，单击【确定】作出函数 $y=-x^2+2x+3$ 的图像。

9. 用鼠标右键单击点 Q，在弹出的菜单选择【编辑】，修改【x 坐标】为 -m0，【y 坐标】为 -m1；界面如图 1.10.9 所示。

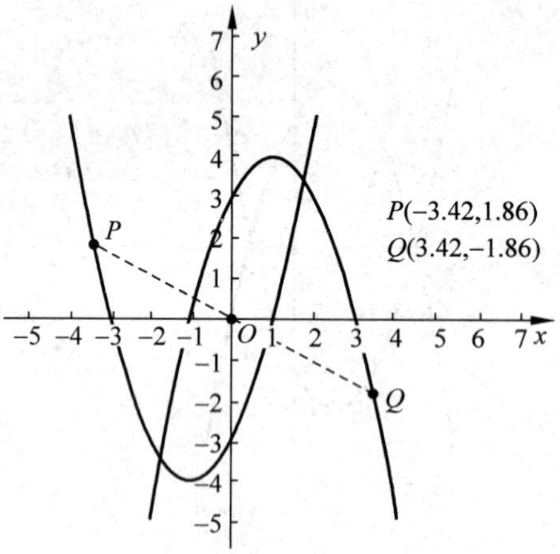

图 1.10.9

10. 小组交流：拖动点 P 在 $f(x)$ 图像上移动，观察点 P、点 Q 坐标的关系，猜测如何由函数 $y=x^2+2x-3$ 的图像(黑线)变换得到 $y=-x^2+2x+3$ 的图像(红线)；可自行修改 $f(x)$ 的解析式及相应的 $g(x)$ 的解析式，反复实验多次，归纳总结如何由函数 $f(x)$ 的图像变换得到函数 $-f(-x)$ 的图像，填写实验记录。

【结论应用】

已知函数 $y=f(x)$ 的图像关于原点对称，且当 $x\in(0,+\infty)$ 时，$f(x)=\dfrac{1}{x+1}$，则当 $x\in(-\infty,0)$ 时，$f(x)=$________。

（三）探究函数图像的翻折变换

例 3 已知函数 $f(x)=x^2+2x-3$。

(1) 如何由 $f(x)$ 的图像变换得到函数 $g(x)=|x^2+2x-3|$ 的图像；

(2) 如何由 $f(x)$ 的图像变换得到函数 $\varphi(x)=x^2+2|x|-3$ 的图像。

【实验过程】

1. 鼠标双击 $y=-x^2+2x+3$ 的图像，在弹出的对话框中修改函数式为 abs(x^2+2x-3)，【自变量】范围修改为 $-4\leqslant x\leqslant 2$，单击【确定】即作出函数 $y=|x^2+2x-3|$ 的图像。

2. 用鼠标右键单击点 Q，在弹出的菜单选择【编辑】，修改【x 坐标】为 m0，【y 坐标】为 abs(m1)；界面如图 1.10.10 所示。

3. 小组交流：拖动点 P 在 $f(x)$图像上移动，观察点 P、点 Q 坐标的关系，猜测如何由函数 $y=x^2+2x-3$ 的图像(黑线)变换得到 $y=|x^2+2x-3|$的图像(红线)；可自行修改 $f(x)$的解析式及相应的 $g(x)$的解析式，反复实验多次，归纳总结如何由函数 $f(x)$的图像变换得到函数$|f(x)|$的图像，填写实验记录。

4. 鼠标双击 $y=|x^2+2x-3|$的图像，在弹出的对话框中修改函数式为 x^2＋2abs(x)－3,【自变量】范围修改为$-4\leqslant x\leqslant 2$，单击【确定】即作出函数 $y=x^2+2|x|-3$ 的图像。

5. 用鼠标右键单击点 Q，在弹出的菜单选择【编辑】，修改【x 坐标】为 m0，【y 坐标】为 if(m0＞0，m1，m0^2－2＊m0－3)；界面如图 1.10.11 所示。

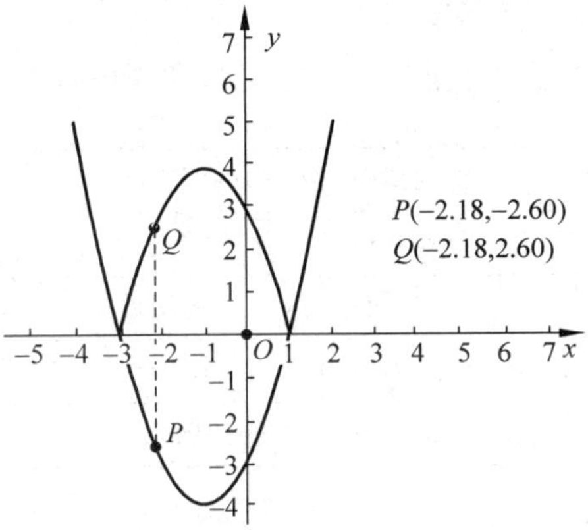

图　1.10.10

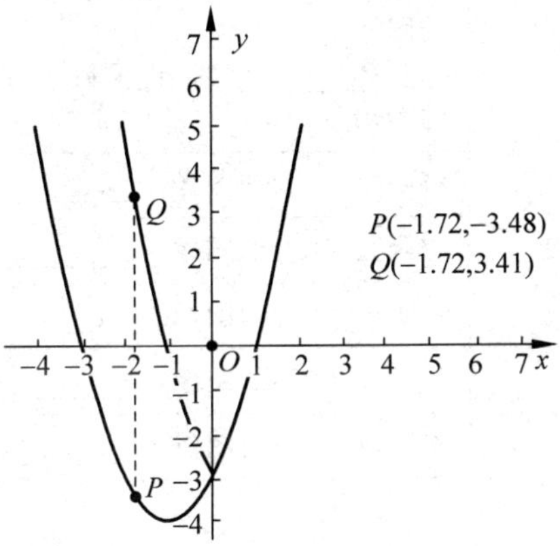

图　1.10.11

6. 小组交流：拖动点 P 在 $f(x)$图像上移动，观察点 P、点 Q 坐标的关系，猜测如何由函数 $y=x^2+2x-3$ 的图像(黑线)变换得到 $y=x^2+2|x|-3$ 的图像(红线)；可自行修改 $f(x)$的解析式及相应的 $g(x)$的解析式，反复实验多次，归纳总结如何由函数 $f(x)$的图像变换得到函数 $f(|x|)$的图像，填写实验记录。

【结论应用】

(1) 画出下列函数的图像。

① $y=\log_2|x|$；② $y=|x^2-2x-8|$。

(2) 设函数 $f(x)=|x^2-4x+5|$。

① 在区间$[-2,6]$上画出函数 $f(x)$的图像；

② 设集合 $A=\{x|f(x)\geqslant 5\}$，$B=(-\infty,-2]\cup[6,+\infty)$，试判断集合 A，B 之间的关系，并给出证明；

③ 当 $k>2$ 时，求证：在区间$[-1,5]$上，$y=kx+3k$ 的图像位于函数 $f(x)$图像的上方。

【设计意图】

翻折变换比起平移和对称要复杂得多，如果去掉绝对值符号，则可表示为分段函数：$|f(x)|=\begin{cases}f(x), & f(x)\geqslant 0\\ -f(x), & f(x)<0\end{cases}$，从解析式可以看出，$|f(x)|$的图像是保留 $f(x)$在 x 轴上方的图像，将 x 轴下方的部分翻折到 x 轴上方；而由 $f(|x|)=\begin{cases}f(x), & x\geqslant 0\\ f(-x), & x<0\end{cases}$可知 $f(x)$的

图像是保留了 $f(x)$ 在 y 轴右侧部分的图像，并将右侧部分图像翻折到 y 轴左侧得到的。

【实验记录】

	变换方法
平移变换	当 a ________时，将函数 $f(x)$ 的图像________________得到函数 $f(x+a)$ 的图像 当 a ________时，将函数 $f(x)$ 的图像________________得到函数 $f(x+a)$ 的图像
	当 a ________时，将函数 $f(x)$ 的图像________________得到函数 $f(x)-a$ 的图像 当 a ________时，将函数 $f(x)$ 的图像________________得到函数 $f(x)-a$ 的图像
对称变换	将函数 $f(x)$ 的图像________________得到函数 $-f(x)$ 的图像
	将函数 $f(x)$ 的图像________________得到函数 $f(-x)$ 的图像
	将函数 $f(x)$ 的图像________________得到函数 $-f(-x)$ 的图像
翻折变换	将函数 $f(x)$ 的图像________________得到函数 $\|f(x)\|$ 的图像
	将函数 $f(x)$ 的图像________________得到函数 $f(\|x\|)$ 的图像

【结论感悟】

函数图像的变换规律相比具体函数图像与性质而言要复杂得多，也并非课程标准中要求掌握的内容；但在网络画板构建的实验环境中，我们可以“看见”图像的变换规律，这其实就是一种真正意义上的数学研究，当然如何创设利于发现数学的可视化情境，需要我们的共同努力。类似本案例，读者可以仿照设计伸缩变换的实验情境。

实验 1.11　探究复合函数的性质

教材中研究的函数多为基本初等函数，如指对数函数、二次函数、三角函数等，但实际面对的往往是复杂的函数，如 $y=\log_2(x^2-2x)$，$y=\sin x+\sqrt{3}\cos x$ 等，剖析这些复杂函数，其实都可以理解为由基本初等函数复合而成，如 $y=\log_2(x^2-2x)$ 由 $y=\log_2 t$ 和 $t=x^2-2x$ 复合而成。对复合函数的研究很有意义，一旦掌握了这类钥匙，我们就可以突破基本函数的限制，研究更多更一般的函数。

【实验目标】

1. 将复杂函数分解为两个基本函数，结合基本函数的图像“想象”复合效果。

2. 会观察函数的图像特征，归纳函数的性质并能用代数的方法判断或证明函数的性质。

3. 从教育技术逐渐过渡到利用纸笔作为工具进行研究性学习，在直观感知和理性推导中形成动态平衡，促进学生认知提升。

【实验流程】

（一）复合函数概念

复合函数的定义：设 y 是 u 的函数，即 $y=f(u)$，u 是 x 的函数，即 $u=g(x)$，且 $g(x)$ 的值域与 $f(u)$ 的定义域的交集非空，那么 y 通过 u 的联系成为的函数，这个函数称为由 $y=f(u)$，$u=g(x)$ 复合而成的复合函数，记作 $y=f(g(x))$，其中 $y=f(u)$ 叫外层函数，$u=g(x)$ 叫内层函数。

例 1　指出下列函数的复合过程。

(1) $y=\lg(2-x)$；(2) $y=2^{2|x|-3}$；(3) $y=x^4-4x^2+3$。

【设计意图】

解复合函数的关键之一是写出复合过程，本例在于进一步理解复合函数概念，确定复合过程。

（二）探究复合函数性质

例 2　分别求函数(1) $h(x)=\log_2(x^2-2x)$，(2) $y=2^{\frac{1}{x-1}}$；(3) $y=x^4-4x^2+3$ 的定义域、值域、单调区间。

【实验过程】

1. 浏览器地址栏输入 https://www.netpad.net.cn/svg.html#posts/195527，打开课件。

2. 把上方的工具“全局坐标系”改为“坐标系”，如图 1.11.1 所示。

3. 单击下侧工具栏中的“$y=f(x)$”工具，在弹出的对话框输入 log(x,2)，【自变量】为 $0\leqslant x\leqslant 10$，单击【确定】绘制函数 $f(x)=\log_2 x$ 的图像，单击右下侧【基础】，设置【名称】为 $f(x)$，【字色】为红色；单击【外观】，设置【线色】为红色，同法绘制函数 $g(x)=x^2-2x$ 的图像，设置【名称】为 $g(x)$，【字色】为黑色；如图 1.11.2 所示。

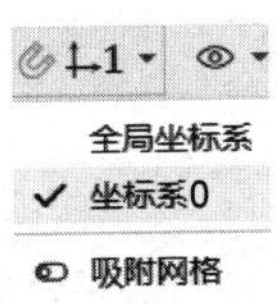

图　1.11.1

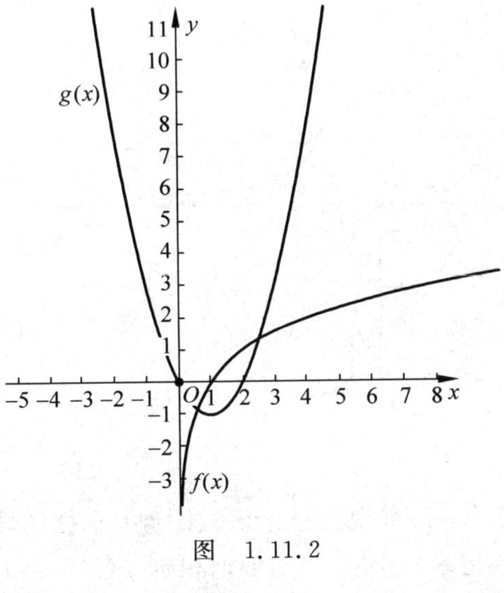

图　1.11.2

4. 单击下侧工具栏中的“自定义坐标系”工具，再次创建自定义坐标系；单击下侧工具栏中的“$y=f(x)$”工具，在弹出的对话框输入 log(x^2−2x,2)，修改【自变量】为 $-5<$

$x<6$,【样本数】为 1000,【阈值】为 2,单击【确定】绘制函数 $f(g(x))=\log_2(x^2-2x)$ 的图像,设置【名称】为 $f(g(x))$,【线色】为紫色;如图 1.11.3 所示。

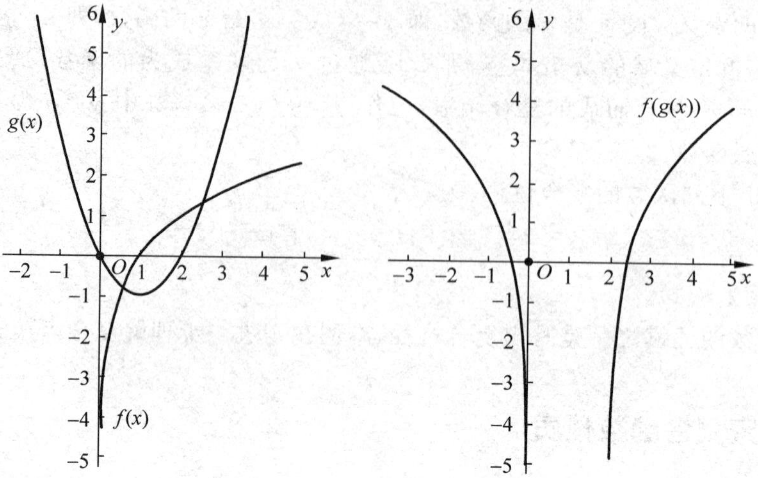

图 1.11.3

5. 小组合作:仔细观察三个函数图像;根据图像特征求 $f(x)$,$g(x)$,$h(x)$的定义域、值域,填写实验记录;分析、归纳如何根据 $f(x)$,$g(x)$的定义域、值域求 $f(g(x))$的定义域与值域,填写实验分析。

6. 双击 $f(x)$的图像,弹出的对话框中修改表达式为 2^x,【自变量】为 $-2\leqslant x\leqslant 10$,单击【确定】;双击 $g(x)$的图像,弹出的对话框中修改表达式为 1/(x−1),单击【确定】;双击 $f(g(x))$的图像,弹出的对话框中修改表达式为 2^(1/(x−1)),单击【确定】,如图 1.11.4 所示。

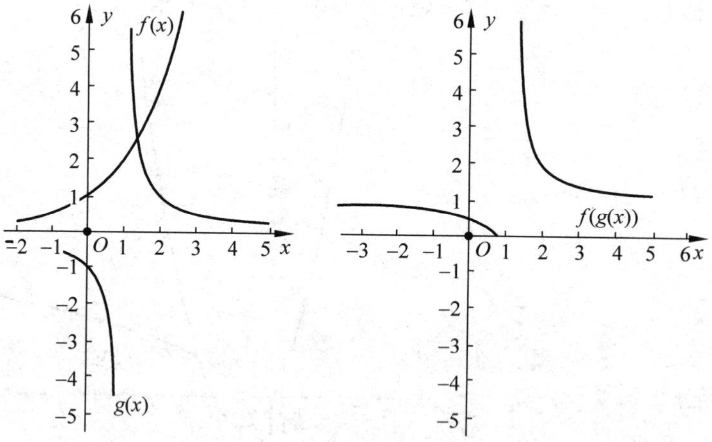

图 1.11.4

7. 小组合作:仔细观察三个函数图像;根据图像特征求 $f(x)$,$g(x)$,$h(x)$的定义域、值域,填写实验记录;分析、归纳如何根据 $f(x)$,$g(x)$的定义域、值域求 $f(g(x))$的定义域与值域,填写实验分析。

8. 双击 $f(x)$的图像,弹出的对话框中修改表达式为 x^2−4x+3,【自变量】为 $-2\leqslant$

$x\leqslant 10$，单击【确定】；双击 $g(x)$ 的图像，弹出的对话框中修改表达式为 x^2，单击【确定】；双击 $f(g(x))$ 的图像，弹出的对话框中修改表达式为 x^4－4x^2＋3，单击【确定】，如图 1.11.5 所示。

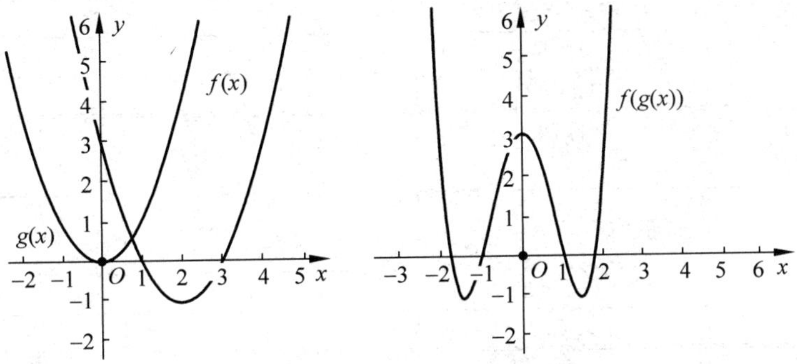

图　1.11.5

9. 小组合作：仔细观察三个函数图像；根据图像特征求 $f(x)$，$g(x)$，$h(x)$ 的定义域、值域，填写实验记录；分析、归纳如何根据 $f(x)$，$g(x)$ 的定义域、值域求 $f(g(x))$ 的定义域与值域，填写实验分析。

【实验记录】

		定　义　域	值　　域
$y=\log_2(x^2-2x)$	$u=g(x)=x^2-2x$		
	$f(u)=\log_2 u$		
	$f(g(x))$		
$y=2^{\frac{1}{x-1}}$	$u=g(x)=\dfrac{1}{x-1}$		
	$f(u)=\log_2 u$		
	$f(g(x))$		
$y=x^4-4x^2+3$	$u=g(x)=x^2$		
	$f(u)=u^2-4u+3$		
	$f(g(x))$		

【实验分析】

$f(g(x))$ 由内层函数________与外层函数________复合得到。

1. $f(g(x))$ 定义域求解方法。

已知 $f(u)$ 的定义域为集合 M，则由________求得 $f(g(x))$ 的定义域。

2. $f(g(x))$ 值域求解方法。

(1) 求 $f(g(x))$ 的________；

(2) 以 $f(g(x))$ 的________为 $u=g(x)$ 的________，求 $u=g(x)$ 的________；

(3) 以 $u=g(x)$ 的________作为 $f(u)$ 的定义域，求 $f(u)$ 的________，从而得到函数 $f(g(x))$ 的值域。

3. 小组合作：观察三个函数图像；考察 $h(x)$ 的单调性与 $f(x)$，$g(x)$ 的单调性的关系，填写实验记录；分析、归纳 $f(g(x))$ 的单调区间求解策略，填写实验分析。

【实验记录】

区间＼函数			
$y=\log_2(x^2-2x)$	$u=g(x)=x^2-2x$		
	$f(u)=\log_2 u$		
	$f(g(x))$		
区间＼函数			
$y=2^{\frac{1}{x-1}}$	$u=g(x)=\frac{1}{x-1}$		
	$f(u)=2^u$		
	$f(g(x))$		
区间＼函数			
$y=x^4-4x^2+3$	$u=g(x)=x^2$		
	$f(u)=u^2-4u+3$		
	$f(g(x))$		

【实验分析】

$f(g(x))$由内层函数________与外层函数________复合得到。

当 $u=x^2-2x$ 与 $y=\log_2 u$ 的单调性________时，$h(x)$单调递增。

当 $u=x^2-2x$ 与 $y=\log_2 u$ 的单调性________时，$h(x)$单调递减。

口诀(简称)：________________________________。

$f(g(x))$单调性求解方法：

(1) 求 $f(g(x))$的________；

(2) 求内层函数的________及________；

(3) 判断外层函数在________上的单调性；

(4) 根据口诀________确定复合函数的单调性。

【设计意图】

复合函数的图像与性质对于学生而言，理解有一定困难，因此需多举例，在有足够的操作体验的基础上，再适当总结规律。

【结论应用】

1. 求函数 $y=\sqrt{\frac{x-1}{x+1}}$ 的定义域、值域、单调区间，作出函数图像验证你的结论。[说明：该函数式输入方法为 sqrt((x-1)/(x+1))]

2. 已知 $f(x)$的定义域为$[0,4]$，求函数 $f(x^2-3x)$的定义域。

3. 求函数 $y=\log_{\frac{1}{2}}(-x^2+4x-3)$的单调区间。

第 2 章

函数的应用

学习知识是为了进一步学习其他知识或运用到现实生活中去，尤其数学的学习，如果只是学习理论知识而不去运用与实践，这就完全违背了数学的初衷。本章的学习是函数在现实生活中的应用，体会函数与方程、数学建模的思想。函数与方程的思想和函数贯穿于整个高中数学学习的始终，是高中数学的重要思想和支撑高中数学的主干知识。《普通高中课程标准》提出要发展学生的数学应用意识，而本章第一次提及数学建模，学生通过解决实际问题，感受数学建模的思想方法，认识数学在解决实际问题当中的作用，为今后进一步运用理论解决实际问题打下坚实基础。

实验 2.1　一元二次方程实根分布

一元二次方程实根分布与一元二次不等式、二次函数等内容有着紧密的联系，是在前面学习了函数与方程、二次方程、二次不等式基础上对函数与方程内容的深化和拓展。根的分布的不同情况，充分体现了由简单到复杂、特殊到一般的化归的数学思想。通过学习一元二次方程根的分布，有助于学生进一步理解二次方程、二次函数，加深函数与方程思想、数形结合思想在数学学习中的应用的认识，同时也为以后数学的学习打下扎实的基础。

【实验目标】

1. 加深对一元二次方程、二次函数图像与性质的认识；学会利用函数知识、方法重新审视一元二次方程。

2. 体验“观察—猜想—验证”探究问题的方法，领会由简单到复杂、由特殊到一般的化归思想，加深对函数与方程、数形结合思想的理解。

3. 培养学生不断发现、探索新知的精神，体会数学严谨细致之美、简洁朴实之美，激发学生积极思考、勇于探索，提高学生学习数学的兴趣，培养学生应用数学分析和解决问题的意识。

【实验流程】

引入：已知方程 $x^2-mx-m+3=0$ 的两根都小于 5，求实数 m 的取值范围。

【设计意图】

从学生最熟悉的二次方程根的问题出发，直达学生知识的薄弱点，使学生认识到用初中所学的韦达定理解决前后不等价，而解不等式会出现好想不好解的情况，激发学生研究该问题的兴趣。

（一）探究两根在同一区间的问题

例 1 已知方程 $x^2-mx-m+3=0$。

(1) 若方程有两正根，求实数 m 的取值范围；

(2) 若方程两根都小于 5，求实数 m 的取值范围。

【设计意图】

从学生最熟悉的 0 分布着手，引导学生积极思考，提示学生能否用函数与方程知识解决根的分布问题。

【实验过程】

1. 浏览器地址栏输入 https://www.netpad.net.cn/svg.html#posts/317144，打开课件。

2. 单击上侧“全屏”工具，全屏打开课件。

3. 单击下侧工具栏中的“变量”工具，在弹出的对话框设置如图 2.1.1 所示，单击【确定】新建变量 m。

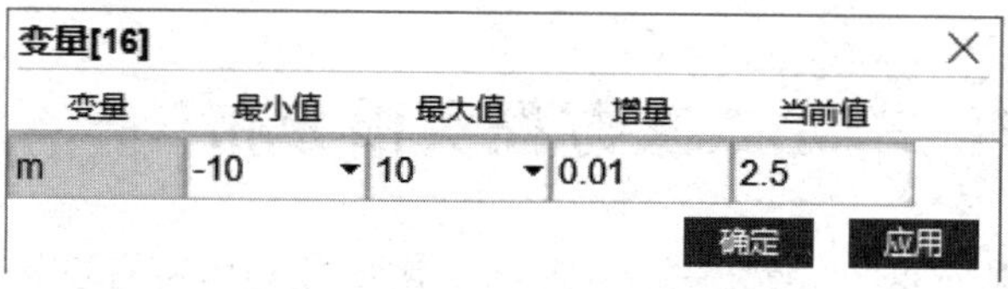

图 2.1.1

4. 单击下侧工具栏中的“$y=f(x)$”工具，在弹出的对话框输入 x^2－m * x－m＋3，【自变量范围】修改为 $-10\leqslant x\leqslant 10$，单击【确定】绘制函数 $f(x)=x^2-mx-m+3$ 的图像。

5. 选中函数图像，x 轴，单击下侧工具栏的“交点”工具，构造函数图像与 x 轴的交点 A，B，单击右下侧【外观】，设置【线色】、【填充色】均为红色；如图 2.1.2 所示。

6. 鼠标右键单击点 A，在弹出的菜单选择【测量】—【x 坐标】，得到点 A 的横坐标 m0，单击右下侧【基础】修改【名称】为 x_A＝，单击【外观】，设置【展示】为【名称＋值】，【字色】为红色；同法测量和设置点 B 的横坐标；如图 2.1.3 所示。

7. 单击下侧工具栏中的“直角坐标点”工具，在弹出对话框设置如图 2.1.4 所示，构造可拖动的点 C，单击右下侧【外观】，设置【线色】、【填充色】均为蓝色。

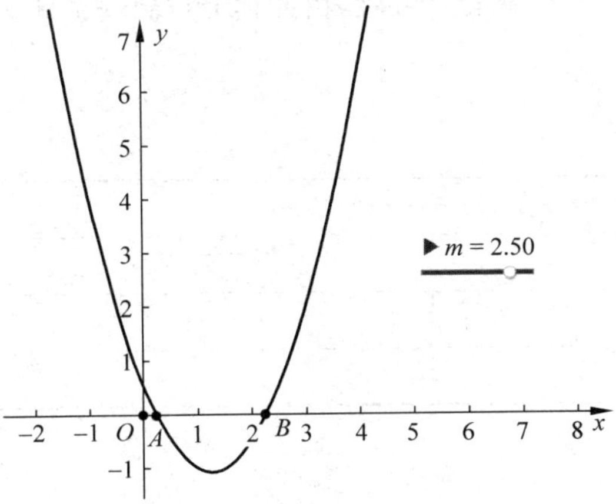

图　2.1.2

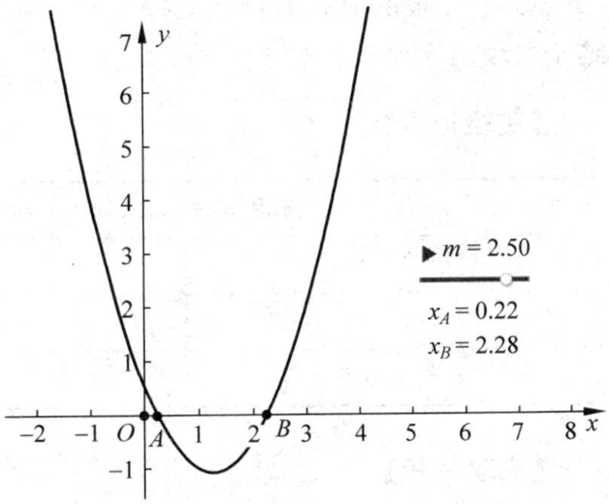

图　2.1.3

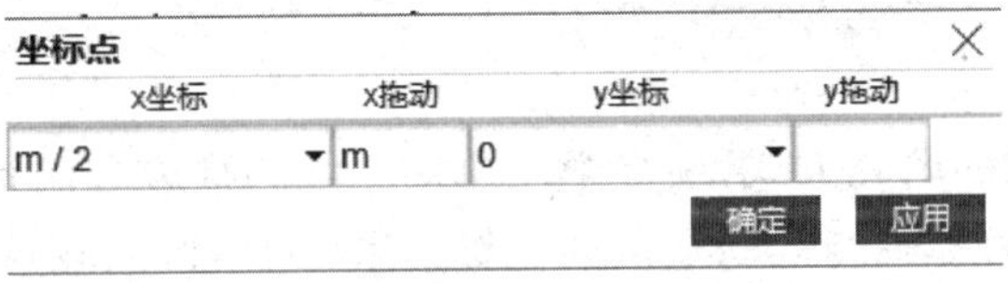

图　2.1.4

8. 选中点 C，x 轴，单击下侧工具栏中的“垂线”工具，构造过点 C 垂直于 x 轴的直线，单击右下侧【外观】，设置【线型】为虚线；如图 2.1.5 所示。

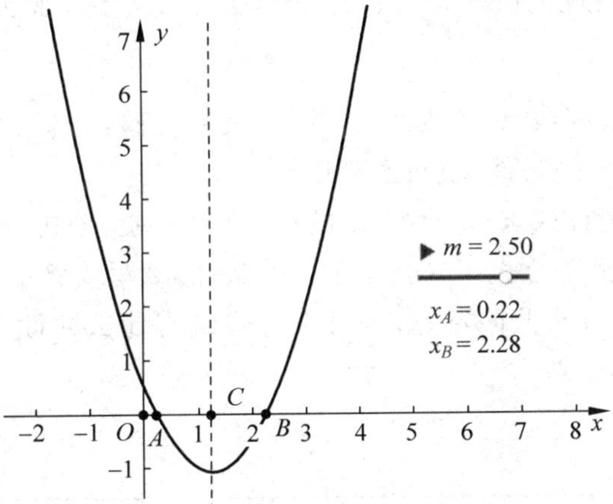

图　2.1.5

【小组合作】

1. 拖动变量 m 的滑杆或点 C，改变 m 的值；反复实验，分析、归纳、总结两交点横坐标都大于 0 的条件，填写实验记录。

2. 拖动变量 m 的滑杆或点 C，改变 m 的值；反复实验，分析、归纳、总结两交点横坐标都小于 5 的条件，填写实验记录。

3. 拖动变量 m 的滑杆或点 C，改变 m 的值；反复实验，分析、归纳、总结两交点横坐标在区间(−5，−2)的条件，填写实验记录。

4. 上述根的分布有什么共同特点,等价不等式组有什么共性,由此你能得到一个什么结论?填写实验分析。

【实验记录】

方程 $x^2-mx-m+3=0$ ($f(x)=x^2-mx-m+3=0$)		
根的分布	图像	等价不等式(组)
$x_1>x_2>0$		
$x_2<x_1<5$		

【实验分析】

方程 $ax^2+bx+c=0(a>0)$ 的两根(函数 $f(x)=ax^2+bx+c$ 的两零点)在同一区间时,应考虑____________________________________。

【设计意图】

根据由特殊到一般的研究方式,引导学生总结一元二次方程两根在同一区间的要素:(1) 判别式;(2) 对称轴与区间端点的位置关系;(3) 区间端点函数值的符号。

(二) 探究两根在不同区间的问题

例 2 已知方程 $x^2-mx-m+3=0$。

(1) 若方程一根小于 0,另一根大于 0,求实数 m 的取值范围;

(2) 若方程一个根在区间 $(-1,0)$ 内,另一个根在 $(3,4)$ 内,求实数 m 的取值范围。

【小组合作】

1. 拖动变量 m 的滑杆或点 C,改变 m 的值,反复实验,分析、归纳、总结两交点横坐标一个大于 0 另一个小于 0 的条件,填写实验记录。

2. 拖动变量 m 的滑杆或点 C,改变 m 的值,反复实验,分析、归纳、总结两交点横坐标一个大于 -1 且小于 0,另一个大于 3 且小于 4 的条件,填写实验记录。

3. 上述根的分布有什么共同特点,等价不等式组有什么共性,由此你能得到一个什么结论?填写实验分析。

【实验记录】

方程 $x^2-mx-m+3=0$ ($f(x)=x^2-mx-m+3=0$)		
根的分布	图像	等价不等式(组)
$x_2<0<x_1$		
$-1<x_2<0$, $3<x_1<4$		

【实验分析】

方程 $ax^2+bx+c=0(a>0)$ 的两根(函数 $f(x)=ax^2+bx+c$ 的两零点)在不同区间时,只需考虑__________________________。

（三）探究方程在某区间有解的问题

例 3 已知方程 $x^2-mx-m+3=0$，在区间$(0,2)$上有解，求实数 m 的取值范围。

【小组合作】

拖动变量 m 的滑杆或点C，改变 m 的值，反复实验，分析、归纳、总结两交点横坐标至少有一个大于 0 且小于 2 的条件，填写实验记录。

【实验记录】

	第 1 次实验	第 2 次实验	第 3 次实验	第 4 次实验	第 5 次实验	第 6 次实验	第 7 次实验	第 8 次实验
$m=$								
图像								
与 x 轴交点								

【实验结论】

求解方程 $ax^2+bx+c=0$ 的两根（函数 $f(x)=ax^2+bx+c$ 的两零点）问题。

(1) 若 $a<0$，应先________。

(2) 分析两根（或零点）________________________________。

(3) 若两根在同一区间，需考虑____________________________，列出不等式组求解。

若两根在不同区间，只需考虑________________________，列出不等式组求解。

若区间含端点，常常将________________。

【设计意图】

观察、归纳是发现知识、获得知识的基本思维形式，通过设疑、创设问题情境，引导学生从特殊的属性，通过联想、类比，归纳出具有普遍性的、一般的、整体的性质。

【结论应用】

1. 已知二次方程$(2m+1)x^2-2mx+(m-1)=0$ 有一正根和一负根，求实数 m 的取值范围。

2. 已知方程 $2x^2-(m+1)x+m=0$ 有两个不等正实根，求实数 m 的取值范围。

3. 当关于 x 的方程的根满足下列条件时，求实数 a 的取值范围。

(1) 方程 $x^2-ax+a^2-7=0$ 两根一个大于 2，另一个小于 2；

(2) 方程 $7x^2-(a+13)x+a^2-a-2=0$ 的一个根在区间$(0,1)$上，另一个根在区间$(1,2)$上；

(3) 方程 $x^2-(a+4)x-2a^2+5a+3=0$ 的两根都在区间$[-1,3]$上；

(4) 方程 $x^2-ax+4=0$ 在区间$(-1,1)$上有且只有一解。

实验 2.2 探究函数零点的个数

函数图像作为函数的本质——数到数的映射关系的直观描述，是处理函数零点问题的最为重要和常用的手段。纵观最近几年高考，函数零点的存在、零点个数的求解，以及有函数零点的个数求相关参数的取值等问题，频繁出现在各类数学试卷中，成为高考的热点，也是亮点。

【实验目标】

1. 会灵活运用零点、根、交点之间的相互转化；掌握数形结合方法，能用其分析解决问题；掌握零点存在判定定理。

2. 通过零点、根、交点之间的相互转化渗透数形结合，转化与化归，函数与方程的数学思想。

3. 培养学生如何用数学思维解决问题，如何将基本知识灵活运用。

【实验流程】

例 1 函数 $f(x)=\begin{cases}x^2+x-2, & x\leqslant 0\\ -1+\ln x, & x>0\end{cases}$ 的零点个数为（　　）。

A. 3　　　B. 2　　　C. 7　　　D. 0

方法 1：当 $x\leqslant 0$ 时，由 $x^2+x-2=0$ 得 $x=-2$ 或 $x=1$（舍），所以 $x\leqslant 0$ 时函数有 1 个零点；当 $x>0$ 时，由 $-1+\ln x=0$ 得 $\ln x=1$，$x=\mathrm{e}$，即 $x>0$ 时函数有 1 个零点。

综上，原函数有 2 个零点。

方法 2：数形结合

【实验过程】

1. 浏览器地址栏输入 https://www.netpad.net.cn/svg.html#posts/317146，打开课件。

2. 单击上侧"全屏"工具，全屏打开课件。

3. 单击下侧工具栏中的"$y=f(x)$"工具，在弹出的对话框输入 if(x>0,−1+log(x,e),x^2+x−2)，【自变量范围】修改为 $-10\leqslant x\leqslant 10$，【阈值】修改为 1，单击【确定】绘制函数 $f(x)=\begin{cases}x^2+x-2, & x\leqslant 0\\ -1+\ln x, & x>0\end{cases}$ 的图像；如图 2.2.1 所示。

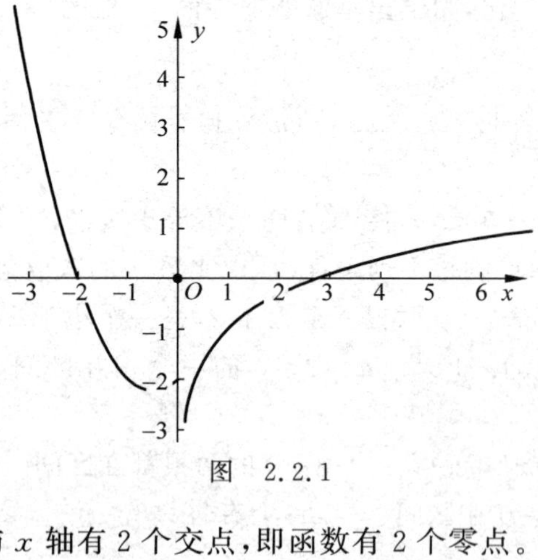

图 2.2.1

4. 观察得函数图像与 x 轴有 2 个交点，即函数有 2 个零点。

例 2 已知函数 $f(x)=|x-2|+1$，$g(x)=kx$，若方程 $f(x)=g(x)$ 有两个不相等的实根，则实数 k 的取值范围是（　　）。

A. $\left(0,\dfrac{1}{2}\right)$　　B. $\left(\dfrac{1}{2},1\right)$　　C. $(1,2)$　　D. $(2,+\infty)$

◆在草稿本上画出函数 $f(x)$、$g(x)$ 的图像，自行解答本题；解答完成或无法求解都可以借助网络画板。

【实验过程】

1. 单击下侧工具栏中的“变量”工具，在弹出的对话框中修改【最小值】为-10,【增量】为0.01,新建变量设置为k,单击【确定】。

2. 用鼠标右键单击函数$f(x)=\begin{cases}x^2+x-2, & x\leqslant 0\\ -1+\ln x, & x>0\end{cases}$的图像,在弹出的菜单选择【编辑】,修改表达式为abs(x−2)+1,【自变量】范围为$-10\leqslant x\leqslant 10$,【阈值】为5,单击【确定】,绘制函数$f(x)=|x-2|+1$的图像。

3. 单击下侧工具栏中的“直角坐标点”工具，在弹出的对话框中输入【x坐标】为1,【y坐标】为k,【y拖动】为k,单击【确定】绘制坐标为$(1,k)$可拖动的点A。

4. 单击下侧工具栏中的“$y=f(x)$”工具，在弹出的对话框输入k＊x,【自变量范围】修改为$-10\leqslant x\leqslant 10$,单击【确定】绘制函数$g(x)=kx$的图像,单击右下侧【外观】设置适当的【线色】;如图2.2.2所示。

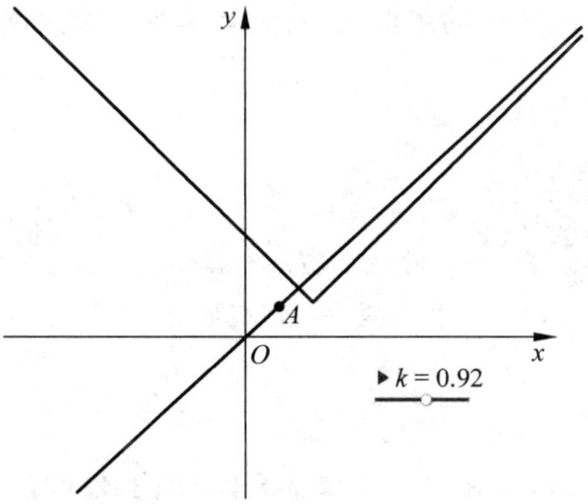

图　2.2.2

♦拖动变量k的滑杆或点A,观察、体会直线与函数$f(x)$图像有两个交点的条件。

例3　已知函数$f(x)=\begin{cases}|x|, & x\leqslant k\\ x^2-2kx+4k, & x>k\end{cases}$,其中$k>0$,若存在实数$b$,使得关于$x$的方程$f(x)=b$有三个不同的根,则$k$的取值范围是________。

♦在草稿本上画出函数$f(x)$的图像,自行解答本题;通过网络画板验证答案或求助网络画板。

【实验过程】

1. 用鼠标右键单击变量k,在弹出的菜单选择【编辑】,修改【最小值】为0。

2. 用鼠标右键单击函数$f(x)=|x-2|+1$的图像,在弹出的菜单选择【编辑】,修改表达式为if(x>k,x^2−2k＊x+4k,abs(x)),【自变量】范围为$-10\leqslant x\leqslant 10$,【阈值】为0.6,单击【确定】,绘制函数$f(x)=\begin{cases}|x|, & x\leqslant k\\ x^2-2kx+4k, & x>k\end{cases}$的图像。

3. 用鼠标右键单击点A,在弹出的菜单选择【编辑】,修改【x坐标】为0,【y坐标】为b,【y拖动】为b,单击【确定】绘制坐标为$(0,b)$可拖动的点A。

4. 用鼠标右键单击 $g(x)$ 的图像，在弹出的菜单选择【编辑】，修改表达式为 b，单击【确定】绘制函数 $y=b$ 的图像。

5. 单击下侧工具栏中的“直角坐标点”工具，在弹出对话框设置【x 坐标】为 k，【x 拖动】为 k，【y 坐标】为 abs(k)，单击【确定】绘制坐标为 $(k,|k|)$ 可拖动的点 B，单击右下侧【外观】设置【线色】、【填充色】与函数 $f(x)$ 图像同色。

6. 同第 5 步绘制坐标为(k，-k^2+4k)的点 C，设置【线色】同函数 $f(x)$ 图像色，【填充色】为白色；如图 2.2.3 所示。

◆拖动点 C，观察、体会函数 $f(x)=\begin{cases}|x|, & x\leqslant k\\ x^2-2kx+4k, & x>k\end{cases}$ 的图像特征；拖动点 A，考察两函数图像交点个数；探究两函数图像有 3 个交点的条件。

例 4　已知 $k>0$，函数 $f(x)=\begin{cases}x^2+2kx+k, & x\leqslant 0\\ -x^2+2kx-2k, & x>0\end{cases}$，若关于 x 的方程 $f(x)=kx$ 恰有 2 个互异的实数解，则 a 的取值范围是________。

◆在草稿本上画出函数 $f(x)$ 的图像，自行解答本题；通过网络画板验证答案或求助网络画板。

【实验过程】

1. 用鼠标右键单击函数 $f(x)=\begin{cases}|x|, & x\leqslant k\\ x^2-2kx+4k, & x>k\end{cases}$ 的图像，在弹出的菜单选择【编辑】，修改表达式为 if(x > 0，-x ^ 2+2k * x-2k，x ^ 2+2k * x+k)，【样本 】为 2000，单击【确定】，绘制函数 $f(x)=\begin{cases}x^2+2kx+k, & x\leqslant 0\\ -x^2+2kx-2k, & x>0\end{cases}$ 的图像。

2. 用鼠标右键单击点 A，在弹出的菜单选择【编辑】，修改【x 坐标】为 1，【y 坐标】为 k，【y 拖动】为 k，单击【确定】绘制坐标为 $(1,k)$ 可拖动的点 A。

3. 用鼠标右键单击 $g(x)$ 的图像，在弹出的菜单选择【编辑】，修改表达式为 k * x，单击【确定】绘制函数 $y=kx$ 的图像。

4. 选中点 B，C，按 Del 键删除；如图 2.2.4 所示。

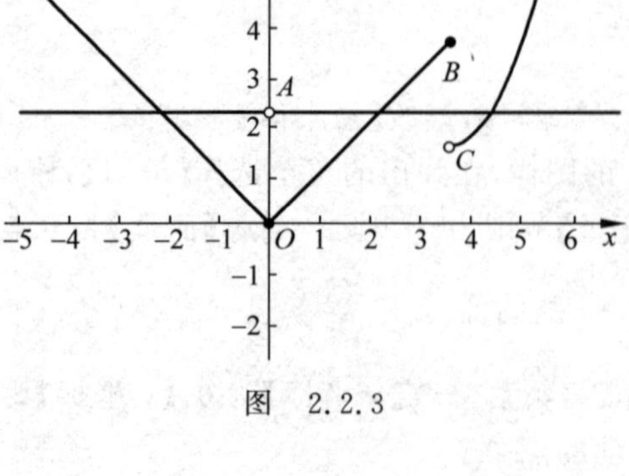

图　2.2.3

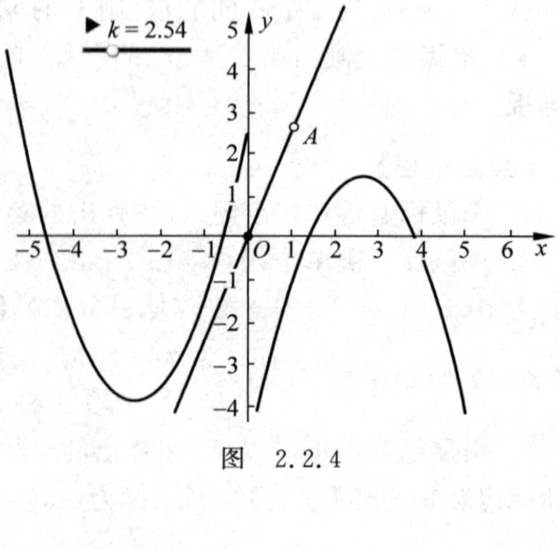

图　2.2.4

5. 拖动变量 k 的滑杆或点 A，观察直线 $y=kx$ 与函数 $f(x)$ 图像恰有 2 个公共点的条件。

通过实验、观察会发现很难确定直线 $y=kx$ 与函数 $f(x)$ 图像恰有 2 个公共点的条件，说明前面的办法有一定的问题，需要变换解决的思路。

◆当 $x\leqslant 0$ 时，$f(x)=kx$ 即 $x^2+2kx+k=kx$，即 $k=-x^2-kx$；当 $x>0$ 时，$f(x)=kx$ 即 $-x^2+2kx-2k=kx$，即 $k=-\dfrac{x^2-kx}{2}$。

问题转化为函数 $\varphi(x)=\begin{cases}-x^2-kx, & x\leqslant 0\\ -\dfrac{x^2-kx}{2}, & x>0\end{cases}$ 与直线 $y=k$ 有两个不同交点，求实数 k 的取值范围。

【实验过程】

1. 用鼠标右键单击函数 $f(x)=\begin{cases}x^2+2kx+k, & x\leqslant 0\\ -x^2+2kx-2k, & x>0\end{cases}$ 的图像，在弹出的菜单选择【编辑】，修改表达式为 if(x > 0,(−x ^ 2+k * x) / 2,−x ^ 2−kx)，单击【确定】，绘制函数 $\varphi(x)=\begin{cases}-x^2-kx, & k\leqslant 0\\ -\dfrac{x^2-kx}{2}, & k>0\end{cases}$ 的图像。

2. 用鼠标右键单击 $g(x)$ 的图像，在弹出的菜单选择【编辑】，修改表达式为 k，单击【确定】绘制函数 $y=k$ 的图像；如图 2.2.5 所示。

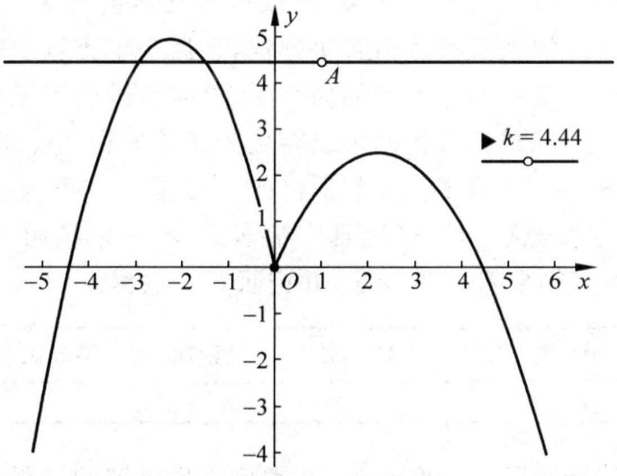

图　2.2.5

3. 拖动变量 k 的滑杆或点 A，观察直线 $y=kx$ 与函数 $f(x)$ 图像恰有 2 个交点的条件。

◆容易得到左侧抛物线顶点在直线 $y=k$ 上方，右侧抛物线顶点在直线 $y=k$ 下方时，满足条件。

【实验感悟】

函数零点个数问题常转化为两个函数的图像的交点个数问题，可先画出两个函数的图像，若交点的个数容易看出，则交点的横坐标有几个不同的值，就有几个不同的零点；若交点个数不易看出，可先将原方程转化为两个函数式，再画图解决。

实验 2.3 用二分法求方程的近似解

本节是人教版《普通高中标准试验教科书·数学 1(必修)》第三章“函数的应用”中第一节“函数与方程”的第二块内容，是在学习了集合与函数概念、基本初等函数后，研究函数与方程关系的内容。本节课的教学内容是：结合函数大致图像，能够借助计算器用二分法求出相应方程的近似解，理解二分法的思想及了解这种方法是求方程近似解的常用方法。

【实验目的】

1. 理解二分法的基本思想，能够借助网络画板用二分法求给定方程满足一定精确度的近似解。

2. 引导学生通过观察和计算体会二分法，感受函数与方程的思想，使学生在学习过程中体会近似思想、逼近思想、算法思想。

3. 帮助学生了解数学在人类文明发展中的作用，形成正确的数学观，通过生活实例培养学生的数学应用意识，激发学生的学习兴趣。

【实验流程】

问题 1 你会求下列方程的根吗？

(1) $2^x+1=3$；(2) $3x^2-2x-1=0$；(3) $\ln x+2x-6=0$。

【设计意图】

从学生熟悉的方程入手，引入求方程根的话题，激发学生的认识兴趣，激起进一步探究的欲望。对于前两个方程，学生很快找出解决办法，最后一个方程学生无法根据之前学过的知识进行求解，想从方程角度入手却不知如何下手，这时教师应当适时点拨引导：当从方程角度直接入手难以求出方程的根时，我们可以转化为求该方程相应函数的零点的问题。

问题 2 前两天小王买了个手机，这个手机的价位是 2500～3000 元，每组 1 名同学定价，1 位同学竞猜，只能告诉他猜的价格比真实值多或少，要求猜出与手机真实价钱的误差在 50 元以内的价钱？试试需要竞猜多少次，并记录竞猜过程。

游戏	第一次	第二次	第三次	第四次	第五次	第六次	…
竞猜过程							

介绍寻找经验，总结猜数的过程和步骤，并类比方程求解的过程。

游戏猜数步骤	求方程近似解步骤
给定猜数范围	确定方程解的区间

【设计意图】

通过猜价格游戏来引出二分法的概念，使学生更加轻松有趣地学习，更容易接受二分法的思想和体会学习二分法的实际使用价值，借此培养学生的数学应用意识。

例 1　求方程 $\ln x+2x-6=0$ 的近似解(精确到 0.01)。

【实验过程】

1. 浏览器地址栏输入 https://www.netpad.net.cn/svg.html#posts/317151，打开课件

2. 单击上侧“全屏”工具，全屏打开课件。

3. 单击下侧工具栏中的“$y=f(x)$”工具，在弹出的对话框输入 log(x,e)+2x−6，【自变量范围】修改为 $0\leqslant x\leqslant 10$，单击【确定】绘制函数 $f(x)=\ln x+2x-6$ 的图像。

【小组合作】

1. 观察函数图像，函数 $f(x)=\ln x+2x-6$ 的零点所在的大致区间是________。

2. 借助网络画板的计算功能，完成实验记录。

说明：网络画板中的计算功能使用。

(1) 设置计算结果精度

单击导航栏设置工具，单击【更多主题】，单击【新建】，【变量与计算显示精度】选择 0.000000，如图 2.3.1 所示，单击【保存】；如图 2.3.2 所示，单击【设为默认】，单击【确定】。

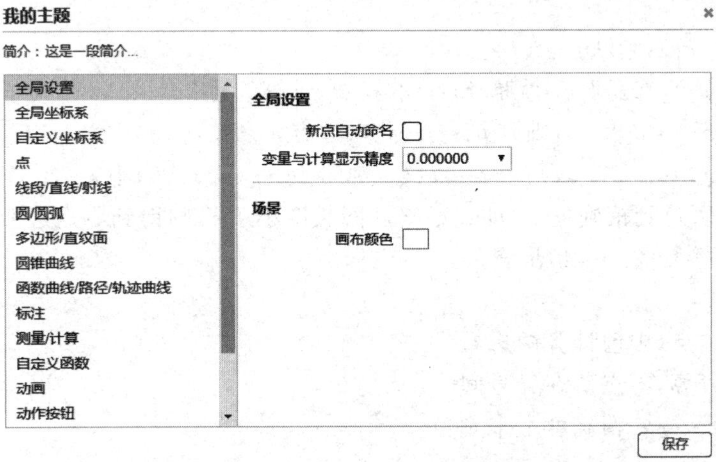

图　2.3.1

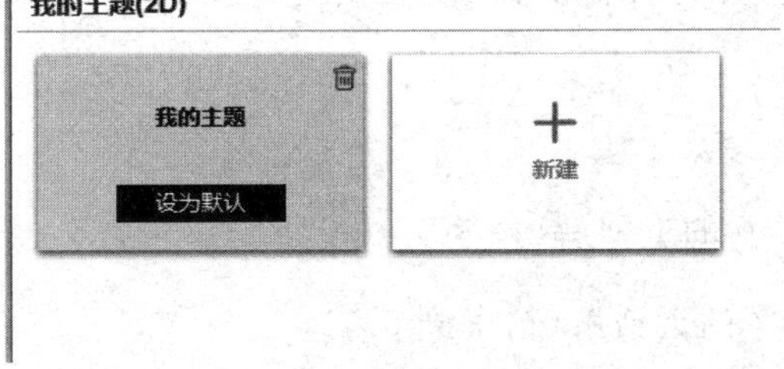

图　2.3.2

（2）计算工具使用

单击下侧工具栏的“计算|测量”工具，弹出【计算】对话框，输入表达式，单击【确定】即可。如计算 $f(2)$需要输入 log(2,e)+2 * x−6。

【实验记录】

区间	中点的值	中点函数近似值

方程 $\ln x+2x-6=0$ 精确到 0.01 的近似解为＿＿＿＿＿＿＿＿

3. 总结二分法的步骤。

（1）确定初始区间(a,b)，验证 $f(a)f(b)<0$。

（2）求区间的中点 $x_1=\dfrac{a+b}{2}$。

（3）计算 $f(x_1)$，判断：

① 如果 $f(x_1)=0$，则 x_1 就是 $f(x)$的零点，计算终止；

② 如果 $f(a)f(x_1)<0$，则令 $b=x_1$（此时零点 $x_0\in(a,x_1)$中）；

③ 如果 $f(a)f(x_1)>0$，则令 $a=x_1$（此时零点 $x_0\in(x_1,b)$中）；

（4）判断是否达到精确度 ε：即若最终区间长度小于 ε，则得到零点近似值是(a,b)区间内的一点；否则重复（2）～（4）步骤。

口诀：

定区间，找中点，中值计算两边看。

同号去，异号算，零点落在异号间。

周而复始怎么办？精确度上来判断。

【设计意图】

让学生进一步总结用二分法求方程近似解的思维过程，归纳解题步骤，使学生由经验水平上升到理论水平。通过归纳总结形成二分法的理论知识，训练学生数学表达能力，培养学生的概括能力。

【结论应用】

1. 求方程 $\ln x-\dfrac{2}{x}=0$ 的近似解（精确到 0.1）。

2. 求方程 $2^x+3x=7$ 的近似解（精确到 0.1）。

实验 2.4　幂、指数、对数函数模型的比较

本实验为探究性质实验，适用于人教 A 版高中数学必修 I 第二章“函数的应用”中的“几类不同增长的函数模型”，本节专门研究指数函数、幂函数、对数函数的增长的比较，目的是探讨不同类型的函数模型，描述实际增长问题时的不同变化趋势。通过本节课的学习，可以引导学生积极开展观察、思考和探究活动，利用网络这种信息技术工具，可以让学生从动态的角度直观地观察指数函数、幂函数、对数函数增长情况的差异，使学生有机会接触一些过去难以接触到的数学知识和数学思想，并为学生提供了学数学、用数学的机会，体现了发展学生意识、提高实践能力的新课程理念。

【实验目标】

1. 结合实例体会直线上升、指数暴涨、对数增长等不同增长的函数模型的意义，理解它们增长的差异性。

2. 借助网络画板，利用函数图像和表格，对几种常见增长类型的函数增长的情况进行比较。

3. 体验指数函数、幂函数、对数函数与现实世界的密切联系及其在刻画实际问题中的作用，培养学数学、用数学的数学意识，提升数学思维品质和关键能力。

【实验流程】

例 1　假如你有一笔奖金用于投资，现有三种投资方案供你选择，这三种方案的回报如下：

方案一：每天回报 40 元；

方案二：第一天回报 10 元，以后每天比前一天多回报 10 元；

方案三：第一天回报 0.4 元，以后每天的回报比前一天翻一番。

请问：你会选择哪种投资方式？写出三个方案的日回报函数，用网络画板作出图像。

方案一：$f(x)=$____________________________；

方案二：$g(x)=$____________________________；

方案三：$\varphi(x)=$____________________________。

计算三个方案所得回报的日增长数据，填写实验记录一，通过数据，体会三个方案的增长差异。

【实验过程】

1. 浏览器地址栏输入 https://www.netpad.net.cn/svg.html#posts/193497，打开课件。

2. 单击上侧“全屏”工具，全屏打开课件，如图 2.4.1 所示。

3. 单击下侧工具栏中的“$y=f(x)$”工具，在弹出的对话框输入 40，【自变量范围】修改为 $1\leqslant x\leqslant 12$，【样本数】修改为 12，【阈值】修改为 1，单击【确定】绘制函数 $f(x)=40(1\leqslant x\leqslant 12$ 且 $x\in\mathbf{N})$ 的图像；单击右下侧【外观】，设置【线色】、【填充色】均为红色，【线宽】设为 4，勾选【离散】。

4. 同第 3 步，绘制及设置函数 $g(x)=10x$（【阈值】设为 11），$\varphi(x)=0.4\cdot 2^{x-1}$ 的图像（【阈值】设为 200）；如图 2.4.2 所示。

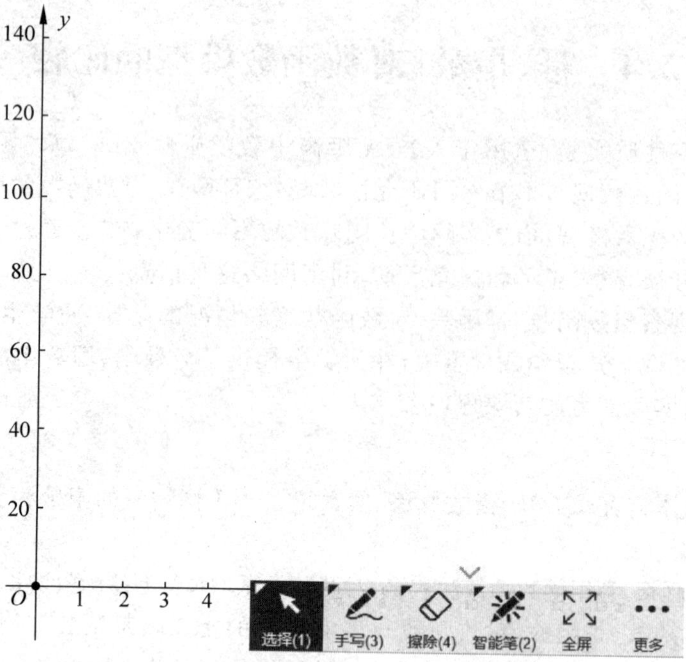

图 2.4.1

5. 单击下侧工具栏中的“$y=f(x)$”工具 f(x)，在弹出的对话框输入 40，【自变量范围】修改为 $1\leqslant x\leqslant 12$，单击【确定】绘制函数 $f(x)=40(1\leqslant x\leqslant 12)$ 的图像；单击右下侧【外观】，设置【线色】为红色，【线型】为虚线；同法绘制和设置函数 $g(x)=10x(1\leqslant x\leqslant 12)$，$\varphi(x)=0.4\cdot 2^{x-1}$ 的图像($1\leqslant x\leqslant 12$)的图像；如图 2.4.3 所示。

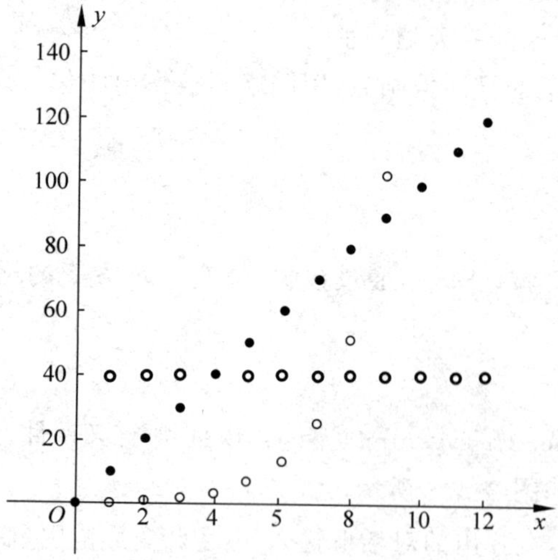

图 2.4.2

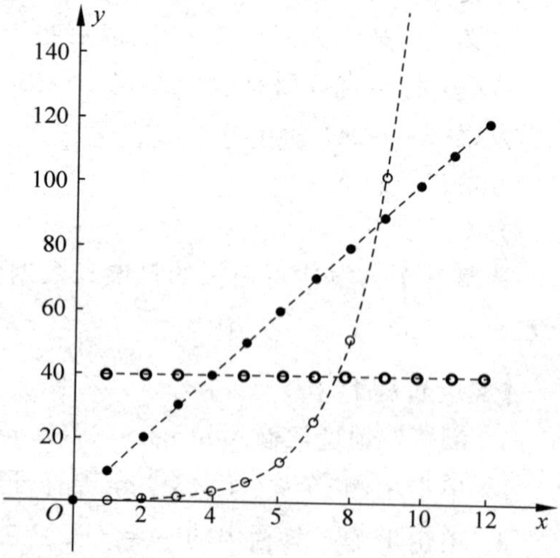

图 2.4.3

6. 小组合作：仔细观察上述表格和三个函数图像，填写实验记录二。

7. 根据实验记录一填写累计回报表，体会它们的增长情况，为选择投资方案提供依据，填写实验记录三。

【实验记录】

实验记录一

x/天	方案 1		方案 2		方案 3	
	y/元	增加量/元	y/元	增加量/元	y/元	增加量/元
1						
2						
3						
4						
5						
6						
7						
8						
9						
10						
11						
12						

实验记录二

	方案 1	方案 2	方案 3
函数关系式			
单调性			
增长量变化			
根据日回报情况，应选择________投资方式			

实验记录三

x/天	方案 1	方案 2	方案 3
1			
2			
3			
4			
5			
6			
7			
8			
9			
10			
11			
12			
根据累计回报情况，应选择________投资方式			

【实验分析】

根据上述实验过程，写出详细解答过程。

例 2 某公司为了实现 1000 万元利润的目标，准备制定一个激励销售部门的奖励方案：在销售利润达到 10 万元时，按销售利润进行奖励，且奖金(单位：万元)随销售利润(单位：万元)的增加而增加，但奖金总数不超过 5 万元，同时奖金不超过利润的 25%。现有三个奖励模型：$y=0.25x$，$y=\log_7 x+1$，$y=1.002^x$，其中哪个模型能符合公司的要求？

问题 1 如何快速确定哪个模型可能满足要求？

【实验过程】

1. 单击按钮，进入下一页，如图 2.4.4 所示。

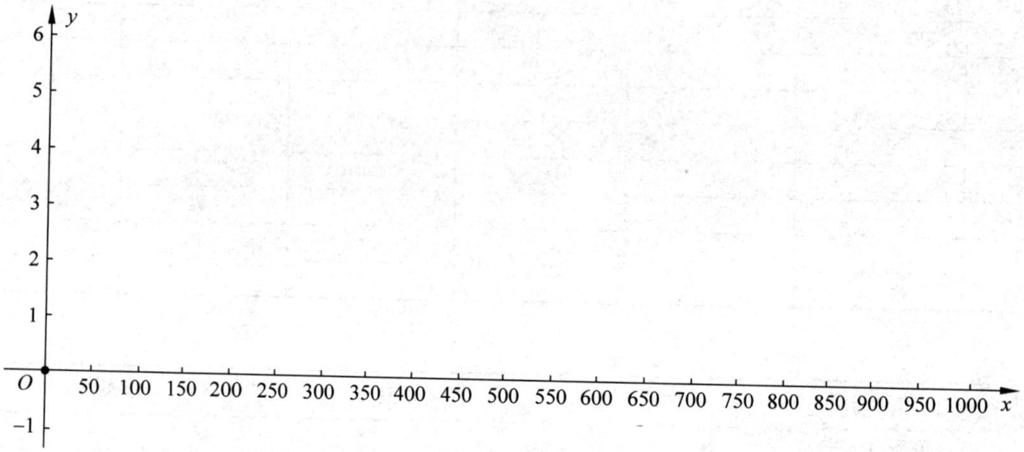

图 2.4.4

2. 单击下侧工具栏中的“$y=f(x)$”工具，在弹出的对话框输入 0.25x，【自变量范围】修改为 $10\leqslant x\leqslant 1000$，单击【确定】绘制函数 $f(x)=0.25x(x\in[10,1000])$ 的图像；单击右下侧【外观】，设置【线色】为红色。

3. 同第 2 步，绘制及设置函数 $g(x)=\log_7 x+1(x\in[10,1000])$，$\varphi(x)=1.002^x(x\in[10,1000])$，$t(x)=5(x\in[10,1000])$ 的图像；如图 2.4.5 所示。

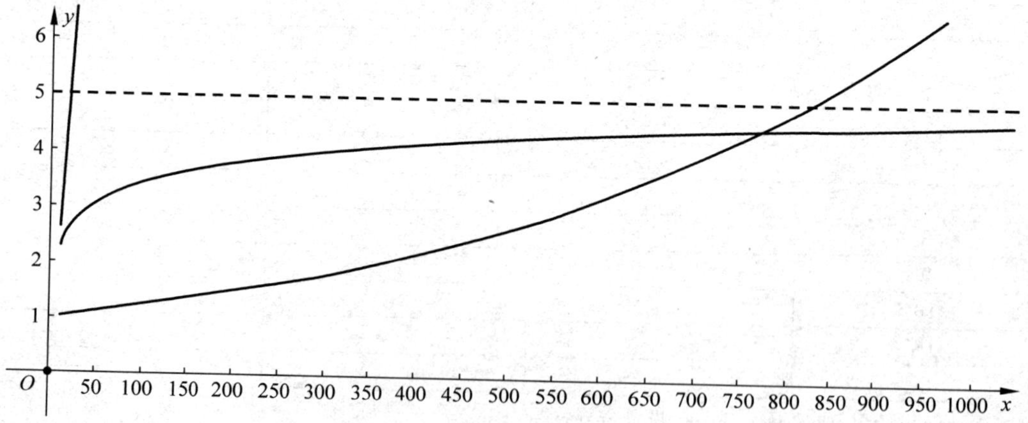

图 2.4.5

4. 分组交流：观察函数图像，是否有函数不满足奖励方案，为什么？哪个函数能够作为奖励模型？填写实验记录四。

问题 2　是否对任意 $x\in[10,1000]$ 总有 $0.25x\geqslant\log_7 x+1$？

【实验过程】

1. 用鼠标右键单击 $g(x)=\log_7 x+1$ 的图像，在弹出的对话框中修改表达式为 log(x，7)+1−0.25x，单击【确定】，绘制函数 $y=\log_7 x+1-0.25x$ 的图像。

2. 小组合作：观察函数图像，考察函数图像的位置，单调性；当 $x\in[10,1000]$ 时，函数值的正负，填写实验记录五。

【实验记录】

实验记录四

	方案 1	方案 2	方案 3
函数表达式			
函数关系			
图像			
可能符合的要求的是________方案			

实验记录五

	$y=\log_7 x+1-0.25x$
图像	
单调性	
函数值正负	
原因	

【实验分析】

根据上述实验过程，写出详细解答过程。

例 3　探究函数 $y=a^x(a>1)$，$y=x^b(b>0)$，$y=\log_c x(c>1)$ 的增长特点。

【实验过程】

1. 浏览器地址栏输入 https://www.netpad.net.cn/svg.html#posts/193519，打开课件，如图 2.4.6 所示。

2. 单击下侧工具栏中的“变量”工具，在弹出的对话框设置如图 2.4.7 所示，单击【确定】新建三个变量 a,b,c。

3. 单击下侧工具栏中的“$y=f(x)$”工具，在弹出的对话框中输入 a^x，【自变量】$0\leqslant x\leqslant 20$，【样本数】1000，单击【确定】绘制函数 $y=a^x$ 的图像，单击右下侧【外观】，设置适当的【线色】。

4. 同法绘制函数和设置函数 $y=x^b$，$y=\log_c x$ 的图像，如图 2.4.8 所示。

5. 拖动变量 a,b,c 的滑杆，改变 a,b,c 的值，观察三个函数图像上升快慢情况，填写实验记录六。

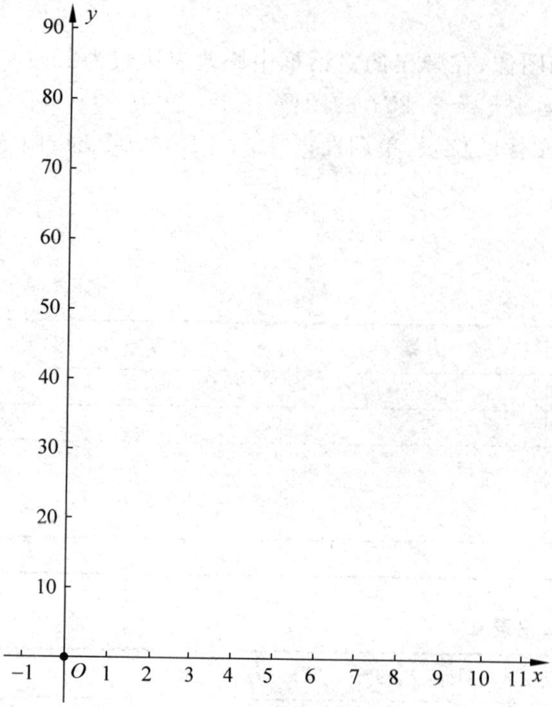

图 2.4.6

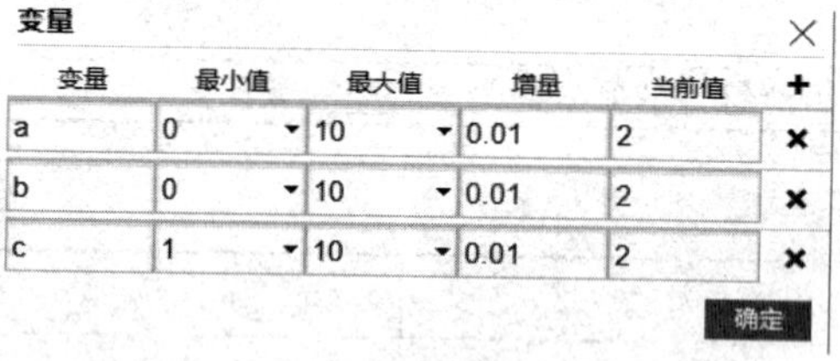

图 2.4.7

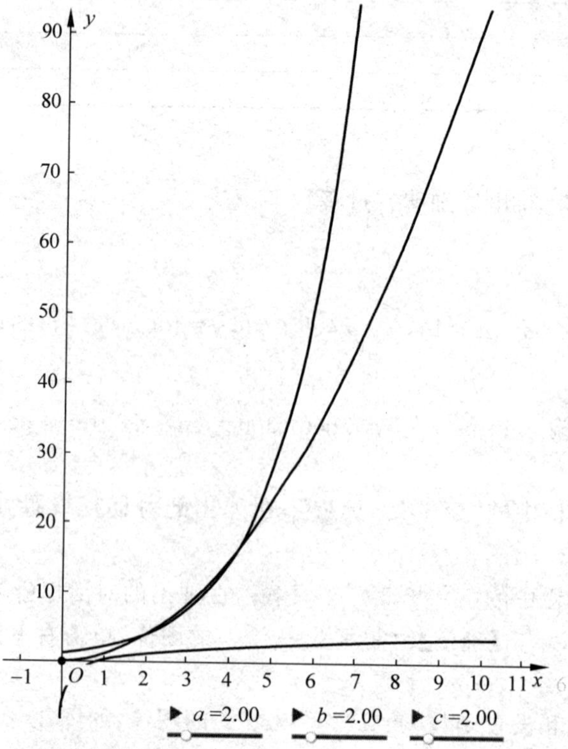

图 2.4.8

【实验记录】

实验记录六

1. 三种函数的增长趋势。

指数函数 $y=a^x(a>1)$是________函数，当 a 越大时，其函数值的增长就________，指数函数增长非常________，这种现象被称为__________。

对数函数 $y=\log_c x(c>1)$ 是________函数，当 a 越小时，其函数值的增长就________。

幂函数 $y=x^b(b>0)$是________函数，当 x ________时，a 越大时，其函数值的增长就________。

2. 对数函数 $y=\log_a x(a>1)$增长最________，函数 $y=x^b$ 与 $y=a^x$ 增长的快慢交替出现，当 x 足够大时，一定有______________（填写三者大小关系）。

3. 指数函数 $y=a^x(a>1)$与幂函数 $y=x^b(b>0)$。

在区间$(0,+\infty)$上，在 x 的一定范围内有________，但随着 x 的增大 $y=a^x$ 的增长速度________ $y=x^b$ 的增长速度，因而总存在一个 x_0，当 $x>x_0$ 时，有________。

4. 对数函数 $y=\log_c x(c>1)$与幂函数 $y=x^b(b>0)$。

在区间$(0,+\infty)$上，在 x 的一定范围内有________，但随着 x 的增大 $y=\log_a x$ 的增长速度________ $y=x^b$ 的增长速度，因而总存在一个 x_0，当 $x>x_0$ 时，有________。

5. 指数函数 $y=a^x(a>1)$与对数函数 $y=\log_c x(c>1)$。

$y=a^x(a>1)$的增长速度________ $y=\log_c x(c>1)$的增长速度。

【结论应用】

1. 当 x 越来越大时，下列函数中，增长速度最快的应该是（　　）。

A. $y=100x$　　B. $y=100\ln x$　　C. $y=x^{100}$　　D. $y=200\cdot 2^x$

2. 当 $2<x<4$ 时，2^x，x^2，$\log_2 x$ 的大小关系是________。

3. 四个变量 y_1，y_2，y_3，y_4 随着变量 x 变化的数据如下表。

x	1	5	10	15	20	25	30
y_1	2	26	101	226	401	626	901
y_2	2	3	1024	32768	1.05×10^6	3.36×10^7	1.07×10^9
y_3	2	10	20	30	40	50	60
y_4	2	4.322	5.322	5.907	6.322	6.644	6.907

关于 x 呈指数型函数变化的变量是________。

第3章

三角函数

三角函数是中学数学的重要内容之一，由于角的概念由静态到动态的推广，它的研究由几何中的相似形和圆的静态的关系拓展到代数变形和图像分析的动态变换，研究方法主要是代数变形和图像分析，因此三角函数的研究已经初步把几何与代数联系起来了，本章所介绍的知识，既是解决生产实际问题的工具，又是学习中学后继内容和高等数学的基础。

实验 3.1　任意角与任意角的三角函数

高中阶段的任意角三角函数，是初中数学概念的推广和深化，如何同化和顺应这些概念，突破既有的认知障碍(或者说思维定势)应是关键，于是需要创设实验情境以建构新的数学概念。

【实验目标】

1. 掌握任意角的正弦、余弦、正切函数的定义(包括定义域、正负符号判断)。

2. 经历从锐角三角函数定义过渡到任意角三角函数定义的推广过程，体验三角函数概念的产生、发展过程，领悟直角坐标系的工具功能，丰富数形结合的经验。

3. 学习转化的思想，培养学生严谨治学，一丝不苟的科学精神。

【实验流程】

我们在初中通过锐角三角形的边角关系，学习了锐角的正弦、余弦、正切等三个三角函数。请回想：这三个三角函数分别是怎样规定的?

我们已经把锐角推广到了任意角，锐角的三角函数概念也能推广到任意角吗?试试看，可以独立思考和探索，也可以互相讨论!

用直角坐标系研究角，如何把角放到直角坐标系下?

【实验过程】

1. 浏览器地址栏输入 https://www.netpad.net.cn/svg.html#posts/317157，打开课件。

2. 单击上侧“全屏”工具，全屏打开课件。

3. 鼠标选中 x 轴上的单位点，向右拖动，鼠标在空白处单击，单击右下侧【x 轴】，修改【间距】为 1，单击【y 轴】，修改【间距】为 1，如图 3.1.1 所示。

4. 单击左侧工具栏的“射线”工具，再单击原点，再单击屏幕任一点，构造以原点为起点的射线 OA。

5. 选中点 A，单击右下侧【基础】，修改【名称】为 P。

6. 依次选中 x 轴上的单位点、原点、点 P，单击下侧工具栏的“标注”工具，单击右下侧【基础】修改【名称】为\alpha，单击【外观】修改，勾选【显示箭头】，单击【设定】修改【角型】为【逆时针】，【半径】为 0.8；如图 3.1.2 所示。

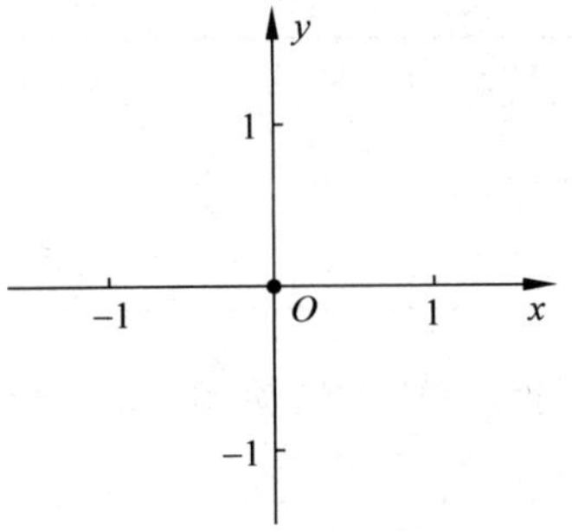

图　3.1.1

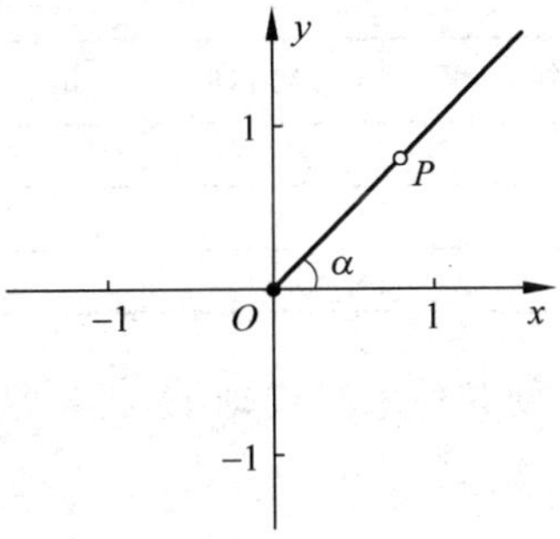

图　3.1.2

7. 单击左侧工具栏的“智能画笔”工具，单击射线，向 x 轴方向拉动鼠标，如图 3.1.3 所示，出现提示“垂足”时再次单击，构造过角终边上一点垂直于 x 轴的线段 BC；如图 3.1.4 所示。

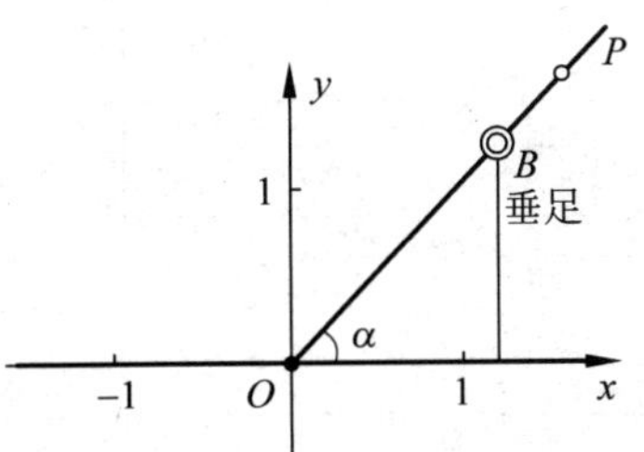

图　3.1.3

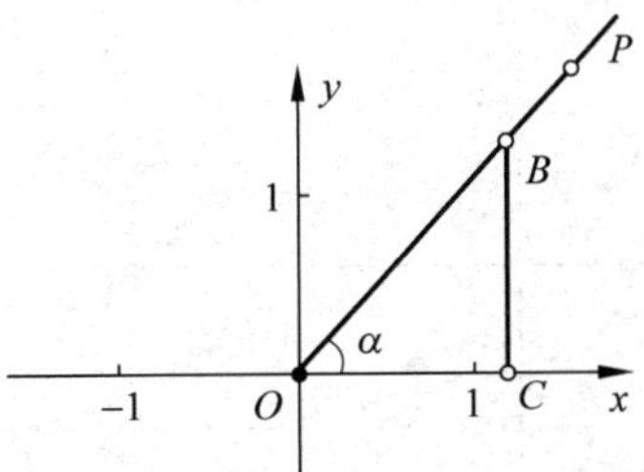

图　3.1.4

8. 用鼠标右键单击点 B，在弹出的菜单中选择【测量】—【x 坐标】，得到点 B 的横坐标 m0，同法得到点 B 的纵坐标 m1，线段 OB 的长度 m2。

9. 单击下侧工具栏的“计算|测量”工具，在弹出的对话框中输入 m1/m2，单击【确定】计算 $\frac{y}{OB}$ 的值 m3，同法计算 $\frac{x}{OB}$ 的值 m4，$\frac{y}{x}$ 的值 m5，如图 3.1.5 所示。

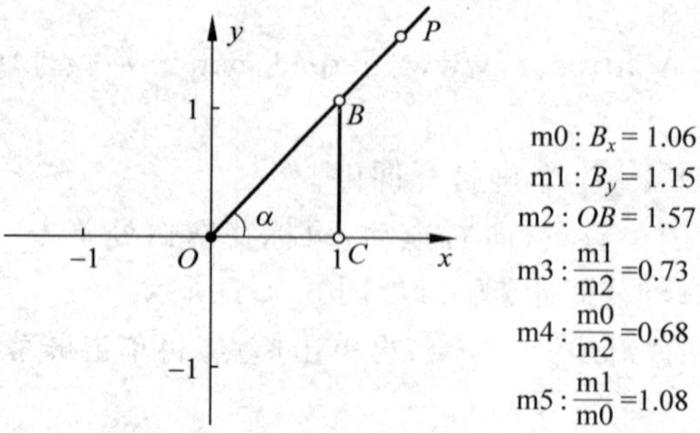

图 3.1.5

【实验记录】

反复拖动点 B 在射线 OP 上运动，将 m3，m4，m5 的值填入实验记录一。

实验记录一

拖动次数	第一次	第二次	第三次	第四次	第五次	第六次	第七次
m3							
m4							
m5							

拖动点 P 到其他象限或轴上，再拖动点 B 在射线 OP 上运动，将 m3，m4，m5 的值填入实验记录二。

实验记录二

	图形	m3	m4	m5
第一种				
第二种				
第三种				
第四种				
第五种				
第六种				
第七种				
第八种				

【实验分析】

通过以上实验,完成下列填空。

m3,m4,m5 的值与________的位置有关,而与________的位置无关,这是因为________________________,根据以上实验,为了比值更为简洁,我们可以固定 OB 的长为________。

【实验过程】

1. 依次选中原点、x 轴上的单位点,单击下侧工具栏中的“两点圆”工具,构造单位圆。

2. 选中点 B,按 Del 键删除;依次选中点 P、单位圆,单击下侧工具栏的“附着/分离/合并”工具,将点 P 固定到单位圆上,选中点 P,单击右下侧【基础】修改【名称】为 P(x,y);如图 3.1.6 所示。

3. 依次选中 x 轴上的单位点、原点、点 P,单击下侧工具栏的“计算|测量”工具,在弹出的对话框中设置,如图 3.1.7 所示,单击【确定】测量角 α 的大小 m6。

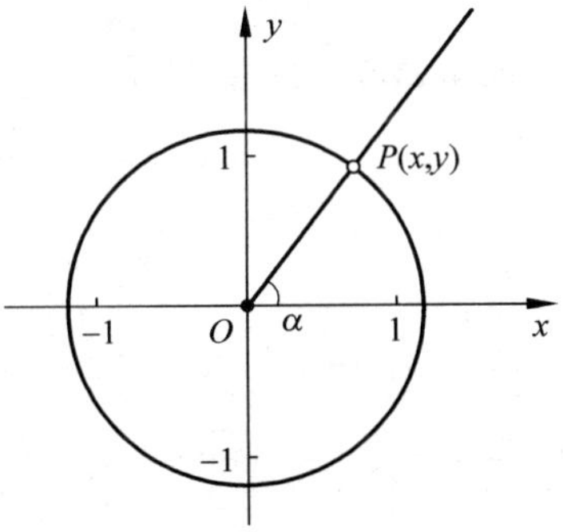

图　3.1.6

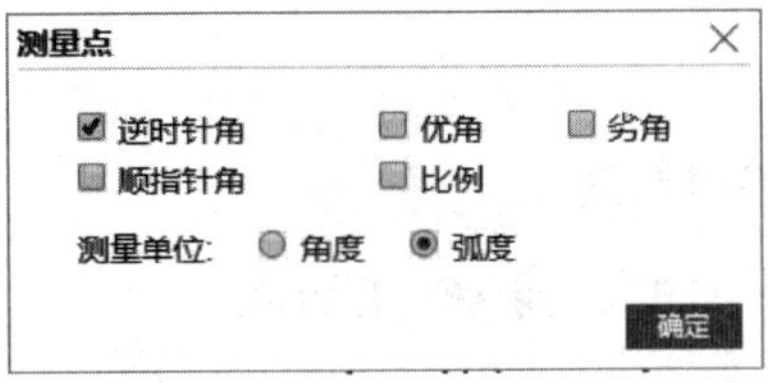

图　3.1.7

4. 用鼠标右键单击点 P,在弹出的菜单中选择【测量】—【x 坐标】,得到点 P 的横坐标 m7,同法得到点 P 的纵坐标 m8;单击下侧工具栏的“计算|测量”工具,在弹出的对话框中输入 m7/m8,单击【确定】计算 $\dfrac{y}{x}$ 的值 m9。

5. 选中 m6,单击右下侧【基础】修改【名称】为\alpha=,单击【外观】修改【展示】为【当前标签】,同法设置 m7 的【名称】为\cos\alpha=x=,m8 的【名称】为\sin\alpha=y=,m9 的【名称】为\tan\alpha=\dfrac{y}{x}=;如图 3.1.8 所示。

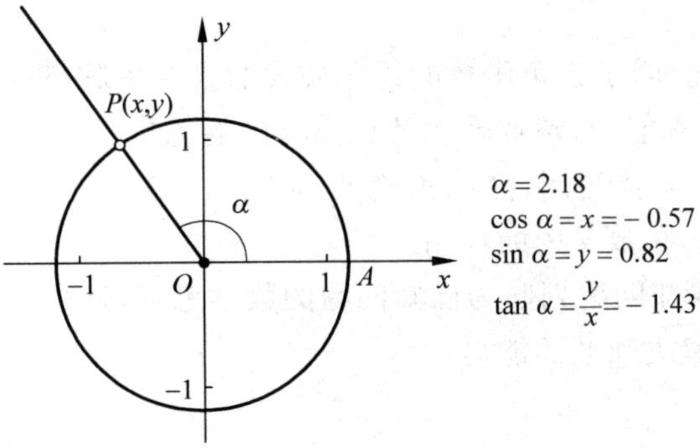

图　3.1.8

【实验记录】

拖动点 P，改变角 α 的终边位置，将得到的值填入实验记录三。

实验记录三

拖动次数	第一次	第二次	第三次	第四次	第五次	第六次	第七次
α							
$\sin\alpha$							
$\cos\alpha$							
$\tan\alpha$							

【实验分析】

通过以上实验，完成下列填空。

1. 当 $\alpha=k\pi+\frac{\pi}{2}(k\in\mathbf{Z})$ 时，$\sin\alpha=$________，$\cos\alpha=$________，$\tan\alpha$________，这是因为________。

2. 当 $\alpha\neq$________时，对于确定的角 α，$\sin\alpha$，$\cos\alpha$，$\tan\alpha$ 的值都是________；因此，$\sin\alpha$，$\cos\alpha$，$\tan\alpha$ 都是以________为自变量，以__________________为函数值的函数。

3. 三角函数定义：

【结论应用】

1. 求 $\frac{5\pi}{3}$ 的正弦、余弦、正切值。

2. 已知角 α 的终边经过点 $P_0(-3,-1)$，求角 α 的正弦、余弦、正切值。

实验 3.2　三角函数的诱导公式

"三角函数的诱导公式"是普通高中课程标准实验教科书人教 A 版必修 4 第一章第三节内容，其主要用途是把任意角的三角函数值问题转化为求锐角的三角函数值，体现"转化"的数学思想，诱导公式学习反映了从特殊到一般的归纳思维形式，对培养创新意识、发展学生的思维能力具有积极的作用。

【实验目标】

1. 通过学生的探究，明了三角函数的诱导公式的来龙去脉，理解诱导公式的推导过程；培养逻辑推理能力及运算能力，渗透转化及分类讨论的思想。

2. 通过诱导公式的具体运用，熟练正确地运用公式解决一些三角函数的求值、化简和证明问题，体会数式变形在数学中的作用。

3. 进一步领悟把未知问题划归为已知问题的数学思想，通过一题多解，一题多变，多题归一，提高分析问题和解决问题的能力。

【实验流程】

问题 1　任意角 α 的正弦、余弦、正切是怎样定义的？

问题 2 求下列三角函数值。

(1) $\sin\frac{\pi}{6}$；(2) $\sin\frac{7\pi}{6}$；(3) $\sin\left(-\frac{\pi}{6}\right)$；(4) $\sin\frac{5\pi}{6}$。

小组合作：(1)找出我们可以解决的和目前无法解决的；(2)对于还无法解决的，能否借助前面学习的知识求解；(3)利用网络画板在直角坐标系下画出这些，考察这些角之间有何关联。

【实验过程】

1. 浏览器地址栏输入 https://www.netpad.net.cn/svg.html#posts/193572，打开课件。

2. 单击上侧"全屏"工具，全屏打开课件，如图 3.2.1 所示。

3. 鼠标依次单击点 A、原点，单击下侧工具栏的"旋转"工具，弹出的对话框设置如图 3.2.2 所示，单击【确定】将点 A 绕原点逆时针旋转$\frac{\pi}{6}$到 A_1。

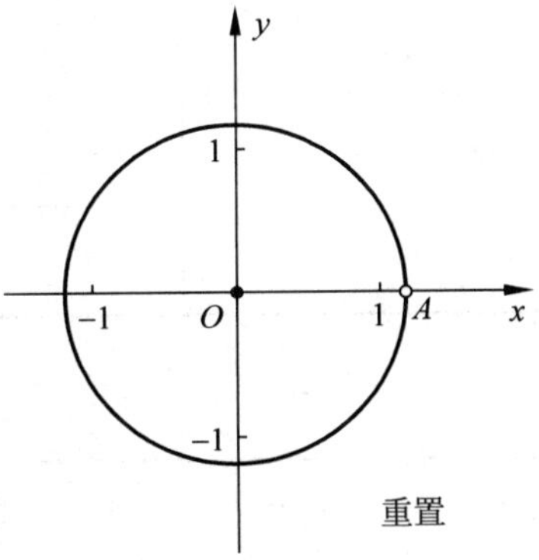

图 3.2.1

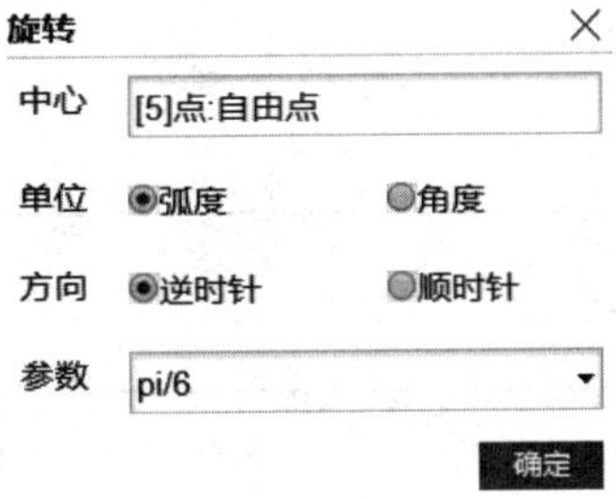

图 3.2.2

注：若不小心拖动了点 A，可单击按钮"重置"回到初始状态。

4. 依次选中原点，点 A_1，单击下侧工具栏中的"射线"工具，构造角$\frac{\pi}{6}$的终边，单击右下侧【外观】，设置合适的【线色】。

5. 同时构造和设置角$\frac{7\pi}{6}$，$-\frac{\pi}{6}$，$\frac{5\pi}{6}$的终边，如图 3.2.3 所示。

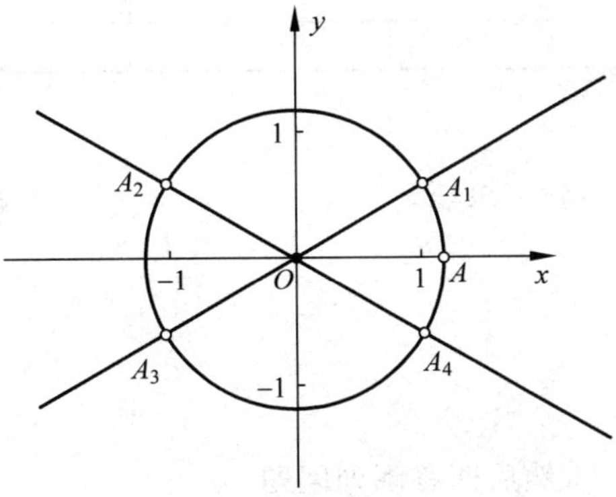

图 3.2.3

6. 小组合作：观察角$\frac{7\pi}{6}$，$-\frac{\pi}{6}$，$\frac{5\pi}{6}$的终边，它们分别与角$\frac{\pi}{6}$的终边有什么关系，正弦、余弦、正切值分别又有什么关系？为什么？填写实验记录一。

7. 小组合作：考察与$\frac{\pi}{6}$的终边有上述关系的角该如何表示？正弦、余弦、正切值分别又有什么关系？填写实验记录二。

8. 若将角$\frac{\pi}{6}$推广到任意角α，上述结论是否还成立？（可拖动点A在圆上运动，观察）填写实验记录三。

【实验记录】

实验记录一：

角	与$\frac{\pi}{6}$终边位置关系	正弦关系	余弦关系	正切关系
$\frac{7\pi}{6}$				
$-\frac{\pi}{6}$				
$\frac{5\pi}{6}$				

实验记录二：

与$\frac{\pi}{6}$终边位置关系	角的形式	正弦关系	余弦关系	正切关系
关于原点对称				
关于x轴对称				
关于y轴对称				

实验记录三：

与α终边位置关系	角的形式	正弦关系	余弦关系	正切关系
关于原点对称				
关于x轴对称				
关于y轴对称				

【实验分析】

1. 请用公式形式表达实验记录三。

诱导公式一：

诱导公式二：

诱导公式三：

诱导公式四：

2. 观察这四组诱导公式，然后回答下列问题：

(1) 公式两边具有什么特点。

(2) 每个公式中符号特点是什么？如何确定符号的？

(3) 如何记忆这几组公式。

记忆口诀：

3. 公式二、三、四能不能由其中两个推导出另外一个？如何推导？

【结论应用】

例 1 利用公式求下列各式的值。

(1) $\sin\frac{4\pi}{3}$；(2) $\cos\frac{11\pi}{3}$；(3) $\tan(-1560^\circ)$；

(4) $\cos225^\circ$；(5) $\sin\left(-\frac{16\pi}{3}\right)$；(6) $\cos(-2040^\circ)$。

总结：一般我们在求解任意角的三角函数值的时候，一般遵循的规则为："负变正，大化小，诱导公式到锐角。"

例 2 判断下列函数的奇偶性。

(1) $f(x)=1-\cos x$；(2) $g(x)=x-\sin x$。

例 3 化简下列各式。

(1) $\frac{\sin(1440^\circ+\alpha)\cos(\alpha-180^\circ)}{\cos(-180^\circ-\alpha)\sin(-\alpha-180^\circ)}$；

(2) $\frac{\sin(\pi+\alpha)\cos\alpha}{\cos(\alpha+5\pi)\sin(-\pi-\alpha)}$；

(3) $\frac{\sin[\alpha+(2n+1)\pi]+2\sin[\alpha-(2n+1)\pi]}{\sin(\alpha-2n\pi)\cos(2n\pi-\alpha)}(n\in\mathbf{N})$。

实验 3.3 正弦函数、余弦函数的图像

正弦函数、余弦函数的图像是已学过的一次函数、二次函数、指数函数与对数函数的后继内容，是在已有三角函数线知识的基础上来研究正余弦函数的图像与性质的，它是学习三角函数图像与性质的入门课，是今后研究余弦函数、正切函数的图像与性质、正弦型函数 $y=A\sin(\omega x+\varphi)$ 的图像的知识基础和方法准备。

【实验目标】

1. 通过简谐运动实验，感知正弦、余弦曲线的形状。

2. 经历利用正弦线作正弦函数图像的过程，理解并掌握用正弦线作正弦函数图像的方法。

3. 通过观察发现确定函数图像形状的关键点，理解并熟练掌握用五点法作正弦函数和余弦函数图像简单的方法。

【实验流程】

1. 浏览器地址栏输入 https://www.netpad.net.cn/svg.html#posts/317161，打开课件。

2. 单击上侧"全屏"工具，全屏打开课件，如图 3.3.1 所示。

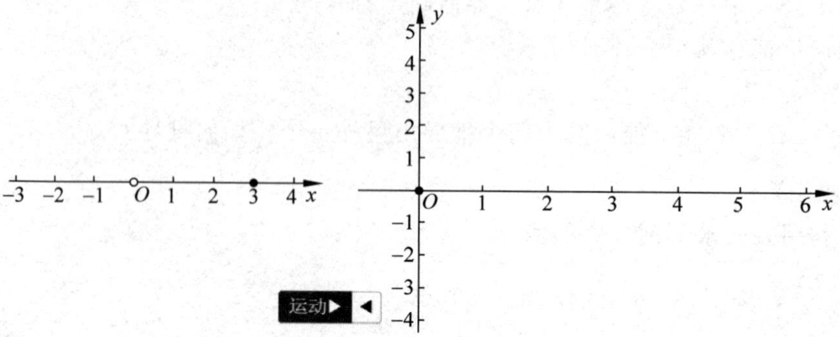

图 3.3.1

单击按钮“运动”，观察右边直角坐标系下的曲线。

问题 1 该曲线是什么曲线？你有办法画出该曲线吗？

【实验过程】

1. 单击按钮，进入下一页。

2. 单击左侧工具栏的“智能画笔”工具，鼠标单击点 O'，将鼠标移向单位圆，待单位圆高亮显示(如图 3.3.2 所示)时(注意观察，其他点、线不能高亮显示，否则移动鼠标)，再次单击鼠标，构造单位圆的一条半径 $O'B$。

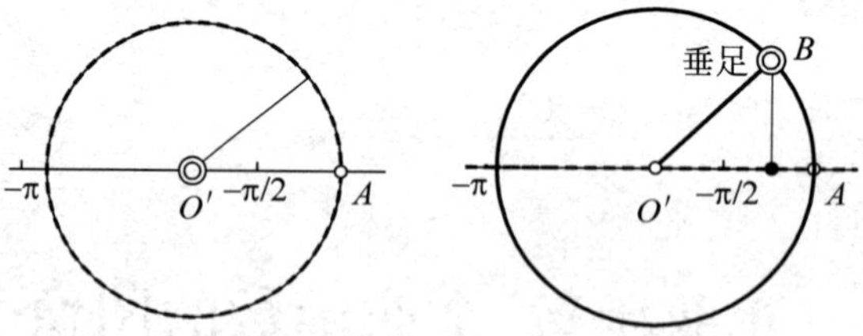

图 3.3.2

3. 单击左侧工具栏的“智能画笔”工具，用鼠标单击点 B，将鼠标移向 x 轴，待 x 轴高亮显示且出现提示“垂足”时，如图 3.3.3 所示，再次单击鼠标，构造过点 B 垂直于 x 轴的线段 BC。

4. 鼠标依次单击点 A，O'，B，单击下侧工具栏的“计算|测量”工具，在弹出的对话框设置如图 3.3.3 所示，测量$\angle AO'B$ 的大小 m0。

5. 选中原点 O，单击下侧工具栏中的“平移”工具，在弹出的对话框设置如图 3.3.4 所示，将点 O 向右平移 m0 个单位到点 O_1。

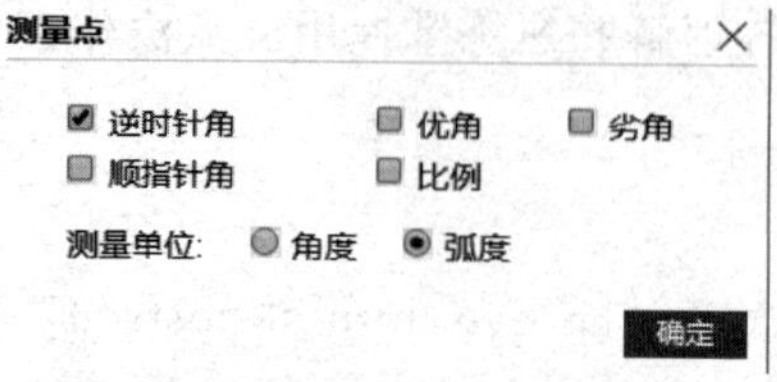

图 3.3.3

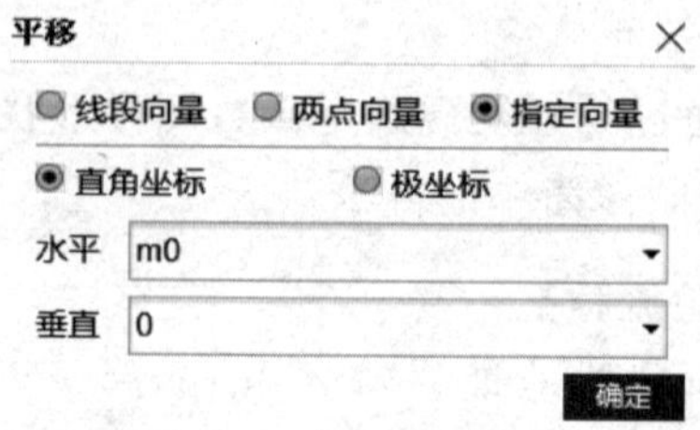

图 3.3.4

6. 选中点 B，单击下侧工具栏中的“平移”工具，在弹出的对话框中单选【两点向量】，然后鼠标依次单击点 C，O_1，如图 3.3.5 所示，单击【确定】，将点 B 向右平移到点 B_1，如图 3.3.6 所示。

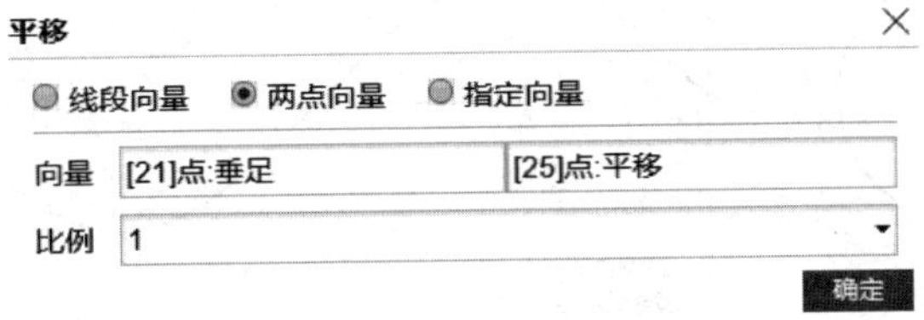

图　3.3.5

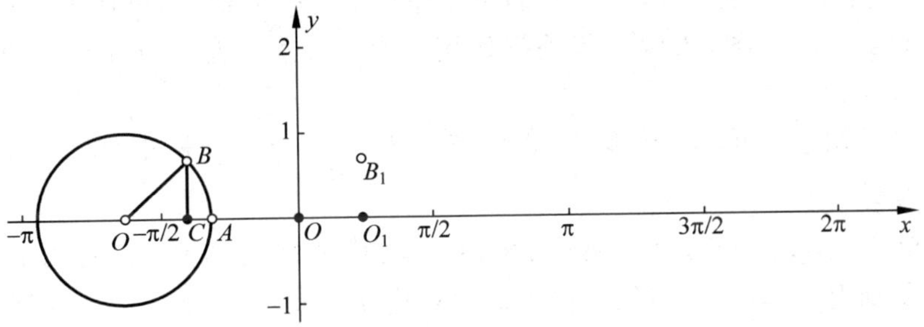

图　3.3.6

7. 鼠标单击点 B，B_1，单击下侧工具栏中的“线段”工具，构造线段 BB_1，同法构造点 B_1O_1；鼠标依次单击线段 BC，BB_1，B_1O_1，单击右下侧【外观】，设置【线型】为虚线。

8. 选中点 B_1，单击右下侧【基础】勾选【跟踪】，单击【外观】，设置【线色】、【填充色】均为红色。

9. 选中点 B，单击下侧工具栏的“动画”工具，弹出的对话框直接单击【确定】，构造点 B 的动画。

10. 单击按钮“动画”或拖动点 B 运动，跟踪点 B_1 的位置形成一条曲线(双击鼠标可消除跟踪)，如图 3.3.7 所示。

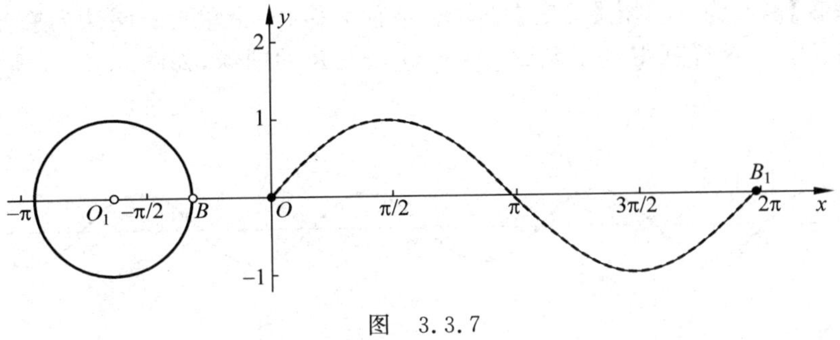

图　3.3.7

11. 依次选中点 B，B_1，单击下侧工具栏的“轨迹”工具，单击【确定】坐标系下就绘制出函数 $y=\sin x$，$x\in[0,2\pi]$的图像，选中轨迹，单击右下侧【外观】，设置【线色】为红色，如图 3.3.8 所示。

12. 小组合作：单击按钮“动画”(再次单击可停止动画)，观察、分析、讨论、总结这条曲线为什么是函数 $y=\sin x$，$x\in[0,2\pi]$的图像。

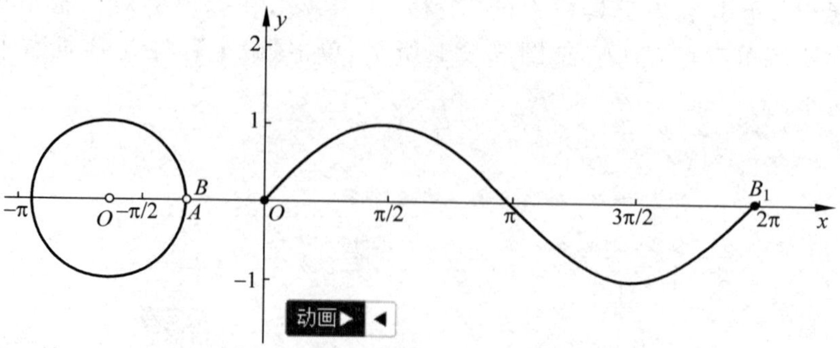

图 3.3.8

问题 1 在精确度要求不太高时,我们可以先找出几个关键点,再用光滑的曲线将它们连接起来,得到函数的简图,图像上起关键作用的点有几个?是哪几个?认真观察函数图像,填写实验记录。

问题 2 如何由 $y=\sin x, x\in[0,2\pi]$的图像得到 $y=\sin x, x\in\mathbf{R}$ 的图像?填写实验记录。

【实验过程】

1. 选中单位圆,线段 $O'B, BC, BB_1, B_1O_1$,点 O', A, B, C, O_1, B_1 按 Ctrl+H 隐藏。
2. 选中 x 轴上的单位点,用鼠标慢慢向原点拖动一段距离,如图 3.3.9 所示。

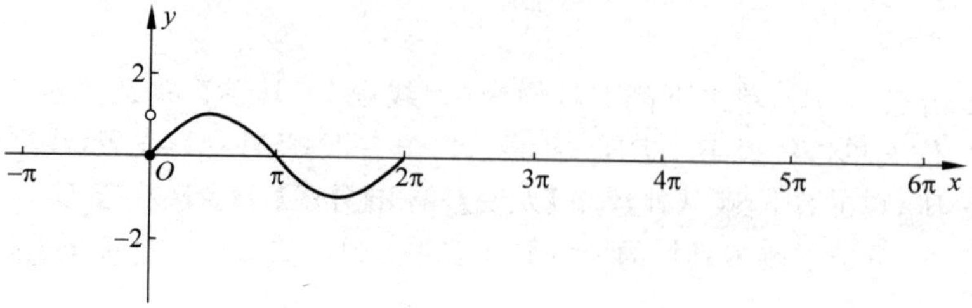

图 3.3.9

3. 选中红色曲线,单击下侧工具栏中的“平移”工具,在弹出的对话框中,【水平】修改为 2pi,【垂直】修改为 0,单击【确定】将图像向右平移 2π 个单位;同法向右平移 4π,向左平移 2π 个单位,…,这样就得到了函数 $y=\sin x, x\in\mathbf{R}$ 的图像,如图 3.3.10 所示。

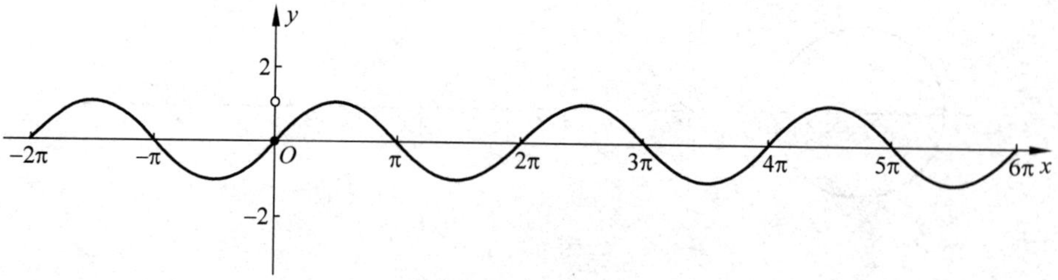

图 3.3.10

问题 3 如何由 $y=\sin x, x\in\mathbf{R}$ 的图像得到函数 $y=\cos x, x\in\mathbf{R}$ 的图像?

【实验过程】

1. 选中所有红线,单击下侧工具栏中的“平移”工具,在弹出的对话框中,【水平】修改为$-pi/2$,【垂直】修改为0,单击【确定】将图像向右平移$\frac{\pi}{2}$个单位。

2. 选中原 $y=\sin x$ 图像,按 Ctrl+H 隐藏,得到 $y=\cos x$ 的图像,如图 3.3.11 所示。

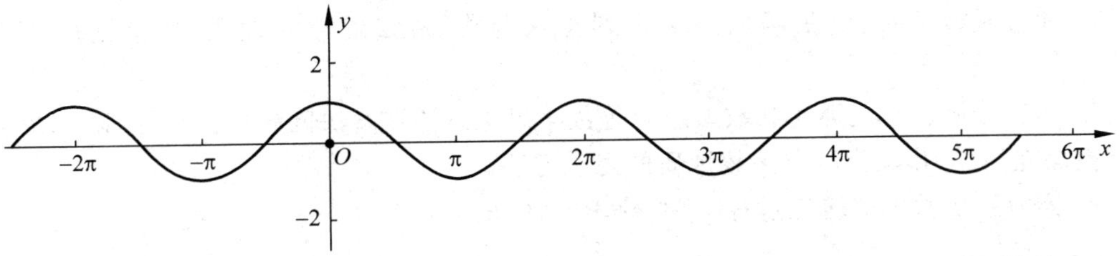

图　3.3.11

3. 小组合作:仔细观察函数图像,特别是$[0,2\pi]$部分,有哪些关键点,填写实验记录。

【实验记录】

	$y=\sin x$	$y=\cos x$
$x\in[0,2\pi)$的图像		
$x\in[0,2\pi]$图像关键点		
由 $x\in[0,2\pi)$图像得到 $x\in\mathbf{R}$ 和图像		
$x\in\mathbf{R}$ 的图像		

【实验分析】

1. 因为终边________的角有________的三角函数值,所以函数 $y=\sin x, x\in$________的图像与函数 $y=\sin x, x\in[0,2\pi)$的图像________________,只需将 $y=\sin x, x\in[0,2\pi)$的图像________________________________,就可以得到正弦函数 $y=\sin x, x\in\mathbf{R}$ 的图像。

2. 因为____,只需将 $y=\sin x, x\in\mathbf{R}$ 的图像________________________,就可以得到余弦函数 $y=\cos x, x\in\mathbf{R}$ 的图像。

3. 正弦函数的图像和余弦函数的图像分别叫作________________________和________________________。

4. 五点法作图:

例　画出下列函数的简图。

(1) $y=1+\sin x, x\in[0,2\pi]$;

(2) $y=-\cos x, x\in[0,2\pi]$。

用五点作图法,列表、描点,连线作出函数图像,并用网络画板作图验证。

实验 3.4　正弦函数、余弦函数的性质

正弦函数、余弦函数的性质主要是探究正弦、余弦函数的定义域、值域(最值)、周期性、奇偶性、对称性和单调性,它是三角函数里的重要内容,也是高考考查的热点内容之一。数

形结合的思想方法贯穿了本节课程内容的始终,利用图像研究性质,反过来再根据性质进一步认识函数的图像,充分体现了数形结合的数学思想方法。

【实验目标】

1. 通过观察正弦、余弦函数图像得到正弦函数、余弦函数的性质,并灵活应用性质解题。

2. 培养分析、探索、类比和数形结合等数学思想方法在解决问题中的应用能力,培养学生自主探究的能力,深化研究函数性质的思想方法。

3. 亲身经历数学的研究过程,感受数学的魅力。

【实验流程】

在前面的学习过程中,研究了函数的哪些性质?是如何研究它的性质?

(一)探究函数 $y=\sin x, x\in \mathbf{R}$;$y=\cos x, x\in \mathbf{R}$ 的周期

【实验过程】

1. 浏览器地址栏输入 https://www.netpad.net.cn/svg.html#posts/193892,打开课件。

2. 单击上侧"全屏"工具,全屏打开课件,如图 3.4.1 所示。

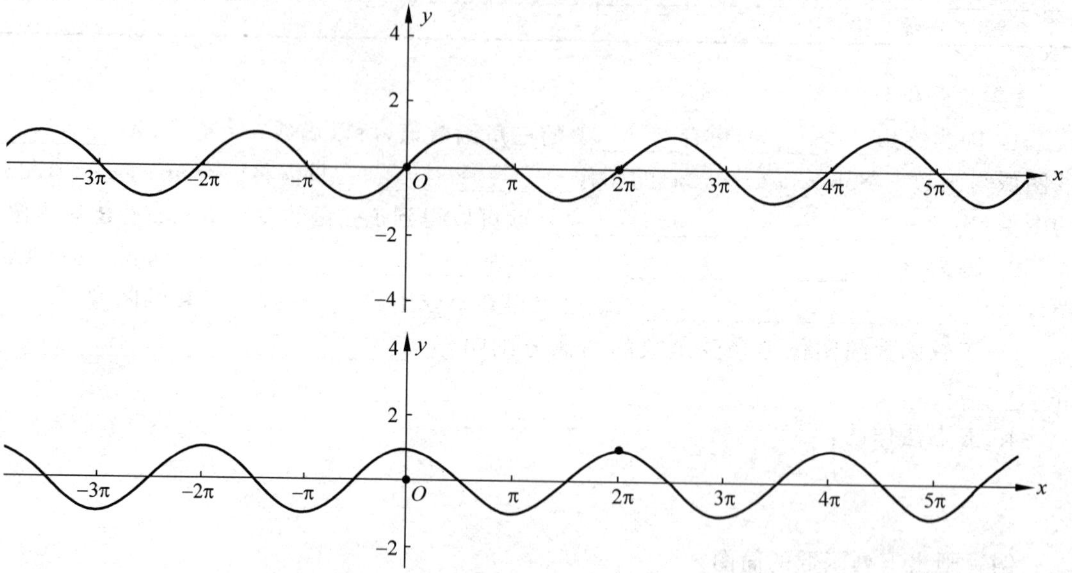

图 3.4.1

3. 图 3.4.1 中,上图为 $y=\sin x, x\in \mathbf{R}$ 的图像,红线为 $y=\sin x, x\in[0,2\pi]$ 的图像;下图为 $y=\cos x, x\in \mathbf{R}$ 的图像,红线为 $y=\cos x, x\in[0,2\pi]$ 的图像。

4. 小组合作:分别拖动图中的红点左右移动,仔细观察平移多少个单位红线就与 $y=\sin x$ 或 $y=\cos x$ 的图像重合?填写实验记录。

◆周期函数:对于函数 $f(x)$,如果存在一个非零常数 T,使得当 x 取定义域内的每一个值时,都有 $f(x+T)=f(x)$,那么函数 $f(x)$ 就叫作周期函数,非零常数 T 叫作这个函数的周期。

思考：正弦函数、余弦函数是周期函数吗？周期是多少？填写实验记录。

◆最小正周期：如果函数 $f(x)$的所有周期中存在一个最小的正数，那么这个最小正数就叫作 $f(x)$的最小正周期。

【实验记录】

1. $y=\sin x, x\in[0,2\pi]$的图像向左(或右)平移________个单位与 $y=\sin x, x\in \mathbf{R}$ 的图像重合，即每隔______个单位，函数图像重复出现，这是因为________。

2. $y=\cos x, x\in[0,2\pi]$的图像向左(或右)平移________个单位与 $y=\cos x$，$x\in \mathbf{R}$ 的图像重合，即每隔______个单位，函数图像重复出现，这是因为________。

3. 正弦函数，余弦函数都是________，最小正周期是______。

【结论应用】

例 1 利用周期函数定义求下列函数的周期。

(1) $y=3\cos x, x\in \mathbf{R}$；(2) $y=\sin 2x, x\in \mathbf{R}$；(3) $y=2\sin\left(\frac{1}{2}x-\frac{\pi}{2}\right), x\in \mathbf{R}$。

说明：若无特别说明，周期一般指函数的最小正周期。

例 2 利用周期函数定义求下列函数的周期。

(1) $y=A\sin(\omega x+\varphi), x\in \mathbf{R}$(其中 $A>0, \omega>0$)；(2) $y=A\cos x(\omega x+\varphi), x\in \mathbf{R}$(其中 $A>0, \omega>0$)。

【实验结论】

1. 函数 $y=A\sin(\omega x+\varphi), x\in \mathbf{R}$；$y=A\cos x(\omega x+\varphi), x\in \mathbf{R}$(其中 $A>0, \omega>0$) 是周期为______的周期函数。

2. 如果函数 $y=f(x)$的周期是 T，那么函数 $y=f(\omega x)$的周期是______。

(二) 探究函数 $y=|\sin x|, x\in \mathbf{R}$；$y=|\cos x|, x\in \mathbf{R}$；$y=\sin|x|, x\in \mathbf{R}$；$y=\cos|x|, x\in \mathbf{R}$ 的周期

【实验过程】

1. 选中两条红色曲线和两个红点，按 Del 键删除。

2. 用鼠标双击 $y=\sin x, x\in \mathbf{R}$ 的图像，修改表达式为 abs(sin(x))，单击【确定】绘制函数 $y=|\sin x|$的图像；用鼠标双击 $y=\cos x, x\in \mathbf{R}$ 的图像，修改表达式为 abs(cos(x))，单击【确定】绘制函数 $y=|\cos x|$的图像；如图 3.4.2 所示。

3. 小组合作：观察函数图像，填写实验记录。

4. 同第二步修改函数 $y=$abs(sin(x))的表达式为 $y=$sin(abs(x))，$y=$abs(cos(x))的表达式为 $y=$cos(abs(x))，分别绘制函数 $y=\sin|x|, x\in \mathbf{R}$，$y=\cos|x|, x\in \mathbf{R}$ 的图像。

5. 小组合作：观察函数图像，填写实验记录。

【实验记录】

1. $y=|\sin x|, x\in \mathbf{R}$ 是周期为______的周期函数，理由是________。

2. $y=|\cos x|, x\in \mathbf{R}$ 是周期为______的周期函数，理由是________。

3. $y=\sin|x|, x\in \mathbf{R}$ 是周期为______的周期函数。

4. $y=\cos|x|, x\in \mathbf{R}$ 是周期为______的周期函数，理由是________。

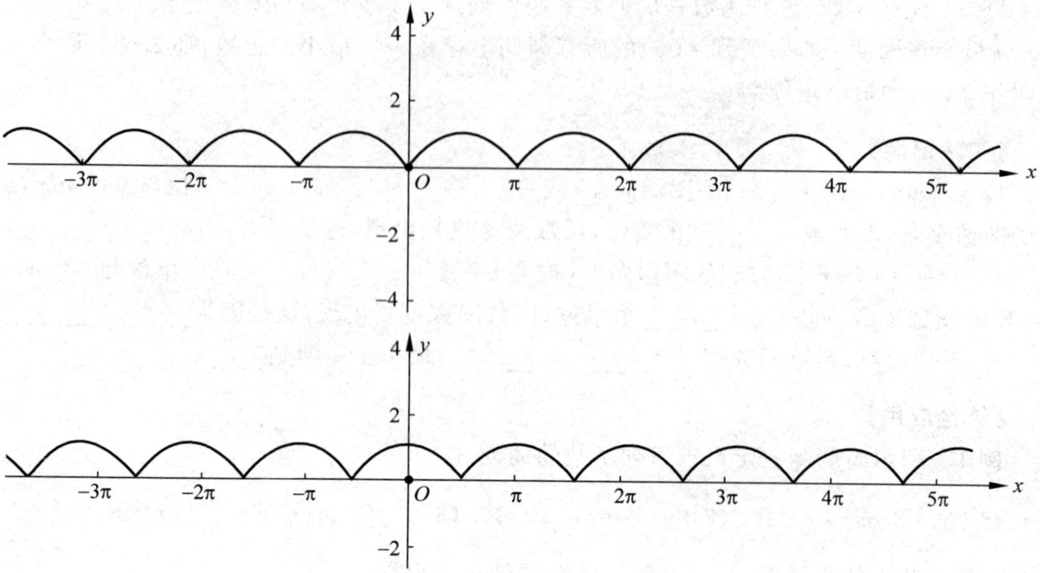

图 3.4.2

（三）探究函数 $y=\sin x, x\in \mathbf{R}$；$y=\cos x, x\in \mathbf{R}$ 的奇偶性

【实验过程】

1. 用鼠标双击 $y=\sin|x|, x\in \mathbf{R}$ 的图像，修改表达式为 sin(x)，单击【确定】绘制函数 $y=\sin x$ 的图像；用鼠标双击 $y=\cos|x|, x\in \mathbf{R}$ 的图像，修改表达式为 cos(x)，单击【确定】绘制函数 $y=\cos x$ 的图像；如图 3.4.3 所示。

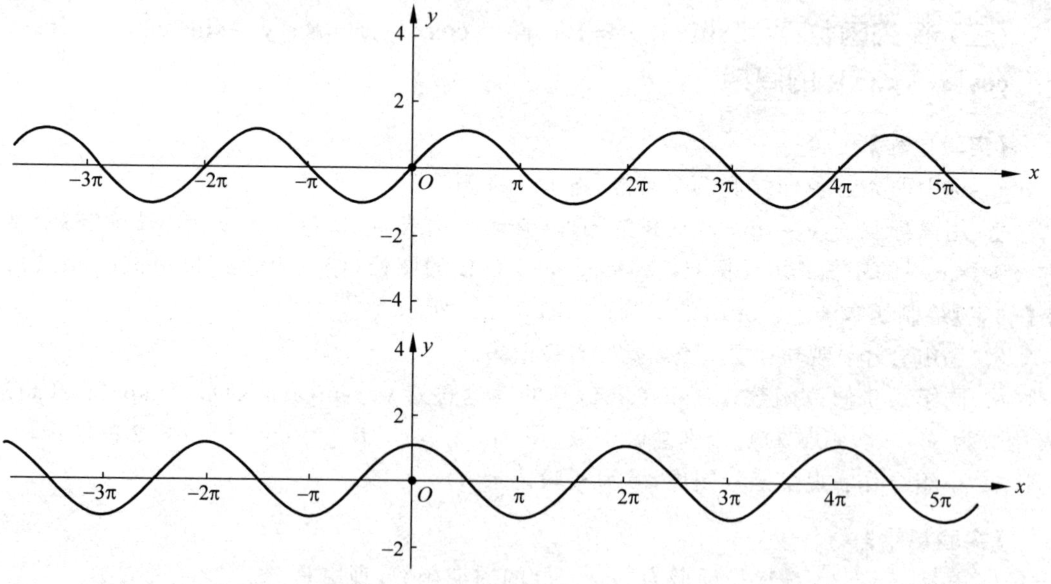

图 3.4.3

2. 小组合作：观察函数图像，分析函数图像是否具有对称性，填写实验记录。

【实验记录】

1. $y=\sin x, x\in\mathbf{R}$ 的图像关于________对称，它是________函数，理由是________。

2. $y=\cos x, x\in\mathbf{R}$ 的图像关于________对称，它是________函数，理由是________。

（四）探究函数 $y=\sin x, x\in\mathbf{R}$；$y=\cos x, x\in\mathbf{R}$ 的单调性

【实验过程】

1. 小组合作：观察正弦函数图像，考察函数图像从左到右逐渐上升(或下降)的区间，填写实验记录。

2. 小组合作：观察余弦函数图像，考察函数图像从左到右逐渐上升(或下降)的区间，填写实验记录。

说明：1. 因为正弦函数是周期函数，可考察一个周期内的图像。

2. 为方便观察，可向右拖动 x 轴上的单位点。

【实验记录】

1. 正弦函数在每一个闭区间________上都是增函数，其值从________增大到________；在每一个闭区间________上都是减函数，其值从________减小到________。

2. 正弦函数当且仅当 $x=$________时取得最大值________，当且仅当 $x=$________时取得最小值________。

3. 余弦函数在每一个闭区间________上都是增函数，其值从________增大到________；在每一个闭区间________上都是减函数，其值从________减小到________。

4. 余弦函数当且仅当 $x=$________时取得最大值________，当且仅当 $x=$________时取得最小值________。

【实验结论】

经过上述实验，填写下表。

函数	$y=\sin x, x\in\mathbf{R}$	$y=\cos x, x\in\mathbf{R}$
图像		
定义域		
值域		
最值	$x=$______，$y_{max}=$______ $x=$______，$y_{min}=$______	$x=$______，$y_{max}=$______ $x=$______，$y_{min}=$______
周期性		
奇偶性		
单调递增区间		
单调递减区间		

【结论应用】

例 3 求下列函数的最值及取得最值的条件。

(1) $y=\cos x+1, x\in\mathbf{R}$；(2) $y=-3\sin 2x, x\in\mathbf{R}$。

注：1. 函数 $y=A\sin(\omega x+\varphi)(A>0,\omega>0)$ 的最大值为____________，取得最大值的 x 由方程____________________解得；最小值为________________，取得最小值的 x 由方程____________________解得。

2. 函数 $y=A\cos(\omega x+\varphi)(A>0,\omega>0)$ 的最大值为________，取得最大值的 x 由方程________________解得；最小值为________，取得最小值的 x 由方程________________解得。

例 4 利用三角函数的单调性，比较下列各组数的大小。

(1) $\sin\left(-\frac{\pi}{18}\right)$ 与 $\sin\left(-\frac{\pi}{10}\right)$；(2) $\cos\left(-\frac{23\pi}{5}\right)$ 与 $\cos\left(-\frac{17\pi}{4}\right)$。

注：利用三角函数的单调性比较两个同名三角函数值的大小，可利用________将已知角化为________________的角，再比较大小。

例 5 求函数 $y=\sin\left(\frac{1}{2}x+\frac{\pi}{3}\right), x\in[-2\pi,2\pi]$ 的单调递增区间。

注：求函数 $y=A\sin(\omega x+\varphi)$，$y=A\cos(\omega x+\varphi)$ $(A>0,\omega>0)$ 的单调区间，应将 $\omega x+\varphi$ 看作________，把 $\omega x+\varphi$ 放入________________的单调区间，解出 x 的区间即为原函数的单调区间。

实验 3.5 正切函数的图像与性质

“正切函数的图像和性质”是紧接着正弦和余弦函数的图像和性质后的又一通过图像来研究性质的课题，与正弦函数的图像进行类比，既可巩固正弦函数的性质，又可进一步提高观察和分析图像的能力。

【实验目标】

1. 会用单位圆内的正切线画正切曲线，并根据正切函数图像掌握正切函数的性质，用数形结合的思想理解和处理问题。

2. 在得到正切函数图像的过程中，学会一类周期性函数的研究方式，通过自己动手得到图易让学生亲身经历数学研究的过程，体验探索的乐趣，增强学习数学的兴趣。

【实验流程】

(一) 知识回顾

1. 我们是通过什么途径来探究正、余弦函数的性质的？都研究了它们的哪些性质？

图像法、定义域、值域、周期、单调性、奇偶性、对称性。

2. 我们是如何利用几何法得出正弦函数图像的？

利用单位圆内的正弦线，得到在一个周期，即 $[0,2\pi]$ 内的图像，再利用周期性得到在定义域内的图像。

【设计意图】

(1) 通过此问题确定本节课的一个基调：类比学习；

(2) 通过此问题来复习我们已经研究过的正弦函数的性质；

(3) 通过比较让学生了解正切与正弦的区别，在画图像的时候注意区别；

(4) 因为在作图时必须用正弦线的知识，所以在此做一个相应的复习和准备工作，顺应学生的思维在知识链接处提问。

请同学们根据所学知识设计一个研究正切函数图像与性质的方案。

方案：第一步：画出正切函数在一个周期内的图像；

第二步：将图像向左、向右平移拓展到整个定义域上；

第三步：根据图像总结性质。

（二）新知探究

请同学们以小组为单位解决方案的第一步，在网络画板中利用单位圆中正切线画出 $y=\tan x$ 在一个周期内的简图。

【实验过程】

1. 浏览器地址栏输入 https://www.netpad.net.cn/svg.html#posts/193953，打开课件。

2. 单击上侧“全屏”工具，全屏打开课件，如图 3.5.1 所示。教师先作适当的提示后，学生再按步骤操作。

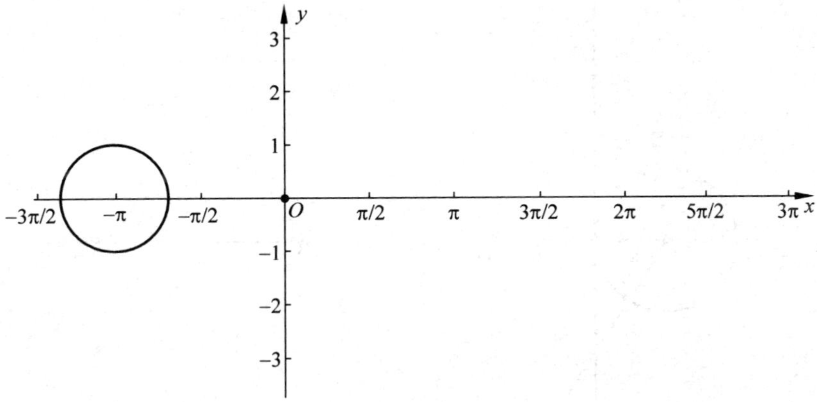

图 3.5.1

3. 单击下侧工具栏中的“变量”工具，在弹出的对话框中修改【最小值】为 −pi/2，【最大值为】pi/2，【增量】为 0.1，【当前值】为 −pi/2，单击【确定】新建变量 a。

4. 选中点 A，x 轴，单击下侧工具栏中的“垂线”工具，构造过点 A 垂直于 x 轴的直线 l。

5. 依次选中点 A，O'，单击下侧工具栏的“旋转”工具，在弹出的对话框中输入 a，点击【确定】将点 A 绕点 O' 逆时针旋转 a 弧度到点 A_1。

6. 依次选中点 O'，点 A_1，单击下侧工具栏中的“射线”工具，构造射线 $O'A_1$。

7. 选中直线 l，射线 $O'A_1$，单击下侧工具栏中的“交点”工具，构造交点 B，如图 3.5.2 所示。

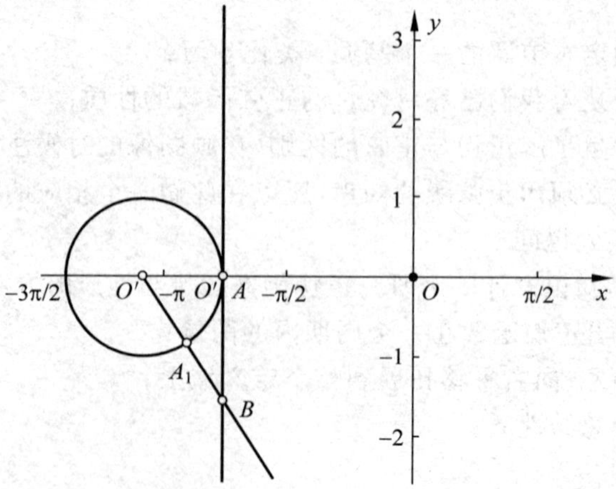

图 3.5.2

8. 选中点 O，单击下侧工具栏中的"平移"工具，在弹出的对话框中修改【水平】为 a，【垂足】为 0，单击【确定】将点 O 水平方向平移 a 个单位到 O_1。

9. 选中点 B，单击下侧工具栏中的"平移"工具，在弹出的对话框中单击【两点向量】，然后依次单击点 A，O_1，将点 B 平移到点 B_1，单击右下侧【外观】，设置【线色】、【填充色】均为红色，如图 3.5.3 所示。

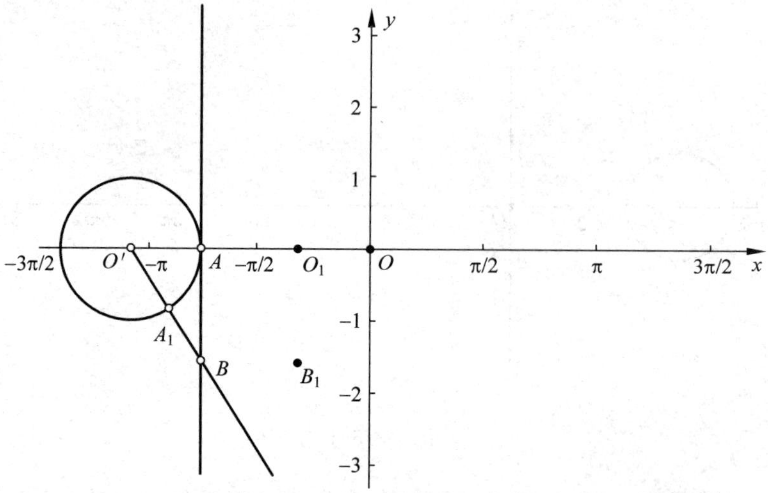

图 3.5.3

10. 用鼠标右键单击点 B_1，在弹出的菜单选择【跟踪】。

11. 选中点 B，B_1，单击下侧工具栏中的"线段"工具，构造线段 BB_1，同法构造线段 B_1O_1。

12. 选中 BB_1，B_1O_1，单击右下侧【外观】，设置【线型】为虚线。

13. 选中变量 a，单击下侧工具栏的"动画"工具，弹出的对话框设置如图 3.5.4 所示。

14. 单击按钮"动画"或拖动点 B 运动，跟踪点 B_1 的位置形成一条曲线（双击鼠标可消除跟踪），如图 3.5.5 所示。

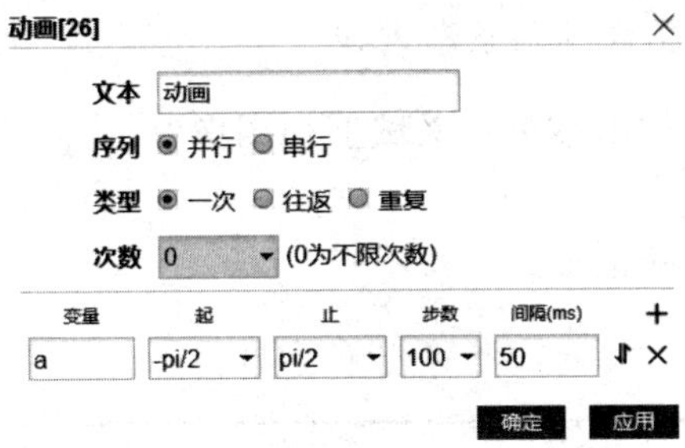

图 3.5.4

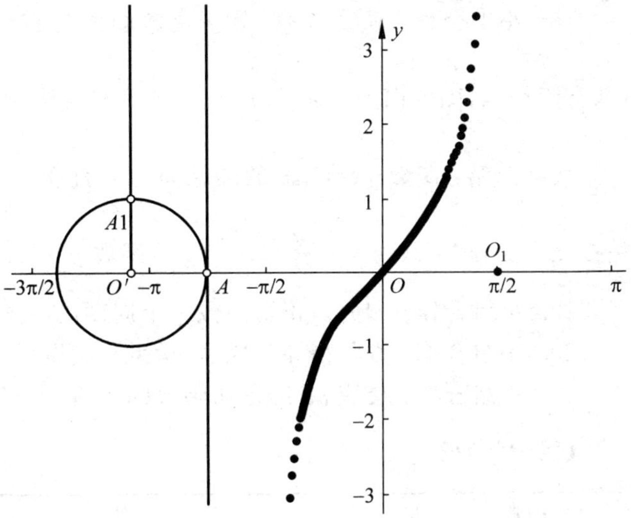

图 3.5.5

15. 依次选中点 B,B_1,单击下侧工具栏的"轨迹"工具,在弹出的对话框设置如图 3.5.6 所示,单击【确定】,坐标系就绘制出函数 $y=\tan x$,$x\in\left(-\dfrac{\pi}{2},\dfrac{\pi}{2}\right)$的图像,选中轨迹,单击右下侧【外观】,设置【线色】为红色,如图 3.5.7 所示。

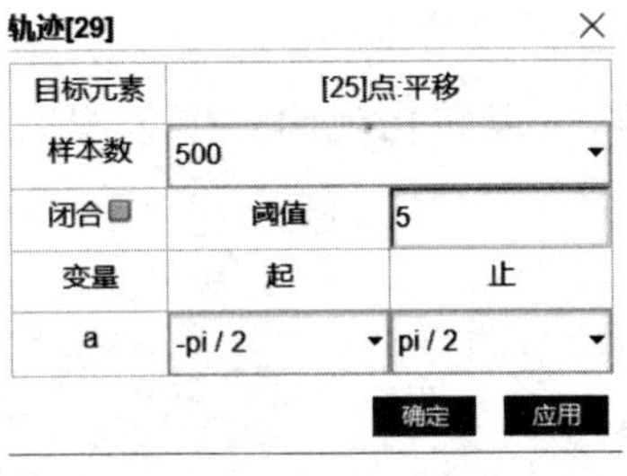

图 3.5.6

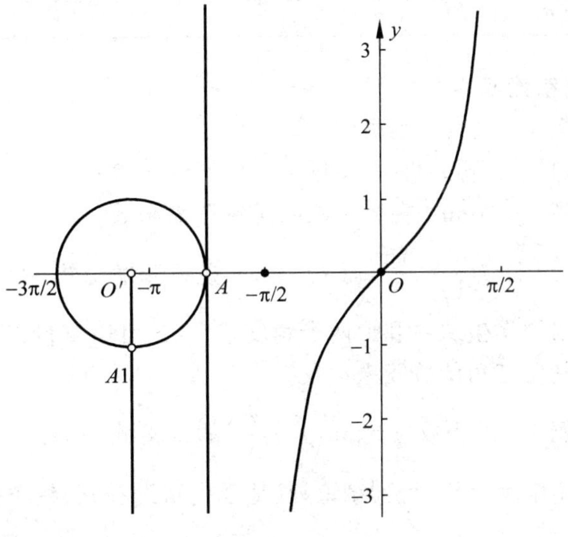

图 3.5.7

16. 小组合作:观察函数图像,思考:要画出一个周期内的图像,首先,选择哪段区间较好;其次,在画图像的过程中应该注意什么?

17. 单击下侧工具栏中的"$x=f(y)$"工具,在弹出的对话框中输入$-$pi/2,单击【确定】绘制函数 $x=-\dfrac{\pi}{2}$的图像,单击右下侧【外观】,设置【线型】为虚线;同法绘制和设置函数 $x=\dfrac{\pi}{2}$的图像。

18. 小组合作：认真观察、分析函数图像与直线 $x=-\frac{\pi}{2}$ 与 $x=\frac{\pi}{2}$ 是什么位置关系？(从有无交点，图像向上与直线 $x=\frac{\pi}{2}$，向下与直线 $x=-\frac{\pi}{2}$ 的位置观察)。

教师总结：函数 $y=\tan x$ 的图像向上与直线 $x=\frac{\pi}{2}$，向下与直线 $x=-\frac{\pi}{2}$ 无限靠近但始终无交点，称直线 $x=-\frac{\pi}{2}$ 与 $x=\frac{\pi}{2}$ 是函数 $y=\tan x$ 图像的两条渐近线。

19. 小组合作：如何由正切函数一个周期内的图像作出整个定义域上的图像？

20. 小组合作：教师指导完成后，学生交流展示。

21. 小组合作：交流、总结正切函数的性质，填写实验记录。

【实验记录】

函数	$y=\tan x, x\in\mathbf{R}$
图像	
定义域	
值域	
奇偶性	
单调性	

【结论应用】

例 1 判断下列语句是否正确：

(1) $y=\tan x$ 在定义域上是单调增函数；

(2) $y=\tan x$ 在第一象限是单调增函数；

(3) 因为 $\frac{\pi}{16}<\frac{7\pi}{8}$，而 $y=\tan x$ 是单调增函数，所以 $\tan\frac{\pi}{16}<\tan\frac{7\pi}{8}$。

引导学生从数和形两个角度来完成，可以直接看图像，可以转化到同一个单调区间，也可以利用三角函数线来比较。

例 2 求函数 $y=\tan\left(x+\frac{\pi}{4}\right)$ 的定义域、值域。

由学生分析，得到结论，其他学生帮助补充、纠正完成。

例 3 求函数 $y=\tan\left(2x+\frac{\pi}{4}\right)$ 的单调区间。

例 4 不求值，比较大小。

(1) $\tan\left(-\frac{\pi}{4}\right)$ 与 $\tan\frac{2\pi}{5}$；

(2) $\tan\left(-\frac{13\pi}{4}\right)$ 与 $\tan\left(-\frac{17\pi}{5}\right)$。

实验 3.6　探究函数 $y=A\sin(\omega x+\varphi)$ 的图像与性质

三角函数是描述周期现象的数学模型，也是一种基本初等函数，在数学和其他领域中具有重要的作用。"函数 $y=A\sin(\omega x+\varphi)$ 的图像"是三角函数的一个重要内容，通过揭示参数 A,ω,φ 的变化对函数 $y=A\sin(\omega x+\varphi)$ 图像产生的影响，有助于进一步深化对函数图像变换的理解和认识，同时也有助于体会三角函数是描述周期现象的重要数学模型思想。

【实验目标】

1. 分别探究 φ,A,ω 对 $y=\sin(x+\varphi)$，$y=A\sin x(A>0)$，$y=\sin\omega x(\omega>0)$ 的图像的影响。

2. 在理解 φ,A,ω 对 $y=\sin(x+\varphi)$，$y=A\sin x(A>0)$，$y=\sin\omega x(\omega>0)$ 的图像的变换规律的基础上，探究 ω 不等于 1 时函数 $y=A\sin(\omega x+\varphi)$ 图像相对于 $y=\sin x$ 的变换。

3. 通过自主探究学习，使学生经历从具体到抽象、由感性到理性的研究过程，培养其认知策略。

【实验流程】

（一）创设情境、提出问题

摩天轮的半径为 A m$(A>0)$，当摩天轮逆时针做匀速转动时，角速度为 ω rad/min$(\omega>0)$，如果当摩天轮上点 P 从图中点 P_0 处开始计算时间。请在如图 3.6.1 所示的坐标系中，确定时刻 x min 时点 P 的纵坐标 y。

教师演示摩天轮转动，学生观察。

【设计意图】

用数学的眼光观察世界，感悟函数 $y=A\sin(\omega x+\varphi)$ 是刻画自然界周期现象的常见的数学模型，具有丰富的自然背景。借助实际意义来理解函数 $y=A\sin(\omega x+\varphi)$ 的图像性质是自然的、清楚的、明白的！

师生活动：先将点 P_0 置于 x 轴正半轴上，利用正弦函数的定义得到 $y=A\sin\omega x$；再将点 P_0 置于如图 3.6.1 所示位置，得到在时刻 x min 时，点 P 的纵坐标 $y=A\sin(\omega x+\varphi)$。

小结：形如 $y=A\sin(\omega x+\varphi)$ 的函数在生活中经常可以见到，因此今天我们来探讨这个函数，为了探讨方便，这里 $A>0,\omega>0$。

设问 1：按照我们以往的经验，一般通过什么方法研究或认识函数的性质呢？

结论：图像。

板书课题：函数 $y=A\sin(\omega x+\varphi)(A>0,\omega>0)$ 的图像。

设问 2：显然，参数 A,ω,φ 取不同实数，我们就会得到不同的函数表达式，进而函数图像就发生变化，在这个大家庭中，有你熟悉的函数吗？

结论：函数 $y=\sin x$。

（二）研制策略、优化方案

问题 1　如何由 $y=\sin x$ 的图像得到 $y=A\sin(\omega x+\varphi)(A>0,\omega>0)$ 的图像？

师生活动：引导学生制定研究方案，教师板书方案。

小结：在比较讨论的基础上确定本节课的研究方案，即相对固定其中 2 个，仅一个变动，先分别探讨 φ,A,ω 对函数 $y=\sin(x+\varphi)$，$y=A\sin x(A>0)$，$y=\sin\omega x(\omega>0)$ 的图像

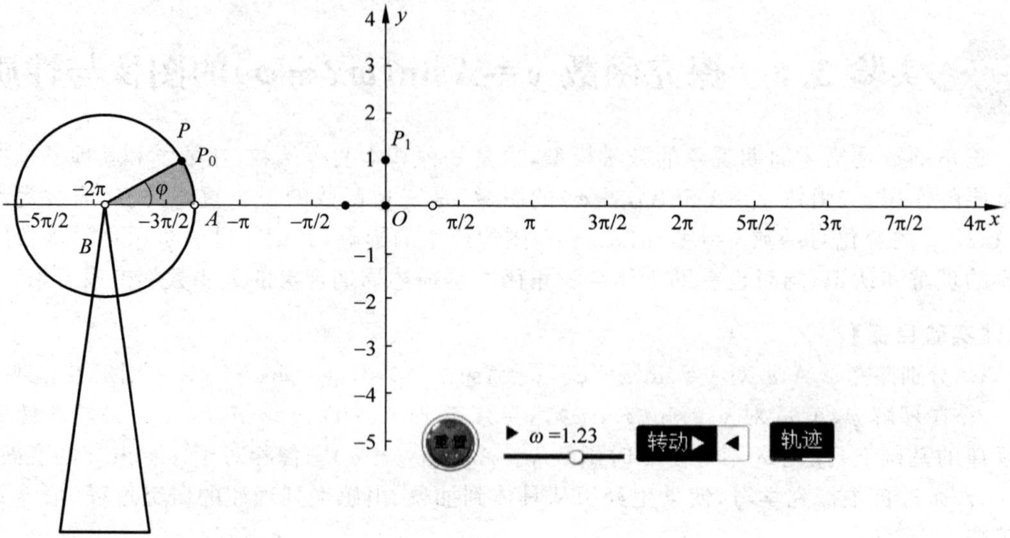

图 3.6.1

的影响，再综合。

【设计意图】

首先，强调在面对一个问题时，首先让学生去规划研究思路，重在引导学生思考解决问题的方法；其次，面对多变量问题，学会通过控制变量的个数将复杂问题简单化，体会从简单到复杂的研究问题的一般方法。

（三）合作探究、感悟方法

问题 2 如何由 $y=\sin x$ 的图像得到 $y=\sin(x+1)$ 的图像？

【实验过程】

1. 浏览器地址栏输入 https://www.netpad.net.cn/svg.html#posts/194009，打开课件。

2. 单击上侧“全屏”工具，全屏打开课件，如图 3.6.2 所示，其中黑色虚线为 $y=\sin x, x\in\mathbf{R}$ 的图像；红色实线为函数 $y=\sin(x+\varphi), x\in\mathbf{R}$ 的图像。

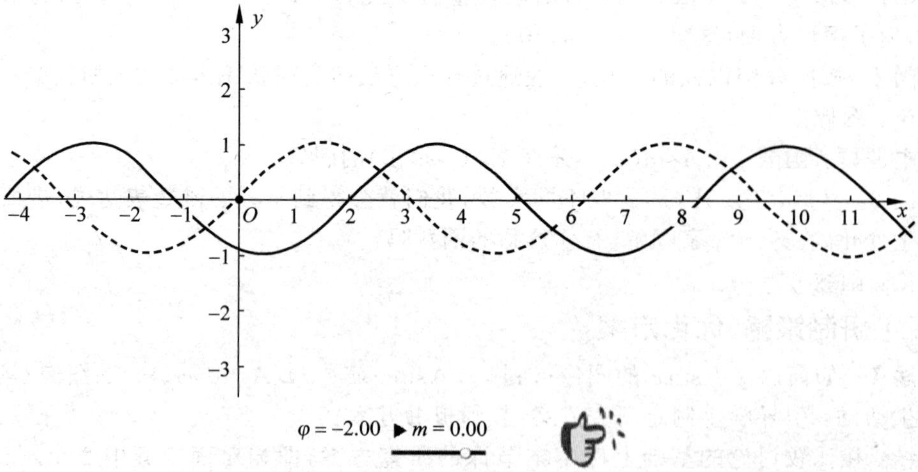

图 3.6.2

3. 拖动变量 m 的滑杆，观察图像变化，填写实验记录（为便于观察，可拖动 x 轴上的单位点，修改 1 个单位长的长度）。

4. 用鼠标单击变量 φ 后的数字，修改 φ 的值，再拖动变量 m 的滑杆，观察图像变化，反复实验，分析、归纳一般规律，填写实验记录。

【实验记录】

相位变换

	变换
点 $(x_0-\varphi, y_0)$	点 (x_0, y_0) ________ 得到点 $(x_0-\varphi, y_0)$
$y=\sin(x+1)$	$y=\sin x$ 的图像 ________ 得到 $y=\sin(x+1)$ 的图像
$y=\sin(x\quad)$	$y=\sin x$ 的图像 ________ 得到 $y=\sin(x\quad)$ 的图像
$y=\sin(x\quad)$	$y=\sin x$ 的图像 ________ 得到 $y=\sin(x\quad)$ 的图像
$y=\sin(x\quad)$	$y=\sin x$ 的图像 ________ 得到 $y=\sin(x\quad)$ 的图像
$y=\sin(x+\varphi)$	$y=\sin x$ 的图像 ________ 得到 $y=\sin(x+\varphi)$ 的图像

【设计意图】

第一，人们认识问题大多从具体到抽象，具体的研究清楚了，抽象的就不难了；第二，引导学生说明为什么？从形上说图像变换是图像上每点的位置变化，从数上讲是点的坐标变化，这里找出是纵坐标相同的两点，从横坐标的变化关系解释平移变换。

着重探讨清楚 φ 对函数 $y=\sin(x+\varphi)$ 的图像的影响，学生可以将探究方法迁移到后续对 A、ω 的探究中去。

（四）类比方法、自主探究

问题 3　(1) 如何由 $y=\sin x$ 的图像得到 $y=A\sin x\,(A>0)$ 的图像？

(2) 如何由 $y=\sin x$ 的图像得到 $y=\sin\omega x\,(\omega>0)$ 的图像？

【实验过程】

1. 单击按钮，进入下一页，如图 3.6.3、图 3.6.4 所示。

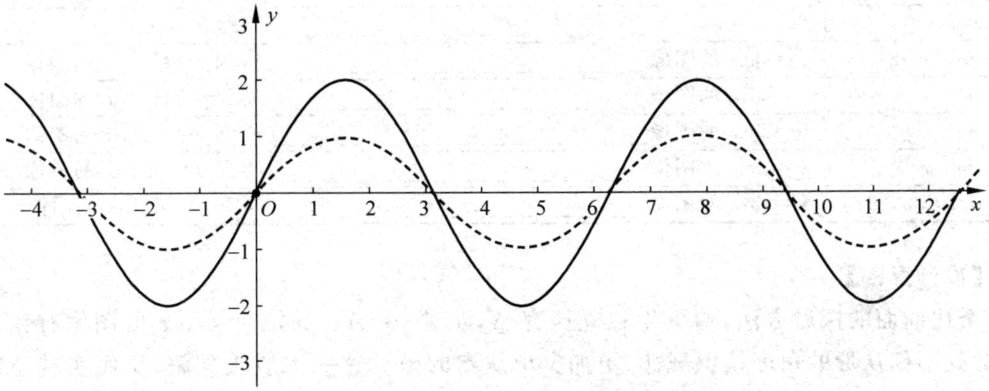

图　3.6.3

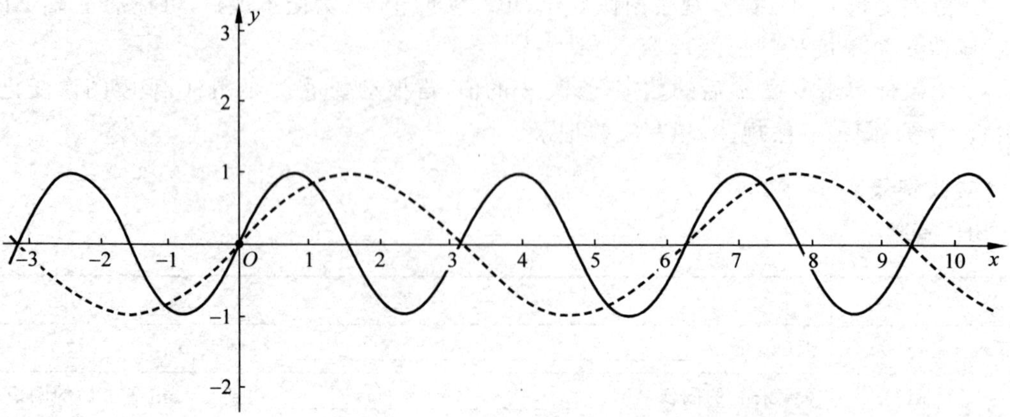

图 3.6.4

2. 学生类比之前的方法独立用网络画板实验，教师个别指导，完成后交流，填写实验记录。

【实验记录】

振幅变换

	变换
点(x_0, Ay_0)	点(x_0, y_0)__________得到点(x_0, Ay_0)
$y=\quad \sin x$	$y=\sin x$ 的图像__________得到 $y=\quad \sin x$ 的图像
$y=\quad \sin x$	$y=\sin x$ 的图像__________得到 $y=\quad \sin x$ 的图像
$y=\quad \sin x$	$y=\sin x$ 的图像__________得到 $y=\quad \sin x$ 的图像
$y=\quad \sin x$	$y=\sin x$ 的图像__________得到 $y=\quad \sin x$ 的图像
$y=A\sin x(A>0)$	$y=\sin x$ 的图像__________得到 $y=A\sin x(A>0)$的图像

【实验记录】

周期变换

	变换
点$(\omega x_0, y_0)$	点(x_0, y_0)__________得到点$(\omega x_0, y_0)$
$y=\sin \quad x$	$y=\sin x$ 的图像__________得到 $y=\sin \quad x$ 的图像
$y=\sin \quad x$	$y=\sin x$ 的图像__________得到 $y=\sin \quad x$ 的图像
$y=\sin \quad x$	$y=\sin x$ 的图像__________得到 $y=\sin \quad x$ 的图像
$y=\sin \quad x$	$y=\sin x$ 的图像__________得到 $y=\sin \quad x$ 的图像
$y=\sin\omega x(\omega>0)$	$y=\sin x$ 的图像__________得到 $y=\sin \omega x$ 的图像

【设计意图】

类比前面的探讨方法，请学生独立探究 A,ω 对 $y=A\sin x$，$y=\sin\omega x$ 的图像有什么影响，此处不仅从形的角度认识规律，更加突出从点的坐标这一本质去理解，从而实现思维水平的提升。

问题 4 刚才我们分别探讨了 φ,A,ω 对函数图像的影响，我们是怎样研究的呢？

结论：(1) 从特殊到一般；(2) 作图比较；(3) 理性分析。

小结：φ 引起的是图像的平移变换，A，ω 引起的是图像的伸缩变换。图像变换的本质就是图像上每个点的位置变化，而点的位置变化对应了点的坐标的变化。因此，欲研究函数图像的变换规律，只需研究图像上每个点坐标的变化规律。

(五) 思考巩固、深化铺垫

探究：如何由 $y=\sin 2x$ 的图像得到 $y=\sin(2x+1)$的图像呢？

【实验过程】

单击按钮，进入下一页，如图 3.6.5 所示，学生自主实验，观察，分析。

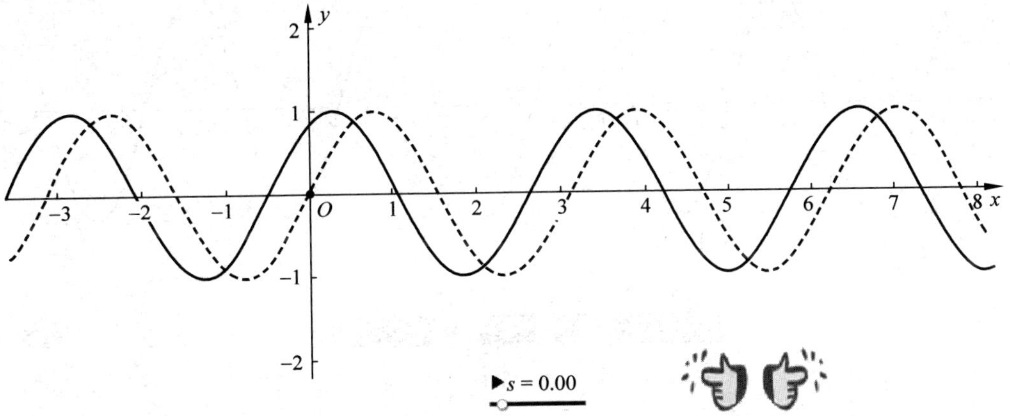

图 3.6.5

师生活动：学生讨论后交流，这里是向左平移 1 个单位还是向左平移$\frac{1}{2}$个单位？①利用网络画板画图观察。②从坐标关系理性分析。

【实验记录】

$y=\sin 2x$ ——→ $y=\sin(2x+1)$。

点 $M(x_0,y_0)$ ——→ 点 $N\left(x_0-\frac{1}{2},y_0\right)$。

小结：从中发现，横向变换只对 x 的变化而言，同理纵向变换仅对 y 的变化而言。

$y=\sin 2x$ 的图像向左平移$\frac{1}{2}$个单位，得到的函数图像对应的解析式是 $y=\sin 2\left(x+\frac{1}{2}\right)$，而不是 $y=\sin\left(2x+\frac{1}{2}\right)$。

【设计意图】

探讨 $y=\sin(2x+1)$的图像与 $y=\sin 2x$ 的图像的关系，仅作为平移变换的巩固，深化对变换本质的把握，为下节课的研究铺垫。“为理解而学习、教学”是建构主义的核心目标。

鼓励学生进行探究，并用自己的语言进行表述，充分展现学生的思维，鼓励学生对出现的不同结论进行探讨，找出问题的正确答案。这样做有利于提高学生的学习积极性，有利于培养学生的思维能力。

（六）师生合作、探究到底

小结：今天我们分别探讨了 φ, A, ω 对函数 $y=\sin(x+\varphi)$，$y=A\sin x\ (A>0)$，$y=\sin\omega x\ (\omega>0)$ 的图像的变换规律，下面探讨什么呢？

问题 5 如何由 $y=\sin x$ 的图像得到 $y=A\sin(\omega x+\varphi)\ (A>0, \omega>0)$ 的图像？

【实验过程】

1. 单击按钮，打开课件，如图 3.6.6 所示。

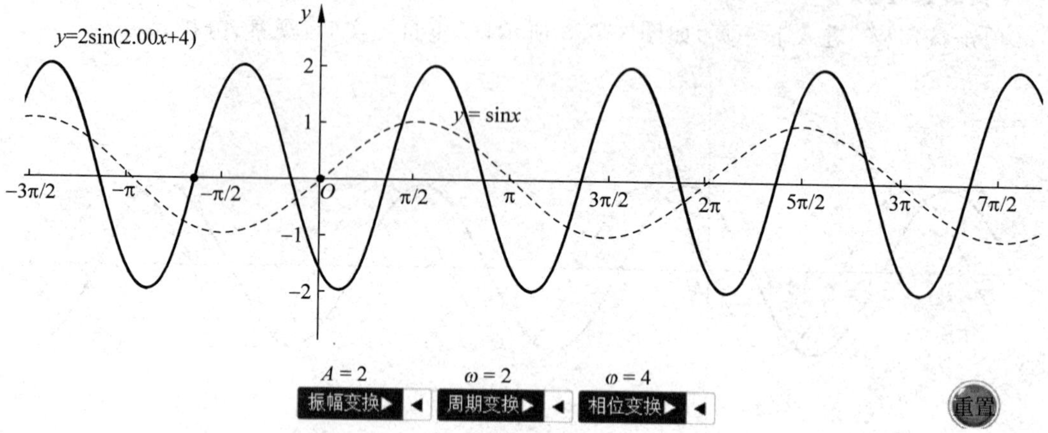

图 3.6.6

2. 单击变量 A, ω, φ 右边的数字，修改变量值；单击按钮“振幅变换”“周期变换”“相位变换”分别进行相应变换（任意顺序）；单击按钮“重置”可重新观察变换。

3. 反复实验，总结规律，填写实验记录。

【实验记录】

1. $A=$________，$\omega=$____________，$\varphi=$________

方法 1：$y=\sin x$ ____ $y=A\sin(\omega x+\varphi)$；

方法 2：$y=\sin x$ ____ $y=A\sin(\omega x+\varphi)$。

2. $A=$________，$\omega=$____________，$\varphi=$________

方法 1：$y=\sin x$ ____ $y=A\sin(\omega x+\varphi)$；

方法 2：$y=\sin x$ ____ $y=A\sin(\omega x+\varphi)$。

3. $A=$________，$\omega=$____________，$\varphi=$________

方法 1：$y=\sin x$ ____ $y=A\sin(\omega x+\varphi)$；

方法 2：$y=\sin x$ ____ $y=A\sin(\omega x+\varphi)$。

归纳总结：

由 $y=\sin x$ 的图像得到 $y=A\sin x(\omega x+\varphi)\ (A>0, \omega>0)$ 的图像变换有：

1. $y=\sin x$ __________________；$y=A\sin x$ __________________；$y=A\sin(x+\varphi)$ ______________________________ $y=A\sin(\omega x+\varphi)$。

2. $y=\sin x$ __________________ $y=A\sin x$ __________________ $y=A\sin(\omega x)$ ______________________________ $y=A\sin(\omega x+\varphi)$。

（七）课堂练习、巩固知识

已知函数 $y=3\sin\left(x+\frac{\pi}{5}\right)$ 的图像为 C。

（1）为了得到函数 $y=3\sin\left(x-\frac{\pi}{5}\right)$ 的图像，只要把 C 上所有的点（　　）。

A. 向右平行移动 $\frac{\pi}{5}$ 个单位

B. 向左平行移动 $\frac{\pi}{5}$ 个单位

C. 向右平行移动 $\frac{2\pi}{5}$ 个单位

D. 向左平行移动 $\frac{2\pi}{5}$ 个单位

（2）为了得到函数 $y=3\sin\left(2x+\frac{\pi}{5}\right)$ 的图像，只要把 C 上所有的点（　　）。

A. 横坐标伸长到原来的 2 倍，纵坐标不变

B. 横坐标缩短到原来的 $\frac{1}{2}$ 倍，纵坐标不变

C. 纵坐标伸长到原来的 2 倍，横坐标不变

D. 纵坐标缩短到原来的 $\frac{1}{2}$ 倍，横坐标不变

（3）为了得到函数 $y=4\sin\left(x+\frac{\pi}{5}\right)$ 的图像，只要把 C 上所有的点（　　）。

A. 横坐标伸长到原来的 $\frac{4}{3}$ 倍，纵坐标不变

B. 横坐标缩短到原来的 $\frac{3}{4}$ 倍，纵坐标不变

C. 纵坐标伸长到原来的 $\frac{4}{3}$ 倍，横坐标不变

D. 纵坐标缩短到原来的 $\frac{3}{4}$ 倍，横坐标不变

实验 3.7　正弦定理

本节课为《正弦定理》第一课时，出自人教 A 版必修 5 第 1 章第 1 节《正弦定理和余弦定理》。该课程安排在“三角、向量”知识之后，是三角函数知识在三角形中的具体运用、初中“三角形边角关系”和“解直角三角形”内容的直接延续和拓展，同时也是处理可转化为三角形计算的其他数学问题及生产生活实际问题的重要工具。

【实验目标】

1. 通过观察、实验、验证、猜想、证明，从特殊到一般得到正弦定理；体会“陌生的知识

借助熟悉的知识处理”转化化归的数学思想，培养发现问题、提出问题、分析问题、解决问题的能力。

2. 证明正弦定理，了解正弦定理的一些推导方法。

3. 初步熟知正弦定理的两个重要应用。

【实验过程】

问题 1 如图 3.7.1 所示，设 A，B 两点在河的两岸，测绘人员只有皮尺和测角仪两种工具，没法跨河测量，利用现有工具，你能利用所学的解三角形知识设计一个测量 A，B 两点距离的方案吗？

【设计意图】

由实际问题引入，体现数学来源于生活激发学生兴趣；培养学生分析问题的能力，体会建模、转化思想。

$\left(\text{引导学生适当选取位置 } C\text{，使 } C=90°\text{，如图 3.7.2 所示，解直角三角形 } AB=\frac{a}{\sin A}\right)$

引导学生从熟知的直角三角形出发，解决实际问题，为后续处理一般三角形埋下伏笔。

问题 2 由于在实际操作中，限于条件无法构造直角三角形，测量人员任意选取 C 点，测出 BC 的距离是 54m，$B=45°$，$C=60°$，如图 3.7.3 所示，你还能解决吗？

图 3.7.1

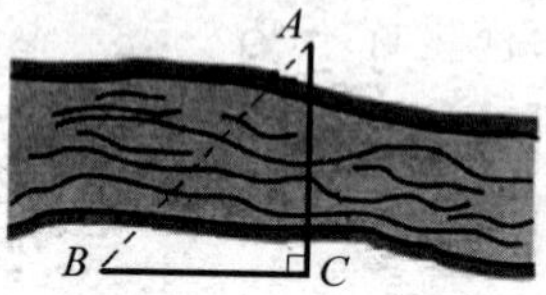

图 3.7.2

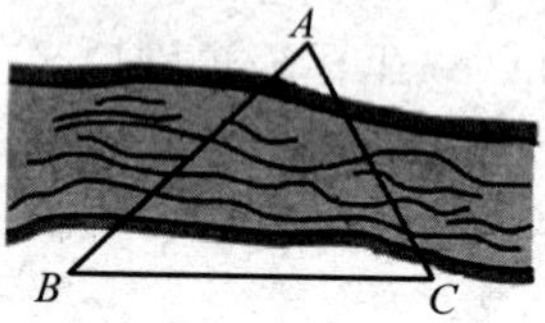

图 3.7.3

问题 2 的数学模型。在$\triangle ABC$ 中，$BC=54$，$B=45°$，$C=60°$，求边长 AB。

【设计意图】

培养学生数学建模思维，对于一般三角形，学生比较熟悉将其转化为直角三角形解决，转化化归的思想为后续正弦定理证明埋下伏笔。

问题 3 再看这个数学问题，已知三角形的部分边长和内角，求其他边长和内角。这个问题其实是解斜三角形的边角关系问题，但是没有学过，我们知道在任意三角形中有大边对大角，小边对小角的关系，那么我们是否能够得到这个边、角关系准确量化的表示呢？

【设计意图】

学生根据已有的知识无法解决新产生的问题时，是迷茫的、疑惑的，这时也是产生知识缺陷，急需新知的时候，恰如其分地勾起了学生的求知欲。

探究 1：直角三角形边角数量关系

在 Rt$\triangle ABC$ 中，$C=90°$，如图 3.7.4 所示，你能发现各边角之间满足什么关系式吗？

$\sin A=\frac{a}{c}$，$\sin B=\frac{b}{c}$，$\sin C=1$

$\frac{a}{\sin A}=\frac{b}{\sin B}=\frac{c}{\sin C}=c$

猜想：这一关系式在任意三角形中是否成立？

【设计意图】

从已有的知识结构出发，不让学生在思维上出现跳跃，逐层递进，通过熟悉的直角三角形的边角关系的探究作为切入点，过渡到斜三角形边角关系的探究。大胆猜想，激发学生探索未知世界的勇气。

探究 2：斜三角形边角数量关系

在△ABC 中，角 A，B，C 所对边长分别为 a，b，c。

【实验过程】

1. 浏览器地址栏输入 https://www.netpad.net.cn/svg.html#posts/194308，打开课件。

2. 单击上侧"全屏"工具，全屏打开课件，如图 3.7.5 所示。

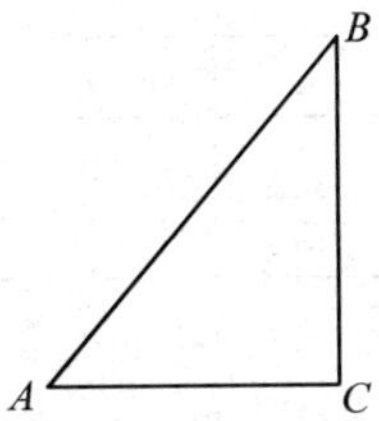

图　3.7.4

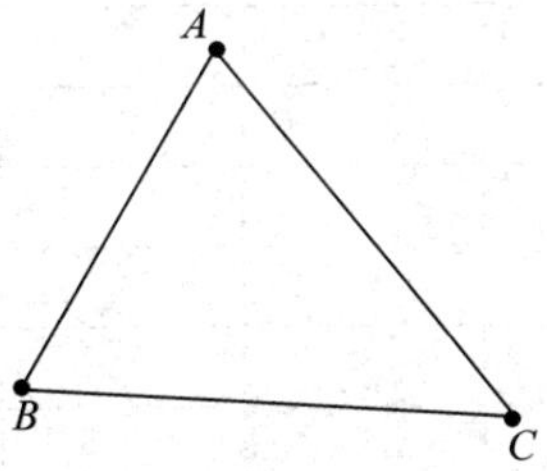

图　3.7.5

3. 用鼠标右键单击线段 BC，在弹出的菜单选择【测量】—【长度/周长】，单击【确定】得到线段 BC 的长度 m0；同法测量得到 AC，AB 的长度 m1，m2，即 $a=\mathrm{m0}$，$b=\mathrm{m1}$，$c=\mathrm{m2}$，填写实验记录。

4. 选中点 B，A，C，在空白处用鼠标右键单击，在弹出的菜单选择【测量】—【劣角弧度】，得到∠BAC 的弧度数 m3，同法测量得到∠ABC，∠ACB 的弧度数 m4，m5，即 $A=\mathrm{m3}$，$B=\mathrm{m4}$，$C=\mathrm{m5}$，填写实验记录。

5. 单击下侧工具栏的"计算|测量"工具，在弹出的对话框中输入 m0/sin(m3)，单击【确定】计算 $\frac{a}{\sin A}$，同法计算 $\frac{b}{\sin B}$，$\frac{c}{\sin C}$，即 $\frac{a}{\sin A}=\frac{\mathrm{m0}}{\sin(\mathrm{m3})}$，$\frac{b}{\sin B}=\frac{\mathrm{m1}}{\sin(\mathrm{m4})}$，$\frac{c}{\sin C}=\frac{\mathrm{m2}}{\sin(\mathrm{m5})}$。

6. 选中线段 AB，单击下侧工具栏中的"中垂线"工具，构造线段 AB 的中垂线；同法构造在 BC 的中垂线。

7. 选中两条中垂线，单击下侧工具栏的"交点"工具，构造交点 D。

8. 依次选中点 D，A，单击下侧工具栏中的"两点圆"工具，构造△ABC 的外接圆。

9. 选中两条中垂线及线段 AB，BC 中点，按 Ctrl+H 隐藏，如图 3.7.6 所示。

10. 用鼠标右键单击圆，在弹出的菜单选择【测量】—【半径】，得到圆的半径 m9；单击下侧工具栏的"计算|测量"工具，在弹出的对话框中输入 2 * m9，单击【确定】计算圆的直径 m10。

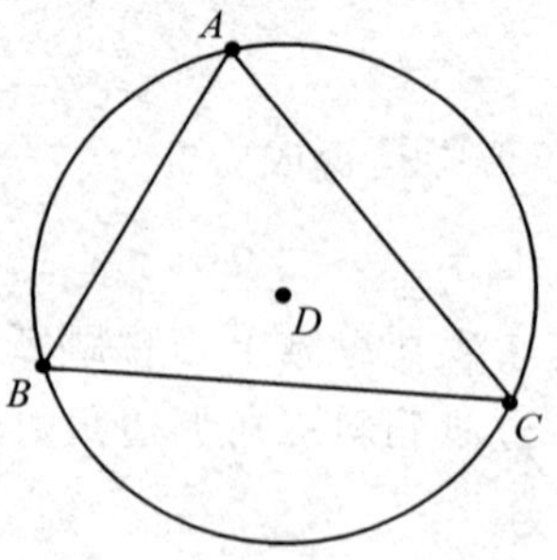

图 3.7.6

11. 拖动点 A,B,C 运动,反复实验,观察$\frac{a}{\sin A}$,$\frac{b}{\sin B}$,$\frac{c}{\sin C}$的值,填写实验记录。

【实验记录】

	第一次实验	第二次实验	第三次实验	第四次实验	第五次实验	第六次实验	第七次实验	第八次实验
△ABC 形状								
a(m0)								
b(　　)								
c(　　)								
A(　　)								
B(　　)								
C(　　)								
$2R$(　　)								
$\frac{a}{\sin A}$								
$\frac{b}{\sin B}$								
$\frac{c}{\sin C}$								
结论								

【设计意图】

让学生体验数学实验探究的过程,逐层递进,体会数学实验的归纳和演绎推理两个侧面。

问题:这个结论并没有经过严密的数学推导,那么如何证明这个结论呢?

引导学生利用熟悉的解直角三角形知识对锐角三角形边角数量关系进行证明,学生展示证明过程,并用不同的方法进行说明。

【设计意图】

经历猜想到证明的过程,让学生体会到数学新知识的获得仅仅靠猜想和演绎推理是不够的,必须经过严密的数学推导进行证明才可以。在这个过程中,也进一步促进学生数学思维品质的提升。

概念生成：

正弦定理：在任意一个三角形中，各边和它所对的角的正弦的比相等，等于这个三角形外接圆的直径，即$\frac{a}{\sin A}=\frac{b}{\sin B}=\frac{c}{\sin C}=2R$。

注：(1) 正弦定理展现了三角形边角关系的和谐美和对称美；

(2) 解三角形：一般地，我们把三角形的三个角和它的对边分别叫作三角形的元素，已知三角形的几个元素求其他元素的过程叫作解三角形。

【设计意图】

让学生加深对正弦定理概念的准确理解。

【结论应用】

例 1　在$\triangle ABC$中，已知$A=30°$，$B=45°$，$a=2$，求C，b，c。

引导学生归纳正弦定理的第一个主要应用。

例 2　在$\triangle ABC$中，已知$a=2\sqrt{2}$，$b=2\sqrt{3}$，$A=45°$，解三角形。

引导学生归纳正弦定理的第二个主要应用。

【设计意图】

通过例题归纳出正弦定理在解三角形中的两个主要应用，形成用正弦定理解三角形的思路，解决问题，提升学习热情，体验学习乐趣。

【课后探究】

在已知三角形两条边和其中一条的对角的条件下探究三角形解的情况：

① 在$\triangle ABC$中，已知$A=45°$，$a=\sqrt{6}$，$b=\sqrt{3}$，求B。

② 在$\triangle ABC$中，已知$A=45°$，$a=\frac{\sqrt{6}}{2}$，$b=\sqrt{3}$，求B。

③ 在$\triangle ABC$中，已知$A=45°$，$a=\frac{1}{2}$，$b=\sqrt{3}$，求B。

【设计意图】

课堂的学习时间有限，课后的练习和探究除了能够加深对本节课重点知识的巩固，还可以让学生的学习延伸到课外，获取更多数学知识，培养学生探究的兴趣。

实验 3.8　余弦定理

《余弦定理》是必修 5 第 1 章《解三角形》的第 1 节内容，是解决有关斜三角形问题以及应用问题的一个重要定理，它将三角形的边和角有机地联系起来，实现了“边”与“角”的互化，从而使“三角”与“几何”产生联系，为求与三角形有关的量提供了理论依据，同时也为判断三角形形状，证明三角形中的有关等式提供了重要依据。

【实验目标】

1. 引导学生通过观察、推导、比较，由特殊到一般归纳出余弦定理，培养学生的创新意识、观察与逻辑思维能力，能体会用向量作为数形结合的工具，将几何问题转化为代数问题。

2. 掌握余弦定理的两种表示形式及证明余弦定理的向量方法，并会运用余弦定理解决两类基本的解三角形问题。

3. 面向全体学生，创造平等的教学氛围，通过学生之间、师生之间的交流、合作和评价，调动学生的主动性和积极性，培养学生学习数学兴趣和热爱科学、勇于创新的精神。

【实验流程】

问题 1 三角形的正弦定理内容$\frac{a}{\sin A}=\frac{b}{\sin A}=\frac{c}{\sin C}$，主要解决三角形的哪几类问题？

问题 2 你能判断下列三角形的类型吗？

以 3,4,5 为各边长的三角形是________三角形。

以 2,3,4 为各边长的三角形是________三角形。

以 4,5,6 为各边长的三角形是________三角形。

问题 3 在$\triangle ABC$ 中，$a=8$，$b=5$，$C=90°$，则 $c=$________。

在$\triangle ABC$ 中，$a=8$，$b=5$，$C=60°$，则 $c=$________。

问题 4 在$\triangle ABC$ 中，当$\angle C=90°$时，有 $c^2=a^2+b^2$，若 a，b 边的长短不变，变换$\angle C$ 的大小时，c^2 与 a^2+b^2 有什么大小关系呢？

【实验过程】

1. 浏览器地址栏输入 https://www.netpad.net.cn/svg.html#posts/194507，打开课件。

2. 单击上侧“全屏”工具，全屏打开课件。

3. 拖动点 A，B，C 运动，观察$\angle C$ 为锐角，$\angle C$ 为钝角时 c^2 与 a^2+b^2 的大小关系，填写实验报告。

【实验报告】

$\angle C$ 为锐角时，c^2 ________ a^2+b^2；$\angle C$ 为钝角时，c^2 ________ a^2+b^2。

上述结论反过来是否成立？________________________。

探究 1 在上一个问题中，我们已经知道，当 $C\neq 90°$时，$c^2\neq a^2+b^2$。那么 c^2 与 a^2+b^2 到底有什么等量关系呢？请同学们继续探究。

【小组合作】

教师帮助学生从平面几何、三角函数、向量知识、坐标法等方面进行分析讨论，选择简洁的处理工具，引发学生的积极讨论。最后交流探索，展示成果。

【实验结论】

$c^2=a^2+b^2-2ab\cos C$；

探究 2 如何证明我们的结论 $c^2=a^2+b^2-2ab\cos C$ 呢？

学生小组合作，交流探索，展示成果。

在 ABC 中，有 $c^2=a^2+b^2-2ab\cos C$，我们轮换$\angle A$，$\angle B$，$\angle C$ 的位置可以得 $a^2=b^2+c^2-2bc\cos A$；$b^2=a^2+c^2-2ac\cos B$。

余弦定理：三角形任意一边的平方等于其他两边的平方和减去这两边与它们的夹角余弦积的两倍。

$$a^2=b^2+c^2-2bc\cos A$$
$$b^2=a^2+c^2-2ac\cos B$$
$$c^2=a^2+b^2-2ab\cos C$$

余弦定理推论

$$\cos A=\frac{b^2+c^2-a^2}{2bc}$$
$$\cos B=\frac{a^2+c^2-b^2}{2ac}$$
$$\cos C=\frac{a^2+b^2-c^2}{2ab}$$

【结论运用】

1. 在$\triangle ABC$中，$a=8$，$b=5$，$C=60°$，求c。
2. 在$\triangle ABC$中，已知$a=5$，$b=4$，$C=120°$，求c。
3. 已知$\triangle ABC$中，$a=3$，$b=\sqrt{3}$，$\sin A=\frac{\sqrt{6}}{3}$，求$c$。
4. 在锐角$\triangle ABC$中，$b=1$，$c=2$，则a的取值范围为________。
5. 在$\triangle ABC$中，若有$a\cos A=b\cos B$，你能判断这个三角形的形状吗？若$a\cos B=b\cos A$呢？

实验 3.9 解三角形的进一步讨论

本课是人教A版数学必修5第1章解三角形探究与发现的内容，是学习了正弦定理、余弦定理的公式及基本应用的延续。对于解三形问题中已知两边和其中一边的对角的情况，解的个数往往是不确定的。

【实验目标】

1. 掌握已知三角形的两边及其中一边的对角解三角形时，有两解或一解或无解等情况。
2. 通过引导学生分析，解答典型例子，使学生学会数形结合求解三角形问题。
3. 激发学生学习数学的兴趣，同时培养学生应用数形结合思想解决数学问题的能力。

【实验流程】

1. 三角形中的边角关系

在$\triangle ABC$中，设角A，B，C的对边分别为a，b，c，则有

(1) 角与角之间的关系：________________；

(2) 边与边之间的关系：________________________；

(3) 边与角之间的关系：

正弦定理：

余弦定理：

2. 正弦定理的其他表示形式

例 1 在$\triangle ABC$中，角A,B,C的对边分别为a,b,c，根据下列条件求值。

(1) $A=\frac{\pi}{4},B=\frac{\pi}{6},b=\sqrt{2}$，解三角形；

(2) $a=2\sqrt{2},b=2\sqrt{3},A=\frac{\pi}{4}$，求$B$。

【解析】 (1) 因为$A=\frac{\pi}{4},B=\frac{\pi}{6},b=\sqrt{2}$，由三角形内角和定理知$C=\pi-\frac{\pi}{4}-\frac{\pi}{6}=\frac{7\pi}{12}$，$\sin C=\sin(A+B)=\sin\left(\frac{\pi}{4}+\frac{\pi}{6}\right)=\frac{\sqrt{6}+\sqrt{2}}{4}$。

由正弦定理得$\frac{a}{\sin\frac{\pi}{4}}=\frac{\sqrt{2}}{\sin\frac{\pi}{6}}=\frac{c}{\sin\frac{7\pi}{12}}$，所以$a=2,c=1+\sqrt{3}$。

(2) 由正弦定理知$\frac{2\sqrt{2}}{\frac{\sqrt{2}}{2}}=\frac{2\sqrt{3}}{\sin B}$，所以$\sin B=\frac{\sqrt{3}}{2}$，又$B\in(0,\pi)$，故$B=\frac{\pi}{3}$或$B=\frac{2\pi}{3}$。

问题 1 题(1)只有 1 解，即$\triangle ABC$是唯一确定的；题(2)B有两解，即$\triangle ABC$不是唯一确定的，为什么会出现这种情况？

引导学生从三角形全等的判定来进行讨论、探索，展示成果。

1. 在$\triangle ABC$中，已知两角及一边，三角形解唯一。

2. 在$\triangle ABC$中，已知两边及一边的对角，三角形解不一定唯一。

问题 2 在$\triangle ABC$中，已知a,b及A，如何确定三角形解的个数？

【实验过程】

1. 浏览器地址栏输入 https://www.netpad.net.cn/svg.html#posts/194610，打开课件。

2. 单击上侧“全屏”工具，全屏打开课件，如图 3.9.1 所示。

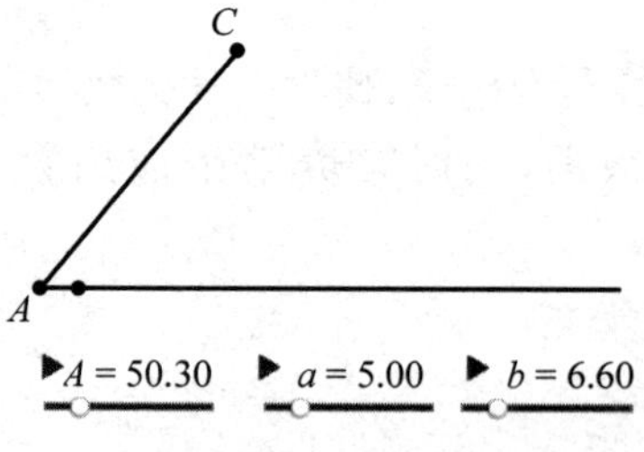

图 3.9.1

3. 选中点C，单击下侧工具栏中的“指定半径的圆”工具，在弹出的对话框中输入 a，构造以C为圆心，a为半径的圆。

4. 选中圆C及水平方向的射线，单击下侧工具栏的“交点”工具，构造交点B。

5. 选中交点，单击右下侧【设置】勾选【线内】；选中圆，按 Ctrl+H 隐藏。

6. 选中点 C,B,单击下侧工具栏中的“线段”工具,构造线段 BC。

7. 小组合作:拖动变量 A,a,b 的滑杆,改变 A,a,b 的值,反复操作,分析,归纳 $\triangle ABC$ 解的个数情况,填写实验记录。

【实验记录】

已知条件		第一次	第二次	第三次	第四次
A 为锐角	A				
	a				
	b				
解的个数					
A 为直角	A				
	a				
	b				
解的个数					
A 为钝角	A				
	a				
	b				
解的个数					

【实验结论】

三角形解的个数讨论

1. 在$\triangle ABC$ 中,已知两角及一边,三角形解唯一。

2. 在$\triangle ABC$ 中,已知三边,当________三角形解唯一;当________三角形无解。

3. 在$\triangle ABC$ 中,已知 a,b 及 A。

	A 为锐角			A 为钝角或直角	
图形					
关系式					
解的个数					

口诀:①画角 A;②取邻边 b,定圆心;③取对边 a 为定长,画弧看交点;④若角 A 为锐角且 $a<b$,还要比较:对边 a 与邻边 $b * \sin A$。

【结论应用】

例 2 在$\triangle ABC$中，角A，B，C的对边分别为a，b，c，根据下列条件求值。

（1）$a=2\sqrt{6}$，$b=2\sqrt{3}$，$A=\dfrac{\pi}{4}$，求B；

（2）$a=2\sqrt{2}$，$b=2\sqrt{3}$，$A=\dfrac{\pi}{4}$，求B。

例 3 在$\triangle ABC$中，$a=x$，$b=2$，$B=45°$，若三角形有两解，则x的取值范围是________。

例 4 判断在下列条件下，三角形解的个数。

1. $a=20$，$b=25$，$A=120°$；
2. $a=20$，$b=12$，$A=135°$；
3. $a=20$，$b=25$，$A=90°$；
4. $a=20$，$b=12$，$A=90°$；
5. $a=5$，$b=4$，$A=120°$；
6. $a=7$，$b=14$，$A=30°$；
7. $a=9$，$b=10$，$A=60°$；
8. $a=6$，$b=9$，$A=45°$。

第 4 章

平面向量

向量既是高中数学的基础知识，也是工具性知识，是数学中重要的、基本的概念。它既是代数的对象，又是几何的对象，是沟通几何、代数、三角等内容的桥梁，具有丰富的实际背景和广泛的应用。作为代数对象，向量可以运算；作为几何对象，向量有方向，可以刻画直线、平面、切线等几何对象；向量有长度，可以刻画长度、面积、体积等几何度量问题。向量由大小和方向两个因素确定，大小反映了向量数的特征，方向反映了向量形的特征，因此，向量是集数形于一身的数学概念，是数学中数形结合思想的典型体现。

实验 4.1　平面向量基本定理

本节课是在学习了共线向量定理的前提下，进一步研究平面内任一向量的表示，为今后平面向量的坐标运算打下坚实的基础，在本章中起到承上启下的作用。平面向量基本定理揭示了平面向量之间的基本关系，是解决向量问题的理论基础。平面向量基本定理提供了一种重要的数学思想——转化思想。

【实验目标】

1. 了解平面向量基本定理及其意义，学会利用平面向量基本定理解决问题，掌握用基底向量表示平面上的任一向量。

2. 通过学习平面向量基本定理，体验数学的转化思想，培养发现问题的能力。

3. 通过学习平面向量基本定理，培养敢于实践的创新精神，在解决问题中培养应用意识。

【实验流程】

问题 1　给定一个非零向量 $\boldsymbol{a}$，允许做线性运算，你能写出多少个向量？

$\boldsymbol{a}\to\lambda\cdot\boldsymbol{a}$

问题 2 给定两个非零向量 $\boldsymbol{e}_1,\boldsymbol{e}_2$，允许做线性运算，写出尽量多的向量。

1. $\boldsymbol{e}_1 // \boldsymbol{e}_2$，通过线性运算会得到 $\lambda_1\boldsymbol{e}_1,\lambda_2\boldsymbol{e}_2,\lambda_1\boldsymbol{e}_1+\lambda_2\boldsymbol{e}_2$ 的形式，本质上它们表示的都是 $\boldsymbol{e}_1$ 的数乘吗？

2. $\boldsymbol{e}_1$ 与 $\boldsymbol{e}_2$ 不共线，通过线性运算会得到 $\lambda_1\boldsymbol{e}_1+\lambda_2\boldsymbol{e}_2$，它表示的是什么向量？

【实验过程】

1. 浏览器地址栏输入 https://www.netpad.net.cn/svg.html#posts/194641，打开课件。

2. 单击右上角“全屏”工具，全屏打开课件，如图 4.1.1 所示。

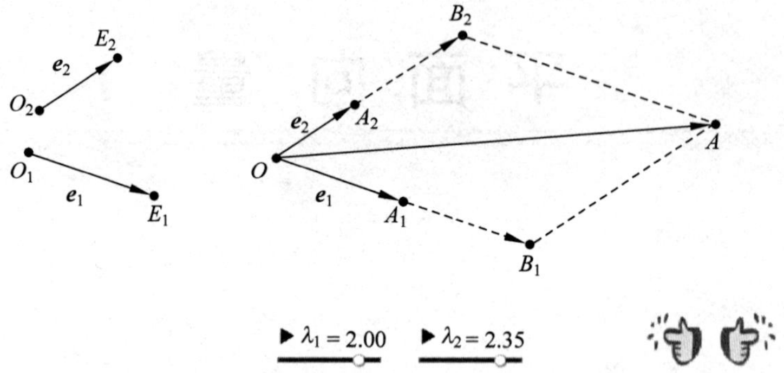

图 4.1.1

3. 小组合作：思考 $\lambda_1\boldsymbol{e}_1+\lambda_2\boldsymbol{e}_2$ 的意义，拖动变量 λ_1,λ_2（也可拖动点 O_1,E_1,E_2），观察随着 λ_1 和 λ_2 取值的变化，$\lambda_1\boldsymbol{e}_1+\lambda_2\boldsymbol{e}_2$ 是否能表示平面内的一个向量，填写实验记录。

【实验记录】

1. 只要给定 λ_1 和 λ_2 的值，我们就可以作出向量________，本质上是 $\boldsymbol{e}_1$ 的________和 $\boldsymbol{e}_2$ 的________的合成。

2. 随着 λ_1 和 λ_2 取值的变化，$\lambda_1\boldsymbol{e}_1+\lambda_2\boldsymbol{e}_2$ ________平面内________个向量。

问题 3 由上述可知，我们能否这样认为：平面上的任何一个向量都可以由 $\boldsymbol{e}_1$ 和 $\boldsymbol{e}_2$ 来合成？

【实验过程】

1. 单击按钮，进入下一课件，如图 4.1.2 所示。

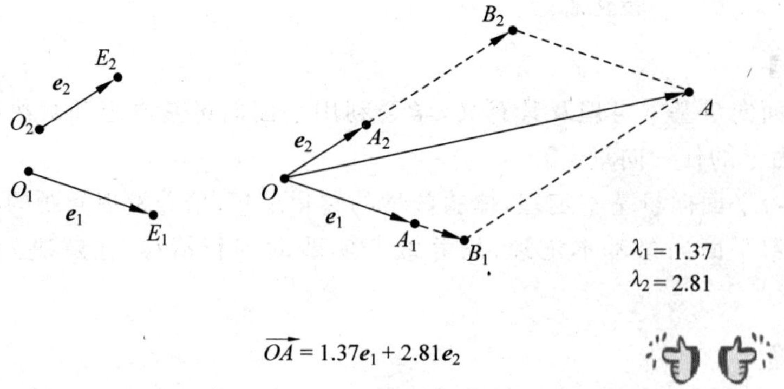

图 4.1.2

2. 小组合作：拖动点 A（也可拖动点 O_1，E_1，E_2），考察 $\overrightarrow{OA}$ 的分解，看看它能否由 $\boldsymbol{e}_1$ 和 $\boldsymbol{e}_2$ 来合成，也就是能否找到这样的 λ_1 和 λ_2，使 $\overrightarrow{OA}=\lambda_1\boldsymbol{e}_1+\lambda_2\boldsymbol{e}_2$？这样的 λ_1 和 λ_2 有多少对？填写实验记录。

【实验记录】

1. 平面上有两个不共线的 $\boldsymbol{e}_1$ 和 $\boldsymbol{e}_2$，对于平面上的任意一个向量 $\boldsymbol{a}$，存在________ λ_1，λ_2，使得 $\boldsymbol{a}=$________________。

2. 理由是________________________________。

【实验结论】

平面向量基本定理：如果 $\boldsymbol{e}_1$ 和 $\boldsymbol{e}_2$ 是同一平面内的两个不共线向量，那么对于这一平面内的任意一个向量 $\boldsymbol{a}$，有且只有________ λ_1，λ_2，使得 $\boldsymbol{a}=$________________。

不共线向量 $\boldsymbol{e}_1$ 和 $\boldsymbol{e}_2$ 叫作表示这一平面内所有向量的一组________。

说明：已知两个非零向量 $\boldsymbol{a}$ 和 $\boldsymbol{b}$，作 $\overrightarrow{OA}=\boldsymbol{a}$，$\overrightarrow{OB}=\boldsymbol{b}$，则 $\angle AOB=\theta(0°\leqslant\theta\leqslant180°)$ 叫作向量 $\boldsymbol{a}$ 和 $\boldsymbol{b}$ 的夹角。

当 $\theta=0°$ 时，$\boldsymbol{a}$ 与 $\boldsymbol{b}$ 同向；当 $\theta=180°$ 时，$\boldsymbol{a}$ 与 $\boldsymbol{b}$ 反向。

如果 $\boldsymbol{a}$ 与 $\boldsymbol{b}$ 的夹角是 $90°$，就说 $\boldsymbol{a}$ 与 $\boldsymbol{b}$ 垂直，记作 $\boldsymbol{a}\perp\boldsymbol{b}$。

【实验过程】

1. 单击按钮，进入下一课件，如图 4.1.3 所示。

2. 拖动点 E_1，E_2，观察 $\angle A_1OA_2$，体会两向量的夹角。

【结论应用】

例 1 如图 4.1.4 所示，已知向量 $\boldsymbol{e}_1$、$\boldsymbol{e}_2$，求作向量 $-2.5\boldsymbol{e}_1+3\boldsymbol{e}_2$。

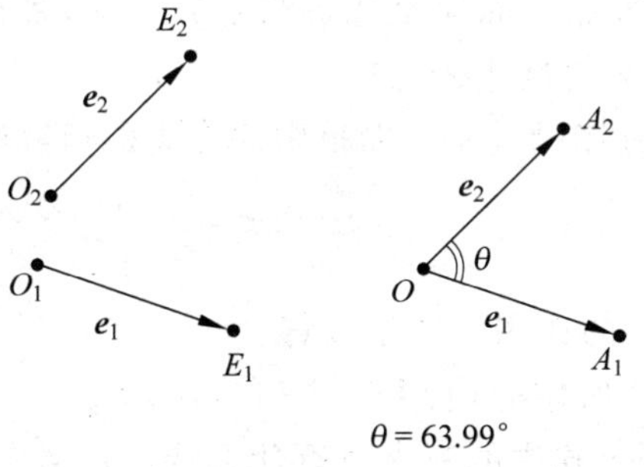

图 4.1.3

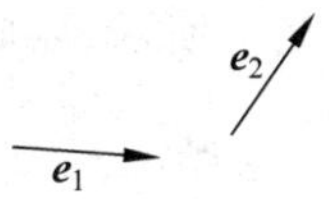

图 4.1.4

例 2 已知向量 $\boldsymbol{e}_1$、$\boldsymbol{e}_2$ 不共线，实数 x、y 满足 $(3x-4y)\boldsymbol{e}_1+(2x-3y)\boldsymbol{e}_2=6\boldsymbol{e}_1+3\boldsymbol{e}_2$，则 $x-y$ 的值等于________。

例 3 如图 4.1.5 所示，平行四边形 $ABCD$ 两条对角线相交于 M，且 $\overrightarrow{AB}=\boldsymbol{a}$，$\overrightarrow{AD}=\boldsymbol{b}$，用 $\boldsymbol{a}$，$\boldsymbol{b}$ 表示向量 $\overrightarrow{MA}$，$\overrightarrow{MB}$，$\overrightarrow{MC}$，$\overrightarrow{MD}$。

变式：在上述平行四边形中，若已知 $\overrightarrow{AC}=\boldsymbol{m}$，$\overrightarrow{BD}=\boldsymbol{n}$，试用基底 $\boldsymbol{m}$，$\boldsymbol{n}$ 表示 $\overrightarrow{AB}$ 和 $\overrightarrow{AD}$。

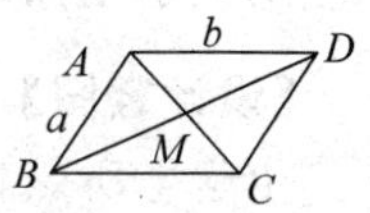

图 4.1.5

实验 4.2 平面向量数量积

本节课是人教版普通高中课程标准实验教科书 A 版必修 4 第 1 章《平面向量》的第 4 节内容。本节内容教材共分为两课时，其中，第一课时主要研究数量积的概念，第二课时主要研究数量积的坐标运算，本节课是第一课时。向量数量积运算是继向量的线性运算后的一种新的重要的运算，它有明显的物理意义、几何意义。向量数量积是代数、几何与三角的结合点，应用广泛，很好地体现了数形结合的数学思想。

【实验目标】

1. 了解平面向量数量积的物理背景，理解数量积的含义及其物理意义。

2. 体会平面向量的数量积与向量投影的关系，掌握数量积的性质和运算律，并能运用性质和运算律进行相关的判断和运算。

3. 体会类比的数学思想和方法，进一步培养学生抽象概括、推理论证的能力。

【实验流程】

活动 1：创设问题情景，引出新课

问题 1 请同学们回顾一下，我们已经研究了向量的哪些运算？这些运算的结果是什么？

期望学生回答：向量的加法、减法及数乘运算。

问题 2 请同学们继续回忆，前面我们学习了向量的线性运算，即向量的加法、减法和数乘运算。我们知道这些运算有个共同的特点，就是它们运算的结果仍然是一个向量，并且这些结果都有明确的几何意义，即是一些与平行四边形的边、对角线、三角形的边以及平行、共线有关的向量。

下面我们一起思考这样一个问题：既然平面向量能进行加减运算，那两个向量能否进行乘法运算？假如能的话那运算的结果又会是什么呢？

问题 3 我们在前面的学习中有没有接触过有关向量乘法之类的运算呢？

活动 2：探究数量积的概念

1. 给出有关材料并提出问题：

(1) 如图 4.2.1 所示，一物体在力 F 的作用下产生位移。

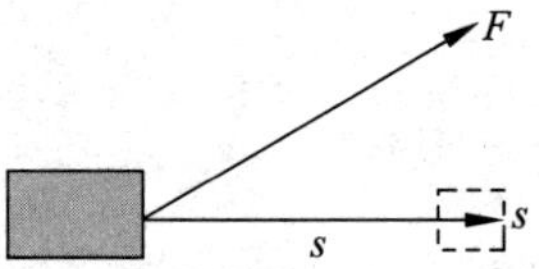

图 4.2.1

那么力 F 所做的功：$W=|F||s|\cos\alpha$。

(2) 这个公式中的三个量有什么特点？请完成下列填空：

① W(功)是________量；

② F(力)是________量；

③ s(位移)是________量。

(3) 你能用文字语言表述“功的计算公式”吗？

期望学生回答：功是力的大小与位移的大小及其夹角余弦的乘积。

【设计意图】

由学生所熟悉的“功”开始这节课，以物理问题为背景，使学生初步认识向量的数量积，为引入向量数量积的概念做铺垫。

既然功的大小只与力的大小、位移的大小及它们的夹角有关，而力与位移都是矢量，在数学中叫作向量，那么我们可以引入一种新的运算，用 $\boldsymbol{F}\cdot\boldsymbol{s}$ 来替代 W，这就是平面向量的数量积，从而引入本节课——2.4.1 平面向量数量积的物理背景及其含义。

2. 明晰数量积的定义

(1) 数量积的定义：

已知两个非零向量 $\boldsymbol{a}$ 与 $\boldsymbol{b}$，它们的夹角为 α，我们把数量 $|\boldsymbol{a}||\boldsymbol{b}|\cos\alpha$ 叫作 $\boldsymbol{a}$ 与 $\boldsymbol{b}$ 的数量积(或内积)，记作：$\boldsymbol{a}\cdot\boldsymbol{b}$，即：$\boldsymbol{a}\cdot\boldsymbol{b}=|\boldsymbol{a}||\boldsymbol{b}|\cos\alpha$

(2) 定义说明：

① 记法“$\boldsymbol{a}\cdot\boldsymbol{b}$”中间的“·”不可以省略，也不可以用“×”代替。

② “规定”：零向量与任何向量的数量积为零。

问题 4　向量的数量积运算与线性运算的结果有什么不同？影响数量积大小的因素有哪些？

期望学生回答：线性运算的结果是向量，而数量积的结果则是数，这个数值的大小不仅和向量 $\boldsymbol{a}$ 与 $\boldsymbol{b}$ 的模有关，还和它们的夹角有关。

【设计意图】

引导学生分析定义中的要点内容，明确数量积这一种新运算与之前所学的向量的线性运算的区别，运算结果是一个数量。

问题 5　两个非零向量夹角的定义是什么？

已知非零向量 $\boldsymbol{a}$ 与 $\boldsymbol{b}$，作 $\overrightarrow{OA}=\boldsymbol{a}$，$\overrightarrow{OB}=\boldsymbol{b}$，则 $\angle AOB=\theta(0\leqslant\theta\leqslant\pi)$ 叫 $\boldsymbol{a}$ 与 $\boldsymbol{b}$ 的夹角。

给出几个简单的图让学生判断向量的夹角

说明：(1) 当 $\theta=0$ 时，$\boldsymbol{a}$ 与 $\boldsymbol{b}$ 同向；

(2) 当 $\theta=\pi$ 时，$\boldsymbol{a}$ 与 $\boldsymbol{b}$ 反向；

(3) 当 $\theta=\dfrac{\pi}{2}$ 时，$\boldsymbol{a}$ 与 $\boldsymbol{b}$ 垂直，记 $\boldsymbol{a}\perp\boldsymbol{b}$；

(4) 注意在两向量的夹角定义中，两向量必须是同起点的，范围 $0^\circ\leqslant\boldsymbol{\theta}\leqslant180^\circ$。

活动 3：探究数量积的几何意义

向量 $\boldsymbol{a}$ 在 $\boldsymbol{b}$ 方向上的投影为 $|\boldsymbol{a}|\cos\alpha$，即 OA_1，如图 4.2.2 所示；向量 $\boldsymbol{b}$ 在 $\boldsymbol{a}$ 方向上的投影 $|\boldsymbol{b}|\cos\alpha$，即 OB_1，如图 4.2.3 所示。

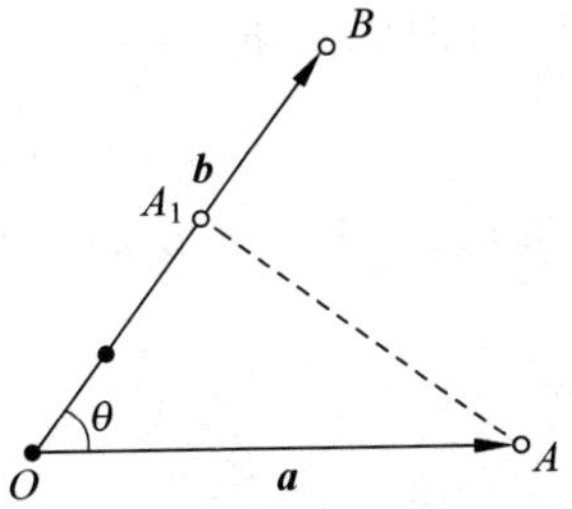

图　4.2.2

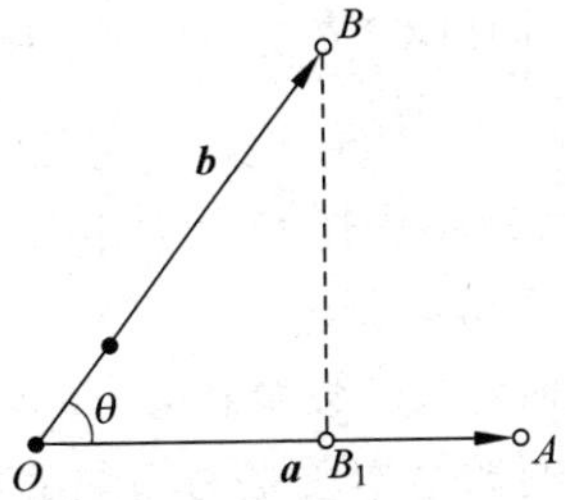

图　4.2.3

问题 6　向量的数量积和投影都是数量，它们什么时候为正，什么时候为负，是否可能为零呢？

【实验过程】

1. 浏览器地址栏输入 https://www.netpad.net.cn/svg.html#posts/194734，打开课件。

2. 单击右上角“全屏”工具，全屏打开课件，如图 4.2.4 所示。

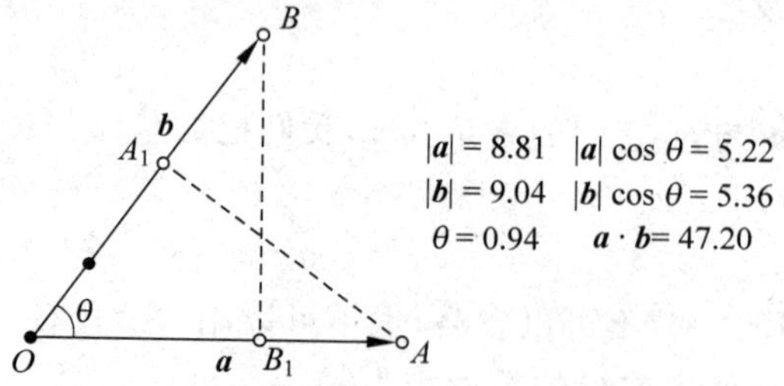

图 4.2.4

3. 小组合作，拖动图中红点，可改变夹角 θ，拖动点 A、点 B 可改变 $\boldsymbol{a}$，$\boldsymbol{b}$ 的模长，反复实验，填写实验记录。

【实验记录】

		实验 1	实验 2	实验 3	实验 4	实验 5
	θ					
$\lvert\boldsymbol{a}\rvert=$ $\lvert\boldsymbol{b}\rvert=$	$\boldsymbol{b}$ 在 $\boldsymbol{a}$ 方向上的投影					
	$\boldsymbol{a}$ 在 $\boldsymbol{b}$ 方向上的投影					
	$\boldsymbol{a}\cdot\boldsymbol{b}$					

		实验 1	实验 2	实验 3	实验 4	实验 5
	θ					
$\lvert\boldsymbol{b}\rvert=$ $\lvert\boldsymbol{a}\rvert=$	$\boldsymbol{b}$ 在 $\boldsymbol{a}$ 方向上的投影					
	$\boldsymbol{a}$ 在 $\boldsymbol{b}$ 方向上的投影					
	$\boldsymbol{a}\cdot\boldsymbol{b}$					

当 $\theta\in\left[0,\dfrac{\pi}{2}\right)$ 时，$\boldsymbol{a}\cdot\boldsymbol{b}$ ________ 0；当 $\theta\in\left(\dfrac{\pi}{2},\pi\right]$ 时，$\boldsymbol{a}\cdot\boldsymbol{b}$ ________ 0；当 $\theta=\dfrac{\pi}{2}$ 时，$\boldsymbol{a}\cdot\boldsymbol{b}$ ________ 0。

问题 7　你从表格中还发现了什么？你发现数量积 $\boldsymbol{a}\cdot\boldsymbol{b}$ 与 $\boldsymbol{b}$ 在 $\boldsymbol{a}$ 方向上（$\boldsymbol{a}$ 在 $\boldsymbol{b}$ 方向）的投影有什么关系吗？

数量积的几何意义：数量积 $\boldsymbol{a}\cdot\boldsymbol{b}$ 等于 $\boldsymbol{a}$ 的长度与 $\boldsymbol{b}$ 在 $\boldsymbol{a}$ 方向上投影 $|\boldsymbol{b}|\cos\alpha$ 的乘积。物理中“功”的数学本质是力与位移的数量积。

【设计意图】

1. 让学生练习计算数量积与投影，巩固所学新知；

2. 让学生通过自己动手动脑总结归纳出问题 7 的答案，进而教师再提出新的问题，引导学生观察并发现数量积与投影之间的关系，从而得出数量积的几何意义，再联系课前引入得出“功”的数学本质。

活动4：探究数量积的运算律

问题8　我们知道实数乘法满足交换律、结合律、分配律，数量积是一种运算，那么类比实数乘法，数量积能满足哪些运算律？你能推导出向量数量积下列运算律吗？

① $\boldsymbol{a}\cdot\boldsymbol{b}=\boldsymbol{b}\cdot\boldsymbol{a}$；② $(\lambda\boldsymbol{a})\cdot\boldsymbol{b}=\lambda(\boldsymbol{a}\cdot\boldsymbol{b})=\boldsymbol{a}\cdot(\lambda\boldsymbol{b})$；③ $(\boldsymbol{a}+\boldsymbol{b})\cdot\boldsymbol{c}=\boldsymbol{a}\cdot\boldsymbol{c}+\boldsymbol{b}\cdot\boldsymbol{c}$

①的证明较为简单，学生可以完成；对于②，若按照数量积的定义展开会比较困难，教师给学生提示，可以结合数量积的定义及向量的数乘运算对 $\lambda>0$ 和 $\lambda<0$ 两种情况分别证明；③的证明有难度，由师生共同完成。

【实验过程】

1. 单击按钮，进入下一课件，如图4.2.5所示。

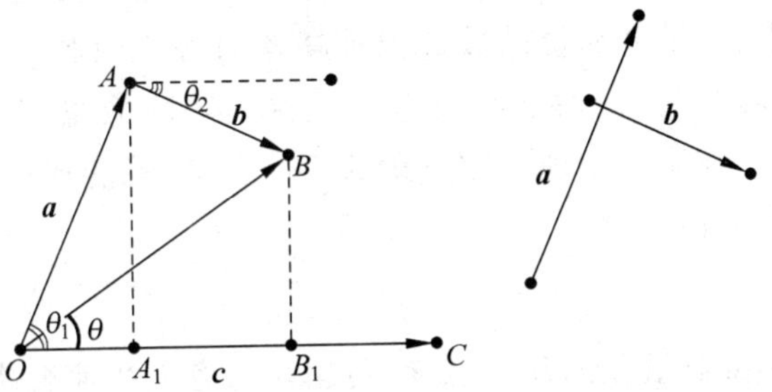

图　4.2.5

2. 小组合作，拖动右图向量 $\boldsymbol{a}$，$\boldsymbol{b}$ 的端点可改变向量 $\boldsymbol{a}$，$\boldsymbol{b}$ 的长度和方向，观察左图中，$\boldsymbol{a}+\boldsymbol{b}$(即 $\overrightarrow{OB}$)在 $\boldsymbol{c}$ 方向上的投影与 $\boldsymbol{a}$，$\boldsymbol{b}$ 在 $\boldsymbol{c}$ 方向上的投影的关系，填写实验记录。

【实验记录】

1. $\boldsymbol{a}$ 在 $\boldsymbol{c}$ 方向上投影 $=OA_1$；$\boldsymbol{b}$ 在 $\boldsymbol{c}$ 方向上投影 $=$________；$\boldsymbol{a}+\boldsymbol{b}$(即 $\overrightarrow{OB}$)在 $\boldsymbol{c}$ 方向上的投影 $=$________________。

2. $\boldsymbol{a}+\boldsymbol{b}$(即 $\overrightarrow{OB}$)在 $\boldsymbol{c}$ 方向上的投影等于 $\boldsymbol{a}$，$\boldsymbol{b}$ 在 $\boldsymbol{c}$ 方向上投影的________。

问题9

(1) $(\boldsymbol{a}\cdot\boldsymbol{b})\cdot\boldsymbol{c}=\boldsymbol{a}\cdot(\boldsymbol{b}\cdot\boldsymbol{c})$相等吗？

(2) 如果 $\boldsymbol{a}\cdot\boldsymbol{b}=0$，那么 $\boldsymbol{a}=\boldsymbol{0}$ 或 $\boldsymbol{b}=\boldsymbol{0}$，对吗？

(3) 如果 $\boldsymbol{a}\cdot\boldsymbol{c}=\boldsymbol{b}\cdot\boldsymbol{c}$，$\boldsymbol{c}\neq\boldsymbol{0}$，那么能得出 $\boldsymbol{a}=\boldsymbol{b}$ 吗？为什么？

【设计意图】

学习过数量积的概念，学生有能力完成性质的探究，因此要发挥学生的主观能动性进行自主学习；对于数量积的运算律，教师先给出它所满足的运算律，由学生小组讨论试着进行证明，针对学生展示过程中出现的问题及时指出，学生证明有困难时，师生合作共同完成。问题9的设置让学生体会向量的数量积与实数乘法运算的区别，强化对数量积的理解。

【结论应用】

1. 学生自主学习课本105页，例2、例3、例4。

2. 计算①$(\boldsymbol{a}+3\boldsymbol{b})\cdot(2\boldsymbol{a}-\boldsymbol{b})$；②$(\boldsymbol{a}+2\boldsymbol{b})\cdot(\boldsymbol{a}-3\boldsymbol{b})$。

3. 已知$|\boldsymbol{a}|=6$,$|\boldsymbol{b}|=4$,$(\boldsymbol{a}+2\boldsymbol{b})\cdot(\boldsymbol{a}-3\boldsymbol{b})=-72$,求$\boldsymbol{a}$与$\boldsymbol{b}$的夹角?

设计意图：使学生体会解题中运算律的作用,学会如何应用数量积解决夹角问题与垂直问题。

4. 已知向量$\boldsymbol{a}$,$\boldsymbol{b}$夹角为45°,且$|\boldsymbol{a}|=1$,$|2\boldsymbol{a}-\boldsymbol{b}|=\sqrt{10}$,则$|\boldsymbol{b}|=$________。

设计意图：小组合作探究能激发学生钻研探索的欲望,提高学生的合作意识,让学生有更多的机会表达自己的想法,学会如何应用数量积解决向量的模的问题。

实验 4.3　平面向量数量积几何意义的应用

平面向量的数量积是平面向量的核心内容,是解决向量的夹角、模等问题的重要工具。从近几年的高考试题来看,平面向量的数量积是高考的必考内容。近年来有关数量积的试题具有一定的综合性,思维量大,解法也越来越灵活。解决数量积问题的常用方法有定义法、向量法、坐标法等,如果能透彻理解数量积的几何意义,就能抓住本质,化繁为简,巧用几何意义快速解决一类数量积问题。

【实验目标】

进一步理解平面向量数量积的几何意义,巧用几何意义快速解决数量积问题。

【实验流程】

(一) 复习回顾

1. 平面向量数量积定义

2. 平面向量数量积几何意义

(二) 例题讲解

例 1　已知△ABC是边长为1的等边三角形,点D,E分别为边AB,BC的中点,连接DE并延长至点F,使得$DE=2EF$,则$\overrightarrow{AF}\cdot\overrightarrow{BC}=$________。

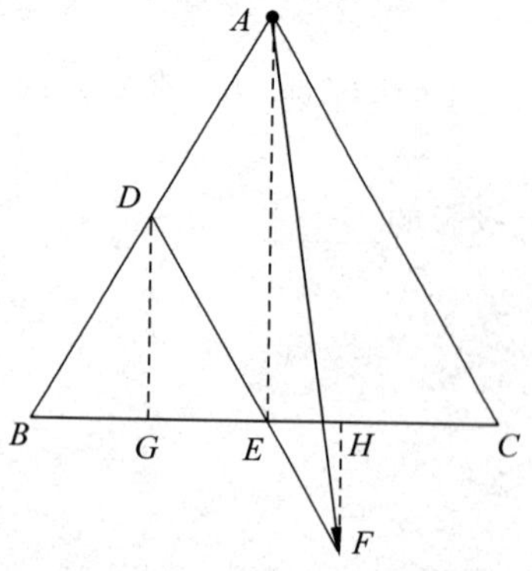

图　4.3.1

【解析】　作$DG\perp BC$于G,$FH\perp BC$于H,连接AE,则$\frac{2}{1}=\frac{DE}{EF}=\frac{GE}{EH}=\frac{BC}{4EH}\Rightarrow EH=\frac{1}{8}$,$\overrightarrow{AF}\cdot\overrightarrow{BC}=|EH|\cdot|\overrightarrow{BC}|=1\times\frac{1}{8}=\frac{1}{8}$。

例 2　等边三角形ABC的边长为2,D是AC上一点,满足$AC=3CD$,E为BC中点,则$\overrightarrow{BD}\cdot\overrightarrow{AE}=$________。

【解析】　过D作$DH\perp AE$于H,则$\frac{DC}{AC}=\frac{HE}{AE}\Rightarrow HE=\frac{\sqrt{3}}{3}$,$\overrightarrow{AE}\cdot\overrightarrow{BD}=|\overrightarrow{AE}|\cdot|EH|=-\sqrt{3}\times\frac{\sqrt{3}}{3}=-\sqrt{3}$。

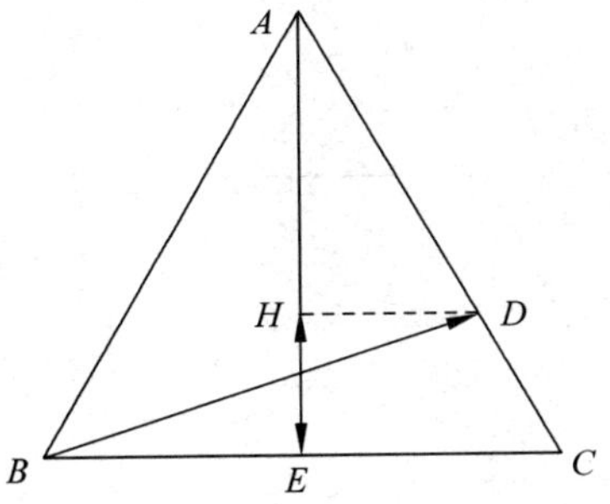

图　4.3.2

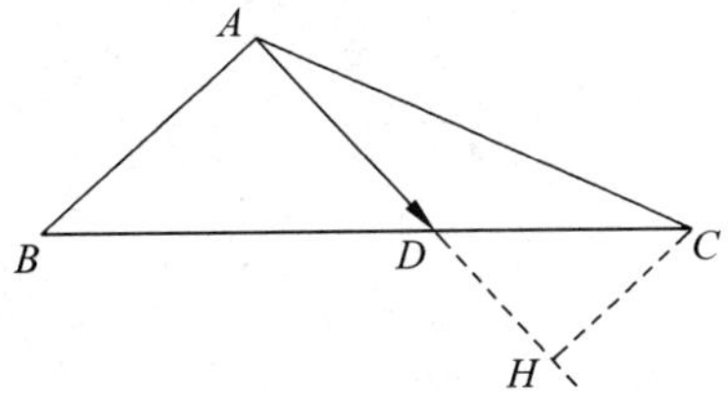

图　4.3.3

例 3　在△ABC 中，$AD\perp AB$ 且 $\overrightarrow{BC}=\sqrt{3}\,\overrightarrow{BD}$，$|\overrightarrow{AD}|=1$，则 $\overrightarrow{AC}\cdot\overrightarrow{AD}=$________。

【解析】　过点 C 作 $CH\perp AD$ 于 H，则 $\dfrac{DH}{AD}=\dfrac{CD}{BD}=\dfrac{\sqrt{3}-1}{1}\Rightarrow DH=\sqrt{3}-1$，故 $\overrightarrow{AC}\cdot\overrightarrow{AD}=|AD|\cdot(|AD|+|DH|)=\sqrt{3}$。

小结：利用投影解决“求值”问题的方法。

1. 题目常以平面几何模型作为背景，并且有较明显的“几何特征”(规则)；

2. 通常要把方向不“规则”的向量，向具有明显“几何特征”的三角形(如直角、等边三角形)的边作投影；

3. 作投影后往往要构造出相似三角形，再运用平面几何的知识求解。

例 4　在平行四边形 $ABCD$ 中，$AB=BC=2$，$\angle ABC=60°$，P 为平行四边形 $ABCD$ 内的点(包含边界)，则 $\overrightarrow{BA}\cdot\overrightarrow{BP}$ 的最大值为________。

【实验过程】

1. 浏览器地址栏输入 https://www.netpad.net.cn/svg.html#posts/195161，打开课件。

2. 单击右上角“全屏”工具，全屏打开课件，如图 4.3.4 所示。

3. 单击左侧工具栏的“智能画笔”工具，单击点 P，沿垂直于 AB 方向拖动鼠标，待出现提示“垂足”时，再次单击鼠标，构造垂线 PE。

4. 单击左侧工具栏的“智能画笔”工具，单击点 B，鼠标移到点 E，再次单击鼠标，构造线段 BE。

5. 用鼠标右键单击线段 AB，在弹出菜单选择【测量】—【长度/周长】，得到 AB 长度值为 m0；同法得 BE 长度 m1。

6. 单击下侧工具栏的“计算|测量”工具，在弹出的对话框输入 m0 * m1，单击【确定】，计算得到 $\overrightarrow{BA}\cdot\overrightarrow{BP}$ 的值 m2。

7. 鼠标拖动点 P 运动，观察并研究 m2 的最大值及取得最大值的条件。

由图 4.3.5 可知，当点 P 与点 D 重合时，$\overrightarrow{BA}\cdot\overrightarrow{BP}$ 取最大值。

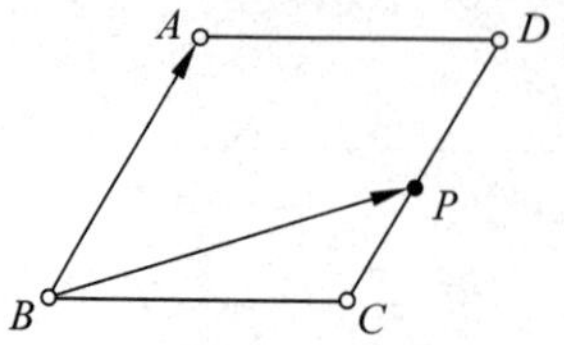

图 4.3.4

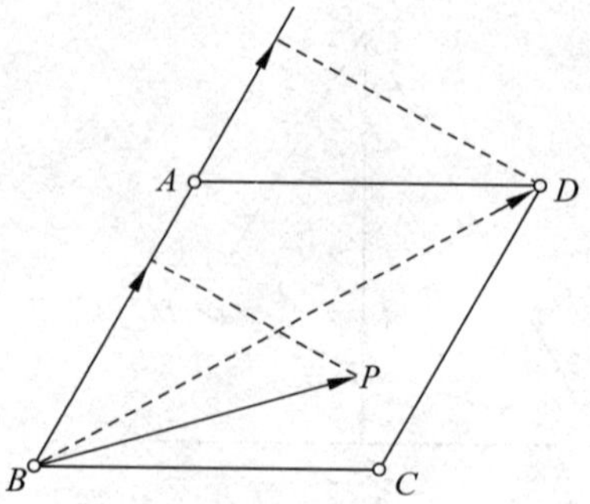

图 4.3.5

所以$(\overrightarrow{BA}\cdot\overrightarrow{BP})_{\max}=|\overrightarrow{BA}||BD|\cos\angle DBA=2\times2\sqrt{3}\times\cos30°=6$。

小结：在运用投影解决“求最值”问题的程序中，我们可以利用投影，将变化的向量模长和夹角“合二为一”，统一成为一条直线上的投影大小。对于这种做法，我们不妨编一个口诀：“一定一动作投影”。

(1)“一定”：对于$\boldsymbol{a}\cdot\boldsymbol{b}$其中一个向量的模长、方向都确定，即一个定向量。

(2)“一动”对于$\boldsymbol{a}\cdot\boldsymbol{b}$，其中定向量以外的另一个向量的模长或方向不确定(或都不确定)即一个动向量。

(3)“作投影”：通常由动向量向定向量方向所在直线作投影，从而“规避”夹角带来的困扰。

例 4 在平行四边形 $ABCD$ 中，已知 $AB=2,AD=1,\angle DAB=60°$，点 M 为 AB 的中点，点 P 在 BC 与 CD 上运动(包括端点)，则$\overrightarrow{AP}\cdot\overrightarrow{DM}$的取值范围为________。

【实验过程】

1. 单击按钮，进入下一课件，如图 4.3.6 所示。

2. 拖动点 P，观察$\overrightarrow{AP}\cdot\overrightarrow{DM}$值的变化，思考如何作其中一个向量在另一个向量方向上的投影。

【解析】 $\overrightarrow{AP}\cdot\overrightarrow{DM}=(\overrightarrow{DP}-\overrightarrow{DA})\cdot\overrightarrow{DM}=\overrightarrow{DP}\cdot\overrightarrow{DM}-|\overrightarrow{DA}||\overrightarrow{DM}|\cos60°=\overrightarrow{DP}\cdot\overrightarrow{DM}-\frac{1}{2}$。

过 P 作 $PO\perp DM$ 于 O，则$\overrightarrow{DP}\cdot\overrightarrow{DM}=|DO||DM|$，易得，当 P 在 D 处时，$DO=0$，$\overrightarrow{DP}\cdot\overrightarrow{DM}=0$。

当 P 在 B 处时，在 $\mathrm{Rt}\triangle BMO$ 中，$BM=1,\angle MBO=60°$，所以 $MO=\frac{1}{2}$，$DO=\frac{3}{2}$，$DM=1$，则$\overrightarrow{DP}\cdot\overrightarrow{DM}=|DO||DM|=\frac{3}{2}$，所以$\overrightarrow{DP}\cdot\overrightarrow{DM}\in\left[0,\frac{3}{2}\right]$。

故$\overrightarrow{AP}\cdot\overrightarrow{DM}$的取值范围为$\left[-\frac{1}{2},1\right]$。

例 5 已知 $AC=BC=4,\angle ACB=90°$，M 是 BC 的中点，D 是以 AC 为直径的圆上一动点，则$\overrightarrow{AM}\cdot\overrightarrow{DC}$的最大值是________。

【实验过程】

1. 单击按钮，进入下一课件，如图 4.3.7 所示。

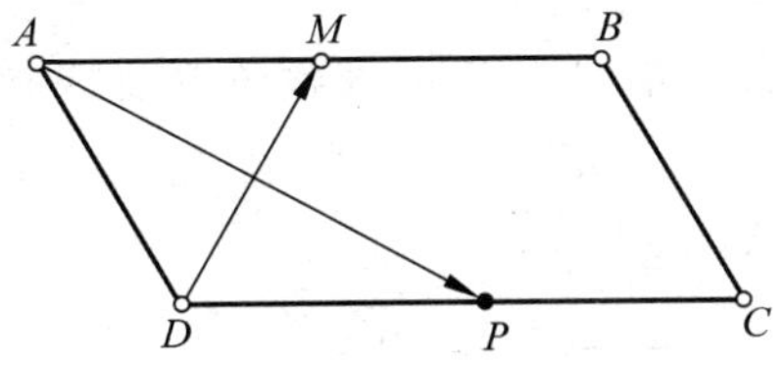

$\overrightarrow{AP}\cdot\overrightarrow{DM}=0.04$

图 4.3.6

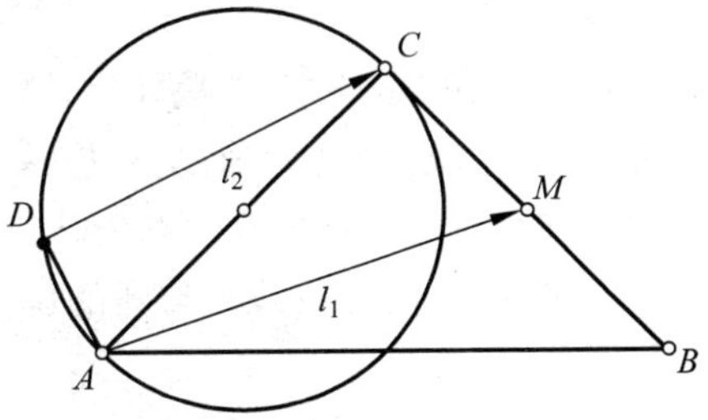

$\overrightarrow{AM}\cdot\overrightarrow{DC}=16.81$

图 4.3.7

2. 拖动点 D，观察并研究 $\overrightarrow{AM}\cdot\overrightarrow{DC}$ 值的变化，思考如何构造或转化其中一个向量在另一个向量方向上的投影。

【解析】 过 M 作 $MH\perp DC$ 于点 H，则 $\overrightarrow{AM}\cdot\overrightarrow{DC}=|DC||DH|$。

设 $\angle ACD=\theta$，在 $\mathrm{Rt}\triangle ADC$ 中，$DC=AC\cdot\cos\theta=4\cos\theta$，在 $\mathrm{Rt}\triangle MHC$ 中，$CM=12CB=2$，$\angle CMH=\theta$，所以 $CH=2\sin\theta$。

则 $\overrightarrow{AM}\cdot\overrightarrow{DC}=|DC||DH=4\cos\theta(4\cos\theta+2\sin\theta)=16\cos^2\theta+8\sin\theta\cos\theta=4\sin2\theta+8\cos2\theta+84\sqrt{5}\sin(2\theta+\varphi)+8\leqslant8+4\sqrt{5}$，故 $\overrightarrow{AM}\cdot\overrightarrow{DC}$ 的最大值为 $8+4\sqrt{5}$。

实验 4.4 等和线定理及其应用

课本上有多处出现了“等和线”的基本题型，其理论基础多次被提及。近年高考中涉及“等和线定理”的试题层出不穷，学生在解此类问题时，往往要通过建系或利用角度与数量积处理，结果常常会因为思路不清、解题烦琐，导致得分率不高。

【实验目标】

理解等和线定理并能用等和线定理快速解决问题

【实验流程】

等和线原理：

如图 4.4.1 所示，平面内一组基底 $\overrightarrow{OA}$，$\overrightarrow{OB}$ 及任一向量 $\overrightarrow{OC}$，$\overrightarrow{OC}=\lambda\overrightarrow{OA}+\mu\overrightarrow{OB}(\lambda,\mu\in\mathbf{R})$，若点 C 在直线 AB 上或在平行于 AB 的直线上，则 $\lambda+\mu=k$（定值），反之也成立，其中 $\overrightarrow{OC}=k\overrightarrow{OC'}$。

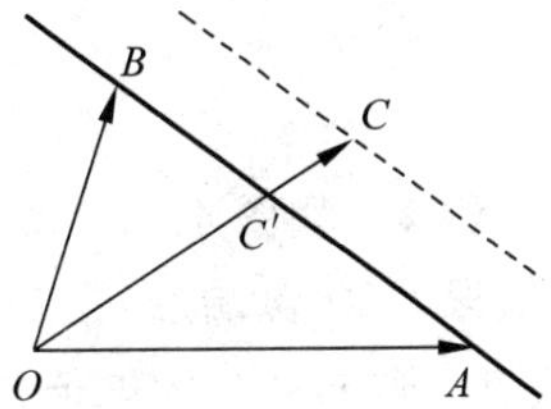

图 4.4.1

我们把直线 AB 以及直线 AB 平行的直线称为“等和线”。

例 1 （2017 年新课标全国）在矩形 $ABCD$ 中，$AB=1$，$AD=2$，动点 P 在以 C 为圆心且与 BD 相切的圆上，若 $\overrightarrow{AP}=\lambda\overrightarrow{AB}+\mu\overrightarrow{AD}$，则 $\lambda+\mu$ 的最大值为（　　）。

A. 3　　B. $2\sqrt{2}$　　C. $\sqrt{5}$　　D. 2

【实验过程】

1. 浏览器地址栏输入 https://www.netpad.net.cn/svg.html#posts/195227，打开课件。

2. 单击右上角“全屏”工具，全屏打开课件，如图 4.4.2 所示。

3. 拖动点 P 观察 $\lambda+\mu$ 值的变化，考察 $\lambda+\mu$ 取最大值时点 P 的大致位置及特点。

4. 单击按钮“提示”，显示过点 P 与 BD 平行的直线 l，如图 4.4.3 所示，拖动点 P 观察并研究 $\lambda+\mu$ 取最大值时直线 l 与圆的位置关系。

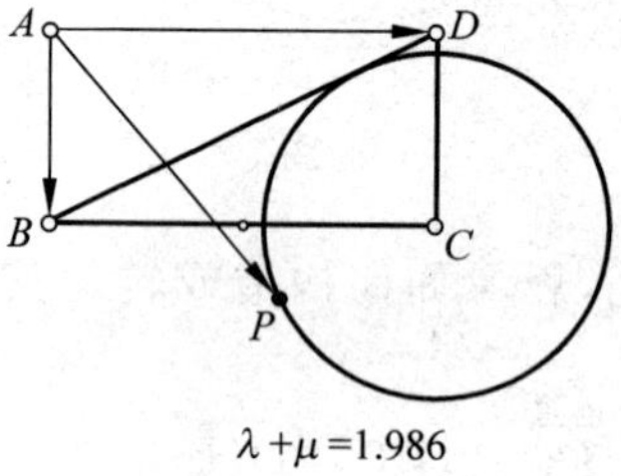

图 4.4.2

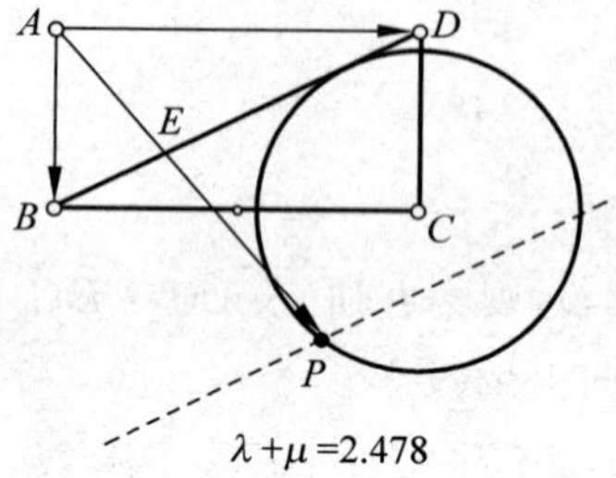

图 4.4.3

5. 再次单击按钮“提示”，如图 4.4.4 所示，根据图形及等和线定理，考察 $\lambda+\mu$ 取最大值的条件及理由，求解问题。

【解析】 如图 4.4.4 所示，由等和线定理可知，$\lambda+\mu=\frac{AP}{AE}=\frac{AF}{AB}=AF$，所以当直线 l 与圆相切于点 P 时，$\lambda+\mu$ 最大，此时 $\lambda+\mu=\frac{AF}{AB}=\frac{AB+BE+EF}{AB}=\frac{3AB}{AB}=3$，故选 A。

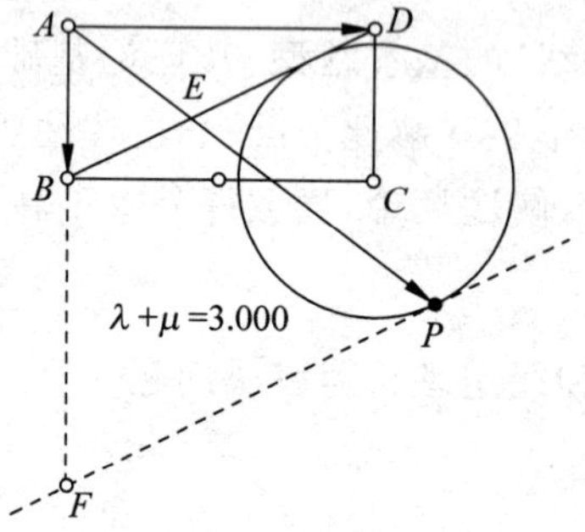

图 4.4.4

例 2 如图 4.4.5 所示，在边长为 2 的正六边形 $ABCDEF$ 中，动圆 Q 的半径为 1，圆心在线段 CD（含端点）上运动，P 是圆 Q 上及其内部的动点，设向量 $\overrightarrow{AP}=m\overrightarrow{AB}+n\overrightarrow{AF}$（$m$，$n\in\mathbf{R}$），则 $m+n$ 的取值范围是（　　）。

A. $(1,2]$　　B. $[5,6]$　　C. $[2,5]$　　D. $[3,5]$

【实验过程】

1. 单击按钮，进入下一课件，如图 4.4.5 所示。

2. 拖动点 P，Q 运动，观察 $m+n$ 的取值变化，估计 $m+n$ 取得最大值、最小值时点 P，Q 的位置。

3. 单击按钮“提示”，显示线段 BF 及过点 P 与 BF 平行的直线 l，拖动点 P，Q 运动，观察 $m+n$ 取得最大值、最小值时点 P，Q 的位置及直线 l 与圆的位置关系。

4. 再次单击按钮“提示”，如图 4.4.6 所示，根据图形及等和线定理，考察 $m+n$ 取最大值的条件及理由，求解问题。

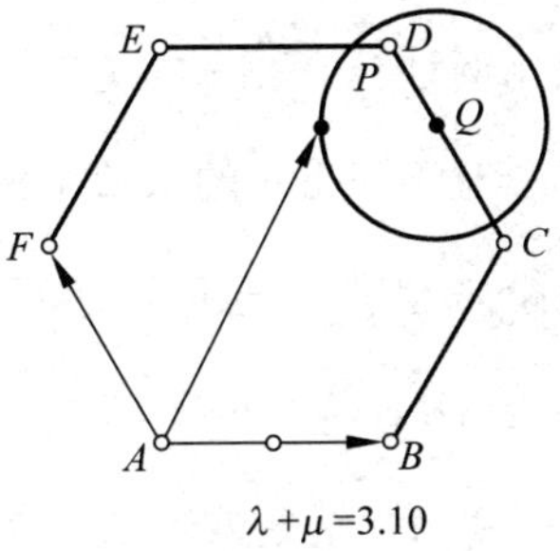

图　4.4.5

【解析】 如图 4.4.6 所示，设 $\overrightarrow{AP}=m\overrightarrow{AB}+n\overrightarrow{AF}$，由等和线原理，$m+n=\dfrac{AP}{AF}=\dfrac{AG}{AB}=\dfrac{AG}{2}$，$m+n$ 取最大与最小值时，直线 l 应与圆 Q 相切。

如图 4.4.7 所示，当点 Q 与点 C 重合，点 P 在 BC 上且 l 与圆 Q 相切时，$m+n$ 最小，此时 $m+n=\dfrac{AG}{2}=2$。

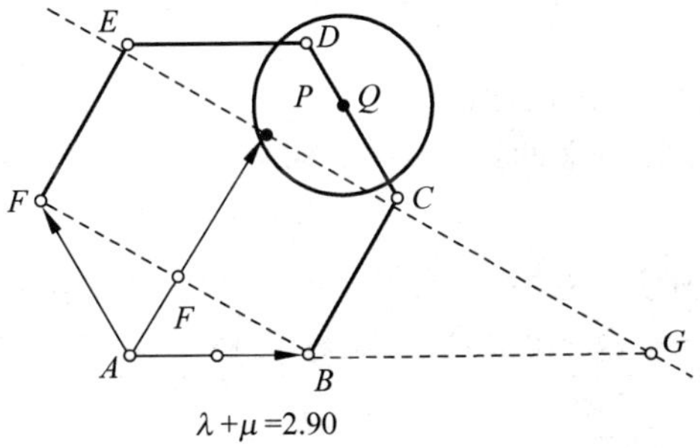

图　4.4.6

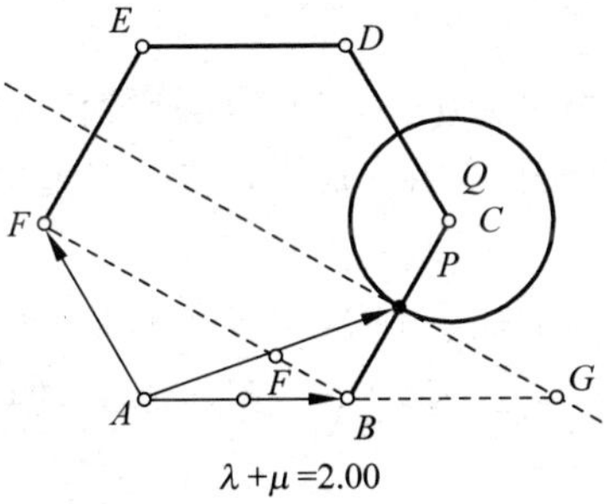

图　4.4.7

如图 4.4.8 所示，当点 Q 与点 D 重合，l 与圆 Q 相切时，$m+n$ 最大，此时 $m+n=\dfrac{AG}{2}=5$。

综上可知 $m+n\in[2,5]$。

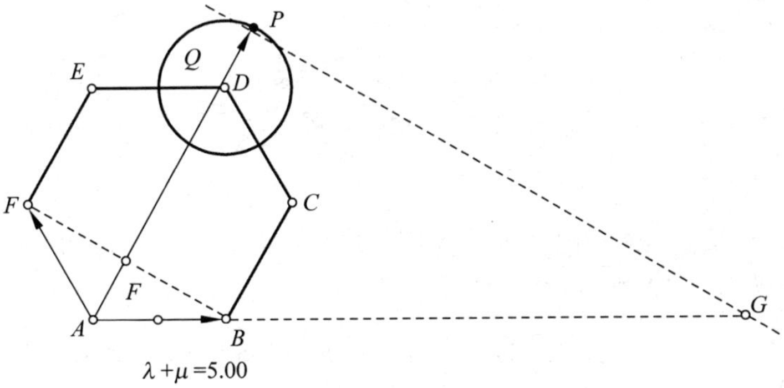

图　4.4.8

小结：

利用等和线原理处理形如 $\overrightarrow{OC}=x\overrightarrow{OA}+y\overrightarrow{OB}$ 的系数和问题的基本步骤：

① 连接 AB，构造直线 AB。

② 连接(延长)OC 交直线 AB 于点 C'，则 $x+y=\dfrac{|OC|}{|OC'|}$，必要时，应利用平行线分线段

成比例计算$\dfrac{|OC|}{|OC'|}$的值。

对于 $x+y$ 的取值范围问题，可以在动点 C 的轨迹内作 $l_1//AB$，$l_2//AB$ 且 l_1，l_2 分别为距离 O 点最近与最远的两条平行线，则 $x+y\in\left[\dfrac{d_1}{d},\dfrac{d_2}{d}\right]$，其中 d，d_1，d_2 分别为点 O 到直线 AB，l_1，l_2 的距离。

例 3 给定两个长度为 1 的平面向量 $\overrightarrow{OA}$ 和 $\overrightarrow{OB}$，它们的夹角为$\dfrac{2\pi}{3}$，点 C 在以 O 为圆心的圆弧 $\overset{\frown}{AB}$ 上运动，若 $\overrightarrow{OC}=x\overrightarrow{OA}+y\overrightarrow{OB}$，其中 $x,y\in\mathbf{R}$，则 $x+2y$ 的取值范围为________。

【实验过程】

1. 单击按钮，进入下一课件，如图 4.4.9 所示。
2. 拖动点 C 运动，观察 $x+2y$ 取值的变化，估计 $x+2y$ 取最大值与最小值时，点 C 的位置。
3. 小组合作：如何将问题转化后能运用等和线定理？

教师提醒学生，抓住等和线定理中两个基底向量的系数关系；指导学生继续实验，解答问题。

4. 选中线段 OB，单击下侧工具栏中的“中点|中心”工具，构造线段 OB 中点 E。
5. 选中点 E，A，单击下侧工具栏中的“线段”工具，构造线段 AE，如图 4.4.10 所示。
6. 选中点 C，线段 AE，单击下侧工具栏中的“平行线”工具，构造过点 C 平行于 AE 的直线 l，如图 4.4.11 所示。

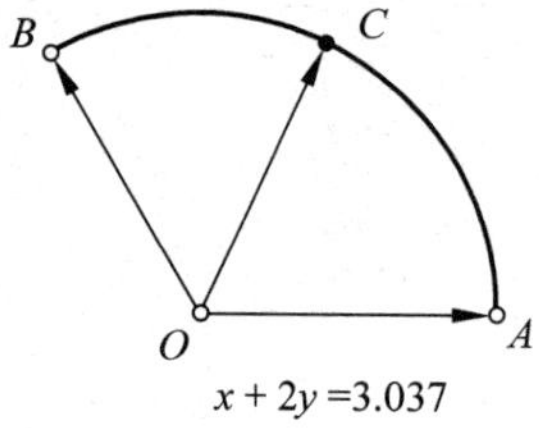

图 4.4.9

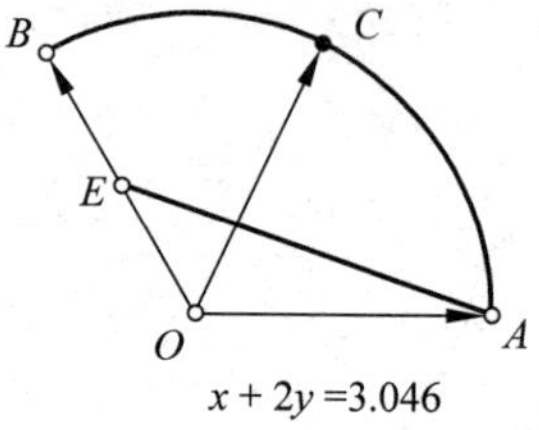

图 4.4.10

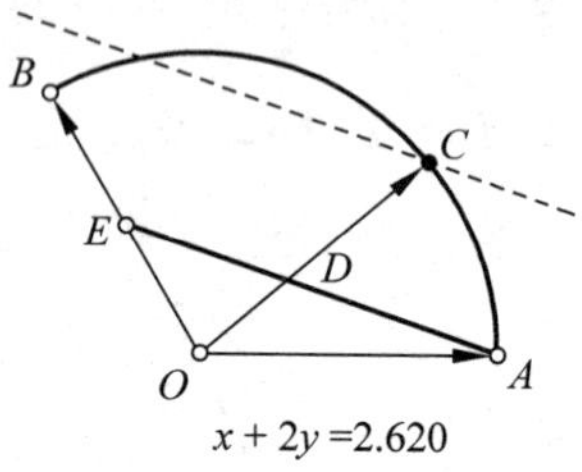

图 4.4.11

7. 拖动点 C 运动，考察 $x+2y$ 取最大值与最小值时，直线 l 与圆弧的位置关系。

【解析】 如图 4.4.10 所示，作 OB 中点 E，连接 AE，则 $\overrightarrow{OC}=x\overrightarrow{OA}+y\overrightarrow{OB}=x\overrightarrow{OA}+2y\overrightarrow{OE}$ 如图 4.4.11 所示，由等和线定理，得 $x+2y=\dfrac{OC}{OD}=\dfrac{1}{OD}$，则当 C 落在直线 AE 上即与点 A 重合时，则 $x+2y=1$。

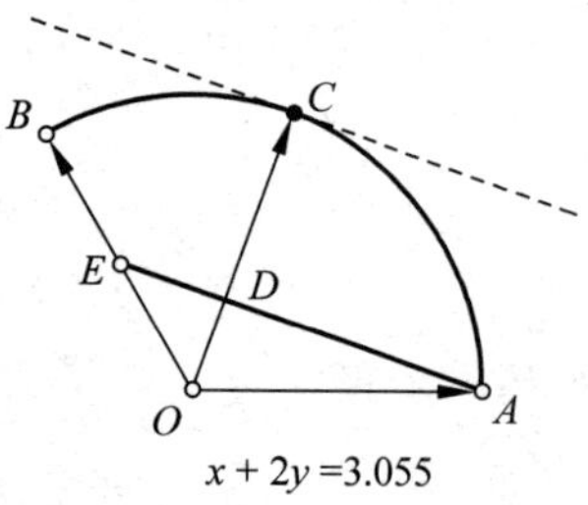

图 4.4.12

如图 4.4.12 所示，当 $OC\perp AE$ 时，OD 最短，此时 $x+2y$ 最大，有 $x+2y=\dfrac{1}{OD}=\dfrac{1}{\sin\angle OAE}$，所以 $x+2y=\dfrac{|OM|}{|OM'|}=\dfrac{|OA|}{|OM'|}=\dfrac{1}{\sin\angle OAB'}$。

在$\triangle AOE'$中，$OE=\dfrac{1}{2}$，$OA=1$，$\angle AOE=\dfrac{2\pi}{3}$，则 $AE^2=OA^2+OE^2-2OA\cdot OE\cos\angle AOE$，$AE=\dfrac{\sqrt{7}}{2}$，$\sin\angle OAE=\dfrac{\sqrt{21}}{14}$。

故点 C 在弧 AB 上运动时，$(x+2y)_{\min}=1$，$(x+2y)_{\max}=\dfrac{2\sqrt{21}}{3}$，$x+2y$ 的取值范围为$\left[1,\dfrac{2\sqrt{21}}{3}\right]$。

小结：

利用等和线原理的方法处理向量分解中的系数和问题时，应注意问题中待求和的两个数是否为基底的系数，如果不是，则要重新构造基底，将问题转化为新基底的系数和问题。

例 4　在平行四边形 $ABCD$ 中，M，N 为 CD 的三等分点，S 为 AM 与 BN 的交点，P 为边 AB 上一动点，Q 为$\triangle SMN$ 内一点(含边界)，若 $\overrightarrow{PQ}=x\overrightarrow{AM}+y\overrightarrow{BN}$，则 $x+y$ 的取值范围是________。

【实验过程】

1. 单击按钮，进入下一课件，如图 4.4.13 所示。

2. 拖动点 P，Q 运动，观察 $x+y$ 取值的变化，估计 $x+y$ 取最大值与最小值时，点 P，Q 的位置。

3. 小组合作：如何将问题转化后能运用等和定理？

教师提醒学生，抓住等和线定理中两个基底向量的起点；指导学生继续实验，解答问题。

4. 单击按钮“提示”，如图 4.4.14 所示，$\overrightarrow{PE}=\overrightarrow{AM}$，$\overrightarrow{PF}=\overrightarrow{BN}$，从而 $\overrightarrow{PQ}=x\overrightarrow{PE}+y\overrightarrow{PF}$。

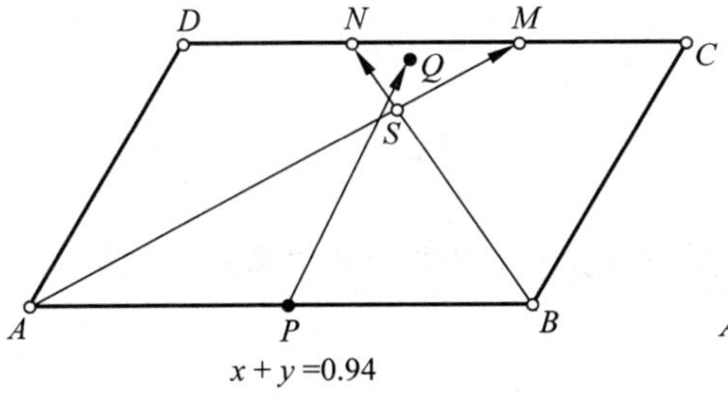

图　4.4.13

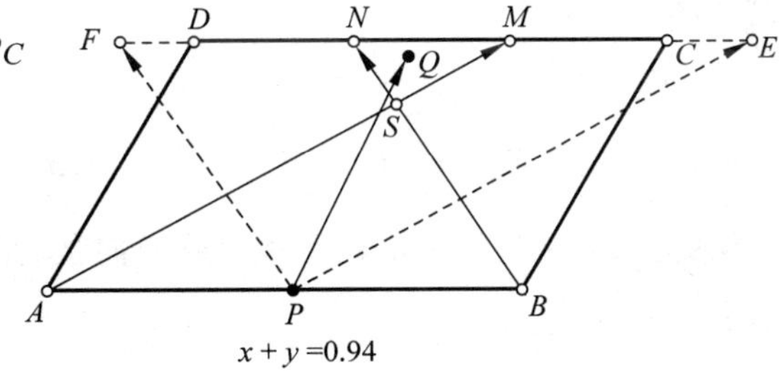

图　4.4.14

5. 再次单击按钮“提示”，如图 4.4.15 所示，拖动点 Q 运动，考察 $x+y$ 取最大值与最小值时，点 Q 的位置，并解答问题。

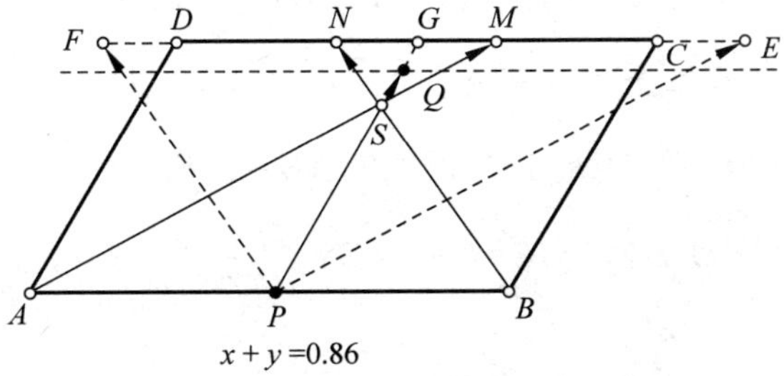

图　4.4.15

【解析】 如图 4.4.14 所示，$\overrightarrow{PE}=\overrightarrow{AM}$，$\overrightarrow{PF}=\overrightarrow{BN}$，则 $\overrightarrow{PQ}=x\overrightarrow{PE}+y\overrightarrow{PF}$。

如图 4.4.15 所示，过 Q 作直线 MN 的平行线 l，延长 PQ 交 MN 于 G，根据等和线定理，有 $x+y=\dfrac{PQ}{PG}$，当 P 与点 S 重合时，$x+y$ 取最小值，计算可得为 $\dfrac{3}{4}$。

当 P 在 MN 上时，$x+y$ 的最大值为 1，故 $x+y\in\left[\dfrac{3}{4},1\right]$。

小结：

注意等和线定理所描述的结论要求表达式中的三个向量共起点，若起点不一致，则可以考虑利用向量的减法法则或者平移相关向量统一起点。

等和线定理巧妙地将代数问题转化为图形关系，将具体的代数式运算转化为距离的长短比例关系问题，这是数形结合思想非常直接的体现。运用等和线原理解题，过程方便、准确率高。

实验 4.5 极化恒等式及其应用

极化恒等式这个概念在课本上没有提及，但是其推导的方法比较简单。极化恒等式可将平面向量的数量积关系转化为两个平面向量的长度关系，使不可度量的向量数量积关系转化为可度量、可计算的数量关系，其意义非同凡响。

【实验目标】

1. 掌握极化恒等式两种模式，理解其几何意义。
2. 能用极化恒等式求数量积的最值、范围及解决与数量积有关的综合问题。

【实验流程】

极化恒等式：

平行四边形模型：$\boldsymbol{a}\cdot\boldsymbol{b}=\dfrac{1}{4}[(\boldsymbol{a}+\boldsymbol{b})^2-(\boldsymbol{a}-\boldsymbol{b})^2]$；

几何意义：向量的数量积等于以这组向量为邻边的平行四边形的“和对角线”与“差对角线”平方差的 $\dfrac{1}{4}$；

三角形模型：在 $\triangle ABC$ 中，点 M 为 BC 中点，则 $\overrightarrow{AB}\cdot\overrightarrow{AC}=|\overrightarrow{AM}|^2-|\overrightarrow{BM}|^2=|\overrightarrow{AM}|^2-\dfrac{1}{4}|\overrightarrow{BC}|^2$。

例 1 在 $\triangle ABC$ 中，M 是 BC 的中点，$AM=3$，$BC=10$，则 $\overrightarrow{AB}\cdot\overrightarrow{AC}=$ ________。

【解析】 由极化恒等式三角形模型有：$\overrightarrow{AB}\cdot\overrightarrow{AC}=|\overrightarrow{AM}|^2-\dfrac{1}{4}|\overrightarrow{BC}|^2=9-25=-16$。

例 2 在正三角形 ABC 中，D 是 BC 上的点，$AB=3$，$BD=1$，则 $\overrightarrow{AB}\cdot\overrightarrow{AD}=$ ________。

【解析】 设 BD 中点为 E，则 $BE=\dfrac{1}{2}$，$AE^2=\left(\dfrac{3}{2}\sqrt{3}\right)^2+1$，故 $\overrightarrow{AB}\cdot\overrightarrow{AD}=|\overrightarrow{AE}|^2-\dfrac{1}{4}\overrightarrow{AB}\cdot\overrightarrow{AD}=\dfrac{15}{2}$。

例 3 在$\triangle ABC$中，$AB=2$，$AC=3$，D是边BC的中点，则$\overrightarrow{AD}\cdot\overrightarrow{BC}=$________。

【解析】 $\overrightarrow{AD}\cdot\overrightarrow{BC}=\dfrac{\overrightarrow{AB}+\overrightarrow{AC}}{2}\cdot(\overrightarrow{AC}-\overrightarrow{AB})=\dfrac{1}{2}(|\overrightarrow{AC}|^2-|\overrightarrow{AB}|^2)=\dfrac{5}{2}$。

例 4 已知$\boldsymbol{a},\boldsymbol{b}$是平面内两个互相垂直的单位向量，若向量$\boldsymbol{c}$满足$(\boldsymbol{a}-\boldsymbol{c})\cdot(\boldsymbol{b}-\boldsymbol{c})=\boldsymbol{0}$，则$|\boldsymbol{c}|$的最大值是(　　)

A. 1　　B. 2　　C. $\sqrt{2}$　　D. $\dfrac{\sqrt{2}}{2}$

分析：本题表面看似乎与“极化恒等式”没有关系，但事实上，根据“极化恒等式”有

$4(\boldsymbol{a}-\boldsymbol{c})\cdot(\boldsymbol{b}-\boldsymbol{c})=[(\boldsymbol{a}-\boldsymbol{c})+(\boldsymbol{b}-\boldsymbol{c})]^2-[(\boldsymbol{a}-\boldsymbol{c})-(\boldsymbol{b}-\boldsymbol{c})]^2$，则$\left(\boldsymbol{c}-\dfrac{\boldsymbol{a}+\boldsymbol{b}}{2}\right)^2=\left(\dfrac{\boldsymbol{a}-\boldsymbol{b}}{2}\right)^2$。

【实验过程】

1. 浏览器地址栏输入 https://www.netpad.net.cn/svg.html#posts/195387，打开课件。

2. 单击右上角“全屏”工具，全屏打开课件，如图 4.5.1 所示。

3. 拖动点C运动，观察$|\boldsymbol{c}|$的变化，考察点C的轨迹。

4. 单击按钮“提示”，如图 4.5.2 所示，显示点C的轨迹，考虑$|\boldsymbol{c}|$取得最大值的条件，解答问题。

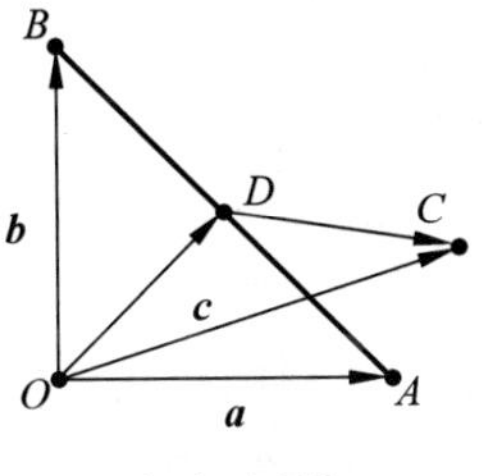

图 4.5.1

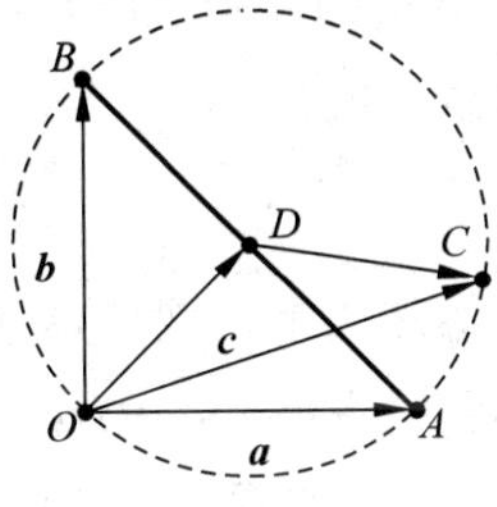

图 4.5.2

【解析】 如图 4.5.1 所示，设$\overrightarrow{OA}\perp\overrightarrow{OB}$且$\overrightarrow{OA}=\boldsymbol{a}$，$\overrightarrow{OB}=\boldsymbol{b}$，$\overrightarrow{OC}=\boldsymbol{c}$。

D为线段AB的中点，则$\overrightarrow{OD}=\dfrac{\boldsymbol{a}+\boldsymbol{b}}{2}$，$\overrightarrow{DC}=\boldsymbol{c}-\dfrac{\boldsymbol{a}+\boldsymbol{b}}{2}$，$4(\boldsymbol{a}-\boldsymbol{c})\cdot(\boldsymbol{b}-\boldsymbol{c})=[(\boldsymbol{a}-\boldsymbol{c})+(\boldsymbol{b}-\boldsymbol{c})]^2-[(\boldsymbol{a}-\boldsymbol{c})-(\boldsymbol{b}-\boldsymbol{c})]^2$，则$\left(\boldsymbol{c}-\dfrac{\boldsymbol{a}+\boldsymbol{b}}{2}\right)^2=\left(\dfrac{\boldsymbol{a}-\boldsymbol{b}}{2}\right)^2$，$|\overrightarrow{DC}|^2=\left|\dfrac{\boldsymbol{a}-\boldsymbol{b}}{2}\right|^2=\dfrac{1}{2}$，即点$C$的轨迹是以点$D$为圆心，$\dfrac{\sqrt{2}}{2}$为半径的圆。

故$|\boldsymbol{c}|$的最大值为$\sqrt{2}$。

例 5 设正方形$ABCD$的边长为 4，动点P在以AB为直径的圆弧$\overset{\frown}{APB}$上，则$\overrightarrow{PC}\cdot\overrightarrow{PD}$的取值范围是________。

【实验过程】

1. 单击按钮，进入下一课件，如图 4.5.3 所示。

2. 拖动点 P 运动，观察 $\overrightarrow{PC}\cdot\overrightarrow{PD}$ 值的变化，考察 $\overrightarrow{PC}\cdot\overrightarrow{PD}$ 取最大值，最小值时点 P 的位置及原因。

3. 单击按钮“提示”，如图 4.5.4 所示，显示△PCD 的中线 PE，对照极化恒等式，确定 $\overrightarrow{PC}\cdot\overrightarrow{PD}$ 取最大值，最小值的条件，解答问题。

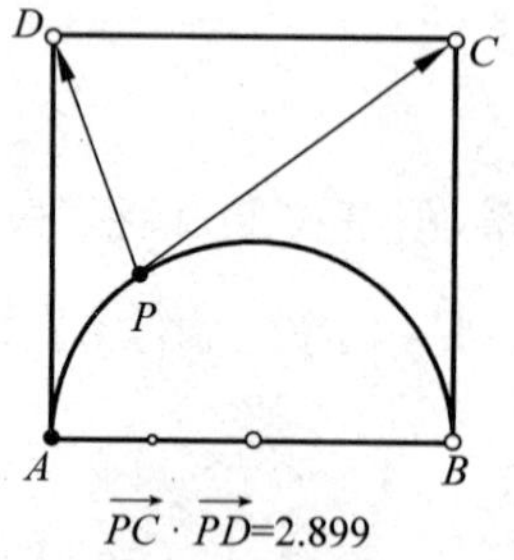

图 4.5.3

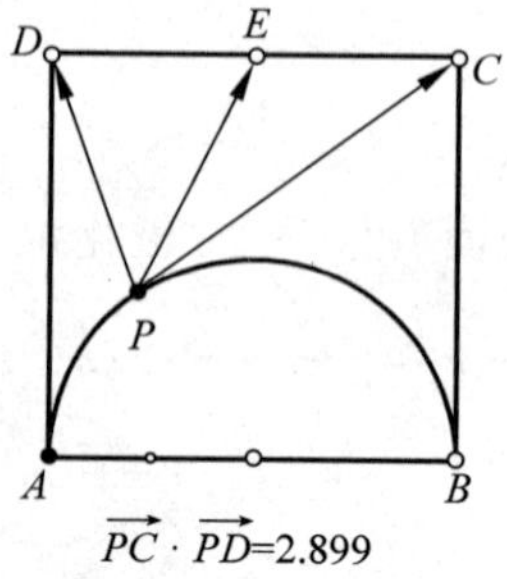

图 4.5.4

【解析】 取 CD 中点 E，连接 PE，在△PCD 内使用极化恒等式得 $\overrightarrow{PC}\cdot\overrightarrow{PD}=|\overrightarrow{PE}|^2-|\overrightarrow{ED}|^2=|\overrightarrow{PE}|^2-\frac{1}{4}|\overrightarrow{CD}|^2=|\overrightarrow{PE}|^2-4$。

由图 4.5.4 可知，$|\overrightarrow{PE}|\in[2,2\sqrt{5}]$，故 $\overrightarrow{PC}\cdot\overrightarrow{PD}\in[0,16]$。

例 6 在半径为 1 的扇形 AOB 中，$\angle AOB=60^\circ$，C 为弧上的动点，AB 与 OC 交于点 P，则 $\overrightarrow{OP}\cdot\overrightarrow{BP}$ 的最小值为________。

【实验过程】

1. 单击按钮☞，进入下一课件，如图 4.5.5 所示。

2. 拖动点 C 运动，观察 $\overrightarrow{OP}\cdot\overrightarrow{BP}$ 值的变化，考虑如何利用极化恒等式。

3. 单击按钮“提示”，如图 4.5.6 所示，显示△POB 的中线 PD，对照极化恒等式，确定 $\overrightarrow{OP}\cdot\overrightarrow{BP}$ 取最小值的条件，解答问题。

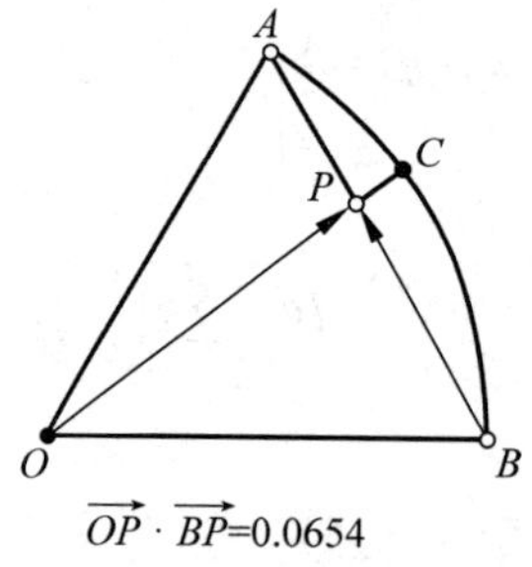

图 4.5.5

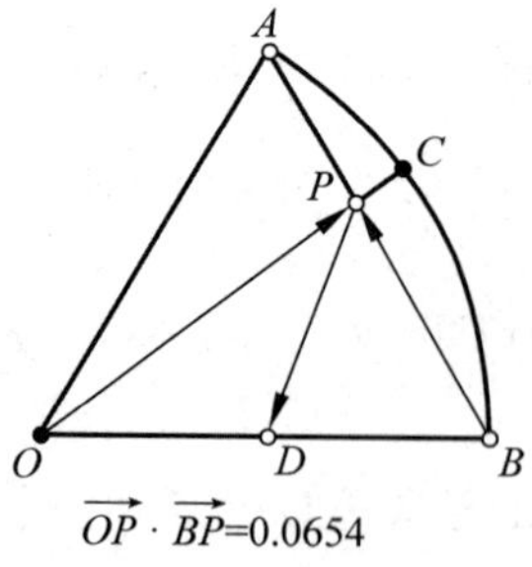

图 4.5.6

【解析】 取 OB 的中点 D，作 $DE\perp AB$ 于 E，根据极化恒等式，得 $\overrightarrow{OP}\cdot\overrightarrow{BP}=\overrightarrow{PO}\cdot\overrightarrow{PB}=|\overrightarrow{PD}|^2-\frac{1}{4}|OB|^2=|\overrightarrow{PD}|^2-\frac{1}{4}$，$|\overrightarrow{PD}|\geqslant|DE|=\frac{\sqrt{3}}{4}$，故 $\overrightarrow{OP}\cdot\overrightarrow{BP}\geqslant-\frac{1}{16}$。

例 7 边长为 1 的正方形 $ABCD$ 的顶点 A，D 分别在 x 轴，y 轴正半轴(含原点)滑动，

则 $\overrightarrow{OB}\cdot\overrightarrow{OC}$ 的最大值为________。

【实验过程】

1. 单击按钮，进入下一课件，如图 4.5.7 所示。

2. 拖动点 A 运动，观察 $\overrightarrow{OB}\cdot\overrightarrow{OC}$ 值的变化，考虑如何利用极化恒等式。

3. 单击按钮“提示”，如图 4.5.8 所示，显示△OBC 的中线 OE，对照极化恒等式，确定 $\overrightarrow{OB}\cdot\overrightarrow{OC}$ 取最大值的条件，解答问题。

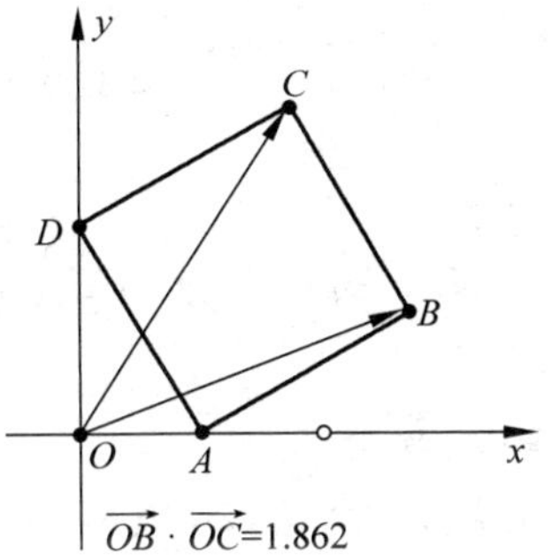

图　4.5.7

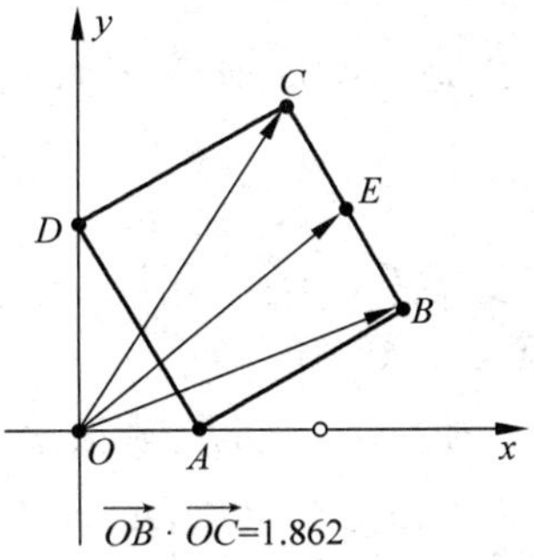

图　4.5.8

【解析】 取 BC 中点 E，由极化恒等式，得 $4\overrightarrow{OB}\cdot\overrightarrow{OC}=4|\overrightarrow{OE}|^2-|BC|^2=4|\overrightarrow{OE}|^2-1\leqslant 4\left(1+\frac{1}{2}\right)^2-1=8$，故 $\overrightarrow{OB}\cdot\overrightarrow{OC}\leqslant 2$。

实验 4.6　平面向量与三角形

平面向量知识与三角形知识结合的中等难度问题在高考中频繁出现，在学习中值得探讨与总结。灵活巧妙地使用平面向量知识中的相关性质、特殊位置关系及重要结论等判断三角形中的角、边、心等问题，显得尤为简洁明快。

【实验目标】

1. 进一步掌握平面向量的基本概念、性质和运算，理解三角形四心的向量表示。

2. 提高灵活运用平面向量的知识分析和解决三角形问题；培养数形结合、化归与转化思想。

3. 培养学生的探究精神，增强创新意识，进一步提高知识迁移能力。

【实验流程】

三角形的“心”的向量表示及应用：

1. 三角形各心的概念介绍

重心：三角形的三条中线的交点；

垂心：三角形的三条高线的交点；

内心：三角形的三个内角角平分线的交点(三角形内切圆的圆心)；

外心：三角形的三条边的垂直平分线的交点(三角形外接圆的圆心)。

2. 三角形各心的向量表示

(1) O 是$\triangle ABC$ 的重心$\Leftrightarrow\overrightarrow{OA}+\overrightarrow{OB}+\overrightarrow{OC}=\mathbf{0}$;

(2) O 是$\triangle ABC$ 的垂心$\Leftrightarrow\overrightarrow{OA}\cdot\overrightarrow{OB}=\overrightarrow{OB}\cdot\overrightarrow{OC}=\overrightarrow{OC}\cdot\overrightarrow{OA}$;

(3) O 是$\triangle ABC$ 的外心$\Leftrightarrow|\overrightarrow{OA}|=|\overrightarrow{OB}|=|\overrightarrow{OC}|$(或$\overrightarrow{OA}^2=\overrightarrow{OB}^2=\overrightarrow{OC}^2$);

(4) O 是$\triangle ABC$ 的内心$\Leftrightarrow\overrightarrow{OA}\cdot\left(\frac{\overrightarrow{AB}}{|\overrightarrow{AB}|}-\frac{\overrightarrow{AC}}{|\overrightarrow{AC}|}\right)=\overrightarrow{OB}\cdot\left(\frac{\overrightarrow{BA}}{|\overrightarrow{BA}|}-\frac{\overrightarrow{BC}}{|\overrightarrow{BC}|}\right)=\overrightarrow{OC}\cdot\left(\frac{\overrightarrow{CA}}{|\overrightarrow{CA}|}-\frac{\overrightarrow{CB}}{|\overrightarrow{CB}|}\right)=0$。

例 1 点 P 是$\triangle ABC$ 所在平面上一点,若 $\overrightarrow{PA}\cdot\overrightarrow{PB}=\overrightarrow{PB}\cdot\overrightarrow{PC}=\overrightarrow{PC}\cdot\overrightarrow{PA}$,则点 P 是$\triangle ABC$ 的(　　)。

A. 外心　　B. 内心　　C. 重心　　D. 垂心

【解析】 由 $\overrightarrow{PA}\cdot\overrightarrow{PB}=\overrightarrow{PB}\cdot\overrightarrow{PC}$,得 $\overrightarrow{PA}\cdot\overrightarrow{PB}-\overrightarrow{PB}\cdot\overrightarrow{PC}=0$,即 $\overrightarrow{PB}\cdot(\overrightarrow{PA}-\overrightarrow{PC})=0$,即 $\overrightarrow{PB}\cdot\overrightarrow{CA}=0$,则 $PB\perp CA$。

同理 $PA\perp BC$,$PC\perp AB$,所以 P 为$\triangle ABC$ 的垂心,故选 D。

例 2 O 是平面上一定点,A,B,C 是平面上不共线的三个点,动点 P 满足 $\overrightarrow{OP}=\overrightarrow{OA}+\lambda\left(\frac{\overrightarrow{AB}}{|\overrightarrow{AB}|}+\frac{\overrightarrow{AC}}{|\overrightarrow{AC}|}\right)$,$\lambda\in(0,+\infty)$,则点 P 的轨迹一定通过$\triangle ABC$ 的(　　)。

A. 外心　　B. 内心　　C. 重心　　D. 垂心

分析:初次接触本题会感觉难以下手,抓住$\frac{\overrightarrow{AB}}{|\overrightarrow{AB}|}$是向量 $\overrightarrow{AB}$ 的单位向量,$\frac{\overrightarrow{AC}}{|\overrightarrow{AC}|}$是向量 $\overrightarrow{AC}$ 的单位向量,再利用加法的几何意义,则问题可以迎刃而解。

【实验过程】

1. 浏览器地址栏输入 https://www.netpad.net.cn/svg.html#posts/195449,打开课件。

2. 单击右上角"全屏"工具,全屏打开课件,如图 4.6.1 所示。

3. 拖动变量 λ 的滑杆,改变 λ 的值,观察点 P 的运动,猜测点 C 的轨迹经过$\triangle ABC$ 的哪个心?

4. 单击按钮"提示",如图 4.6.2 所示,显示 $\overrightarrow{AB}$,$\overrightarrow{AC}$ 方向上的单位向量,即向量$\frac{\overrightarrow{AB}}{|\overrightarrow{AB}|}$,$\frac{\overrightarrow{AC}}{|\overrightarrow{AC}|}$。

5. 再次单击按钮"提示",如图 4.6.3 所示,构造菱形 AB_1DC_1。

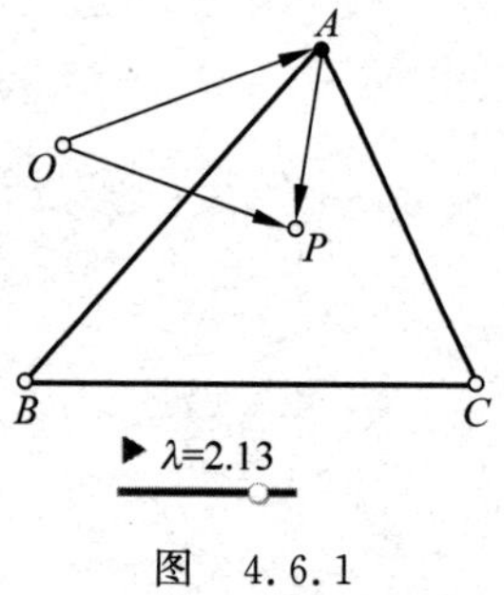

图 4.6.1

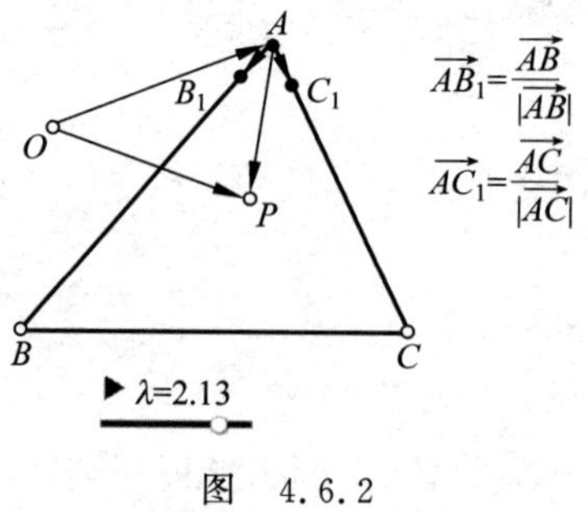

图 4.6.2

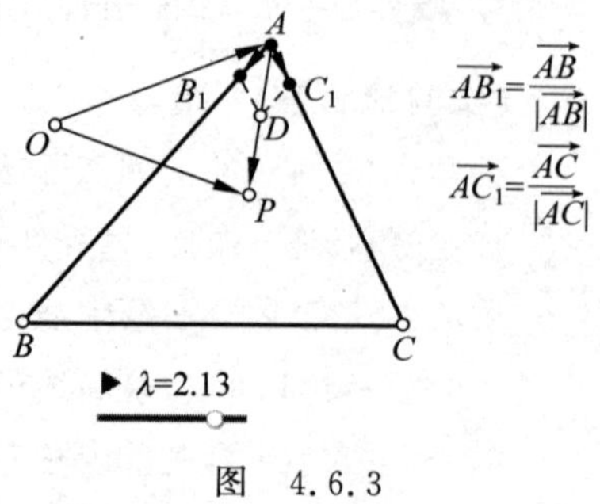

图 4.6.3

6. 拖动变量 λ 的滑杆，考察点 P 的轨迹与点 D 的关系，解答问题。

【解析】 因为 $\dfrac{\overrightarrow{AB}}{|\overrightarrow{AB}|}$ 是向量 $\overrightarrow{AB}$ 方向的单位向量，$\dfrac{\overrightarrow{AC}}{|\overrightarrow{AC}|}$ 是向量 $\overrightarrow{AC}$ 方向的单位向量。

设 $\overrightarrow{AB}$ 与 $\overrightarrow{AC}$ 方向上的单位向量分别为 $\boldsymbol{e}_1$ 和 $\boldsymbol{e}_2$，又 $\overrightarrow{OP}-\overrightarrow{OA}=\overrightarrow{AP}$，则原式可化为 $\overrightarrow{AP}=\lambda(\boldsymbol{e}_1+\boldsymbol{e}_2)$，由菱形的基本性质可知 AP 平分 $\angle BAC$，在 $\triangle ABC$ 中，AP 平分 $\angle BAC$，故选 B。

例 3 在 $\triangle ABC$ 中，若动点 P 满足 $|\overrightarrow{CA}|^2=|\overrightarrow{CB}|^2-2\overrightarrow{AB}\cdot\overrightarrow{CP}$，则 P 点轨迹一定通过 $\triangle ABC$ 的（　　）。

A. 外心　　B. 内心　　C. 重心　　D. 垂心

分析：注意题中 $|\overrightarrow{CB}|^2-|\overrightarrow{CA}|^2=(\overrightarrow{CB}-\overrightarrow{CA})\cdot(\overrightarrow{CB}+\overrightarrow{CA})=\overrightarrow{AB}\cdot(\overrightarrow{CB}+\overrightarrow{CA})$，而 $\overrightarrow{CB}+\overrightarrow{CA}=2\overrightarrow{CD}$，其中 D 为 AB 中点，从而将问题转化到边 AB 的中点，解决问题。

【实验过程】

1. 单击按钮，进入下一课件，如图 4.6.4 所示。

2. 拖动点 P,A,B,C 运动，观察 $\overrightarrow{CP}\cdot\overrightarrow{AB}$ 与 $|\overrightarrow{CB}|^2-|\overrightarrow{CA}|^2$ 间的关系，猜测点 P 的轨迹。

3. 单击按钮"提示"，如图 4.6.5 所示，显示 $\triangle CAB$ 的中线 CD 及 $\overrightarrow{CP}-\overrightarrow{CD}$，拖动点 P，A,B,C 考察点 P 的轨迹，解答问题。

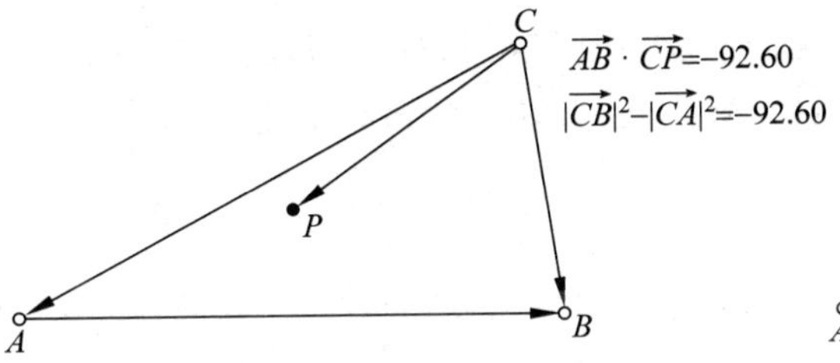

图　4.6.4

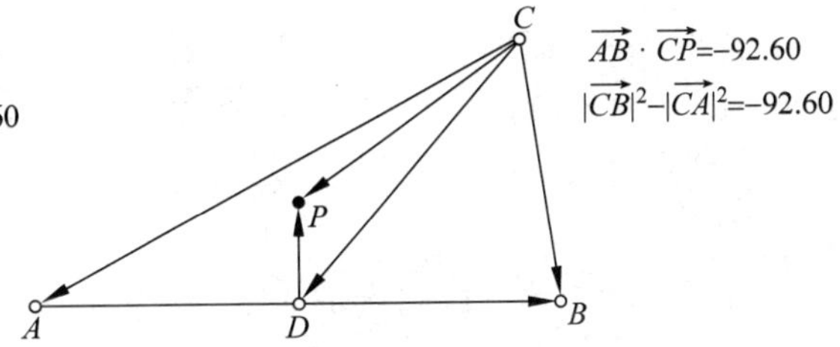

图　4.6.5

【解析】 设 D 为线段 AB 的中点，则 $2\overrightarrow{AB}\cdot\overrightarrow{CP}=|\overrightarrow{CB}|^2-|\overrightarrow{CA}|^2=(\overrightarrow{CB}-\overrightarrow{CA})\cdot(\overrightarrow{CB}+\overrightarrow{CA})=\overrightarrow{AB}\cdot(\overrightarrow{CB}+\overrightarrow{CA})=2\overrightarrow{AB}\cdot\overrightarrow{CD}$，即 $2\overrightarrow{AB}\cdot\overrightarrow{CP}=2\overrightarrow{AB}\cdot\overrightarrow{CD}$，$\overrightarrow{AB}\cdot(\overrightarrow{CP}-\overrightarrow{CD})=\overrightarrow{AB}\cdot\overrightarrow{DP}=0$，所以 $\overrightarrow{AB}$ 与 $\overrightarrow{DP}$ 互相垂直，点 P 在线段 AB 的中垂线上，故选 A。

例 4 在 $\triangle ABC$ 中，$AB=5$，$AC=6$，$\cos A=\dfrac{1}{5}$，O 是 $\triangle ABC$ 的内心，若 $\overrightarrow{OP}=x\overrightarrow{OB}+y\overrightarrow{OC}$，其中 $x,y\in[0,1]$，则动点 P 的轨迹所覆盖的面积为（　　）。

A. $\dfrac{10\sqrt{6}}{3}$　　B. $\dfrac{14\sqrt{6}}{3}$　　C. $4\sqrt{3}$　　D. $6\sqrt{2}$

【实验过程】

1. 单击按钮，进入下一课件，如图 4.6.6 所示。

2. 拖动点 B_1，C_1 运动，观察点 P 的位置，猜测点 P 的轨迹所覆盖的区域。

3. 用鼠标右键单击点 P，在弹出的菜单选择【跟踪】，拖动点 B_1，C_1 运动，观察点 P 的轨迹所覆盖的区域。

4. 单击按钮“提示”，如图 4.6.7 所示，显示点 P 的轨迹所覆盖的区域，思考原因，解答问题。

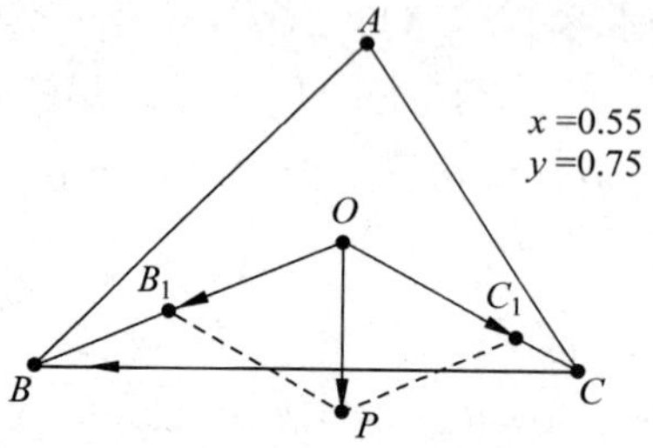

图 4.6.6

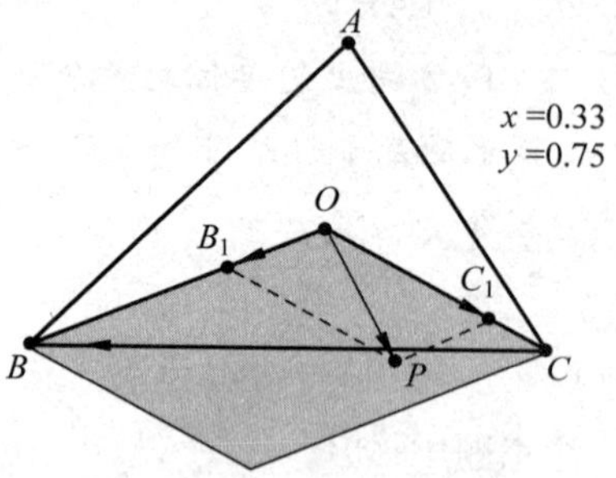

图 4.6.7

【解析】 根据向量加法的平行四边形法则，得动点 P 的轨迹是以 OB，OC 为邻边的平行四边形，其面积为 $\triangle BOC$ 面积的 2 倍。

在 $\triangle ABC$ 中，由余弦定理可得 $a^2=b^2+c^2-2bc\cdot\cos A$，$BC=7$。

设 $\triangle ABC$ 的内切圆半径为 r，则 $\frac{1}{2}bc\sin A=\frac{1}{2}(a+b+c)r$，$r=\frac{2\sqrt{6}}{3}$，所以 $S_{\triangle BOC}=\frac{1}{2}\times BC\times r=\frac{7\sqrt{6}}{3}$，动点 P 的轨迹所覆盖的面积为 $2S_{\triangle BOC}=\frac{14\sqrt{6}}{3}$。

例 5 在平面内，定点 A,B,C,D 满足 $|\overrightarrow{DA}|=|\overrightarrow{DB}|=|\overrightarrow{DC}|$，$\overrightarrow{DA}\cdot\overrightarrow{DB}=\overrightarrow{DC}\cdot\overrightarrow{DB}=\overrightarrow{DA}\cdot\overrightarrow{DC}=-2$，动点 P,M 满足 $|\overrightarrow{AP}|^2=1$，$\overrightarrow{PM}=\overrightarrow{MC}$，则 $|\overrightarrow{BM}|^2$ 的最大值是（　　）。

A. $\frac{43}{4}$　　B. $\frac{49}{4}$　　C. $\frac{37+6\sqrt{3}}{4}$　　D. $\frac{37+2\sqrt{33}}{4}$

分析：$|\overrightarrow{AP}|^2=1$，则点 P 在以 A 为圆心，1 为半径的圆上；

$\overrightarrow{PM}=\overrightarrow{MC}$，则 M 为 PC 中点，根据点 P 的轨迹确定点 M 的轨迹即可求解。

【实验过程】

1. 单击按钮，进入下一课件，如图 4.6.8 所示。
2. 拖动点 P 运动，观察点 M 的位置，猜测点 M 的轨迹。
3. 用鼠标右键单击点 M，在弹出的菜单选择【跟踪】，拖动点 P 运动，观察点 P 的轨迹，如图 4.6.9 所示。

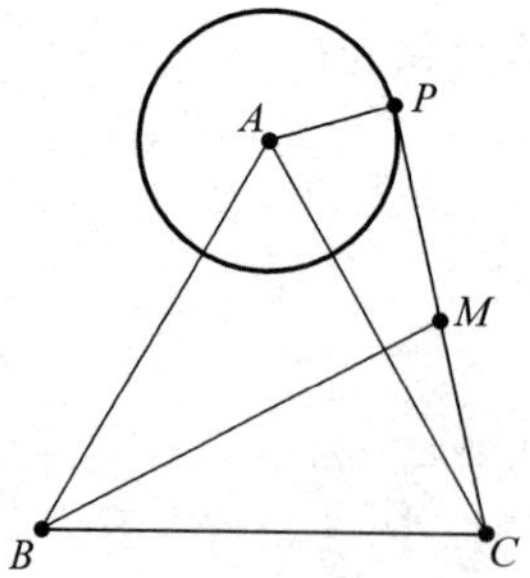

图 4.6.8

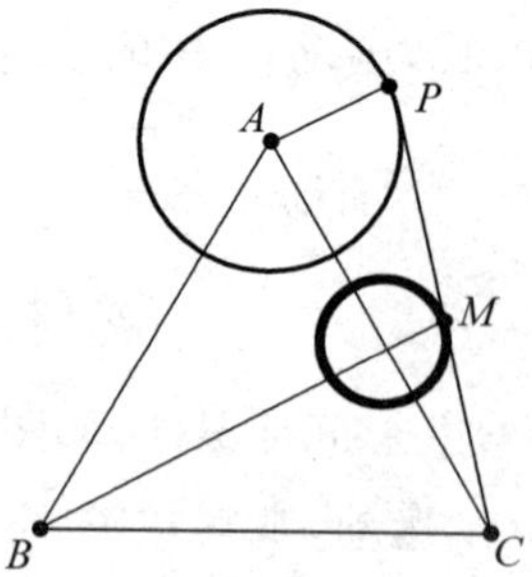

图 4.6.9

【解析】 由$|\overrightarrow{DA}|=|\overrightarrow{DB}|=|\overrightarrow{DC}|$知，$D$为$\triangle ABC$的外心。

由$\overrightarrow{DA}\cdot\overrightarrow{DB}=\overrightarrow{DC}\cdot\overrightarrow{DB}=\overrightarrow{DA}\cdot\overrightarrow{DC}$知$D$为$\triangle ABC$的垂心，所以$\triangle ABC$为正三角形，易知其边长为$2\sqrt{3}$。

取AC的中点E，连接EM，AP，则EM平行且等于AP的一半，则点M的轨迹是以E为圆心，$\frac{1}{2}$为半径的圆，所以$|\overrightarrow{BM}|_{\max}=|\overrightarrow{BE}|+\frac{1}{2}=\frac{7}{2}$，则$|\overrightarrow{BM}|_{\max}^2=\frac{49}{4}$。故选B。

第 5 章

数列与不等式

实验 5.1　等差数列前 n 项和的最值

等差数列前 n 项和的最值问题是数列中的一个重要问题，也是高考的常考内容之一，它常把数列、不等式、二次函数的一些相关内容融在一起。因此，我们在学习中应重视这个问题。由于等差数列前 n 项和 $S_n=\frac{d}{2}n^2+\left(a_1-\frac{d}{2}\right)n$，因此只要给出首项 a_1 和公差 d，问题就可以解决；若不能求首项 a_1 和公差 d，而给出函数 $f(n)=S_n$ 图像的对称轴或非零零点的信息，则可以类比二次函数性质顺利解决。

【实验目标】

1. 进一步掌握等差数列通项公式，前 n 项和公式。
2. 掌握等差数列前 n 项和最值的求法。

【实验流程】

（一）复习

1. 等差数列通项公式：$a_n=$________，当公差 d ________时，是关于 n 的________函数。
2. 等差数列性质：如果 $m+n=p+q$，则________________。
3. 等差数列前 n 项和公式：$S_n=$________________（对称形式），

$S_n=$________$=$________________（函数形式），对称轴方程：________。

（二）探究等差数列前 n 项和的最值

【实验过程】

1. 浏览器地址栏输入 https://www.netpad.net.cn/svg.html#posts/198986，打开课件。

2. 单击右上角“全屏”工具，全屏打开课件，如图 5.1.1 所示。

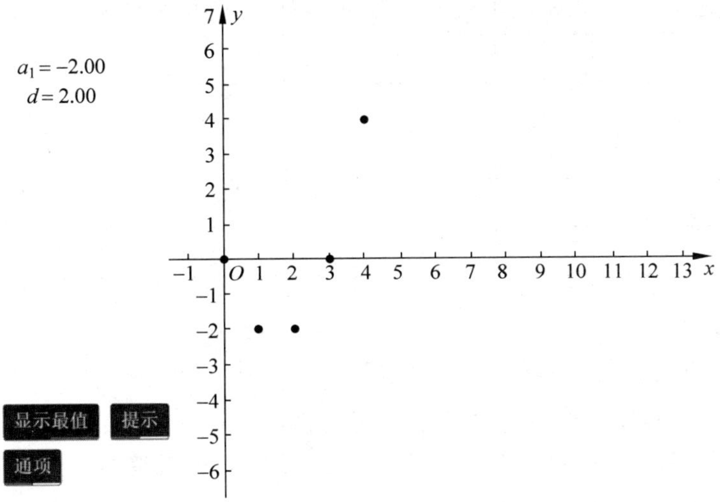

图　5.1.1

3. 单击按钮“显示最值”，将显示 S_n 的最值及最值点；单击“提示”将显示 $S_n(n\geqslant 0)$的图像及其对称轴。

4. 单击按钮“通项”将显示数列 a_n 的图像。

5. 单击变量 a_1，d 后的数字，输入数值，改变变量 a_1，d 的值。

6. 单击变量 a_1，d 后的数字，输入的值均为正数，观察 S_n 的图像(图中红点)，探究 S_n 取的最值及取得最值的条件，反复实验多次，填写实验记录。

7. 单击变量 a_1，d 后的数字，输入的值均为负数，观察 S_n 的图像(图中红点)，探究 S_n 取得的最值及取得最值的条件，反复实验多次，填写实验记录。

8. 单击变量 a_1，d 后的数字，a_1 输入的值为正数，d 输入的值为负数，观察 S_n 的图像(图中红点)，探究 S_n 取得的最值及取得最值的条件，反复实验多次，填写实验记录。

9. 单击变量 a_1，d 后的数字，a_1 输入的值为负数，d 输入的值为正数，观察 S_n 的图像(图中红点)，探究 S_n 取得的最值及取得最值的条件，反复实验多次，填写实验记录。

【实验记录】

实验	通项 a_n	首项	公差	前 n 项和 S_n	S_n 最值 S_N	N	a_N 正负
第 1 次							
第 2 次							
第 3 次							
第 4 次							
第 5 次							
第 6 次							
第 7 次							

续表

实验	通项 a_n	首项	公差	前 n 项和 S_n	S_n 最值 S_N	N	a_N 正负
第 8 次							
第 9 次							
第 10 次							
第 11 次							
第 12 次							

【实验结论】

1. 在公差不为零的等差数列中，当公差________时，其前 n 项和 S_n 有最________值；当公差________时，其前 n 项和 S_n 有最________值。

2. 公差不为零的等差数列的前 n 项和 S_n 关于 n 的图像是________，所以可利用________来求 S_n 的最值及对应的项数 n。

3. 当公差 $d>0$ 时，数列单调递________，如果首项为负，只要将数列中的所有________项相加，即可得 S_n 的最________值；如果首项为正，则________即为 S_n 的最________值。

4. 当公差 $d<0$ 时，数列单调递________，如果首项为正，只要将数列中的所有________项相加，即可得 S_n 的最________值；如果首项为负，则________即为 S_n 的最________值。

【数学证明】

【拓展应用】

例 1 已知数列 $\{a_n\}$ 的通项公式为 $a_n=-3n+104$，求其前 n 项和 S_n 的最大值。

【解析】 设数列中最后一个非负项为 a_n，则 $\begin{cases}a_n\geqslant 0,\\ a_{n+1}\leqslant 0,\end{cases}\Rightarrow\begin{cases}-3n+104\geqslant 0\\ -3(n+1)+104\leqslant 0\end{cases}$，解得 $\frac{101}{3}\leqslant n\leqslant\frac{104}{3}$。

因为 $n\in\mathbf{N}^*$，所以 $n=34$，$S_{34}=\frac{a_1+a_{34}}{2}\times 34=\frac{101+2}{2}\times 34=1751$，故 S_n 的最大值为 1751。

例 2 已知在等差数列 $\{a_n\}$ 中，$a_1=-20$，$d=2$，则该数列前 n 项和 S_n 取最小值时，$n=$________。

【解析】 因为 $a_1=-20$，$d=2$，所以 $a_n=2n-22$，令 $\begin{cases}a_n\leqslant 0\\ a_{n+1}\geqslant 0\end{cases}$，即 $10\leqslant n\leqslant 11$。

故前 10 项和 S_{10} 或前 11 项和 S_{11} 最小。

例 3 在等差数列 $\{a_n\}$ 中，已知 $a_1>0$，$a_9+a_{10}>0$，$a_9\cdot a_{10}<0$，则满足 $S_n>0$ 的最大

的 $n=$________。

【解析】　因为 $a_9 \cdot a_{10}<0$，则 a_9, a_{10} 一正一负。

又 $a_1>0$，则 $a_9>0, a_{10}<0$。

由等差数列性质知 $S_{17}=17a_9>0, S_{18}=\frac{a_1+a_{18}}{2}\times 18=9(a_9+a_{10})>0, S_{19}=19a_{10}<0$。

故满足 $S_n>0$ 的最大的 $n=18$。

例 4　在等差数列$\{a_n\}$中，若 $a_1>0, S_{17}=S_9$，则前________项和最大。

方法 1：利用二次函数求解

由 $S_{17}=S_9$ 知：图像的对称轴为 $n=\frac{9+17}{2}=13$。

故当 $n=13$ 时，S_n 取得最大值。

方法 2：利用等差数列性质

因为 $S_{17}=S_9$，所以 $S_{17}-S_9=a_{10}+a_{11}+\cdots+a_{17}=0$。

由等差数列性质可得 $a_{10}+a_{17}=a_{11}+a_{16}=a_{12}+a_{15}=a_{13}+a_{14}=0$。

因为 $a_1>0$，所以 $a_{13}>0, a_{14}<0$，

故当 $n=13$ 时，S_n 取得最大值。

例 5　设等差数列的前 n 项和为 S_n。已知 $a_3=12, S_{12}>0, S_{13}<0$。

(1) 求公差 d 的取值范围；

(2) 指出 $S_1, S_2, \cdots, S_{12}$ 中哪一个值最大，并说明理由。

【解析】　(1) 因为 $a_3=12$，所以 $a_1=12-2d$。

$S_{12}=12a_1+66d=144+42d>0$，则 $d>-\frac{24}{7}$；$S_{13}=13a_1+78d=156+52d<0$，则 $d<-3$。

故 $-\frac{24}{7}<d<-3$。

(2) 方法 1：$S_n=na_1+\frac{n(n-1)}{2}d=\frac{d}{2}n^2+\left(12-\frac{5}{2}d\right)n$，图像对称轴为 $\frac{5}{2}-\frac{12}{d}\in\left(6,\frac{13}{2}\right)$。

故当 $n=6$ 时，S_n 取得最大值。

方法 2：$S_{12}=6(a_1+a_{12})>0, S_{13}=\frac{13}{2}(a_1+a_{13})=13a_7<0$，又 $a_3=12>0$，所以 $a_6>0$，$a_7<0$，故当 $n=6$ 时，S_n 取得最大值。

【课堂小结】

等差数列前 n 项最值的解题策略

策略 1：通项公式法；

策略 2：二次函数法；

策略 3：利用等差数列性质。

实验 5.2　斐波那契数列

斐波那契数列(Fibonacci sequence),又称黄金分割数列,因数学家列昂纳多·斐波那契(Leonardo Fibonacci)以兔子繁殖为例子而引入,故又称为"兔子数列"。在数学上,斐波那契数列以如下被以递推的方法定义:$F(1)=1,F(2)=1,\cdots,F(n)=F(n-1)+F(n-2)$ $(n\geqslant 3,n\in\mathbf{N}^*)$。在现代物理、准晶体结构、化学等领域,斐波那契数列都有直接的应用,为此,美国数学会从 1963 年起出版了以《斐波那契季刊》为名的一份数学杂志,专门用于刊载这方面的研究成果。

【实验目标】

1. 深入了解斐波那契数列,进一步掌握寻找数列项的变化规律的方法。
2. 了解通项公式及递推公式在表述数列的变化规律中的作用。

【实验流程】

(一) 斐波那契

斐波那契数列的定义者,是意大利数学家列昂纳多·斐波那契(Leonardo Fibonacci),生于公元 1170 年,卒于 1250 年,籍贯比萨。他被人称作"比萨的列昂纳多"。1202 年,他出版了《算盘全书》(Liber Abacci)一书。他是第一个研究了印度和阿拉伯数学理论的欧洲人。并在此书中提出了一个关于兔子繁殖的问题:如果一对兔子每月能生 1 对小兔子(一雄一雌),而每 1 对小兔子在它出生后的第三个月里,又能生 1 对小兔子,假定在不发生死亡的情况下,由 1 对初生的小兔子开始,50 个月后会有多少对兔子?另外斐波那契数列还在计算机 C 语言程序题中应用广泛。

(二) 探究斐波那契数列的秘密

【实验过程】

1. 浏览器地址栏输入 https://www.netpad.net.cn/svg.html#posts/199283,打开课件。
2. 单击右上角"全屏"工具,全屏打开课件,如图 5.2.1 所示。
3. 拖动变量 n 的滑杆,改变 n 的值,根据坐标系下数列$\{a_n\}$的图像,观察数列的项的变化特点
4. 写出数列前 16 项,计算前 n 项的和,并探究其规律。
5. 计算前一项与后一项的比值即$\frac{a_n}{a_{n+1}}$,探究这个比值的特征。
6. 计算奇数项的和 S_{2n-1},偶数项的和 S_{2n},探究它们与项的关系。
7. 计算各项的平方,探究其与前后两项的关系。
8. 计算各项的平方和 $a_1^2+a_2^2+\cdots+a_n^2$ 的值,探究它的特性。
9. 以上计算可借助计算器、Excel 等计算,填写实验记录。

n	a_n
1	1
2	1
3	2

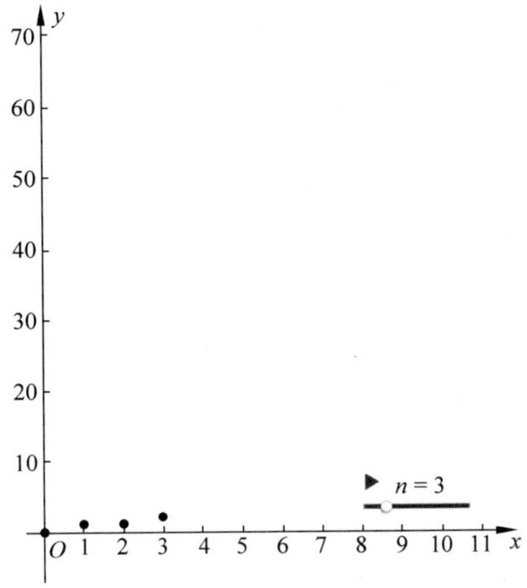

图　5.2.1

【实验记录】

n	a_n	S_n	相邻项比	计算值	奇偶数项和	计算值	a_n^2	平方和	计算值
1					$\sum_{i=1}^{1} a_{2i-1}$			$\sum_{i=1}^{1} a_i^2$	
2			$\frac{a_1}{a_2}$		$\sum_{i=1}^{1} a_{2i}$			$\sum_{i=1}^{2} a_i^2$	
3			$\frac{a_2}{a_3}$		$\sum_{i=1}^{2} a_{2i-1}$			$\sum_{i=1}^{3} a_i^2$	
4			$\frac{a_3}{a_4}$		$\sum_{i=1}^{2} a_{2i}$			$\sum_{i=1}^{4} a_i^2$	
5			$\frac{a_4}{a_5}$		$\sum_{i=1}^{3} a_{2i-1}$			$\sum_{i=1}^{5} a_i^2$	
6			$\frac{a_5}{a_6}$		$\sum_{i=1}^{3} a_{2i}$			$\sum_{i=1}^{6} a_i^2$	
7			$\frac{a_6}{a_7}$		$\sum_{i=1}^{4} a_{2i-1}$			$\sum_{i=1}^{7} a_i^2$	
8			$\frac{a_7}{a_8}$		$\sum_{i=1}^{4} a_{2i}$			$\sum_{i=1}^{8} a_i^2$	
9			$\frac{a_8}{a_9}$		$\sum_{i=1}^{5} a_{2i-1}$			$\sum_{i=1}^{9} a_i^2$	
10			$\frac{a_9}{a_{10}}$		$\sum_{i=1}^{5} a_{2i}$			$\sum_{i=1}^{10} a_i^2$	
11			$\frac{a_{10}}{a_{11}}$		$\sum_{i=1}^{6} a_{2i-1}$			$\sum_{i=1}^{11} a_i^2$	

续表

n	a_n	S_n	相邻项比	计算值	奇偶数项和	计算值	a_n^2	平方和	计算值
12			$\frac{a_{11}}{a_{12}}$		$\sum_{i=1}^{6} a_{2i}$			$\sum_{i=1}^{12} a_i^2$	
13			$\frac{a_{12}}{a_{13}}$		$\sum_{i=1}^{7} a_{2i-1}$			$\sum_{i=1}^{13} a_i^2$	
14			$\frac{a_{13}}{a_{14}}$		$\sum_{i=1}^{7} a_{2i}$			$\sum_{i=1}^{14} a_i^2$	
15			$\frac{a_{14}}{a_{15}}$		$\sum_{i=1}^{8} a_{2i-1}$			$\sum_{i=1}^{15} a_i^2$	
16			$\frac{a_{15}}{a_{16}}$		$\sum_{i=1}^{8} a_{2i}$			$\sum_{i=1}^{16} a_i^2$	

【实验结论】

1. $S_n=$________。

2. 当 n 趋向于无穷大时，前一项与后一项的比值越来越逼近________。

3. 奇数项求和 $S_{2n-1}=$________；偶数项的和 $S_{2n}=$________。

4. a_n^2 与 a_{n-1}，a_{n+1} 的关系：________。

5. 平方求和 $a_1^2+a_2^2+\cdots+a_n^2=$________。

（三）斐波那契的生活应用

斐波那契数列是从兔子问题中抽象出来的，它又叫作兔子数列。斐波那契数列中的任何一个数，都叫作斐波那契数，它是大自然的一个基本模式。

斐波那契数列也出现在植物的花瓣、萼片中。有些植物的生长方式和这种方式是一样的，比如雏菊可以有 34，55 瓣，甚至多达 89 瓣！

仔细观察向日葵花盘中的种子排列，会发现有两组螺旋线，一组顺时针向右，一组逆时针向左，并且彼此镶嵌，按照这种方式排列生长。

观察上面这幅向日葵图片的边缘，如果你数一数，当你向外走的时候，种子的曲线向左螺旋，就会有 55 个螺旋。在同一点上，有 34 个螺旋种子向右螺旋。再往中间一点，你可以数到左边 34 个螺旋，右边 21 个螺旋。在斐波那契数列中，数字对（向左弯曲和向右弯曲的螺旋数）总是相邻。

植物学家已经证明，植物都是由其顶端被称作分生组织的细胞分裂生长而成的。在每个分枝或小枝的末端有一个独立的分生组织，由此处形成新的细胞。一旦形成，它们的大小就会增长，但是新的细胞只会在这样的生长点破壁而出。细胞绕着茎干，向外奋力长出。而且，这些细胞呈螺旋状生长，就像分生组织以一个角度旋转，产生一个新的细胞，以同样的角度再次旋转，再产生一个新的细胞，如此下去。这些细胞可能是新的种子，新的花瓣，新的枝条。

这里的叶子是依次编号的，每一个都是前一个顺时针旋转（222.5°）的 0.618 圈。

令人惊奇的是，无论植物有多大，这样一个固定的旋转角度都能产生最优的布局设计。早在 20 世纪就有人推测，按照这个角度总能产生均匀填满平面空间，但直到 1993 年才由两个法国数学家从数学上得以证明。在新种子（或叶子、花瓣等）破壁而出之前，这样做 0.618 圈旋转就会产生最佳的种子布局。

实验 5.3　探究杨辉三角的秘密

杨辉三角，是二项式系数在三角形中的一种几何排列。在欧洲，这个表叫作帕斯卡三角形。帕斯卡(1623—1662)是在1654年发现这一规律的,比杨辉要迟393年,比贾宪迟600年。杨辉三角是中国古代数学的杰出研究成果之一,它把二项式系数图形化,把组合数内在的一些代数性质直观地从图形中体现出来,是一种离散型的数与形的优美结合。

【实验目标】

1. 了解杨辉三角的规律及基本应用。
2. 学习探究数字排列规律的方法。

【实验流程】

(一)杨辉简介

杨辉,字谦光,汉族,钱塘(今杭州)人,南宋杰出的数学家和数学教育家,生平履历不详。由现存文献可推知,杨辉担任过南宋地方行政官员,为政清廉,足迹遍及苏杭一带,他署名的数学书共五种二十一卷,所著的《详解九章算法》(1261年)一书中用如下图的三角形解释二项和的乘方规律。

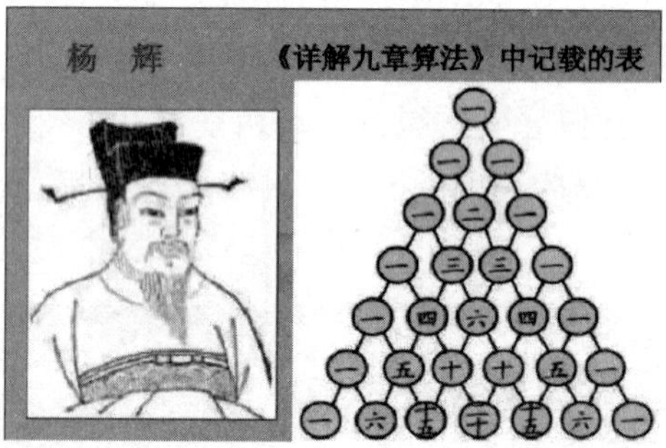

(二)探究杨辉三角的秘密

【实验过程】

1. 浏览器地址栏输入 https://www.netpad.net.cn/svg.html#posts/199458,打开课件。

2. 单击右上角“全屏”工具,全屏打开课件,如图5.3.1所示。

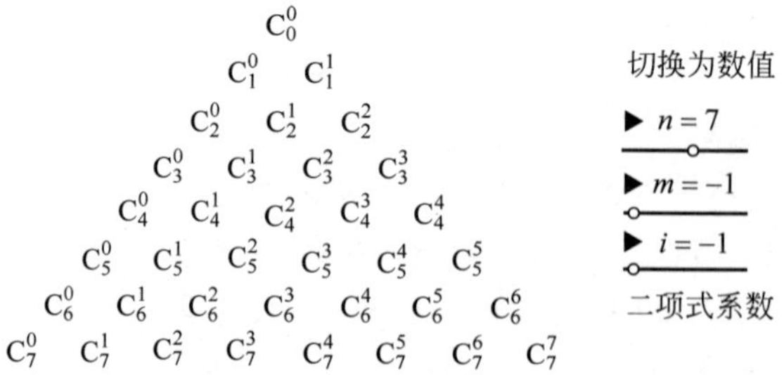

图 5.3.1

3. 拖动变量 n 的滑杆,改变的值逐个显示杨辉三角中的数字;单击按钮“组合数”“数值”杨辉三角中的数分别以组合数,数值形式展示。

4. 体会杨辉三角的特点,了解杨辉三角的基本结构。

5. 拖动变量 m 的滑杆，如图 5.3.2 所示，记录每行数的个数，计算各行数字的和，探究各行数字间的特征，填写实验记录一。

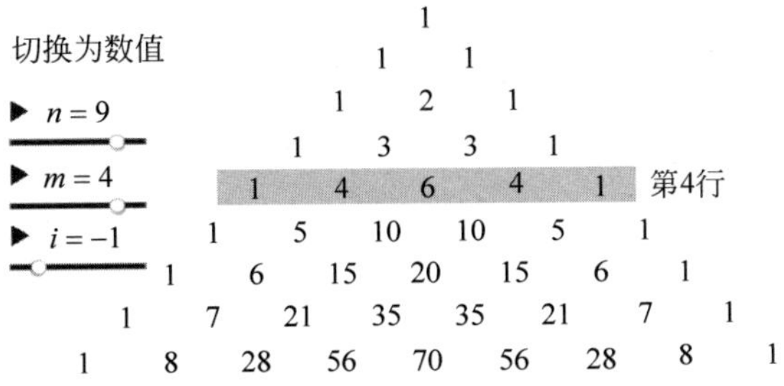

图 5.3.2

6. 拖动变量 i 的滑杆，如图 5.3.3 所示。

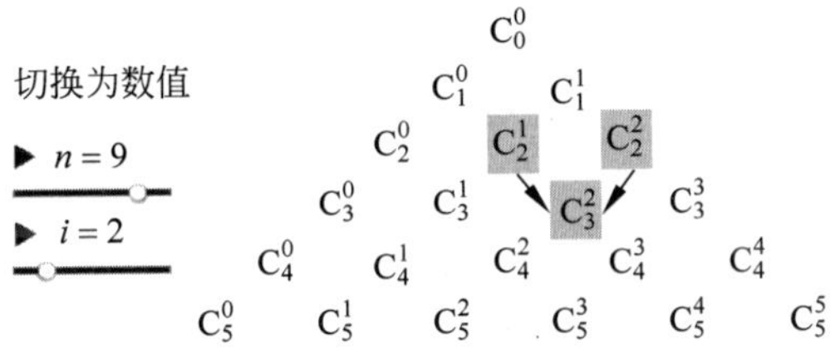

图 5.3.3

7. 探究除两端的数外，其余数的特征，填写实验记录二。

8. 单击按钮，进入下一课件，如图 5.3.4 所示，将杨辉三角形第 n 行的数放到了平面直角坐标系下。

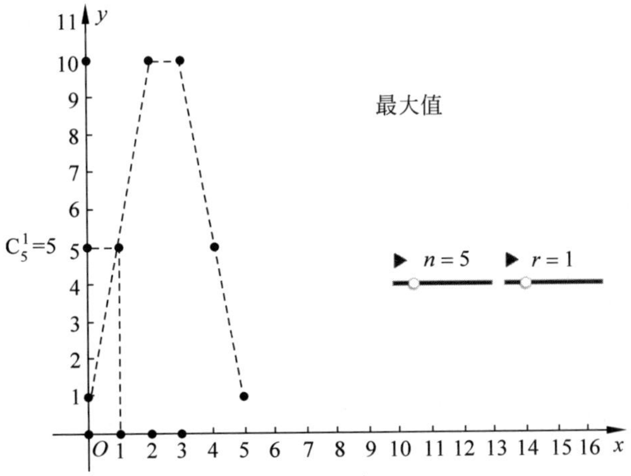

图 5.3.4

9. 拖动变量 n 的滑杆，可改变杨辉三角的行数；拖动变量 r 的滑杆，展示第 r 个数在坐标系下的位置及大小。

10. 单击按钮"最大值"显示第 n 行最大的数及其位置。

11. 探究杨辉三角的第 n 行数构成数列的单调性及最大项，填写实验记录三。

12. 单击按钮，进入下一课件，如图 5.3.5 所示。

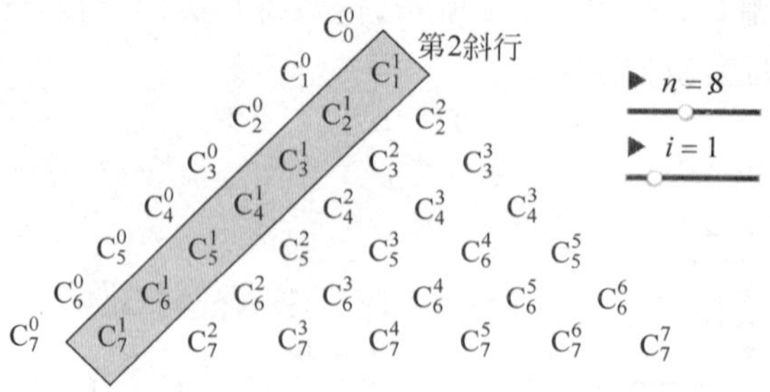

图 5.3.5

13. 拖动变量 i 的滑杆，显示第 i 斜行，探究第 i 斜行和的特征；探究第 i 斜行数构成数列的性质，填写实验记录四。

【实验记录】

实验记录一

1. 每行两端均为________，且左右________即与首末两端“等距离”的两个数________，用组合数表示为________=________，此即为二项式系数的________性。

2. 第 n 行有________个数，前 n 行共有________个数。

3. 第 n 行所有数之和为________，即________________=________。

实验记录二

除两端的数外，每个数都等于________________。

实验记录三

1. 第 n 行的数构成的数列，前半部分是逐渐________（增大，减小）的，后半部分是逐渐________的，此即为二项式系数的________性。

2. n 是偶数时，最大的一项是第________项=________；当 n 是奇数时，最大的项是第________项=________。

实验记录四

1. 第 n 斜行数的和=________（用组合数表示）。

2. 第 1 斜行数列为________数列；第 2 斜行数列为________数列；第 3 斜行数列为________数列；第 4 斜行数列为________数列。

（三）杨辉三角应用

例 1 如图 5.3.6 所示是与杨辉三角有类似性质的三角形数垒，a,b,c,d 是相邻两行的前四个数（如图所示），那么当 $a=8$ 时，$c=$________，$d=$________。

【解析】 观察发现：第 n 行的第一个数和行数相等，第二个数是 $1+1+2+\cdots+n-1=n(n-1)/2+1$，所以当 $a=8$ 时，则 $c=9$，$d=9\times4+1=37$。

例 2 如图 5.3.7 所示为与杨辉三角结构相似的“巴斯卡”三角，这个三角的构造方法是：除第一行为 1 外，其余各行中的每一个数，都等于它右肩上的数乘以右肩所在的行数，再加上左肩而得。例如第 5 行第 3 个数是 35，它的右肩为 6，左肩为 11，右肩所在的行数为 4，所以 $35=6\times4+11$。这个三角中的数与下面这个展开式中的系数有关：

1
2　2
3　4　3
4　7　7　4
5　11　14　11　5
…　…
a　b　…　…
c　d　…　…

图　5.3.6

1　　第1行
1 1　　第2行
2 3 1　　第3行
6 11 6 1　　第4行
24 50 35 10 1　　第5行
…　…

图　5.3.7

$x(x+1)(x+2)\cdots[x+(n-1)]=a_nx^n+a_{n-1}x^{n-1}+\cdots+a_1x$，则在“巴斯卡”三角中，第 8 行从左到右的第 2 个数到第 7 个数之和为(　　)。

A. 322559　　B. 35279　　C. 5880　　D. 322560

【解析】 已知“巴斯卡”三角的前 5 行可得：第 n 行的第一个数为$(n-1)!$，故第 8 行的第一个数为：7!，第 9 行的第一个数为：8!。

又由第一行的累加积等于第二行的第一个数；第二行的累加积等于第三行的第一个数；第三行的累加积等于第四行的第一个数；第四行的累加积等于第五行的第一个数……

故第 8 行的所有数的和为：第 9 行的第一个数 8!，设第 8 行从左到右的第 2 个数到第 7 个数之和为 S，则 $S+7!+1=8!$，故 $S=8!-7!-1=35279$，故选 B。

（四）课后探究

杨辉三角还有很多秘密，请大家课后继续探究杨辉三角的秘密。

实验 5.4　基本不等式

本节选自人教版必修五的第 2 章第 4 节的第 1 课时，它是在学生学习完“不等式的性质”“一元二次不等式及其解法”及“二元一次不等式(组)与简单的线性规划问题”的基础上对不等式的进一步研究。在探究基本不等式内涵和证明的过程中，能够培养学生观察问题、分析问题和解决问题的能力；培养学生形成数形结合的思想意识；在应用的过程中，通过对条件的转换和变式，有助于培养学生形成类比归纳的思想和习惯，进而形成严谨的思维方式。

【实验目标】

1. 通过探究“数学家大会的会标”及感受会标的变形，引导学生从几何图形中获得两个基本不等式，了解基本不等式的几何背景，培养学生观察问题、分析问题和解决问题的能力；培养学生形成数形结合的思想意识。

2. 进一步让学生探究不等式的代数证明，加深对基本不等式的理解和认识，提高学生逻辑推理的能力和严谨的思维方式。

3. 通过例题让学生学会用基本不等式求最大值和最小值。

【实验流程】

图 5.4.1 所示是 2002 年在北京召开的第 24 届国际数学家大会会议现场，图 5.4.2 所示是大会会标。

图 5.4.1

图 5.4.2

【设计意图】

通过情境引发联想，让学生深切感受到我国数学科学的悠久历史和深厚的文化底蕴，以及我国的数学成就对世界数学文明的影响和发展做出的卓越贡献，激发学生喜欢数学、学好数学的热情。

探究 1 观察上面的会标。会标是根据中国古代数学家赵爽的弦图设计的（简称弦图），该图给出了迄今为止对勾股定理最早、最简洁的证明，体现了以形证数、数形结合的思想。将代数与几何紧密地结合在了一起。探究弦图中直角三角形、正方形面积间的关系。

【实验过程】

1. 浏览器地址栏输入 https://www.netpad.net.cn/svg.html#posts/199183，打开课件。
2. 单击右上角"全屏"工具，全屏打开课件，如图 5.4.3 所示。
3. 单击按钮"初始化"，仔细观察弦图的形成过程。
4. 如图 5.4.4 所示，用鼠标拖动图中红点可改变实数 a,b 的值，反复实验，探究两个正方形面积与四个直角三角形面积间的关系，填写实验记录。

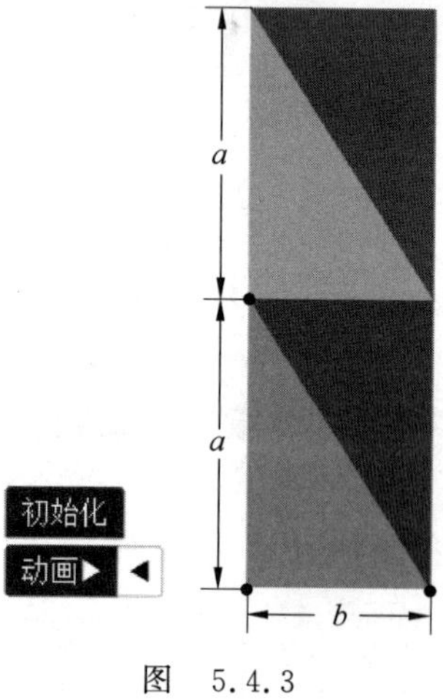

图 5.4.3

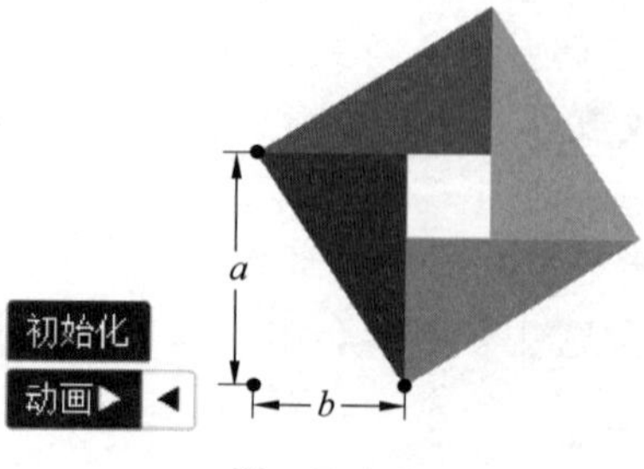

图 5.4.4

【实验记录】

1. 弦图中每个直角三角形面积＝________。

2. 弦图中大正方形面积＝________。

3. 你能得到的不等式________________，取等号的条件是________。

【设计意图】

1. 培养学生识图和分析数据的能力，并通过对数量关系的分析得出基本不等式的雏形，进而逐步发现基本不等式的本质和成立条件。

2. 鼓励学生独立思考，充分发挥学生的创新和想象能力，进而发现并理解基本不等式的实质。

【数学证明】

【设计意图】

用代数的方法证明基本不等式，进而使学生加深对基本不等式的理解，理解基本不等式中不等号和等号成立的条件；引导学生自己动手写出证明过程，并自我总结归纳基本不等式运用的条件，有利于学生准确、灵活应用。

探究 2　如图 5.4.5 所示，探究图中的不等关系。

【实验过程】

1. 单击按钮，进入下一课件，如图 5.4.5 所示。

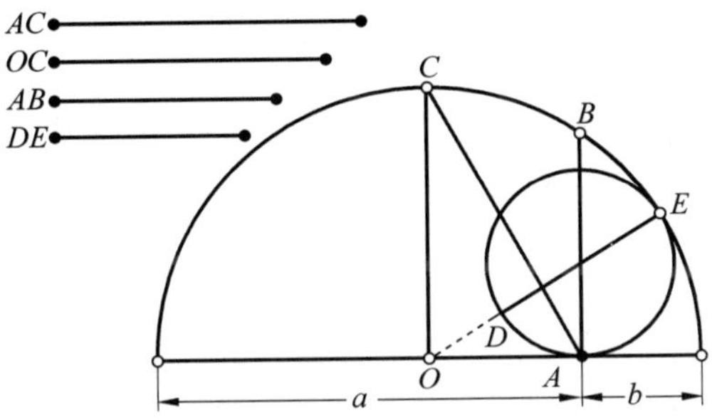

图　5.4.5

2. 拖动点 A 运动，探究 AC，OC，AB，DE 长度大小。

3. 计算 AC，OC，AB，DE 的长度，填写实验记录。

【实验记录】

1. AC＝________；OC＝________；AB＝________；DE＝________。

2. 由这四条线段长度大小得到不等式________________________。

【设计意图】

对图形进一步分析，引导学生发现几何平均数、算术平均数、调和平均数、平方平均数，让学生体会不仅能以数证形，寻找数量关系的几何解释，还可以通过对图形的观察分析以形识数，进而完善前面的代数结论。

【数学证明】

【结论应用】

例 1 判断对错

(1) 由 $a,b\in\mathbf{R}$，则 $a+b\geqslant 2\sqrt{ab}$。 ( )

(2) 若 $x<0$，则 $x+\frac{1}{x}\geqslant 2$。 ( )

(3) 当 $a\geqslant 0,b\geqslant 0$ 时，$\frac{a+b}{2}\geqslant\sqrt{ab}$。 ( )

(4) 函数 $y=x+\frac{1}{x}$ 的最小值为 2。 ( )

【设计意图】

考查学生对所学知识点掌握的情况，是否真正理解了基本不等式并能注意运用公式时需要注意的条件，从而真正理解不等式的含义。

例 2 (1) 用篱笆围一个面积为 100m^2 的矩形菜园，问这个矩形的长、宽各为多少时，所用篱笆最短。最短的篱笆是多少？

(2) 一段长为 36m 的篱笆围成一个矩形菜园，当这个矩形的长、宽各为多少时，菜园的面积最大。最大的面积是多少？

【解析】 (1) 设矩形菜园的长为 xm，宽为 ym，则 $xy=100$，篱笆的长为 $2(x+y)$m。

由 $\frac{x+y}{2}\geqslant\sqrt{xy}$，可得 $x+y\geqslant 2\sqrt{100}$，$2(x+y)\geqslant 40$，当且仅当 $x=y$ 时等号成立，此时 $x=y=10$。

因此，这个矩形的长、宽都为 10m 时，所用篱笆最短，最短篱笆是 40m。

(2) 设矩形菜园的长为 xm，宽为 ym，则 $2(x+y)=36$，$x+y=18$，矩形菜园的面积为 $xy\text{m}^2$。

由 $\sqrt{xy}\leqslant\frac{x+y}{2}=9$，可得 $xy\leqslant 81$，当且仅当 $x=y$，即 $x=y=9$ 时，等号成立。

因此，这个矩形的长、宽都为 9m 时，菜园的面积最大，最大的面积是 81m^2。

【设计意图】

1. 总结归纳利用基本不等式求最值问题，实现积与和的转化。

2. 将学生在实际生活中对不等式的感性认识提炼为理性认识，感受不等式与生活的紧密联系和指导意义。

思考：此题做完你有什么想法呢？请用简短的语言归纳出相关结论。

结论 1：积定和最小、和定积最大。

结论 2：运用基本不等式的条件：一正、二定、三相等。

【课堂总结】

1. 本节课你学到了什么？

2. 你还有哪些疑问？

【设计意图】

通过提问让学生在头脑中形成自己的知识体系，自己总结检验本节课的听课效果。

第 6 章

概率与统计

当今社会，生产和科学技术飞速发展，信息时代提出的更多与数据打交道的要求，使统计的应用已渗入整个社会的方方面面，统计的基础内容成为一个普通公民的必备常识。

生活中有很多问题具有一些随机现象，为了探索随机现象的规律性，需要对随机现象进行试验观察。我们不能在试验之前预知试验的确切结果，只能知道每个结果的概率。概率和确定性科学一样，已成为我们认识和改造自然、社会的一种不可缺少的科学方法，能够帮助我们有效地解决现实世界中的许多问题。

在概率与统计的学习中，有许多不同于其他数学的辨证思想的新观念和认识客观世界的新视角，这也是学生认识事物应该建立起来的观念。因此，通过这部分内容的学习提高我们的统计素养和树立随机观念，为今后的发展打下良好的基础。

实验 6.1　割圆术

在数学史上，简洁而精确的圆周率求法，曾经是数学家们不懈追求的目标，在不同历史阶段，各个国家的数学家们提出了形形色色的圆周率近似值求法，如经验实测方法、蒙特卡洛方法、刘徽割圆术、阿基米德割圆术、级数逼近等。每一次方法的改进，都在严密性与精确性的角度上体现了重要的数学思想，因此在高中阶段，让学生了解和学习各种不同的圆周率近似值的求法，并对这些方法进行比较与分析，感受人类历史发展过程中人们对数学知识的无穷探索和伟大智慧，体验数学的内在美是十分必要的。

【实验目标】

1. 让学生经历从直观感受到随机模拟，最后到严格推理，然后用计算机实现近似值求解的过程，既可以对相关数学史有所了解，同时又让学生体会了求解圆周率的历史实质是运算工具的发展史。

2. 理解割圆术对圆周率估计的完备性与精确性，以及求解过程中所蕴含的递推思想，体会计算机程序迭代算法和割圆术的应用价值。

【实验流程】

欣赏《根据圆周率 π 谱成的钢琴曲》！领略 π 的神奇。

（一）分组实验测量："用实测的方法求圆周率 π"

学生讨论实测法的不准确之处：

(1) 圆周是曲线，用细绳去拟合时，存在误差。

(2) 测量长度时，存在误差。

尺子的精度越高，得到的测量值可能会越准确。精度再高的刻度尺也无法量得线段长真实值。其实，早在明代就有一位名叫邢云路的数学家，他就用实测的方法求圆周率，后来茅以升这样评价他："云路欲以度量所得，抹杀古人诸率，所见甚浅。"可见，实测的办法是比较粗糙的。

（二）介绍："用布丰投针实验求圆周率 π"

18 世纪，法国数学家布丰提出的"投针问题"，记载于布丰 1777 年出版的著作中："在平面上画有一组间距为 a 的平行线，将一根长度为 $l(l\leqslant a)$ 的针任意掷在这个平面上，求此针与平行线中任一条相交的概率。"

布丰本人证明这个概率是：$p=\dfrac{2l}{\pi a}$（其中 π 为圆周率）。

由于它与 π 有关，于是人们想到利用投针实验来估计圆周率的值。

下面是利用这个公式，用概率的方法得到圆周率的近似值的一些资料。

试验者	时间	投掷次数	相交次数	圆周率估计值
Wolf	1850 年	5000	2532	3.1596
Smith	1855 年	3204	1218.5	3.1554
C. De Morgan	1860 年	600	382.5	3.137
Fox	1884 年	1030	489	3.1595
Lazzerini	1901 年	3408	1808	3.1415929
Reina	1925 年	2520	859	3.1795

布丰投针实验是第一个用几何形式表达概率问题的例子，他首次使用随机实验处理确定性数学问题，为概率论的发展起到一定的推动作用。

这一方法的步骤是：

(1) 取一张白纸，在上面画上许多条间距为 a 的平行线。

(2) 取一根长度为 $l(l\leqslant a)$ 的针，随机地向画有平行直线的纸上掷 n 次，观察针与直线相交的次数，记为 m。

(3) 计算针与直线相交的概率。

【实验过程】

1. 浏览器地址栏输入 https://www.netpad.net.cn/svg.html#posts/199679，打开课件。
2. 单击右上角"全屏"工具，全屏打开课件，如图 6.1.1 所示。
3. 单击按钮"开始投针"，感受用布丰投针实验求圆周率 π。

图　6.1.1

（三）分组操作“撒豆实验”

在边长为 2 的正方形中随机撒一把豆子，用随机模拟的方法估计圆周率的值。

$$\pi \approx \frac{\text{落在圆中的豆子数}}{\text{落在正方形中的豆子数}} \times 4$$

【实验过程】

1. 单击按钮，进入下一页，如图 6.1.2 所示。

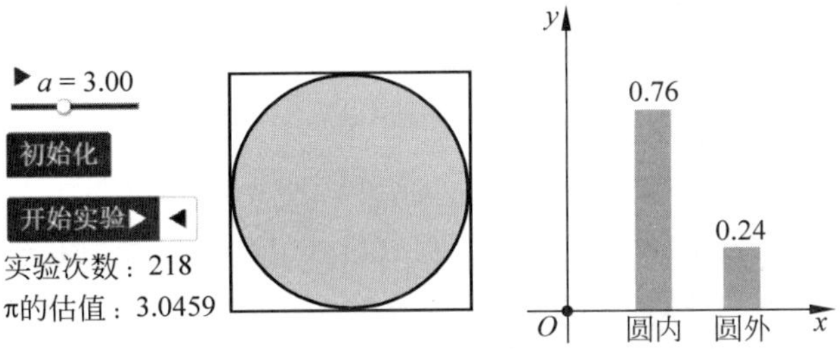

图　6.1.2

2. 单击按钮“开始实验”，感受撒豆实验求圆周率。

（四）刘徽的割圆术

刘徽（约 225—约 295 年），汉族，现山东滨州邹平市人，魏晋期间伟大的数学家，中国古典数学理论的奠基人之一，是“古代数学之神”。在中国数学史上作出了极大的贡献，他的杰作《九章算术注》和《海岛算经》，是中国最宝贵的数学遗产财富，奠定了中国古代数学体系的理论基础，其中关于圆面积的论述——割圆术，是一篇经典而寓意深邃的千古奇文。

割圆术就是通过圆内接正多边形细割圆，并使正多边形的周长无限接近圆的周长，进而来求得较为精确的圆周率。

【实验过程】

1. 单击按钮，进入下一课件，如图 6.1.3 所示。

2. 拖动变量 n 的滑杆，感受圆内接正多边形细割圆的过程，探究正 n 边形面积计算方法。

问题：有哪些办法可以求圆内接正多边形的面积？

方法 1：如图 6.1.4 所示，$S_{12}=12S_{\triangle COB}=12\times\left(\frac{1}{2}\times OB\times CA\right)=12\times\left(\frac{1}{2}\times\frac{x_6}{2}\right)$，

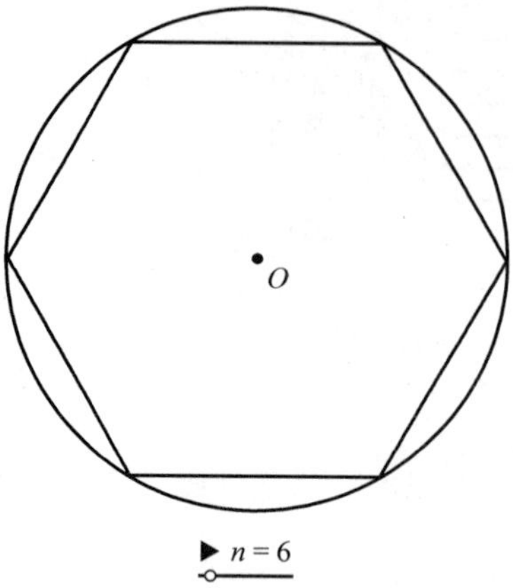

图 6.1.3

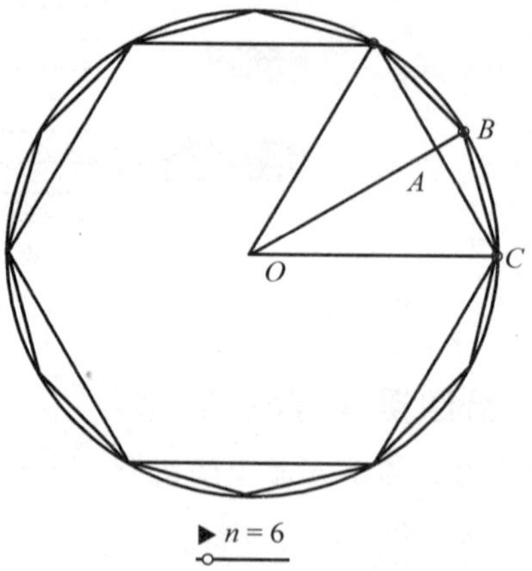

图 6.1.4

那么正 $2n$ 边形的面积 S_{2n} 就等于：$S_{2n}=2n\times\left(\frac{1}{2}\times\frac{x_n}{2}\right)=\frac{n}{2}x_n$。

从上式看出：只需借助正 n 边形的边长 x_n 来求正 $2n$ 边形的面积 S_{2n}。相比于课本的递推公式，表达式更加简洁。同时，也要注意到：这两个面积递推公式，都是借助 x_{2n} 与 x_n 之间的递推关系，其本质是一样的。

方法 2：上限探求，内外夹逼。

刘徽的“割圆术”，内逼近：“割之弥细，所失弥少，割之又割，以至于不可割，则与圆合体，而无所失矣”；外逼近：“觚面之外，又有余径。以面乘余径，则幂出弧表。若夫觚之细者与圆合体，则表无余径，则幂不外出矣”。

学习教材 P46，网络画板课件配合了解“割圆术”的步骤。

【实验过程】

1. 单击按钮，进入下一课件，如图 6.1.5 所示。

2. 拖动变量 n 的滑杆，感受刘徽的“割圆术”的内外逼近，理解正 n 边形面积计算方法，体会“割圆术”中包含的数学思想方法，感知其中的奥妙。

“破缺的外切正多边形”，如图 6.1.6 所示，此几何图形的面积为：

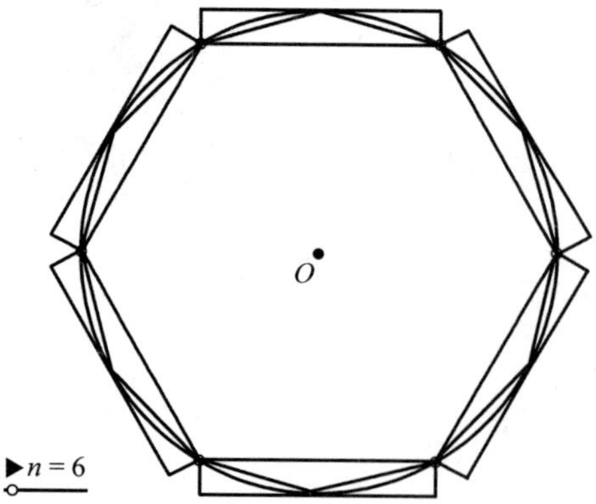

图 6.1.5

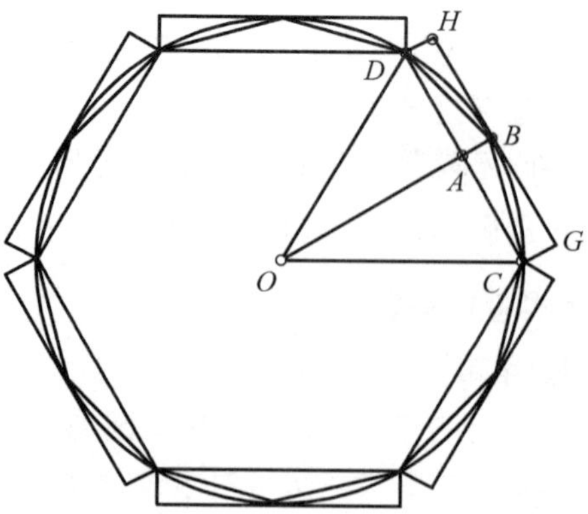

图 6.1.6

$\pi=S=S_n+S_{矩形CDHG}=S_n+2S_{\triangle BCD}=S_n+2(S_{2n}-S_n)=S_{2n}+(S_{2n}-S_n)$，故 $S_{2n}<S_{圆}<S_2+(S_{2n}-S_n)$。

刘徽算到 192 边形的面积，得到 $\pi=\frac{157}{50}=3.14$，又算到 3072 边形的面积，得到 $\pi=\frac{1927}{1250}=3.1416$，称为“徽率”。

3. 单击按钮，进入下一课件，如图 6.1.7 所示。

4. 依次选中点 O，A，单击下侧工具栏中的“正多边形”工具，在弹出的对话框内，设置【边数】为 n，【类型】为“中心—顶点”，如图 6.1.8 所示，构造圆内接正 n 边形。

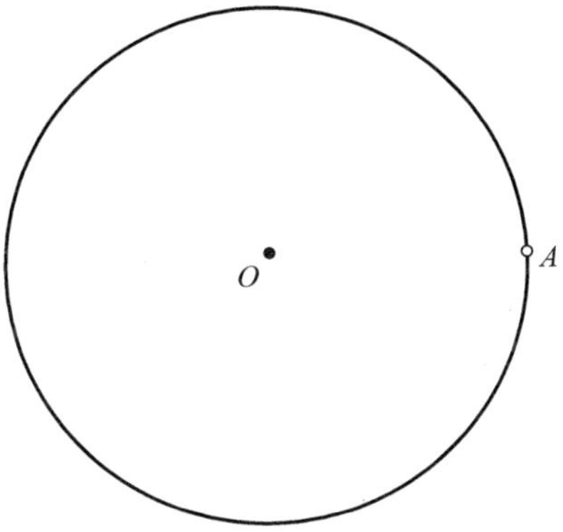

图 6.1.7

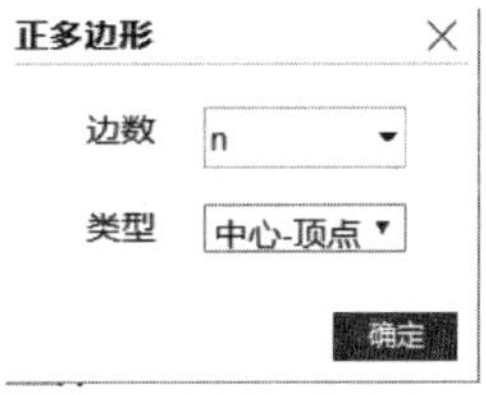

图 6.1.8

5. 用鼠标右键单击正 n 边形，在弹出的菜单选择【测量】—【面积】，得到正 n 边形面积 m，单击右下侧【设定】，设置【精度】为 0.000000。

6. 拖动变量 n 的滑杆，增大 n 的值，考察正 n 边形与圆的关系，随着 n 的增大观察 m 的值与 π 的关系，进一步体会割圆术。

（五）数学史介绍

数学家祖冲之在刘徽的基础上，把圆周率 π 精确到小数点后第七位。在西方，这个成绩由法国数学家韦达于 1593 年取得，比祖冲之晚了一千多年。

历史上还出现了很多求圆周率的方法，比如：阿基米德的穷竭法；开普勒与沃利斯在创造并发展穷竭法的基础上利用无穷小分析方法得到 $\frac{\pi}{2}=\frac{2\cdot 2}{1\cdot 3}\times\frac{4\cdot 4}{3\cdot 5}\times\frac{6\cdot 6}{5\cdot 7}\times\frac{8\cdot 8}{7\cdot 9}\times\cdots$，另外还有欧拉的无穷级数法 $\frac{\pi^2}{6}=\frac{1}{1^2}+\frac{1}{2^2}+\frac{1}{3^2}+\frac{1}{4^2}+\cdots$，等；1844 年，达赛利用 π 的反正切函数表达式把 π 值计算到了小数点后 200 位。

（六）归纳小结

从实测的直觉与粗糙，到割圆术的以直代曲、无限逼近、内外夹逼的严谨，再到三角函数加入割圆术，π 的计算精度越来越高，但方法上没有本质改变。直到 1665 年牛顿等人发明微积分，才使 π 的计算走到了历史转折点，然而追溯建立微积分的先驱人物又当数阿基米德和刘徽，他们提出的割圆术已相当自觉地运用了“无穷”和“愈来愈接近”等属于微积分的基本概念。同时，1777 年，布丰的投针实验则另辟蹊径，充满创新。

纵观几千年来，为了更精确地得到圆周率的值，数学家们千方百计，花费了很多时间和精力，进行着不懈的探索。可见，数学越向前发展，人们对事物的认识就越加清晰、深刻。

实验 6.2　随机事件的概率

《随机事件的概率》是人教版数学必修 3 中第 2 章第 1 节的第 1 课时，是一节与生活实际联系紧密的概念课。在初中阶段，同学们已经初步学习了随机事件和概率，对随机现象有了一定的了解。在高中阶段我们将进一步学习概率的知识，从而为以后的概率论和数理统计知识打好基础。本节是高中概率的起始内容，理解好本节知识是学习后续古典概型和几何概型的重要前提。

【实验目标】

1. 通过抛硬币的试验获取数据，归纳总结试验结果，发现规律，真正做到在探索中学习，在探索中提高。

2. 能正确理解概率的概念和意义，明确事件发生的频率与事件发生的概率之间的区别与联系。

3. 通过亲身试验和感受来理解知识，体会数学知识与现实世界的联系。

4. 通过发现随机事件的发生既有随机性，又存在着统计规律性的过程，体会偶然性和必然性的对立。

【实验流程】

（一）趣味游戏引入

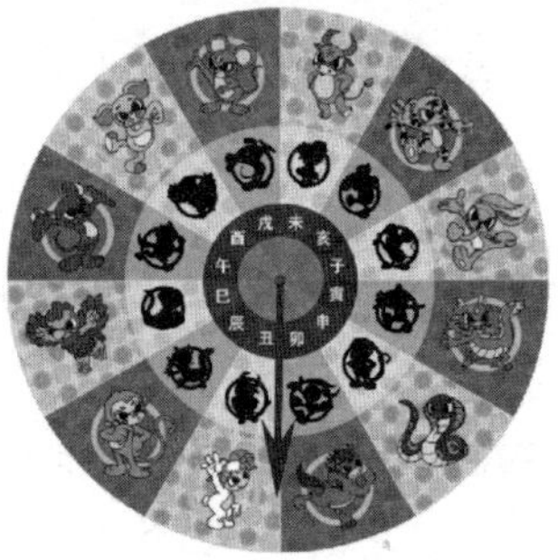

图　6.2.1

【实验过程】

1. 浏览器地址栏输入 https://www.netpad.net.cn/svg.html#posts/199590，打开课件。

2. 单击右上角“全屏”工具，全屏打开课件，如图 6.2.1 所示。

3. 单击按钮“开始游戏”，转动转盘，看各自转动多少次能转到生肖龙。

【设计意图】

概率是紧密联系实际的内容，教学从生肖转盘这个生活中的实例入手，不但可以吸引学生课堂上的注意力，提高学生学习的兴趣和主动性，而且可以让学生体验到数学与生活的联系以及数学服务生活的本质。

（二）温故知新

1. 回顾初中所学的事件的概念

事件按照发生的可能性的大小可以分成哪几类？

事件的分类：必然事件、随机事件、不可能事件。

相关概念：

必然事件：在一定条件下，必然发生的事件叫作必然事件；

不可能事件：在一定条件下，必然不发生的事件叫作不可能事件；

随机事件：在一定条件下，可能发生也可能不发生的事件叫作随机事件。

2. 判断下列事件是什么类型的事件

① 在万有引力作用下，抛一石块，下落；

② 平行四边形的对边延长线相交；

③ 直线 $y=kx+1$ 过点(0,1)；

④ 掷一枚硬币，出现正面；

⑤ 当 x 是实数时，$x^2>0$。

（三）课堂实验

1. 投硬币实验

① 实验：每人做10次投硬币实验：在离桌面相同的高度将硬币自由落下，记录桌面上硬币朝上的面(记字为正面，花为反面)的次数，用如下表格作统计投得正面的次数：

学生姓名	小组	实验次数	正面次数

各小组组长统计本组同学总共投掷次数和正面向上的次数，并做好记录。

② 引出频数和频率的概念：在相同条件下进行 n 次重复实验，某一事件 A 出现的次数 n_A 称为事件 A 发生的频数；称事件 A 出现的比例 $f(n_A)=\dfrac{n_A}{n}$ 为事件 A 发生的频率。

③ 实验数据收集：

投币实验数据分析表

小组	投掷次数	正面次数	正面频率	累计投掷次数	累计正面频数	累计正面频率
1						
2						
3						
4						
5						
6						
7						
8						
9						
10						

④ 提问：

A. 分析正面频率栏和累计正面频率栏的数据有什么变化规律和有什么不同之处？

B. 由上面的统计数据表格你能得出什么样的结论？

2. 计算机投币模拟实验

用网络画板模拟投硬币实验并统计数据。

【实验过程】

1. 单击按钮，进入下一页，如图6.2.2所示。

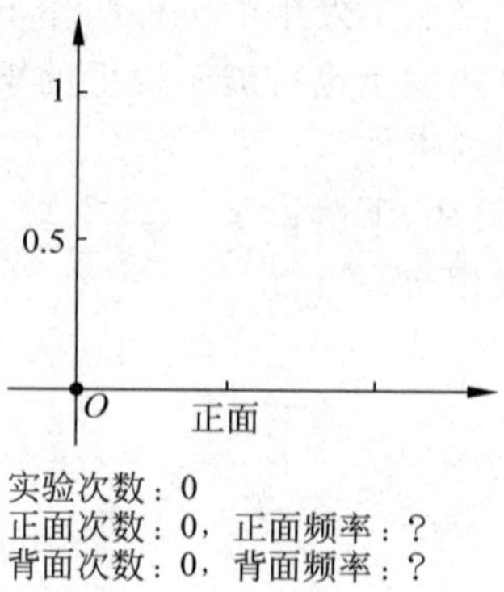

图 6.2.2

2. 单击按钮“手动实验”，模拟投硬币一次一次实验；单击按钮“自动实验”，自动进行1000次投币实验，自动统计。

提问：由以上两个数据统计图分析频率的变化情况和变化趋势？

介绍历史上名家的投硬币实验

试验者	投掷次数 n	正面朝上的次数 k	正面朝上的频率 k/n
布丰	4040	2048	0.5069
德·摩根	4092	2048	0.5005
费勒	10000	4979	0.4979
皮尔逊	12000	6019	0.5016
罗曼诺夫斯基	80640	49699	0.4923

（四）实验分析

1. 思考与交流

问题：从以上三个投硬币实验，你能得出什么样的结论？

在大量重复投硬币实验的情况下，出现正面向上的频率会呈现出稳定性，在0.5附近摆动，随着实验次数的增加，摆动的幅度具有越来越小的趋势。

2. 抽象概括——概率的定义

在大量重复进行同一实验时，事件 A 发生的频率总是接近于某个常数，并在它附近摆动，我们就把这个常数叫作事件 A 的概率，记作 $P(A)$。

3. 定义的理解(填空练习)

(1) 必然事件的概率是________；不可能事件的概率是________；随机事件概率的范围是________；

(2) 在实验之前，某一事件发生的________无法确定，在不同的实验中也可能不同；而________是一个常数，是客观存在的，与每次实验________。

(3) 在随机实验中，频率表示在这次实验中事件 A 发生的________；概率表示事件 A 发生的________。

(4) 在________________条件下，可以用频率近似地估计概率。

(5) 提问：由以上问题分析频率和概率有什么区别和联系？

频率和概率的区别和联系

	区别			联系
频率	是变化的，不同的实验频率值可能不同	具有随机性	反应事件发生的频繁程度	当独立重复实验次数增多时频率值会无限接近概率
概率	是固定的值，不随实验的不同而改变	具有稳定性	反应事件发生的可能性大小，是理论值	

（五）问题探究、深化理解

根据频率和概率的相关知识，思考下面的问题：

问题 1 生肖转盘问题

生肖转盘游戏中，A 同学一次就转到了自己的属相，而 B 同学转了 10 次也没有转到和 A 同学相同的属相。于是 B 同学愤怒地说："这个转盘被动了手脚！"你认为 B 同学说法合理吗？

问题 2 双色球问题

理论证明双色球一等奖中奖概率约为(1/177221088)，是指买 177221088 张彩票才能中一个一等奖吗？

问题 3 医生和患者的故事

一个病人到医院看病。医生告诉他："你这个病挺严重的，不过幸好你到我这里来了，我对这个病的治愈概率有 9 成，而且之前有 9 个病人都被我治好了。"医生还没说完，这个病人撒腿就跑，边跑边说："我不治了！"

请你帮忙分析下这个病人误解在什么地方吗？

（六）课堂练习，学以致用

1. 判断下列说法的正误。

(1) 做 n 次随机实验，事件 A 发生 m 次，则$\frac{m}{n}$就是事件 A 发生的概率。 (　　)

(2) 抛一枚硬币，"出现正面向上或者反面向上"是随机事件。 (　　)

(3) 频率是概率的近似值，概率是频率的稳定值。 (　　)

(4) 频率是不能脱离具体实验的实验值，而概率是不依赖实验次数的确定值。 (　　)

(5) 掷 1000 枚图钉，有 608 枚钉尖朝上，于是估计掷图钉出现钉尖朝上的概率约为 0.6。 (　　)

2. 某射手在同一条件下进行射击，结果如下表所示：

射击次数	10	20	50	100	200	500
击中靶心次数	8	19	44	92	178	455

(1) 计算表中击中靶心的各个频率；

(2) 这个射手射击一次，击中靶心的概率约是多少？

（七）课堂小结

《随机事件的概率》流程图

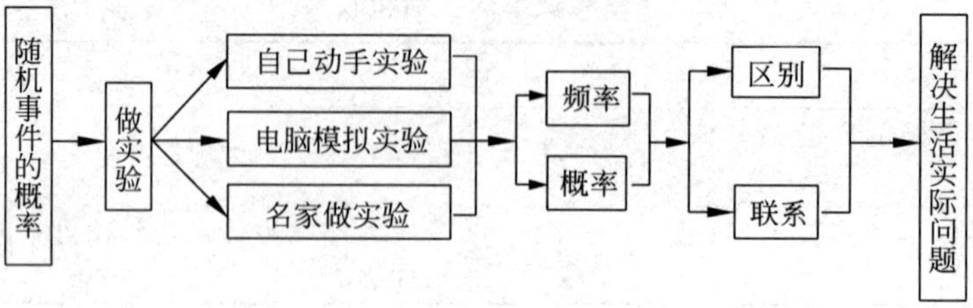

课后作业

1. 教材 P129：习题 3-1，1，2，3；

2. 课后查阅相关资料，举例生活中的一些随机现象，如马克·吐温出生和去世的日子正好都是哈雷彗星出现的时候，黑龙江彩民中 2400 万后再中 200 万等，并用今天所学的知识解释这些现象。

第 7 章

解析几何

解析几何是用解析方法来研究变化的图形的性质。它的基本思想是借助坐标法，把反映同一运动规律的空间图形（点、线、面）同数量关系（坐标和它们所满足的方程）统一起来，从而把几何问题归结为代数问题来处理。运用这种坐标法研究比直线和圆更复杂的曲线，以及由方程的讨论研究它所表示的曲线的性质，就成了解析几何学的两大基本问题。在高中阶段我们只学习平面解析几何的基础知识。

实验 7.1　直线的倾斜角与斜率

直线的倾斜角和斜率是解析几何的重要概念之一，是刻画直线倾斜程度的几何要素与代数表示，是在平面直角坐标系内以坐标法（解析法）的方式来研究直线及其几何性质（如直线位置关系、交点坐标、点到直线距离等）的基础。直线的斜率是后继内容展开的主线，无论是建立直线的方程，还是研究两条直线的位置关系，亦或是讨论直线与二次曲线的位置关系，直线的斜率都发挥着重要作用。

【实验目标】

1. 正确理解直线的倾斜角和斜率概念，并能应用过两点的直线的斜率公式解决简单问题。

2. 通过直线倾斜角概念的引入和直线倾斜角和斜率关系的揭示，培养学生观察能力、探索能力、运用数学表达能力以及数学交流与评价能力。

3. 通过斜率概念的建立和斜率公式的推导，帮助学生进一步理解数形结合思想，培养学生树立辩证统一的观点，培养学生严谨的科学态度。

【实验流程】

以坐标系为桥梁，把几何问题转化为代数问题，通过代数运算来研究几何图形性质的方法，叫坐标法。用坐标法研究几何的学科称为解析几何。

问题 1 在平面直角坐标系上过原点的直线有多少条？与 x 轴的正方向所成的角为 $30°$ 的直线又有多少条？

【实验过程】

1. 浏览器地址栏输入 https://www.netpad.net.cn/svg.html#posts/195841，打开课件。

2. 单击上侧“全屏”工具，全屏打开课件，如图 7.1.1 所示。

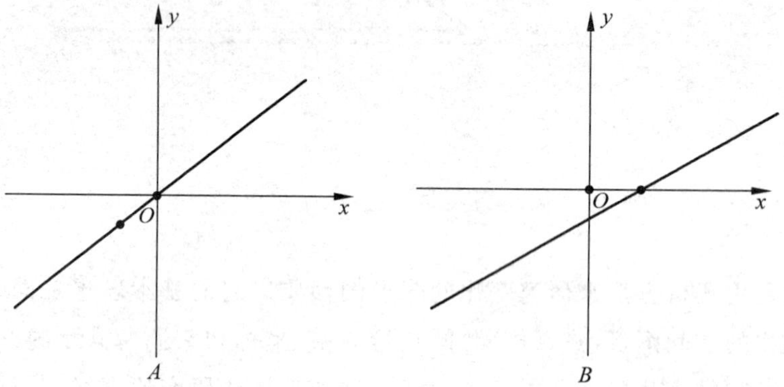

图 7.1.1

3. 用鼠标右键单击图 A 中紫色直线，弹出菜单中选择【跟踪】，拖动图 A 中红点，观察过原点的直线特点，双击鼠标，去除跟踪。

4. 同法跟踪图 B 中粉红色直线，拖动图 B 中红点，观察直线特征，双击鼠标，去除跟踪。

5. 填写实验记录。

【实验记录】

1. 图 A 中这些直线相同之处在于________；区别在于________。

2. 图 B 中这些直线相同之处在于________；区别在于________。

3. 要确定一条直线在直角坐标系的位置必须确定________________。

问题 2 如何表示直线方向（或者倾斜程度呢）？

【实验过程】

1. 单击按钮，进入下一页，如图 7.1.2 所示，拖动粉红色点，改变直线位置，拖动红色点改变直线方向，反复拖动，思考：如何确定直线的方向？

2. 单击按钮“提示”，显示 x 轴的正方向及直线向上的方向，如图 7.1.3 所示；反复拖动红色点，思考：如何确定直线与 x 轴正方向所成的角？

3. 再次单击按钮“提示”，显示直线向上的方向与 x 轴正方向所成的角；反复拖动红色点，思考：如何定义这个角？

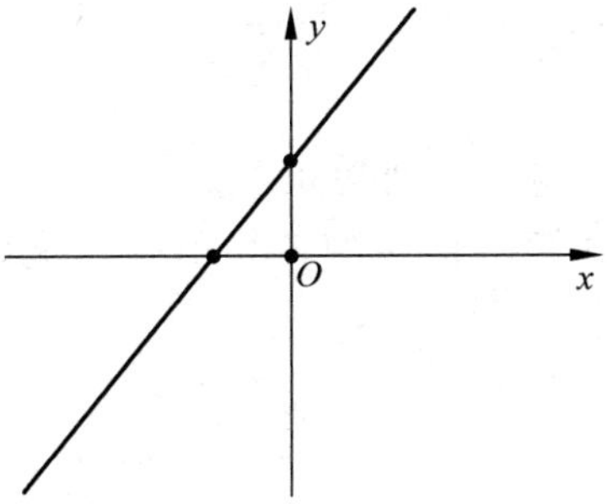

图　7.1.2

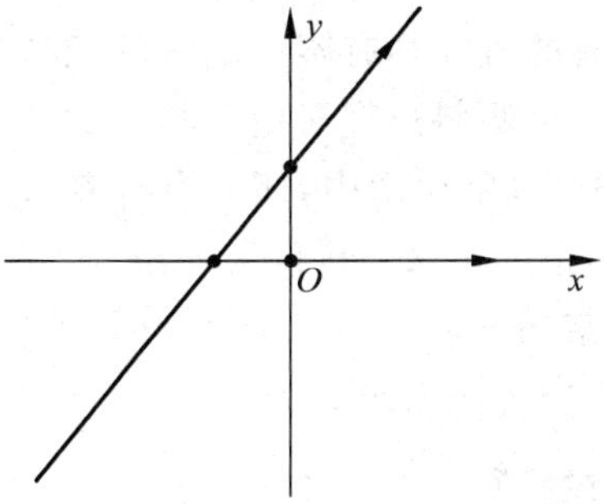

图　7.1.3

4. 再次单击按钮“提示”，显示角 α 的度数；反复拖动红色点，思考：这个角的范围是什么？填写实验记录。

【实验记录】

直线倾斜角

定义				
倾斜角	锐角	直角		
图形			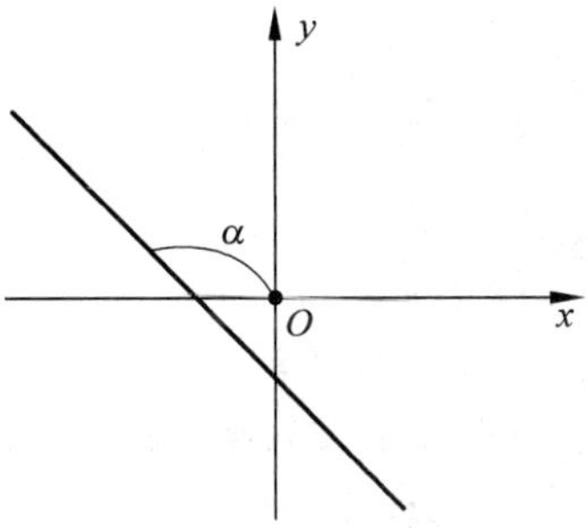	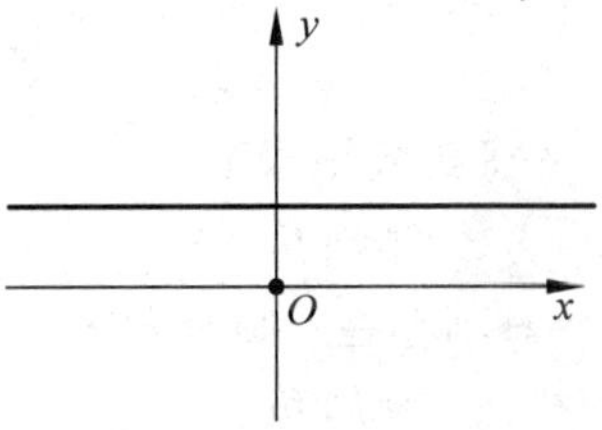
范围				
确定直线的要素				

练习 1　下列图中标出的直线的倾斜角对不对？如果不对，违背了定义中的哪一条？

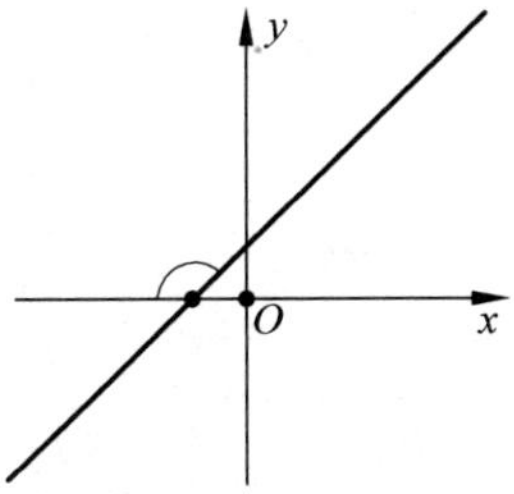

A

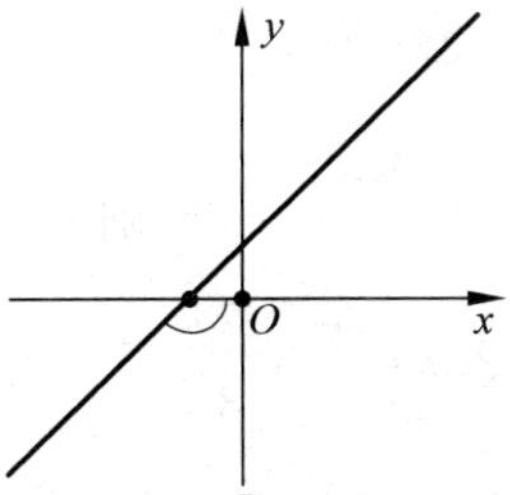

B

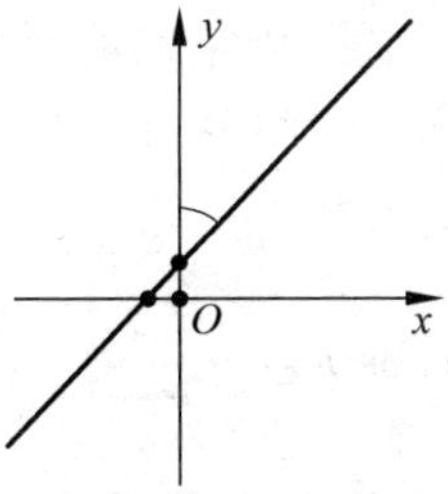

C

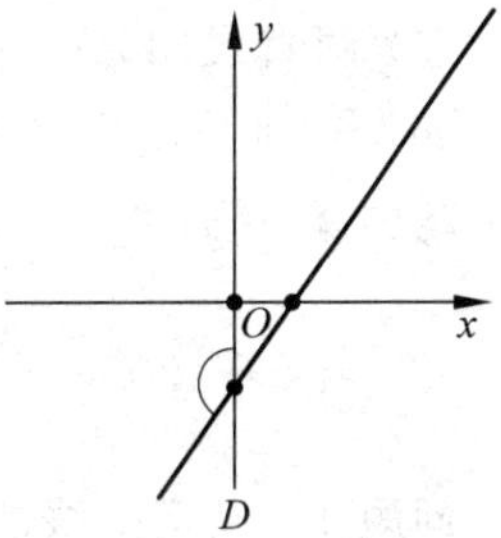

D

练习 2 你认为下列说法对吗？

1. 所有的直线都有唯一确定的倾斜角与它对应。

2. 每一个倾斜角都对应于唯一的一条直线。

问题 3 日常生活中，还有没有表示倾斜程度的量？请列举几个。

直线斜率的定义：倾斜角不是 90° 的直线，它的倾斜角 α 的正切值叫作这条直线的斜率，斜率通常用 k 表示，即：$k=\tan\alpha$，$0^\circ\leqslant\alpha<180^\circ$ 且 $\alpha\neq 90^\circ$。

探究斜率与倾斜角的关系

【实验过程】

1. 单击按钮，进入下一课件，如图 7.1.4 所示，拖动粉红色点。

2. 拖动图 7.1.4 中左图中的红点，改变直线的方向，观察右图中直线斜率的变化，体会直线斜率与倾斜角间的关系，填写实验记录。

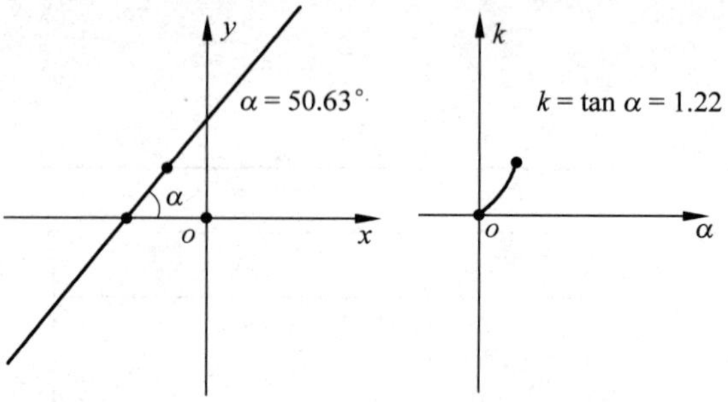

图 7.1.4

【实验记录】

1. 倾斜角 $\alpha\in$________，斜率 $k>0$；$\alpha\in$________，斜率 $k<0$；倾斜角 $\alpha=$________，斜率 k 不存在；倾斜角 $\alpha\in$________，斜率 $k=0$。

2. 倾斜角 $\alpha\neq$________的直线都有斜率，倾斜角不同，直线的斜率________。

3. 所有的直线都有________，但不一定有________。

4. 倾斜角从________刻画直线的方向，斜率从________刻画直线的方向。

练习 3 判断下列命题是否正确

(1) 直线的倾斜角为 α，则直线的斜率为 $\tan\alpha$。

(2) 直线的斜率的范围是 $(-\infty,+\infty)$。

(3) 任一条直线都有倾斜角，所以任一条直线都有斜率。

(4) 直线的倾斜角越大，则直线的斜率也越大。

(5) 两直线的倾斜角相等，则它们的斜率也相等。

(6) 平行于 x 轴的直线的倾斜角是 0° 或 180°。

练习 4 (1) 若 $\alpha=60^\circ$，则 $k=$________；若 $k=-\sqrt{3}$，则 $\alpha=$________。

(2) 若 $\alpha\in(30^\circ,60^\circ)$，则 $k\in$________；若 $k\in\left[-\dfrac{\sqrt{3}}{3},\sqrt{3}\right)$，则 $\alpha\in$________。

问题 4 确定直线的要素是一点及其方向或两点，那么若已知平面内两点，如何确定其方向？

【实验过程】

1. 单击按钮，进入下一课件，如图 7.1.5 所示。

2. 拖动点 P_1，P_2 运动，观察直线斜率变化，思考如何用 P_1，P_2 坐标表示直线斜率。

3. 单击按钮，构造直角三角形 P_1P_2Q，如图 7.1.6 所示，拖动点 P_1，P_2 运动，思考直线斜率与 P_1、P_2 坐标间的关系。

4. 再次单击按钮，显示直角三角形 P_1P_2Q 的一个内角与直线倾斜角间关系，拖动点 P_1，P_2 运动，观察并推导直线斜率公式，填写实验记录。

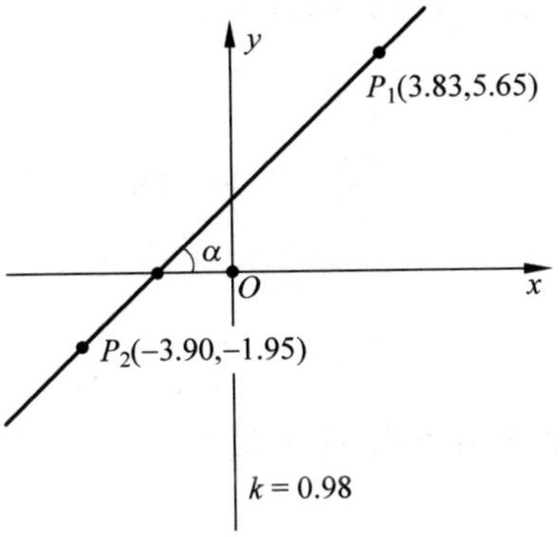

图　7.1.5

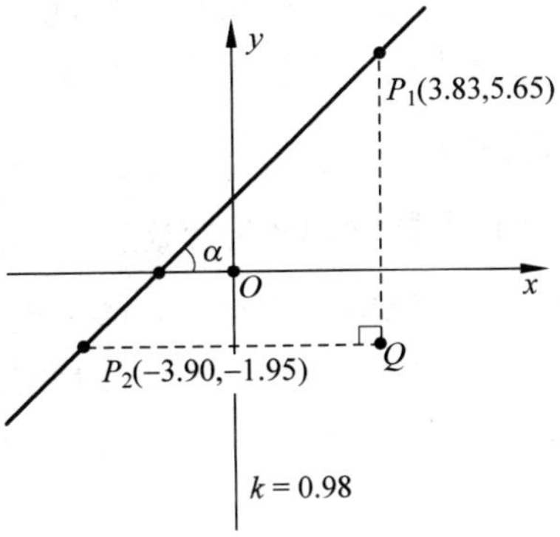

图　7.1.6

【实验记录】

	实验 1	实验 2	实验 3	实验 4	实验 5	实验 6	实验 7	实验 8
P_1 坐标								
P_2 坐标								
y_1-y_2								
x_1-x_2								
斜率 k								
结论	若 $P_1(x_1,y_1)$，$P_2(x_2,y_2)$，则 $k=$________$=$________ 斜率公式与 P_1，P_2 两点坐标顺序________ 当 P_1P_2 与 x 轴平行或重合时，上述公式________ 当 P_1P_2 与 y 轴平行或重合时，上述公式________							

【实验证明】

练习 5　已知 $A(3,2)$，$B(-4,1)$，$C(0,-1)$，求直线 AB，BC，CA 的斜率，并判断这些直线的倾斜角是锐角还是钝角？

练习 6　在平面直角坐标系中，画出经过原点且斜率分别为 1，−1，2 及 −3 的直线 l_1，l_2，l_3 及 l_4。

实验 7.2　两直线的平行与垂直

本节课是必修二第 3 章第 1 节第 2 课时的内容，是在学习了直线的倾斜角和斜率的基础上，进一步研究直线位置关系的判定。它是平面解析几何的基础，经常与圆锥曲线等内容结合共同出现在高考试卷中。同时本节课也为数形结合思想的应用提供了广阔的平台，为后续学习圆锥曲线做了知识和数学思想的铺垫。

【实验目标】

1. 体会用斜率研究两条直线位置关系的过程与方法，通过两条直线斜率之间的关系解释几何含义，初步体会数形结合思想。

2. 感受几何与代数的密切联系，培养学生勇于探索、创新的精神。

3. 掌握两直线平行与垂直的判定及其应用。

【实验流程】

（一）创设情境，导入课题

1. 什么叫直线的倾斜角？它的范围是什么？

2. 什么叫直线的斜率？如何计算呢？

3. 斜率是刻画直线倾斜程度的量，当两条直线相互平行或相互垂直时，它们之间的斜率有何关系？

（二）观察类比，探究新知

探究 1 如果 $l_1 // l_2$ 时，k_1 与 k_2 满足什么关系？

【实验过程】

1. 浏览器地址栏输入 https://www.netpad.net.cn/svg.html#posts/196023，打开课件。

2. 单击上侧“全屏”工具，全屏打开课件，如图 7.2.1 所示。

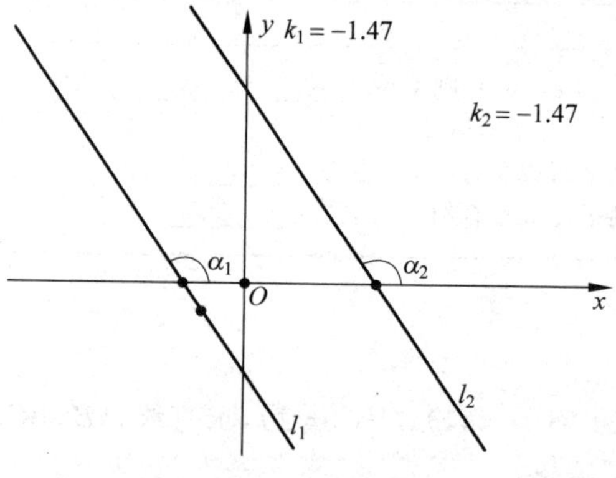

图 7.2.1

3. 拖动图中的红点改变直线 l_1，l_2 的方向，拖动蓝色点、紫色点改变 l_1，l_2 的位置。

4. 拖动图中可动点，考察两直线倾斜角间的关系，探究两直线平行时，它们的斜率是否一定相等？

5. 拖动图中可动点，探究两直线斜率相等时，它们的位置关系如何？

【实验记录】

	实验 1	实验 2	实验 3	实验 4	实验 5	实验 6	实验 7	实验 8
k_1								
k_2								
两直线位置关系								
结论	若 k_1,k_2 均存在,则 $l_1//l_2\Leftrightarrow$ 若 k_1,k_2 均不存在,则							

证明

例 1 已知 $A(2,3)$,$B(-4,0)$,$P(-3,2)$,$Q(-1,3)$,试判断直线 AB 与直线 PQ 的位置关系,并证明你的结论。

例 2 已知四边形 $ABCD$ 的四个顶点分别为 $A(0,0)$,$B(2,-1)$,$C(4,2)$,$D(2,3)$,试判断四边形 $ABCD$ 的形状,并给出证明。

引导学生用多种方法判断并证明。

探究 2 如果 $l_1\perp l_2$,k_1 与 k_2 满足什么关系?

1. 单击按钮,进入下一页,如图 7.2.2 所示。

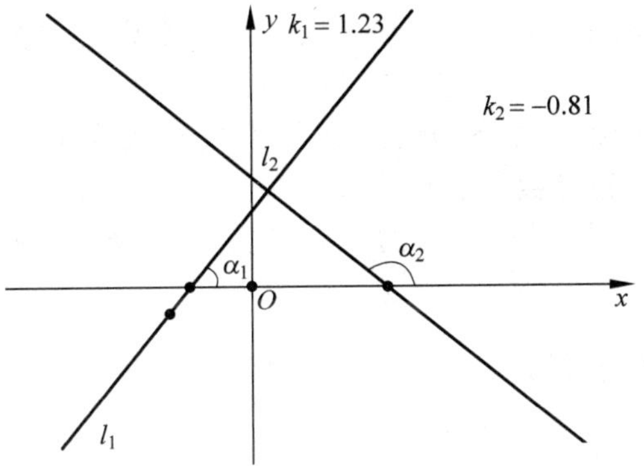

图 7.2.2

2. 拖动图中可动点,考察两直线倾斜角间的关系,探究两直线垂直时,它们的斜率之积是否一定为-1?

3. 拖动图中可动点,探究当 $k_1k_2=-1$ 时,l_1 与 l_2 是否一定垂直?

【实验记录】

	实验 1	实验 2	实验 3	实验 4	实验 5	实验 6	实验 7	实验 8
k_1								
k_2								
两直线位置关系								
结论	若 k_1,k_2 均存在,则 $l_1\perp l_2\Leftrightarrow$ 若 k_1,k_2 其中一个不存在,另一个________,则 $l_1\perp l_2$							

练习1 下列说法中不正确的是________。

① 斜率均不存在的两条直线可能重合。

② 若直线 $l_1 \perp l_2$，则两条直线的斜率互为负倒数。

③ 两条直线的斜率互为负倒数，则这两条直线垂直。

④ 两条直线 l_1, l_2 中，一条直线的斜率不存在，另一条直线的斜率为零，则 $l_1 \perp l_2$。

练习2 过点 $A(1,2)$ 和 $B(-3,2)$ 的直线与直线 $y=0$ 的位置关系？________

练习3 直线 l_1 的倾斜角为 $30°$，直线 $l_1 \perp l_2$，则直线 l_2 的斜率为________

练习4 已知三个点 $A(0,0)$，$B(2,-1)$，$C(4,2)$，试求第四个点 D 的坐标，使这四个点构成平行四边形。

实验 7.3 点到直线的距离

《点到直线的距离》这节课的内容是从初中平面几何的定性作图向高中解析几何定量计算的过渡。点到直线的距离公式是后续学习解析几何的一个基础工具，属于概念性知识。本节课蕴含分类与整合、转化与化归、数形结合、函数与方程等丰富的数学思想；它既是两点间距离公式的延续，又为导出两平行线间距离公式作了铺垫，具有承上启下的重要作用。

【实验目标】

1. 理解点到直线距离公式的推导，掌握点到直线距离公式及其应用，会用点到直线距离求两平行线间的距离。

2. 通过经历公式多种推导方案的设计及比较，领会从特殊到一般、转化与化归、分类与整合、数形结合、函数与方程等数学思想。

3. 在探索问题的过程中，感受数学的严谨与统一，感受数学的形式美与简洁美。

【实验流程】

（一）温故知新，引出新课

1. 平面上点与直线的位置关系是怎样的？

2. 何谓点到直线的距离？

（二）自主探索，推导公式

引例：在平面直角坐标系中，求点 $P(1,2)$ 到直线 l：$x+y-5=0$ 的距离。

问题1 点到直线的距离指的是？

问题2 为什么选择垂足与点 P 的距离为点线距离？选直线上其他点与点 P 距离可以吗？

问题3 点到直线的距离还可以怎么定义？

【设计意图】

复习点到直线距离的垂线段定义法，同时引出广义定义法，即点到直线上所有点距离的最小值，为后续目标函数的推导方法的展开埋下伏笔。

利用网络画板探求点 $P(1,2)$ 到直线 l：$x+y-5=0$ 的距离。

【实验过程】

1. 浏览器地址栏输入 https://www.netpad.net.cn/svg.html#posts/196109，打开课件。

2. 单击上侧“全屏”工具，全屏打开课件。

3. 小组合作：考虑用多种方法解答引例中的距离，填写实验记录。

4. 全班交流(只要求说明解题思路，不要求解答过程)，教师点评。

【设计意图】

从具体的例子出发求距离，相对来说，计算量小，学生有更充裕的时间去发现解法的多样性，为后续求抽象的点到线距离做好准备。

	图形	基本步骤(不写具体计算过程)	方案优劣
方案一			
方案二			
方案三			
方案四			

问题一般化：在平面直角坐标系中，求点 $P(x_0,y_0)$ 到直线 l：$Ax+By+C=0$ 的距离。

问题 4 以上的方法应该都可以用来解决问题，但哪种方法更简便？为什么？

【设计意图】

进行方案比较，在比较中再次领会各种方案的思想方法，比较它们的优缺点，选择合适的方案执行。

师生共同推导点 $P(x_0,y_0)$ 到直线 l：$Ax+By+C=0$ 的距离。

问题 5 在上述推导过程中有没有不够严谨的地方？

【设计意图】

通过学生自我排查，发现问题，培养学生思维的严谨性。

(三) 特点分析，强化记忆

问题 6 这个公式如何记忆？

问题 7 这个公式对点的坐标、线的方程有没有要求？

总结：

(1) 对于点到直线的距离公式的理解：从运动的观点来看，点到直线的距离是直线外的点与直线上一点的连线的最短距离。

(2) 使用点到直线的距离公式的前提条件，是把直线的方程化成一般式方程。如果给出的直线方程不是一般式方程，应先将方程化成一般式。

(3) 若点在直线上，则点到直线的距离为零，距离公式仍然成立。

(4) 若直线方程中存在系数 $A=0$ 或 $B=0$ 的特殊情况，距离公式仍然成立，但一般情况下可以结合图形直接得到距离。

(四) 例题引领，学会应用

例 1 (1) 已知点 $A(-2,3)$ 到直线 $y=ax+1$ 的距离为 $\sqrt{2}$，求 a 的值。

(2) 已知点 $A(-2,3)$ 到直线 $y=-x+a$ 的距离为 $\sqrt{2}$，求 a 的值。

学生计算，得出结论，教师引导学生利用网络画板探究两个小问的几何意义。

例 2 求平行线 $2x-7y+8=0$ 和 $2x-7y-6=0$ 的距离。

教师：这两条平行直线间的距离是否是固定的？如何求这两条平行线间的距离？

可以选择哪个点？

例 3 求证：两平行直线 l_1：$Ax+By+C_1=0$，l_2：$Ax+By+C_2=0$ 的距离为 $d=\dfrac{|C_1-C_2|}{\sqrt{A^2+B^2}}$。

(五) 变式训练，学以致用

练习 1 求点 $P_0(1,-2)$ 到下列直线的距离。

(1) $2x+y-10=0$；(2) $3x=2$；(3) $-x+3y=7$；(4) $y-\dfrac{2}{3}=\dfrac{4}{3}(x-1)$。

练习 2 求下列两条平行线的距离：

(1) $2x+3y-8=0$，$2x+3y+18=0$；(2) $3x+4y=10$，$3x+4y=2$；(3) $3x-1=2y$，$6x-4y+3=0$。

实验 7.4 直线系方程

确定平面上一条直线，需要两个独立且相容的几何条件，如果只给定一个条件，直线的位置不能完全确定。在只给定一个几何条件时，二元一次方程的两个独立的系数中，那个未被确定的系数是参数。

直线系是指具有某种共同特征的直线的集合，而表示这个直线系的方程就叫作直线系方程，其特点是在直线方程中含有一个参数。利用直线系方程求直线，可以简化计算过程，欲求适合某两个几何条件的直线的方程，可先用其中一个条件写出直线系方程，再用另一个条件来确定参数值。

【实验目标】

1. 了解常见直线系类型及其方程。
2. 能用直线系方程解决问题。

【实验流程】

(一) 过定点的直线系

问题 1 求证：无论 m 取何实数，直线 $(m-1)x-(m+3)y+m+11=0$ 恒过定点，并求出定点的坐标。

【实验过程】

1. 浏览器地址栏输入 https://www.netpad.net.cn/svg.html#posts/196294,打开课件。

2. 单击上侧“全屏”工具,全屏打开课件,如图 7.4.1 所示。

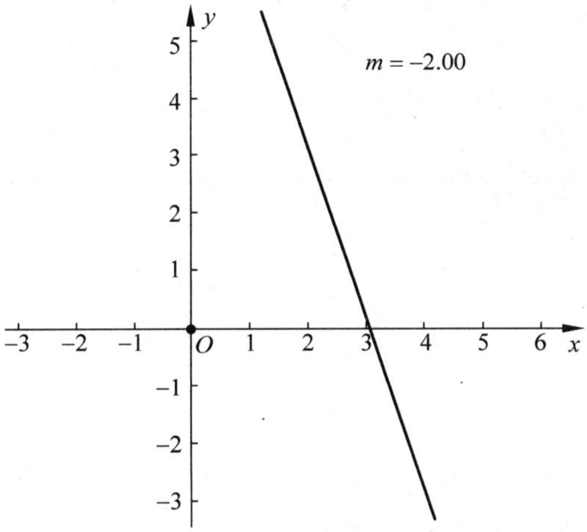

图 7.4.1

3. 单击变量 m 后的数字,修改 m 的值,多次实验,填写实验记录。

【实验记录】

	实验 1	实验 2	实验 3	实验 4	实验 5	实验 6	实验 7
m							
点							
结论	直线 $(m-1)x-(m+3)y+m+11=0$ 经过的定点坐标是________						

4. 小组合作:用多种方法求直线 $(m-1)x-(m+3)y+m+11=0$ 经过定点,全班交流。

5. 若要快速求出定点坐标,你选择令 $m=$________,因为________。

过定点 $P(x_0,y_0)$ 的直线系:

1. 用斜率 k 作参数的直线系方程:$y-y_0=k(x-x_0)$。

2. 用 A,B 作参数的直线系方程:$A(x-x_0)+B(y-y_0)=0$(A,B 不全为 0)。

例 1 已知直线 l:$tx-y+1+2t=0(t\in\mathbf{R})$

(1) 证明:直线 l 过定点。

(2) 若直线 l 交 x 轴负半轴于 A,交 y 轴正半轴于 B,$\triangle AOB$ 的面积为 S,求 S 的最小值,并求此时直线 l 的方程。

(3) 若直线不经过第四象限,求 t 的取值范围。

【实验过程】

1. 单击按钮,进入下一页,如图 7.4.2 所示。

2. 用鼠标右键单击直线 l,在弹出的菜单选择【跟踪】,拖动变量 t 的滑杆或 y 轴上的点 B,改变 t 的值,观察直线经过的定点;双击鼠标清除跟踪痕迹;用鼠标右键单击直线 l,在弹出的菜单选择【取消跟踪】。

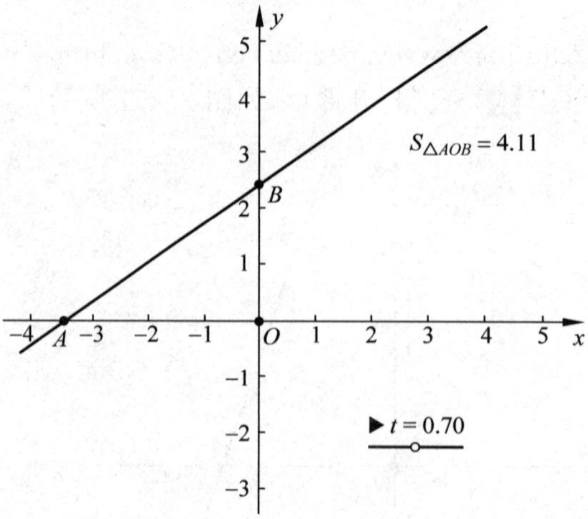

图 7.4.2

3. 拖动变量 t 的滑杆或 y 轴上的点 B，改变 t 的值，考察直线与 x 轴负半轴，y 轴正半轴相交的条件，观察$\triangle AOB$ 的面积 S 的变化。

4. 拖动变量 t 的滑杆或 y 轴上的点 B，改变 t 的值，考察直线不经过第四象限，t 的取值范围。

5. 独立解答 3 个问题。

例 2 求经过 $P(1,-1)$的直线 l，使点 $A(3,3)$和 $B(5,1)$到它的距离相等。

【实验过程】

1. 单击按钮，进入下一课件，如图 7.4.3 所示。

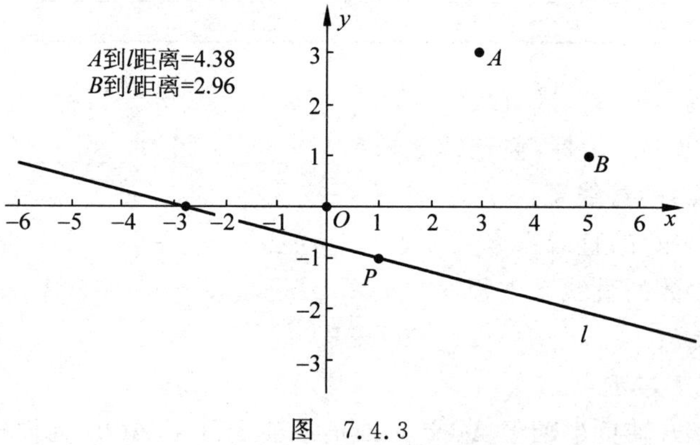

图 7.4.3

2. 拖动 x 轴上的红点，观察点 A、B 到直线 l 的距离，考察距离相等的直线 l 有几条。

3. 独立解决问题。

（二）平行直线系

问题 2 求与直线 l：$3x-4y+1=0$ 距离为 1 的直线方程。

【实验过程】

1. 单击按钮，进入下一课件，如图 7.4.4 所示。

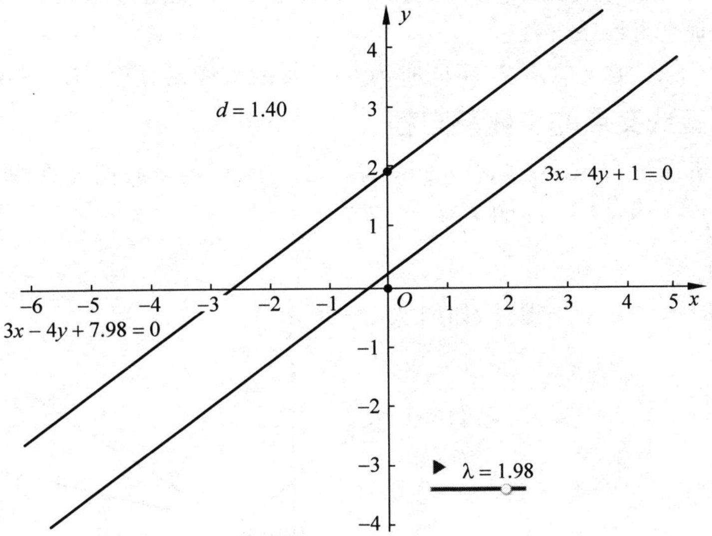

图 7.4.4

2. 拖动变量 λ 的滑杆或 y 轴上的红点，改变 λ 的值，探究红色直线方程的特征，考察两直线的位置关系，确定两直线距离为 1 时 λ 的值。

3. 独立解答问题。

教师讲解：平行直线系方程

与直线 $Ax+By+C=0$(A,B 不同时为 0)平行的直线系方程：$Ax+By+\lambda=0(\lambda\neq C)$。

（三）垂直直线系

问题 3 探究直线 $3x+2y+\lambda=0$ 与直线 $2x-3y+1=0$ 的位置关系。

【实验过程】

1. 单击按钮，进入下一课件，如图 7.4.5 所示。

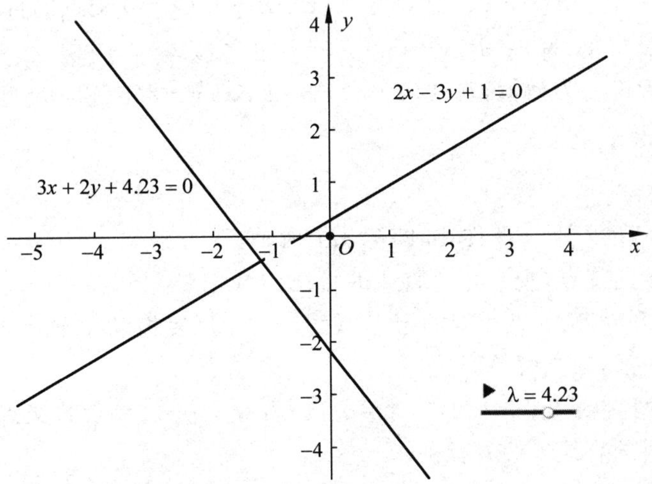

图 7.4.5

2. 拖动变量 λ 的滑杆，改变 λ 的值，探究红色直线与粉红色直线的位置关系。

教师讲解：垂直直线系方程

与直线 $Ax+By+C=0$（A，B 不同时为 0）垂直的直线系方程：$Bx-Ay+\lambda=0$。

（四）过两直线交点的直线系方程

问题 4 已知直线 l_1：$3x+4y-11=0$，l_2：$2x-3y+4=0$，探究直线 l：$3x+4y-11+\lambda(2x-3y+4)=0$ 与 l_1，l_2 间的关系。

【实验过程】

1. 单击按钮，进入下一课件，如图 7.4.6 所示。

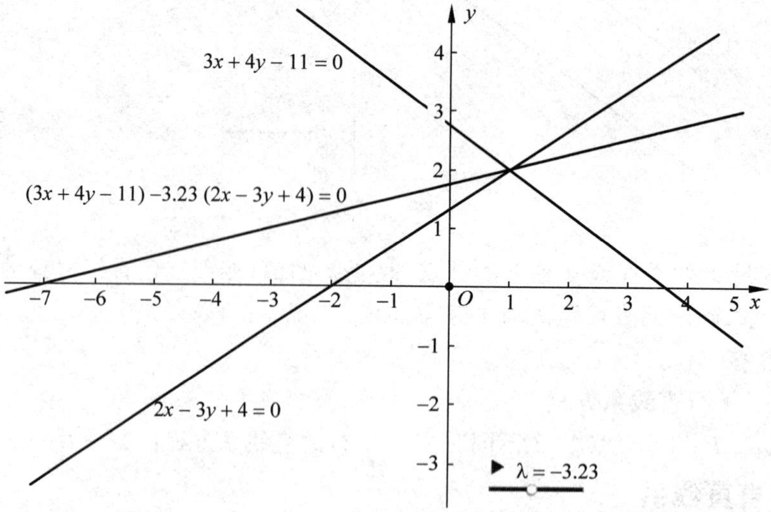

图 7.4.6

2. 拖动变量 λ 的滑杆，改变 λ 的值，探究红色直线与紫色直线的位置关系。

教师讲解：过两直线交点的直线系方程

过两直线 l_1：$A_1x+B_1y+C_1=0$，l_2：$A_2x+B_2y+C_2=0$ 交点的直线系方程：

$A_1x+B_1y+C_1+\lambda(A_2x+B_2y+C_2)=0$（不包含 l_2）。

例 3 求证：无论 λ 为何值，直线 $(2+\lambda)x-(1+\lambda)y-2(3+2\lambda)=0$ 与点 $P(-1,2)$ 的距离 d 都小于 5。

【实验过程】

1. 单击按钮，进入下一课件，如图 7.4.7 所示。

2. 拖动 x 轴上的红点，观察蓝色直线的特征。

3. 单击按钮“提示”显示直线上的定点 $A(2,-2)$，反复拖动 x 轴上的红点，考察 $|PA|$ 与 $|PQ|$ 长度间的关系，独立解答问题。

例 4 求经过两直线 l_1：$x-2y+4=0$ 和 l_2：$x+y-2=0$ 的交点 P，且与直线 l_3：$3x-4y+5=0$ 垂直的直线 l 的方程。

【解析】 因为直线 l 过直线 l_1，l_2 交点，可设其方程为 $x-2y+4+\lambda(x+y-2)=0$，即 $(1+\lambda)x-(2-\lambda)y+4-2\lambda=0$。

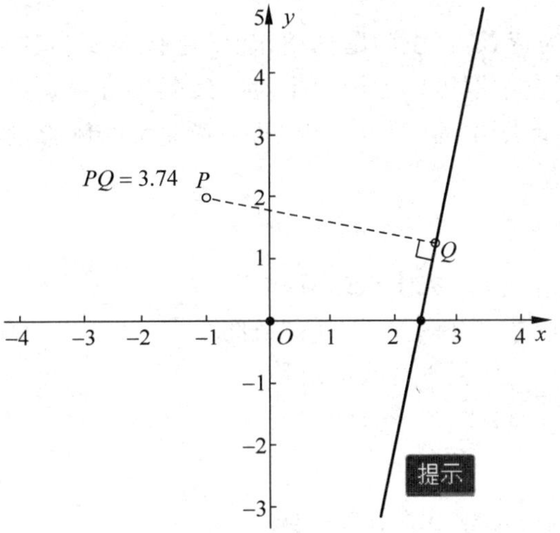

图　7.4.7

又 l 垂直于 l_3，则 $\frac{1+\lambda}{2-\lambda}=-\frac{4}{3}$，解得 $\lambda=11$，故 l 的方程为 $4x+3y-6=0$。

例 5　直线 l 平行于两平行直线 $3x+4y-10=0$ 和 $3x+4y-35=0$，且分这两平行线间的距离为 $2:3$，求 l 的方程。

【解析】　设 l 的方程为 $3x+4y+c=0(-35<c<-10)$。

由条件有 $\frac{|c+10|}{5}=2$ 或 $\frac{|c+10|}{5}=3$ 且 $-35<c<-10$，解得 $c=-20$ 或 $c=-25$。

故所求直线方程为 $3x+4y-20=0$ 或 $3+4y-25=0$。

实验 7.5　直线中的对称问题

直线是解析几何中最基本的一种曲线，直线中的对称问题是研究其他曲线对称性的基础，它为两点间距离最值问题的转化提供了桥梁，同时也是一次函数性质的深化。

【实验目标】

1. 掌握利用点关于直线的对称点关系求直线方程，渗透数形结合、等价转化、一一对应等数学思想。
2. 通过实际问题的解答，加强学生数学应用意识。
3. 通过教师指导，激发学生的学习兴趣，使学生经历数学思维过程，获得成功的体验。

【实验流程】

（一）课题引入

问题 1　传说古罗马亚历山大城有一位精通数学和物理的学者，一天，一位罗马将军专程去拜访他，向他请教一个百思不得其解的问题：将军每天从军营 A 出发，先到河边饮马，然后再去河岸同侧的 B 地开会，如图 7.5.1 所示，应该怎样走才能使路程最短？

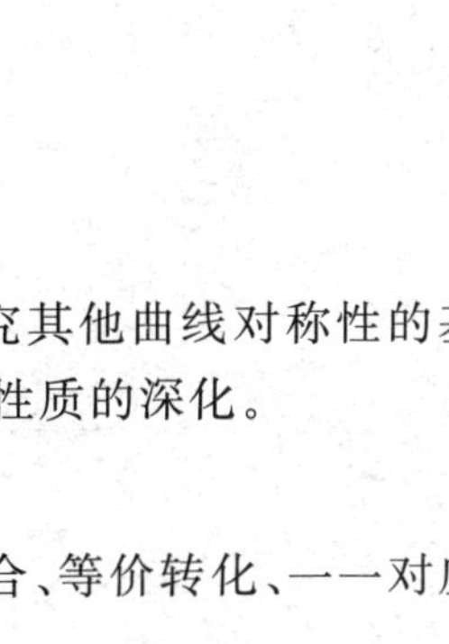

图　7.5.1

【设计意图】

以学生熟悉的问题为背景，创设问题情境，让学生体验到生活处处充满了数学，增强学生的学习热情。同时，通过本题可以加深学生对直线斜率和倾斜角这两个几何量的直观理解，积累关于直线对称点问题中的“两点一线”的位置关系的体验，从而引出本节课的研究内容——直线中的对称问题。

（二）知识回顾

- 直线中的对称
  - 中心对称
    - 点关于点的对称
    - 直线关于点的对称
  - 轴对称
    - 点关于直线的对称
    - 直线关于直线的对称

（三）新课教学

问题 2　运用网络画板探究中心对称问题

【实验过程】

1. 浏览器地址栏输入 https://www.netpad.net.cn/svg.html#posts/196746，打开课件。

2. 单击上侧“全屏”工具，全屏打开课件，如图 7.5.2 所示。

3. 依次选中点 P，M，单击下侧工具栏中的“中心对称”工具，构造点 P 关于点 M 的对称点，单击右下侧【基础】，设置【名称】为 Q。

4. 用鼠标右键单击点 Q，在弹出的菜单选择【测量】—【坐标】，测量点 Q 的坐标。

5. 拖动点 P，M 运动，观察点 P，M，Q 三点坐标间的关系，填写实验记录。

6. 选中点 Q，按 Del 键删除，单击按钮，进入下一课件，如图 7.5.3 所示。

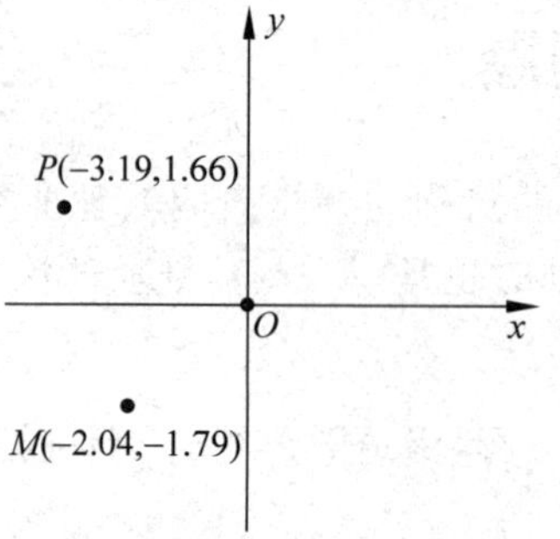

图　7.5.2

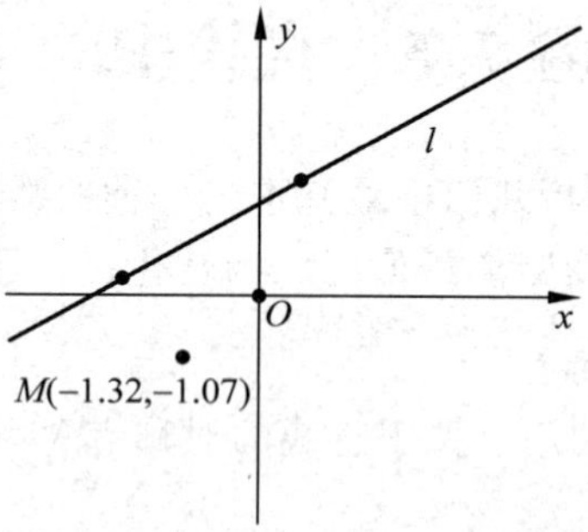

图　7.5.3

7. 依次选中直线 l，点 M，单击下侧工具栏中的“中心对称”工具，构造直线 l 关于点 M 的对称图形。

8. 拖动点 M，直线 l 上的紫色点，观察直线 l 关于点 M 的对称图形形状，它与直线 l 有什么样的位置关系？填写实验记录。

9. 单击左侧工具栏中的“点”工具，用鼠标左键单击直线 l，构造 l 上一点，单击右下侧【基础】设置【名称】为 A；依次选中点 A，M，单击下侧工具栏中的“中心对称”工具，构造点 A 关于点 M 的对称点 A_1。

10. 拖动点 A，观察点 A_1 与对称图形的位置关系。

11. 同第 9，10 步，考察对称图形上任一点关于点 M 对称点与直线 l 的位置关系，填写实验记录。

12. 反复拖动点 M，直线 l 上的紫色点，考察直线 l 与其对称图形还有哪些性质？填写实验记录。

13. 小组合作：有哪些方法可求直线 l 关于点 M 对称图形的方程？填写实验记录。

【实验记录】

1. 点 $P(x_0,y_0)$关于点 $M(a,b)$的对称点 Q ________。

2. 直线 l：$Ax+By+C=0$(A，B 不同时为 0)关于点 $M(a,b)$对称图形是 ________，它与直线 l ________。

3. 直线 l 上任一点关于点 M 的对称点在________；对称图形上关于点 M 的对称点在________；直线关于点对称的本质是________。

4. 直线 l 关于点 M 对称性质：________。

5. 直线 l 关于点 M 对称图形方程求解步骤：

方法一：____________。

方法二：____________。

练习 1　直线 $x+y+1=0$ 关于点(1，2)对称的直线方程为________。

问题 3　运用网络画板探究对称问题

【实验过程】

1. 单击按钮，进入下一课件，如图 7.5.4 所示。

2. 依次选中点 P，直线 l，单击下侧工具栏的“轴对称”工具，构造点 P 关于直线 l 的对称点 P_1。

3. 选中点 P，P_1，单击下侧工具栏中的“线段”工具，构造线段 PP_1。

4. 拖动点 P，探究点 P，P_1 与直线 l 的位置关系。

5. 拖动直线 l 上的紫色点，探究点 P，P_1 与直线 l 的位置关系，填写实验记录。

6. 小组合作：如何求点 P 关于直线 l 的对称点 P_1 的坐标？填写实验记录。

7. 单击按钮，进入下一页，如图 7.5.5 所示。

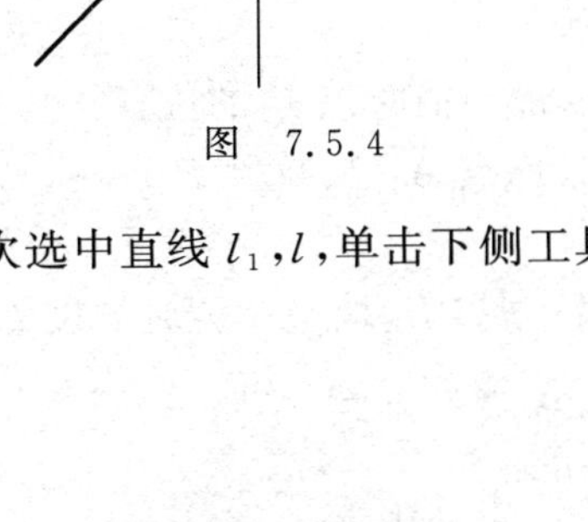

图　7.5.4

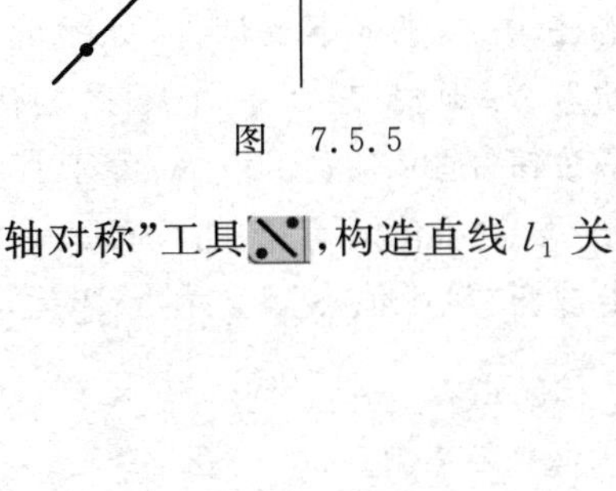

图　7.5.5

8. 依次选中直线 l_1，l，单击下侧工具栏的“轴对称”工具，构造直线 l_1 关于直线 l 的对称图形。

9. 拖动 l_1 上的点，观察对称图形的形状；拖动 l 上的点，观察对称图形的形状，填写实验记录。

10. 单击左侧工具栏中的“点”工具 ●，用鼠标左键单击直线 l_1，构造 l_1 上一点，单击右下侧【基础】，设置【名称】为 A；依次选中点 A，直线 l，单击下侧工具栏的“轴对称”工具 ，构造 A 关于直线 l 的对称点 A_1。

11. 拖动 l_1，l 上的点运动，观察点 A_1 与对称图形的位置关系。

12. 同第 10，11 步，考察对称图形上任一点关于 l 的对称点与 l_1 的位置关系，填写实验记录。

13. 小组合作：有哪些方法可求直线 l_1 关于直线 l 的对称图形的方程？填写实验记录。

【实验记录】

1. 设点 P 关于直线 l 的对称点为 P_1，则直线 l 是线段 PP_1 的________。

2. 点 $P(x_0,y_0)$ 关于直线 l：$Ax+By+C=0$ 的对称点 P_1 坐标求解步骤。

3. 常用结论：(a,b) 关于 x 轴对称点是________；关于 y 轴对称点是________；关于直线 $x-y=0$ 对称点是________；关于 $x+y=0$ 对称点是________。

4. 直线 l_1 关于直线 l 的对称图形是________。

5. 直线 l_1 上任一点关于直线 l 的对称点在________；对称图形上任意关于直线 l 的对称点在________；直线关于直线对称的本质是________。

6. 直线 l_1 关于直线 l 的对称图形的方程求解步骤。

7. 常用结论：直线 $Ax+By+C=0$ 关于 x 轴对称直线方程是____________；关于 y 轴对称直线方程是________；关于直线 $x-y=0$ 对称直线方程是____________；关于 $x+y=0$ 对称直线方程是____________。

练习 2 求直线 l_1：$2x-y=0$ 关于直线 l：$x+y+1=0$ 对称的直线 l_2 的方程。

【结论应用】

例 1 已知两点 $A(2,3)$，$B(4,1)$，在直线 l：$x+2y-2=0$ 上求一点 P，使得 $|PA|+|PB|$ 的值最小。

【实验过程】

1. 单击按钮 ，进入下一课件，如图 7.5.6 所示。

2. 拖动点 P，观察 $|PA|+|PB|$ 的变化，猜测取最小值时点 P 的位置。

3. 单击按钮“提示”，显示点 A 关于直线 l 的对称点 A_1 及线段 PA_1，拖动点 P，考察 $|PA|+|PB|$ 取最小值时点 P 的位置。

4. 单击按钮“最小值点”，显示点 P 运动到 $|PA|+|PB|$ 取最小值时的位置。

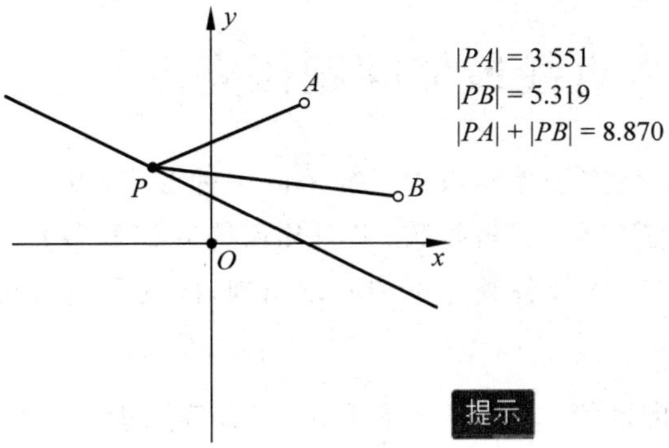

图　7.5.6

5. 学生独立完成问题的求解。

例 2　在直线 $2x-y-4=0$ 上有一点 P，使它与两点 $A(-1,4)$，$B(0,1)$的距离之差最大，则距离之差的最大值是________。

【实验过程】

1. 单击按钮，进入下一课件，如图 7.5.7 所示。

2. 拖动点 P 运动，探究$||PA|-|PB||$取最大值时点 P 的位置。

3. 单击按钮“提示”，显示点 A 关于直线 l 的对称点 A_1 及线段 BA_1，拖动点 P，考察$||PA|-|PB||$取最大值时点 P 的位置及原因。

4. 独立解答问题。

例 3　如图 7.5.8 所示，$\triangle ABC$ 为等腰直角三角形，$\angle BAC=90°$，$AB=2$，$BD=1$，一束光线从点 D 射入，先后经过斜边 BC 与直角边 AC 反射后，恰好从点 D 射出，求光线在三角形内部所走的路程。

【实验过程】

1. 单击按钮，进入下一课件，如图 7.5.9 所示。

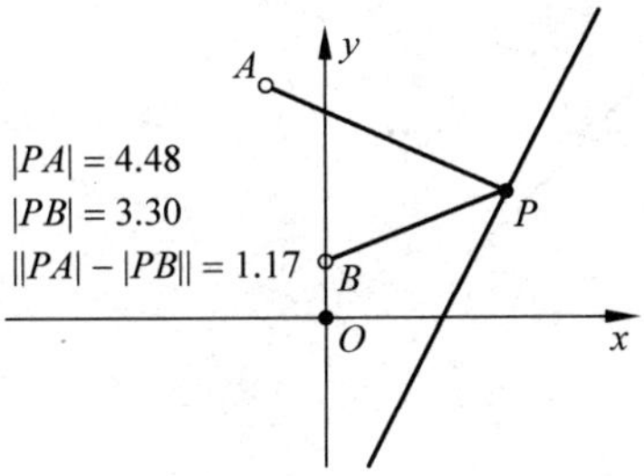

图　7.5.7

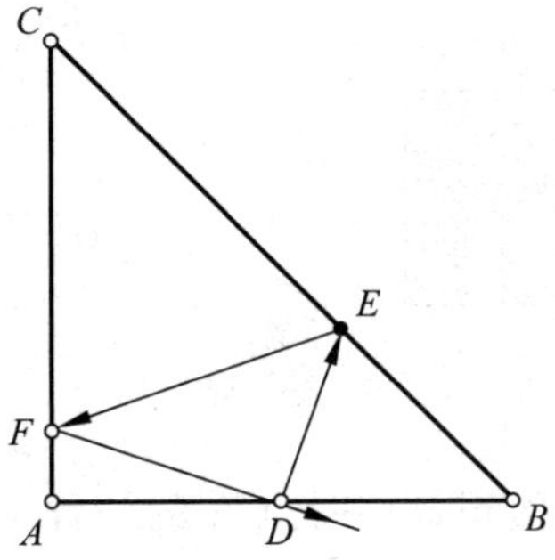

图　7.5.8

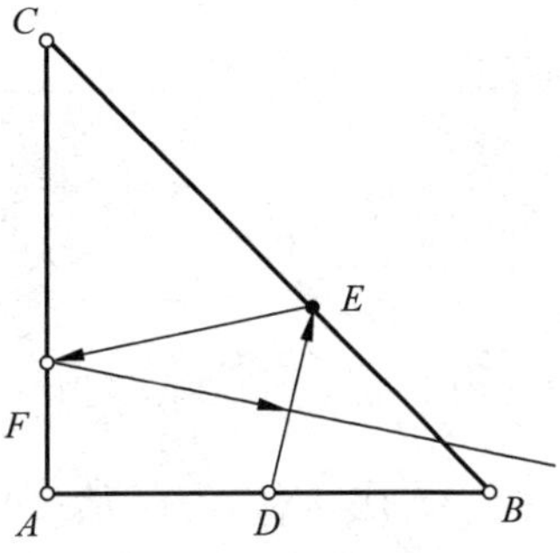

图　7.5.9

2. 拖动点 E，考察光线恰好从点 D 射出时，入射点 E，F 的位置。

3. 单击按钮“提示”，显示点 D 关于直线 BC，AC 对称点 D_1，D_2，拖动点 E，考察光线恰好从点 D 射出时，入射点 E，F 与 D_1，D_2 的位置关系。

4. 独立解答问题。

实验 7.6 直线最值问题探究

从代数角度而言，直线方程是函数中最简单的一种形式，也是学习解析几何的基础。直线相关的最值问题融合了代数、三角函数、平面几何等知识和数形结合的思想方法，是考查学生综合能力的好素材，在各级各类考试中时常出现，体现了用数解形的数学思想。

【实验目标】

1. 利用直线方程，借助简单的对称、不等式、函数等知识，解决最值问题。
2. 培养学生转化、数形结合的数学思想。
3. 提高学生概括知识、归纳知识、灵活应用所学知识解决问题的能力。

【实验流程】

问题情景：如图 7.6.1 所示，公园内的一个十字路口有一块矩形土地，地内有一个凉亭 P，凉亭到两条十字路的距离分别为 10m、20m，为美化公园，设计师决定过凉亭 P 设计一条直道 AB，在凉亭一侧挖一个如图 7.6.1 所示的荷花池。试问：如何设计才能使荷花池的面积最大？

引导学生将问题转化为数学问题。

过定点 $P(1,2)$ 任作直线 l 分别交 x 轴正半轴，y 轴正半轴于 A，B 两点，求 $\triangle AOB$ 面积最小时直线 l 的方程。

【实验过程】

1. 浏览器地址栏输入 https://www.netpad.net.cn/svg.html#posts/196864，打开课件。
2. 单击上侧“全屏”工具，全屏打开课件，如图 7.6.2 所示。

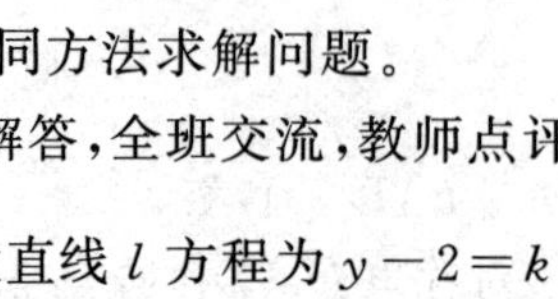

图 7.6.1

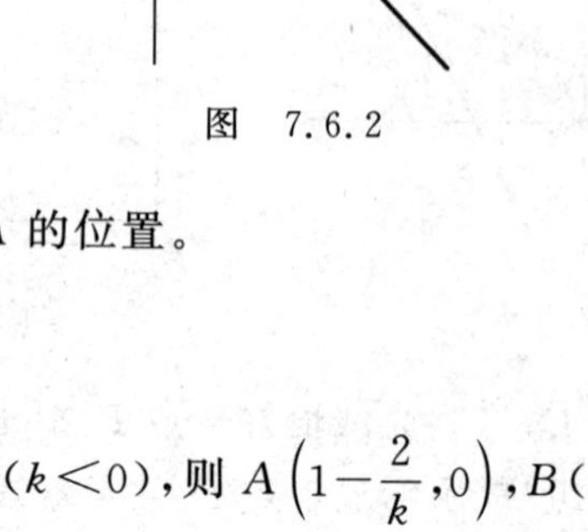

图 7.6.2

3. 拖动点 A，探究 $\triangle AOB$ 面积最小时点 A 的位置。
4. 试用不同方法求解问题。

学生独立解答，全班交流，教师点评。

方法 1：设直线 l 方程为 $y-2=k(x-1)(k<0)$，则 $A\left(1-\dfrac{2}{k},0\right)$，$B(0,2-k)$，所以

$$S_{\triangle AOB}=\frac{1}{2}|OA||OB|=\frac{1}{2}\left(1-\frac{2}{k}\right)(2-k)=\frac{1}{2}\left[4+(-k)+\frac{4}{(-k)}\right]\geqslant$$

$\frac{1}{2}\left(4+2\sqrt{(-k)\cdot\frac{4}{-k}}\right)=4$。

当且仅当 $-k=\frac{4}{-k}$，即 $k=-2$ 时取等号，则直线 l 的方程为 $2x+y-4=0$。

方法 2：设直线 l 方程为 $\frac{x}{a}+\frac{y}{b}=1(a\neq 0,b\neq 0)$。

因为 $\frac{1}{a}+\frac{2}{b}=1$，所以 $b=\frac{2a}{a-1}$，

则 $S_{\triangle AOB}=\frac{1}{2}ab=\frac{a^2}{a-1}(a>1)$。

$S_{\triangle AOB}=\frac{(a-1)^2+2(a-1)+1}{a-1}=(a-1)+\frac{1}{a-1}+2\geqslant 2\sqrt{(a-1)\cdot\frac{1}{a-1}}+2=4$，当且仅当 $a-1=\frac{1}{a-1}$，即 $a=2$ 时取等号，则直线 l 的方程为 $2x+y-4=0$。

方法 3：设直线 l 方程为 $\frac{x}{a}+\frac{y}{b}=1(a\neq 0,b\neq 0)$。

因为 $\frac{1}{a}+\frac{2}{b}=1\geqslant 2\sqrt{\frac{1}{a}\cdot\frac{2}{b}}$，所以 $ab\geqslant 8$，当且仅当 $\frac{1}{a}=\frac{2}{b}$，即 $a=2$ 时取等号，此时 $S_{\triangle AOB}=\frac{1}{2}ab\geqslant 4$，直线 l 的方程为 $2x+y-4=0$。

方法 4：设 $\angle OAP=\alpha\left(0<\alpha<\frac{\pi}{2}\right)$，则有 $|OA|=a=1+\frac{2}{\tan\alpha}$，$|OB|=b=2+\tan\alpha$，则 $S_{\triangle AOB}=\frac{1}{2}ab=\frac{1}{2}\left(1+\frac{2}{\tan\alpha}\right)\cdot(2+\tan\alpha)=\frac{1}{2}\left(4+\tan\alpha+\frac{4}{\tan\alpha}\right)\geqslant\frac{1}{2}\left(4+2\sqrt{\tan\alpha\cdot\frac{4}{\tan\alpha}}\right)=4$。

当且仅当 $\tan\alpha=\frac{4}{\tan\alpha}$，即 $\tan\alpha=2$，$k=-2$ 时取等号，直线 l 的方程为 $2x+y-4=0$。

问题 1　由上面解答可知，P 为线段 AB 中点时，$\triangle AOB$ 面积最小，用网络画板探究为什么 P 是线段 AB 中点时 $\triangle AOB$ 面积最小？

【实验过程】

1. 单击下侧工具栏中的"直角坐标点"工具，在弹出的对话框中设置【x 坐标】为 2，【y 坐标】为 0，单击【确定】绘制点 C。

2. 选中点 P，C，单击下侧工具栏的"直线"工具，构造过点 P，C 的直线。

3. 选中 y 轴和直线 PC，单击下侧工具栏的"交点"工具，构造交点 D，如图 7.6.3 所示。

4. 拖动点 A，观察$\triangle PAC$ 与$\triangle PBD$ 面积的关系。

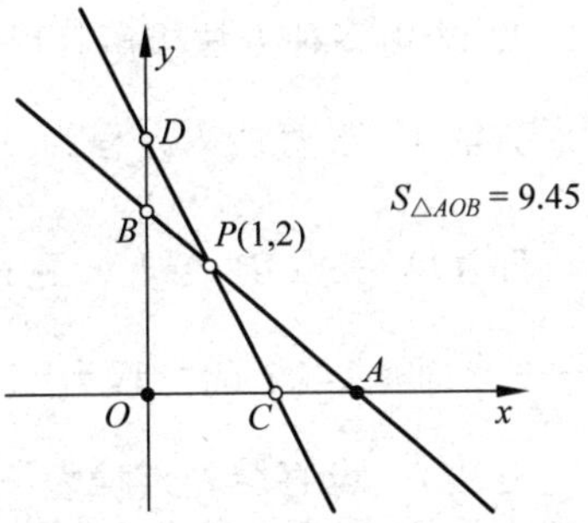

图　7.6.3

探究 1　$|PA|\cdot|PB|$是否存在最小值？

【实验过程】

1. 选中点 C，按 Del 键删除，单击按钮，进入下一课件，如图 7.6.4 所示。

2. 拖动点 A,探究$|PA||PB|$的变化。
3. 试用多种方法求解$|PA||PB|$的最小值。

方法 1：设直线 l 方程为$\frac{x}{a}+\frac{y}{b}=1(a\neq0,b\neq0)$,则$\frac{1}{a}+\frac{2}{b}=1$。

$|PA||PB|=|\overrightarrow{PA}\cdot\overrightarrow{PB}|=(a-1,-2)\cdot(1,2-b)=a+2b-5=a+\frac{4a}{a-1}-5=(a-1)+\frac{4}{a-1}\geqslant4$,当且仅当$a-1=\frac{4}{a-1}$,即 $a=3$ 时取等号。

故直线方程为$\frac{x}{3}+\frac{y}{3}=1$。

方法 2：设$\angle OAP=\alpha\left(0<\alpha<\frac{\pi}{2}\right)$,$|PA|=\frac{2}{\sin\alpha}$,$|PB|=\frac{1}{\cos\alpha}$,则$|PA||PB|=\frac{2}{\sin\alpha\cdot\cos\alpha}=\frac{4}{\sin2\alpha}\geqslant4$。

当且仅当 $\sin2\alpha=1$,即 $\alpha=\frac{\pi}{4}$时取等号,此时 $k=-1$,直线方程为 $x+y-3=0$。

探究 2 $|OA|+|OB|$有没有最小值?

【实验过程】

1. 单击按钮,进入下一课件,如图 7.6.5 所示。

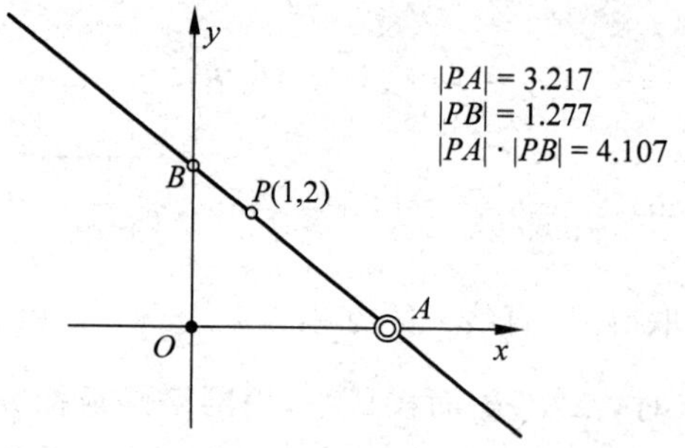

图 7.6.4

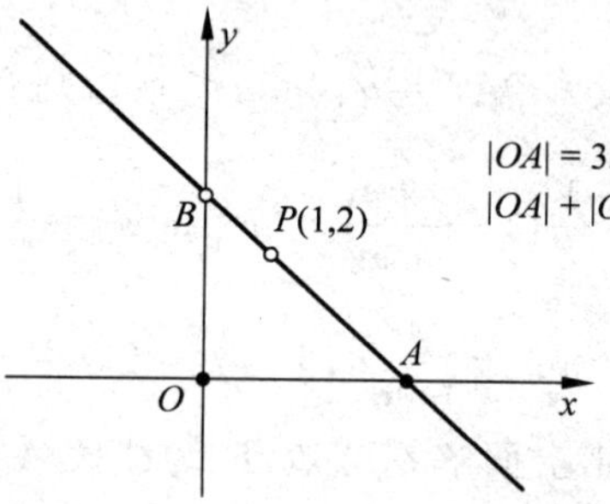

图 7.6.5

2. 拖动点 A,探究$|OA|+|OB|$的变化。
3. 试用多种方法求解$|OA|+|OB|$的最小值。

方法 1：设直线 l 方程为 $y-2=k(x-1)(k<0)$,则 $A\left(1-\frac{2}{k},0\right)$,$B(0,2-k)$。

即$|OA|+|OB|=1-\frac{2}{k}+2-k=3+\frac{2}{-k}+(-k)\geqslant3+2\sqrt{2}$,当且仅当$\frac{2}{-k}=-k$,即$k=-\sqrt{2}$时,直线 l 的方程为$\sqrt{2}x+y-2-\sqrt{2}=0$。

方法 2：设直线 l 方程为$\frac{x}{a}+\frac{y}{b}=1(a\neq0,b\neq0)$,则$\frac{1}{a}+\frac{2}{b}=1$,则 $b=\frac{2a}{a-1}$。

$|OA|+|OB|=a+b=a+\frac{2a}{a-1}=(a-1)+\frac{2}{a-1}+3\geqslant3+2\sqrt{2}$,当且仅当 $a-1=\frac{2}{a-1}$,即 $a=1+\sqrt{2}$时取等号,直线 l 的方程为$\sqrt{2}x+y-2-\sqrt{2}=0$。

方法 3：设$\angle OAP=\alpha\left(0<\alpha<\frac{\pi}{2}\right)$，则有$|OA|=a=1+\frac{2}{\tan\alpha}$，$|OB|=b=2+\tan\alpha$。

$|OA|+|OB|=1+\frac{2}{\tan\alpha}+2+\tan\alpha=3+\tan\alpha+\frac{2}{\tan\alpha}\geqslant 3+2\sqrt{2}$，当且仅当$\tan\alpha=\frac{2}{\tan\alpha}$，即$\tan\alpha=\sqrt{2}$时，直线 l 的方程为$\sqrt{2}x+y-2-\sqrt{2}=0$。

探究 3　$|AB|$有没有最小值？

【实验过程】

1. 单击按钮，进入下一课件，如图 7.6.6 所示。
2. 拖动点 A，探究$|AB|$的变化。
3. 独立求解$|AB|$的最小值。

【解析】　设直线 l 方程为$\frac{x}{a}+\frac{y}{b}=1(a\neq 0,b\neq 0)$，则$\frac{1}{a}+\frac{2}{b}=1$，即$b=\frac{2a}{a-1}$。

$|AB|^2=a^2+b^2=a^2+\left(\frac{2a}{a-1}\right)^2=(a-1)^2+\frac{4}{(a-1)^2}+2(a-1)+\frac{8}{a-1}=(a-1)^2+\frac{4}{a-1}+\frac{4}{a-1}+\frac{4}{(a-1)^2}+(a-1)+(a-1)\geqslant 3\sqrt[3]{16}+3\sqrt[3]{4}=6\sqrt[3]{2}+3\sqrt[3]{4}$。

当且仅当$\begin{cases}(a-1)^2=\frac{4}{a-1}\\ a-1=\frac{4}{(a-1)^2}\end{cases}$，即$a=1+\sqrt[3]{4}$时取等号，直线 l 的方程为$\frac{x}{1+\sqrt[3]{4}}+\frac{y}{2+\sqrt[3]{2}}=1$。

探究 4　$\triangle AOB$ 周长有没有最小值？

【实验过程】

1. 单击按钮，进入下一课件，如图 7.6.7 所示。

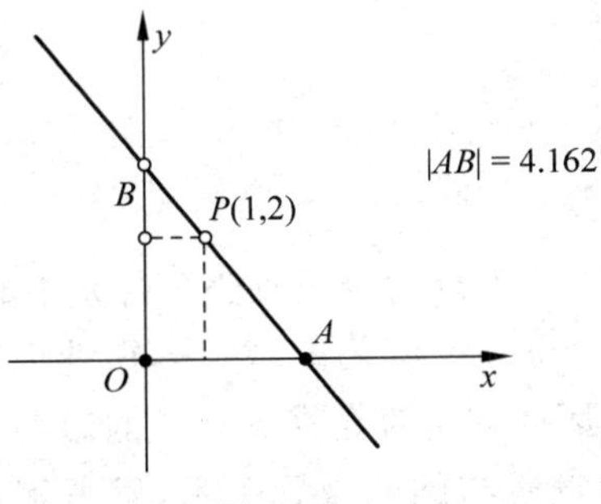

图　7.6.6

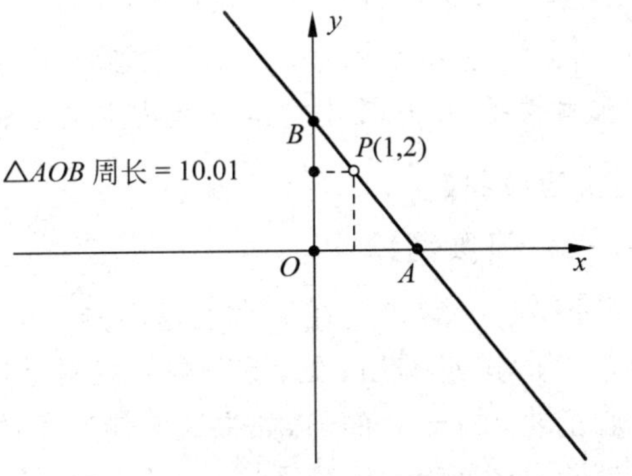

图　7.6.7

2. 拖动点 A，探究$\triangle AOB$ 周长的变化。
3. 独立求解$\triangle AOB$ 周长的最小值。

【解析】　设$\angle OAP=\alpha\left(0<\alpha<\frac{\pi}{2}\right)$，则有$|OA|=a=1+\frac{2}{\tan\alpha}$，$|OB|=b=2+\tan\alpha$。

$C_{周长}=|OA|+|OB|+|AB|=a+b+\frac{a}{\cos\alpha}=1+\frac{2}{\tan\alpha}+2+\tan\alpha+\frac{1+\frac{2}{\tan\alpha}}{\cos\alpha}=3+\tan\alpha+$

$$\frac{2}{\tan\alpha}=3+\frac{1+\tan\frac{\alpha}{2}}{1-\tan\frac{\alpha}{2}}+\frac{2}{\tan\frac{\alpha}{2}}=3+\frac{\tan^2\frac{\alpha}{2}-\tan\frac{\alpha}{2}+2}{\tan\frac{\alpha}{2}-\tan^2\frac{\alpha}{2}}=2+\frac{2}{\tan\frac{\alpha}{2}\left(1-\tan\frac{\alpha}{2}\right)}\geqslant 2+\frac{2}{\left(\frac{1}{2}\right)^2}=10,$$

当且仅当 $\tan\frac{\alpha}{2}=1-\tan\frac{\alpha}{2}$，即 $\tan\frac{\alpha}{2}=\frac{1}{2}$ 时取等号，此时 $\tan\alpha=\frac{4}{3}$。

故直线 l 的方程为 $4x+3y-10=0$。

实验 7.7　直线与圆的位置关系

本节课是 4.2 节第 1 课时内容，是学习了直线方程、直线与直线的位置关系、圆的方程等之后，用解析法研究直线与圆的位置关系。依据圆心到直线的距离与半径长的关系判断直线与圆的位置关系，是运用点到直线的距离公式求出圆心到直线的距离，然后比较这个距离与圆的半径的大小，并作出位置关系的判断，仍然是用坐标法解决问题(几何意义相对直观)。

【实验目标】

1. 使学生从具体的事例中认知和理解直线与圆的三种位置关系并能概括其定义，会用定义来判断直线与圆的位置关系，通过类比点与圆的位置关系及观察、实验等活动探究直线与圆的位置关系及其运用。

2. 通过观察、实验、讨论、合作研究等数学活动使学生了解探索问题的一般方法，由观察得到“圆心与直线的距离和圆半径大小的数量关系对应等价于直线和圆的位置关系”从而实现位置关系与数量关系的转化，渗透运动与转化的数学思想。

3. 激发学生好奇心，体验数学活动中的探索与创造，感受数学的严谨性和数学结论的正确性，在学习活动中获得成功的体验。通过“转化”数学思想的运用，让学生认识到事物之间是普遍联系、相互转化的辩证唯物主义思想。

【实验流程】

(一) 问题情境

问题 1　一艘轮船在沿直线返回港口的途中，接到气象台的台风预报：台风中心 O 位于轮船 A 的正西 47km 处，受影响的范围是半径长为 30km 的圆形区域。已知港口位于台风中心正北 40km 处的 B，如果这艘轮船不改变航线，那么它是否会受到台风的影响？

设计意图：让学生感受这个实际问题中所蕴含的直线与圆的位置关系，思考解决问题的方案。通过实际问题的解决，让学生体会生活中的数学，突出研究直线与圆的位置关系的重要意义。

师生活动：让学生进行讨论、交流，启发学生由图形获取判断直线与圆的位置关系的直观认知，引入新课。

问题 1 中你觉得船在什么情况下有危险？

【实验过程】

1. 浏览器地址栏输入 https://www.netpad.net.cn/svg.html#posts/197448，打开课件。

2. 单击上侧“全屏”工具，全屏打开课件，如图 7.7.1 所示。

3. 单击按钮“返航”，考察轮船运行路径，探究如何准确判断轮船受不受影响？

（二）揭示课题——直线与圆的位置关系

问题 2　前面问题可以转化为直线与圆的位置关系问题，直线与圆的位置关系有几种？在平面几何中，我们怎样判断直线与圆的位置关系呢？

设计意图：从已有的知识出发，建立新旧知识之间的联系，构建学生学习的最近发展区，不断加深对问题的理解。

师生互动：引导学生回忆义务教育阶段判断直线与圆的位置关系的思想过程，其中 r 为圆 O 半径，d 为点 O 到直线 AB 距离。填写下面的表格。

直线与圆的位置关系	d 与 r 的关系	公共点个数	图形
相交			
相切			
相离			

问题 3　通过刚才的复习，大家觉得判断直线与圆的位置关系的方法有几种呢？

设计意图：从旧知识出发，引导学生总结直线与圆的位置关系的判断方法。

师生活动：引导学生回答有两种：一是看圆心到直线的距离与圆的半径的大小关系；二是看直线与圆公共点的个数。

问题 4　只从图形上观察能否准确判断轮船受不受台风的影响？图 7.7.2 中直线 AB 与圆 O 的位置关系是什么？

设计意图：利用电脑的分辨率造成误解，通过一系列的追问，让学生感受到能否判断位置关系，需要根据数量来判断，为后续引出用坐标法解决问题做铺垫。

【实验过程】

1. 单击上侧快速工具栏放大按钮“”，放大图形，如图 7.7.3 所示。

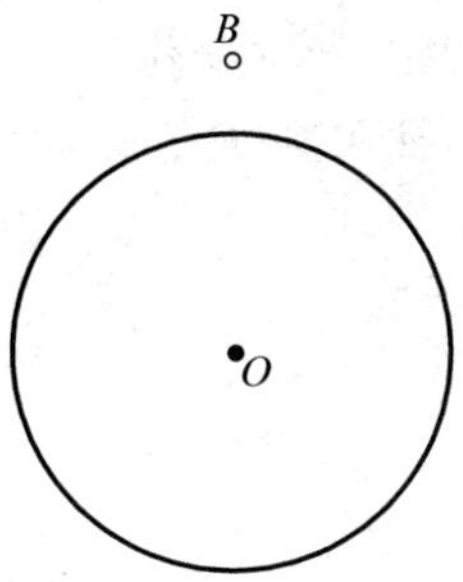

图　7.7.1

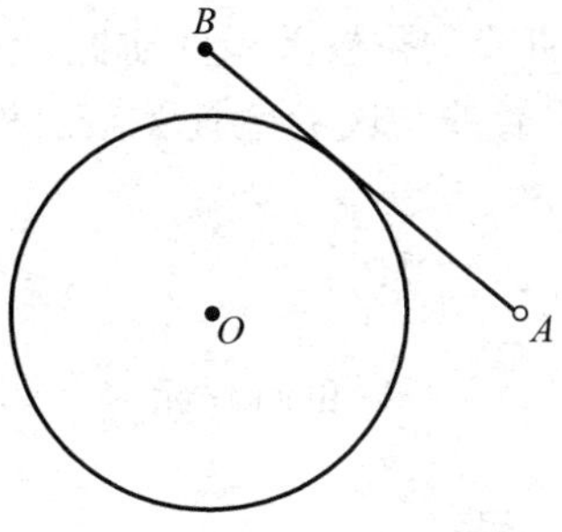

图　7.7.2

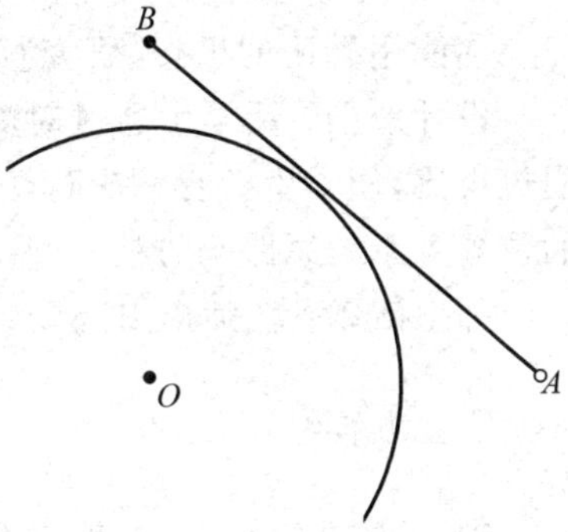

图　7.7.3

2. 观察直线 AB 与圆 O 的位置关系。

问题 5　无法通过观察确定直线与圆公共点个数时，怎么判断直线与圆的位置关系？

设计意图：通过教师追问，引起学生思考，引导学生用直线与圆的方程判断直线与圆的位置关系，体验坐标法的思想方法。

问题 6 要求圆与直线的方程，首先要建立坐标，那如何建立坐标？

【解析】 以中心为原点，以东、西方向为 x 轴，建立直角坐标系，则台风影响的圆形区域所对应的圆的方程为 $x^2+y^2=9$，轮船航线所在的直线的方程为 $4x+4.7y-18.8=0$，圆心到直线距离 $d=\frac{18.8}{\sqrt{4^2+4.7^2}}\approx 3.046>r$，故直线与圆相离，轮船不会受到台风的影响。

问题 7 利用圆心到直线的距离与半径的大小关系判断直线与圆的位置关系的一般步骤是什么？

设计意图：对判断直线与圆的位置关系步骤进行小结，对知识进行梳理，使学生有“操作规范”，培养归纳能力，同时也渗透了算法思想。

师生活动：教师引导学生分析归纳：

(1) 建立平面直角坐标系。

(2) 求出直线方程，圆心坐标与圆的半径 r。

(3) 求出圆心到直线的距离 d。

(4) 比较 d 与 r 的大小，确定直线与圆的位置关系。

① 当 $d>r$ 时，直线与圆相离；

② 当 $d=r$ 时，直线与圆相切；

③ 当 $d<r$ 时，直线与圆相交。

问题 8 对于平面直角坐标系中的直线：

l_1：$A_1x+B_1y+C_1=0$ 和 l_2：$A_2x+B_2y+C_2=0$，

联立方程组 $\begin{cases}A_1x+B_1y+C_1=0,\\A_2x+B_2y+C_2=0,\end{cases}$ 我们有如下一些结论：

① l_1 与 l_2 相交，方程组有唯一解；

② l_1 与 l_2 平行，方程组无解；

③ l_1 与 l_2 重合，方程组有无穷组解。

你能用类比的思想，研究直线与圆的位置关系吗？

设计意图：让学生通过对两条直线的位置关系的研究，回顾坐标法思想的重要作用，并通过类比，使学生获得用坐标法研究直线与圆的位置关系的想法与结论，抽象判断直线与圆的位置关系的思路与方法。

师生活动：教师提出问题，引导学生得出：

联立方程组 $\begin{cases}Ax+By+C=0,\\x^2+y^2+Dx+Ey+F=0,\end{cases}$ 我们有如下一些结论：

① 圆与直线相切，方程组有唯一解；

② 圆与直线相交，方程组有两组解；

③ 圆与直线相离，方程组无解。

问题 9 根据方程组是否有解来判断直线与圆的位置关系的步骤。

设计意图：对根据方程组是否有解来判断直线与圆位置关系的步骤进行小结，梳理知识，使学生有“操作规范”，培养归纳能力，同时也渗透了算法思想。

师生活动：教师引导学生分析、归纳：

(1) 将直线方程与圆方程联立成方程组；

(2) 通过消元，得到一个一元二次方程；

(3) 求出其判别式 Δ 的值；

(4) 判断 Δ 的符号：

若 $\Delta>0$，则直线与圆相交；

若 $\Delta=0$，则直线与圆相切；

若 $\Delta<0$，则直线与圆相离。

问题 10 如果台风中心在轮船 A 的正西 40km 处，轮船返航过程中是否会受到台风影响？船在哪个具体位置开始受到台风影响，如何刻画？

设计意图：体验平面几何与解析几何的各自解法：平面几何可以定性刻画，解析几何可以精确刻画，体验坐标法的优越性。

师生活动：教师引导，师生共同解决。

（三）弦长问题

问题 11 如果轮船在行驶过程中受台风的影响，请研究轮船受台风影响的行程有多远？

设计意图：当直线与圆的位置关系为相交时，学习弦长的求法。

【实验过程】

1. 单击按钮，进入下一课件，如图 7.7.4 所示。

2. 单击按钮“提示”，显示交点 C，D，再次单击按钮“提示”，显示半径 OC，圆心与弦中点连线，如图 7.7.5 所示。

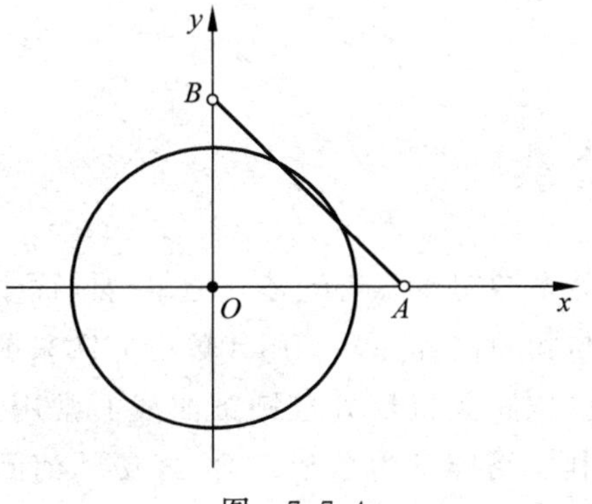

图 7.7.4

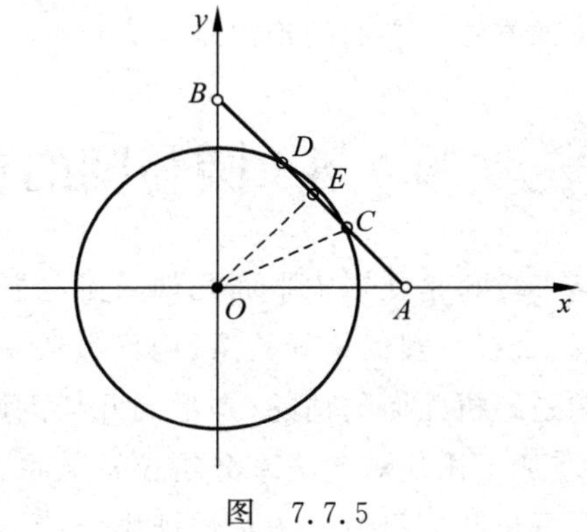

图 7.7.5

3. 试用多种方法求 CD 的长。

师生活动：教师引导学生分析、归纳：

方法 1：直接求两个交点坐标，用两点间距离公式。

方法 2：构造直角三角形，先求弦心距，再求弦长。

（四）例题示范

例 1　已知直线 l：$3x+y-6=0$ 和圆心为 C 的圆 $x^2+y^2-2y-4=0$。

(1) 判断直线与圆的位置关系；

(2) 如果相交，求它们交点的坐标。

设计意图：通过例题巩固判断直线与圆的位置关系方法，关注量与量之间的关系，使学生体验用坐标法研究直线与圆的位置关系的想法与结论。

师生活动：教师引导学生分析解答。

方法 1：判断直线与圆的位置关系，就是看由它们的方程组成的方程组有无实数解。

方法 2：可以依据圆心到直线的距离与半径大小的关系，判断直线与圆的位置关系。

问题 12　在判断直线与圆的位置关系的不同方法中，你选择哪一种？

设计意图：体验两种方法各自的优越性和其中蕴含的思想方法。

师生活动：学生讨论选择。

例 2　已知过点 $M(-3,-3)$ 的直线 l 被圆 $x^2+y^2+4y-21=0$ 所截得的弦长为 $4\sqrt{5}$，求直线 l 的方程。

学生：先独立解决，然后看课本，规范解题。

教师：设直线方程为 $y+3=k(x+3)$，它的前提是斜率存在，对于斜率不存在的情况用几何画板演示。(答案为：$x+2y+9=0$，或 $2x-y+3=0$)

（五）课堂小结

问题 13　判断直线与圆的位置关系有哪些方法？

问题 14　当直线与圆相交时，如何求弦长？

设计意图：巩固所学知识，培养学生归纳概括能力。

师生活动：学生思考，教师引导时应涉及到"如何求弦长"以及判断直线与圆的位置关系有几种方法？它们的步骤是什么？

实验 7.8　圆与圆的位置关系

高中教材是在初中平面几何对圆与圆的位置关系的初步分析的基础上结合前面学习的点与圆、直线与圆的位置关系，用代数法来研究圆与圆的位置关系。用代数的方法来解决几何问题是解析几何的精髓，是平面几何问题的深化，它将是以后处理圆锥曲线的常用方法。因此，增加了用代数方法来分析位置关系，这样有利于培养学生数形结合、经历几何问题代数化等解析几何思想方法及辩证思维能力，其基本思维方法和解决问题的技巧对今后整个圆锥曲线的学习有着非常重要的意义。

【实验目标】

通过对圆与圆的位置关系的学习，形成代数方法处理几何问题的能力，从而激发学生学习数学的热情和兴趣，培养学生分析、概括的思维能力。

通过观察图形，理解并掌握圆与圆的位置关系，培养数形结合的思想。

【实验流程】

（一）导入新课

回首——温故知新

问题 1 如图 7.8.1、图 7.8.2 所示，观察奥运五环、索契冬奥会五环，回顾初中所学的圆与圆有哪几种位置关系？

图 7.8.1

图 7.8.2

【设计意图】

由非常有意义的奥运五环、冬奥会五环入手，调动学生的学习热情，让学生充分体会数学源于生活，同时复习巩固圆与圆的位置关系。

问题 2 运用网络画板探究圆与圆的位置关系。

【实验过程】

1. 浏览器地址栏输入 https://www.netpad.net.cn/svg.html#posts/197986，打开课件。

2. 单击上侧"全屏"工具，全屏打开课件，如图 7.8.3 所示。

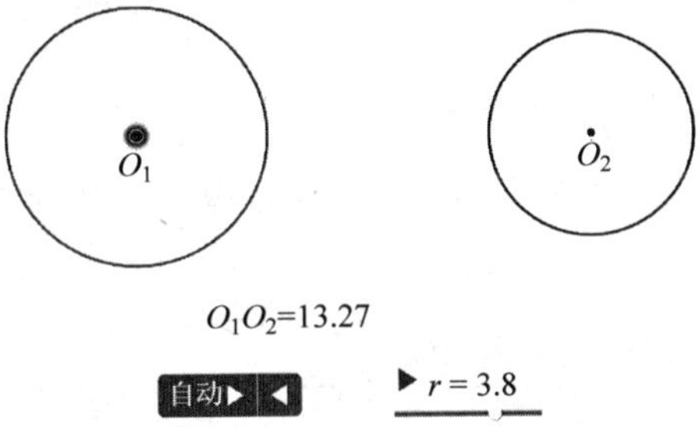

图 7.8.3

3. 拖动点 O_1，探究两圆位置关系与 O_1O_2，R，r 间的关系。

4. 单击按钮"自动"，圆 O_1 从左至右运动，探究两圆位置关系与 O_1O_2，R，r 间的关系。

5. 选中两圆，单击下侧工具栏的"切线|公切线"工具，构造两圆的公切线，拖动点 O_1 或单击按钮"自动"，探究两圆公切线条数。

6. 拖动变量 r 的滑杆，改变 r 的值，单击按钮"自动"，探究是否所有的圆都存在上述五种位置关系呢？

7. 根据上述实验，填写实验记录。

(1) 当两圆________时，两圆有 5 种位置关系。

图形	位置关系	d 与 R,r 间关系	公共点	公切线

(2) 当两圆________，两圆只有________种位置关系，分别是________。

（二）体验——形成方法

回顾上一节如何判断直线与圆的位置关系？

方法 1：几何法

方法 2：代数法

（请同学们独立思考，用尽可能多的方法完成下面问题，然后进行小组讨论）

例 1 已知圆 C_1：$x^2+y^2+2x+8y+13=0$ 和圆 C_2：$x^2+y^2-4x-4y+7=0$，试判断两圆位置关系。

方法 1：把圆 C_1，C_2 方程化为标准方程得 C_1：$(x+1)^2+(y+4)^2=4$ 与 $(x-2)^2+(y-2)^2=1$，圆 C_1 的圆心是点 $(-1,-4)$，半径长 $r_1=2$；圆 C_2 的圆心是点 $(2,2)$，半径长 $r_2=1$，所以圆心距 $d=\sqrt{(-1-2)^2+(-4-2)^2}=3\sqrt{5}$，两圆半径之和 $r_1+r_2=3$，而 $3\sqrt{5}>3$，即 $d>r_1+r_2$。

故圆 C_1 与圆 C_2 外离，它们没有公共点。

小结：类比判断直线与圆位置关系的几何法，总结几何法判断圆与圆的位置关系的步骤。

方法 2：圆 C_1 与 C_2 方程联立方程组 $\begin{cases}x^2+y^2+2x+8y+13=0 ①\\ x^2+y^2-4x-4y+7=0 ②\end{cases}$，

①－②得 $x+2y+1=0$ ③，

由③得 $x=-1-2y$ 代入①得 $5y^2+8y+12=0$④，$\Delta=8^2-4\times5\times12=-176<0$，

故方程④无实根，即圆 C_1 与圆 C_2 没有公共点。

问题 3 两圆位置关系是外离还是内含？

小结：类比判断直线与圆位置关系的代数法，总结代数法判断圆与圆的位置关系的步骤，这种方法判断圆与圆的位置关系存在什么问题？

例 2 已知圆 C_1：$x^2+y^2-2mx+4y+m^2-5=0$，圆 C_2：$x^2+y^2+2x-2my+m^2-3=0$，m 为何值时：(1)圆 C_1 与圆 C_2 外切；(2)圆 C_1 与圆 C_2 内含

【解析】 对于圆 C_1，圆 C_2 的方程，经配方后 C_1：$(x-m)^2+(y+2)^2=9$，C_2：$(x+1)^2+(y-m)^2=4$。

(1) 如果 C_1 与 C_2 外切，则有 $\sqrt{(m+1)^2+(m+2)^2}=5$，所以 $m^2+3m-10=0$，解得 $m=2$ 或 $m=-5$。

（2）如果 C_1 与 C_2 内含，则有 $\sqrt{(m+1)^2+(m+2)^2}<1$，所以 $m^2+3m+2<0$，得 $-2<m<-1$，则当 $-2<m<-1$ 时，C_1 与 C_2 内含。

例 3　求过直线 $x+y+4=0$ 与圆 $x^2+y^2+4x-2y-4=0$ 的交点且与 y 轴相切的圆的方程。

【解析】　直线与圆方程联立方程组 $\begin{cases} x+y+4=0 & ① \\ x^2+y^2+4x-2y-4=0 & ② \end{cases}$。

由①得 $y=-4-x$③，代入②得 $x^2+7x+10=0$，解得 $x=-2$ 或 $x=-5$，代入③得 $y=-2$ 或 $y=1$，则直线与圆交点为 $A(-2,-2)$，$B(-5,1)$。

设所求圆方程为 $(x-a)^2+(y-b)^2=r^2$，因为所求圆过点 A，B，所以 $(2+a)^2+(2+b)^2=r^2$④，$(a+5)^2+(1-b)^2=r^2$⑤，又圆与直线 $y=x$ 相切，所以 $|a|=r$⑥。

由④⑤⑥解得 $a=-7+2\sqrt{5}$，$b=-4+2\sqrt{5}$，$r=7-2\sqrt{5}$。

故 $(x+7-2\sqrt{5})^2+(y+4-2\sqrt{5})^2=(7-2\sqrt{5})^2$。

问题 4　本题有没有更简单的做法？

【实验过程】

1. 单击按钮，进入下一课件，如图 7.8.4 所示。

2. 拖动变量 λ 的滑杆，改变 λ 的值，观察红色圆与粉色直线、黑色圆的位置关系，探究红色圆与 y 轴相切的条件。

3. 小组合作：用鼠标右键单击红色圆，在弹出菜单选择【编辑】，查看红色圆的方程；类比直线系方程，红色圆的方程与已知直线和圆的方程有何关系？能否推广到一般情况？为什么？

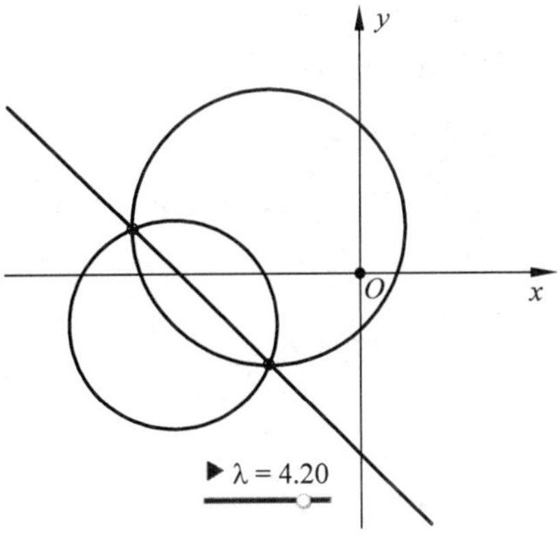

图　7.8.4

4. 填写实验记录。

（1）设圆 M：$x^2+y^2+Dx+Ey+F=0$ 与直线 l：$Ax+Bx+C=0$ 相交于点 A，B，则过 A，B 的圆系方程为____________________。

（2）证明：

5. 利用圆系方程求解与 y 轴相切时红色圆的方程？

【解析】　设所求的圆的方程为 $x^2+y^2+4x-2y-4+\lambda(x+y+4)=0$①，即 $\left(x+\dfrac{\lambda+4}{2}\right)^2+\left(y+\dfrac{\lambda-2}{2}\right)^2=4-4\lambda+\dfrac{(\lambda+4)^2}{4}+\dfrac{(\lambda-2)^2}{4}$。

因为圆与 y 轴相切，所以 $4-4\lambda+\dfrac{(\lambda+4)^2}{4}+\dfrac{(\lambda+2)^2}{4}=\dfrac{(\lambda+4)^2}{4}$。

根据图形位置关系可得 $\lambda=10-4\sqrt{5}$ 代入①得，$x^2+y^2+(14-4\sqrt{5})x+(8-4\sqrt{5})y+36-16\sqrt{5}=0$ 为所求圆的方程。

例 4　求过两圆 C_1：$x^2+y^2+6x-4=0$，C_2：$x^2+y^2+6y-28=0$ 的交点，且圆心在直线 $x-y-4=0$ 上的圆的方程。

【解析】　两圆方程联立方程组 $\begin{cases}x^2+y^2+6x-4=0 & ①\\ x^2+y^2+6y-28=0 & ②\end{cases}$。

①－②得 $x-y+4=0$③，即 $y=x+4$ 代入①得，$x^2+7x+6=0$，解得 $x=-1$ 或 $x=-6$ 代入③得 $y=3$ 或 $y=-2$，则两圆的交点为 $(-1,3)$，$(-6,-2)$。

又所求圆圆心在直线 $x-y-4=0$ 上，可设圆心为 $(a,a-4)$，则 $\begin{cases}(a+1)^2+(3-a+4)^2=r^2\\ (a+6)^2+(-2-a+4)^2=r^2\end{cases}$，解得 $\begin{cases}a=\dfrac{1}{2}\\ r^2=\dfrac{89}{2}\end{cases}$。

故所求方程为 $\left(x-\dfrac{1}{2}\right)^2+\left(y+\dfrac{7}{2}\right)^2=\dfrac{89}{2}$。

问题 5　能不能类比例 3 利用圆系方程求解本题？

【实验过程】

1. 单击按钮，进入下一课件，如图 7.8.5 所示。

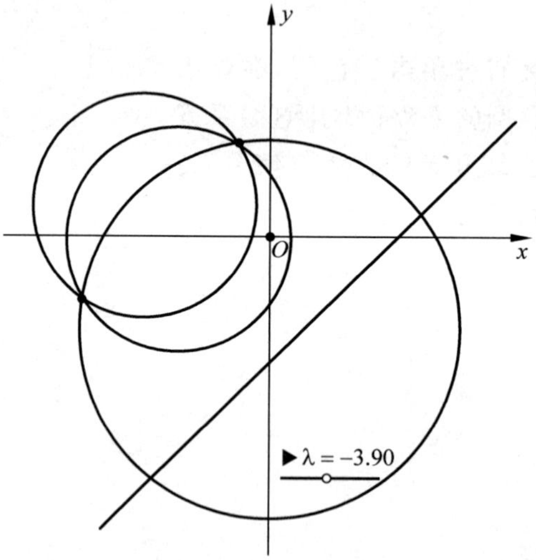

图　7.8.5

2. 拖动变量 λ 的滑杆，改变 λ 的值，观察红色圆与黑色、紫色圆的位置关系，探究红色圆与粉色直线相切的条件。

3. 小组合作：用鼠标右键单击红色圆，在弹出菜单选择【编辑】，查看红色圆的方程；类比直线系方程，红色圆的方程与已知两圆的方程有何关系？能否推广到一般情况？为什么？

4. 填写实验记录。

(1) 设圆 C_1：$x^2+y^2+D_1x+E_1y+F_1=0$ 与圆 C_2：$x^2+y^2+D_2x+E_2y+F_2=0$ 相交于点 A,B，则过 A,B 的圆系方程为________________________。

(2) 证明：

5. 利用圆系方程求解本题？

【解析】 设所求的圆的方程为，$x^2+y^2+6y-28+\lambda(x^2+y^2+6x-4)=0$，即 $(1+\lambda)x^2+(1+\lambda)y^2+6\lambda x+6y-28-4\lambda=0$。

圆心为 $\left(-\dfrac{3\lambda}{1+\lambda},-\dfrac{3}{1+\lambda}\right)$ 在直线 $x-y-4=0$ 上，则 $-\dfrac{3\lambda}{1+\lambda}+\dfrac{3}{1+\lambda}-4=0$，解得 $\lambda=-\dfrac{1}{7}$。

故所求方程为 $x^2+y^2-x+7y-32=0$。

（三）升华——提高能力

本节课所学知识：

1. 判断圆与圆位置关系的两种方法。
2. 两类圆系方程及其应用。

实验 7.9　探究两圆方程差的意义

对于两个非同心圆的一般方程，若把它们作差，消去二次项后会得到一个二元一次方程，即得到一条直线的方程。设两圆 C_1：$x^2+y^2+D_1x+E_1y+F_1=0$，C_2：$x^2+y^2+D_2x+E_2y+F_2=0$，把这两个圆的方程作差，消去二次项后，得到的一条直线方程为 l：$(D_1-D_2)x+(E_1-E_2)y+F_1-F_2=0$。

【实验目标】

1. 探究直线 l 在两圆 5 种位置关系下的几何意义。
2. 探究直线 l 与已知两圆的位置关系。

【实验流程】

预备知识：圆幂定理。

1. 相交弦定理：圆内的两条相交弦，被交点分成的两条线段长的积相等。

2. 切割线定理：从圆外一点引圆的切线和割线，切线长是这点到割线与圆交点的两条线段长的比例中项。

3. 割线定理：从圆外一点 P 引两条割线与圆分别交于 A,B,C,D，则有 $PA\cdot PB=PC\cdot PD$。

统一归纳为圆幂定理：过任意不在圆上的一点 P 引两条直线 l_1,l_2,l_1 与圆交于 A,B（可重合，即切线），l_2 与圆交于 C,D（可重合），则有 $PA\cdot PB=PC\cdot PD$。

圆幂定理推论：设圆半径为 r，圆心为 O，若 P 在圆外，则 $PA\cdot PB=PC\cdot PD=$（切线

长)^2；若 P 在圆内，则 $PA \cdot PB = PC \cdot PD = PO^2 - r^2$。

定义点到圆的幂与两圆的根轴：

1. 定义点到圆的幂：平面上任意一点对于圆的幂为这个点到圆心的距离与圆的半径的平方差的绝对值。这个值称为点 P 到圆 O 的幂(若 P 在圆外，这个值就是切线长的平方)。

2. 两圆的根轴定义：两圆方程相减所得的方程对应的直线叫两圆的根轴。

【实验过程】

1. 浏览器地址栏输入 https://www.netpad.net.cn/svg.html#posts/198268，打开课件。

2. 单击上侧“全屏”工具，全屏打开课件，如图 7.9.1 所示。

3. 圆 C_1，C_2 的圆心分别是 $C_1(a_1, b_1)$，$C_2(a_2, b_2)$，半径分别为 r_1，r_2。

4. 写出两圆方程的一般式，并求两圆方程的差。

5. 单击下侧工具栏中的“隐函数方程”工具 f(x,y)，在弹出的对话框中输入两圆方程的差，设置如图 7.9.2 所示，单击右下侧【外观】，设置【颜色】为红色。

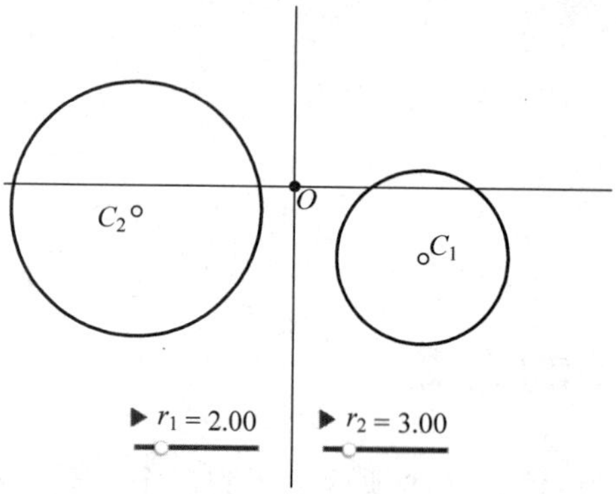

图 7.9.1

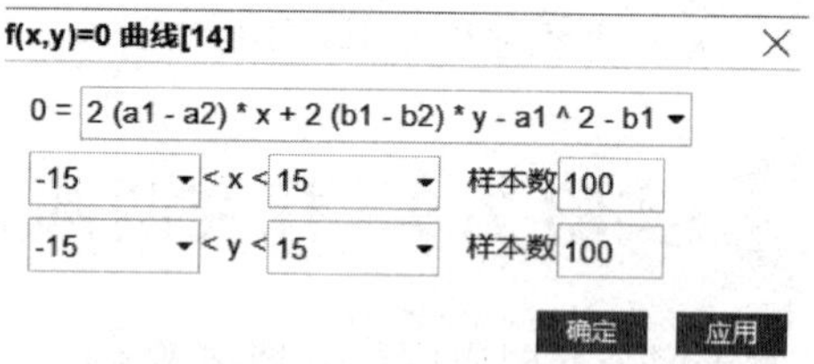

图 7.9.2

6. 拖动点 C_1 或 C_2 运动或者拖动变量 r_1，r_2 的滑杆，改变两圆半径，使得两圆相交，如图 7.9.3 所示，探究红色直线与两圆的位置关系，反复多次实验，填写实验记录。

7. 拖动点 C_1 或 C_2 运动或者拖动变量 r_1，r_2 的滑杆，改变两圆半径，使得两圆外切，如图 7.9.4 所示，探究红色直线与两圆的位置关系，反复多次实验，填写实验记录。

8. 拖动点 C_1 或 C_2 运动或者拖动变量 r_1，r_2 的滑杆，改变两圆半径，使得两圆内切，如图 7.9.5 所示，探究红色直线与两圆的位置关系，反复多次实验，填写实验记录。

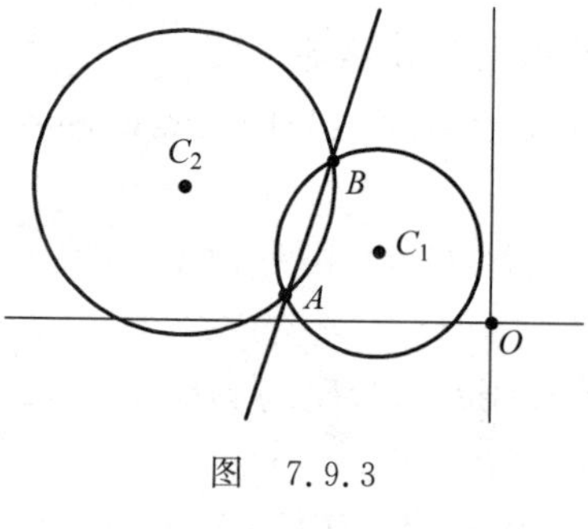

图 7.9.3

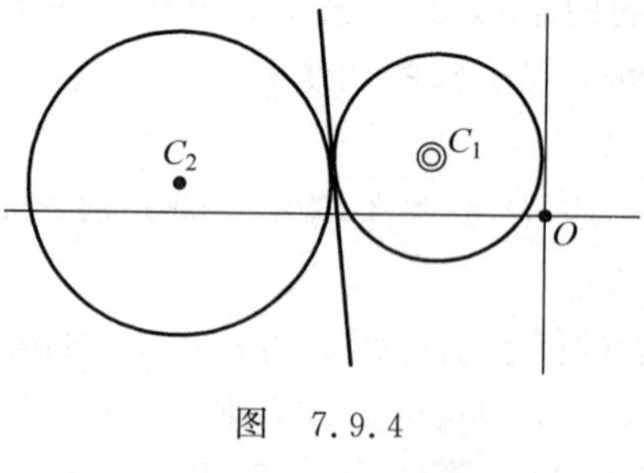

图 7.9.4

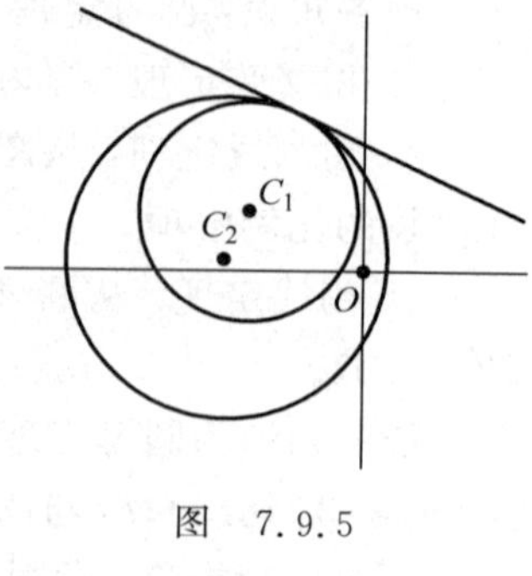

图 7.9.5

【实验记录】

两圆位置关系	直线 l 与两圆位置关系	证明
相交		
外切		
内切		
上面三种情况，直线 l 与两圆位置关系的共同点：		
猜测两圆外离和内含时，直线 l 与线段 C_1C_2：		

9．选中点 C_1，C_2，单击下侧工具栏的“直线”工具，构造直线 C_1C_2。

10．拖动点 C_1 或 C_2 运动或者拖动变量 r_1，r_2 的滑杆，改变两圆半径，使得两圆外离，如图 7.9.6 所示，反复多次实验，探究、验证猜测。

11．选中直线 C_1C_2，单击下侧工具栏的“交点”工具，构造两线的交点 C，如图 7.9.7 所示。

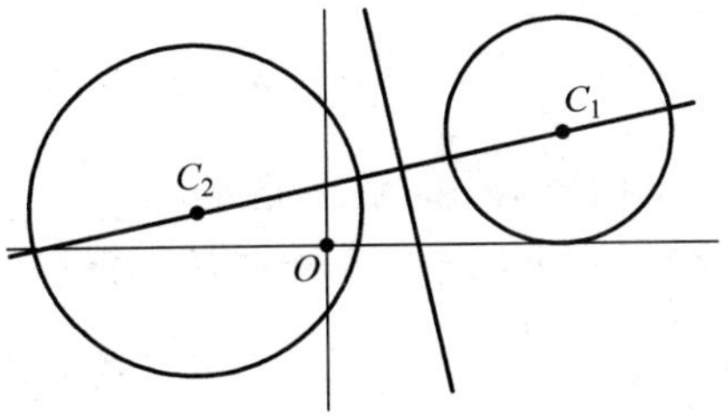

图 7.9.6

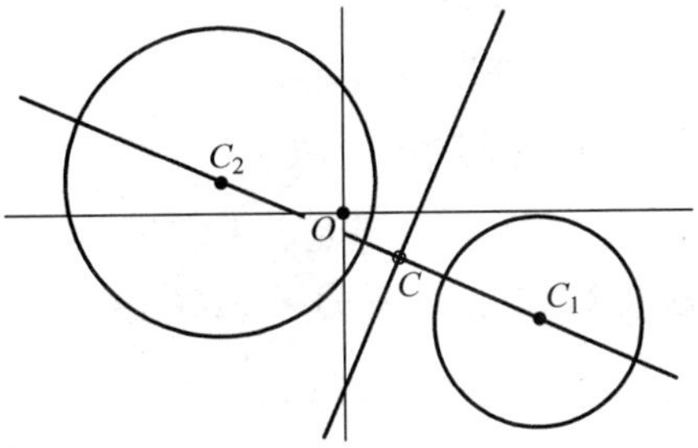

图 7.9.7

12．拖动点 C_1 或 C_2 运动或者拖动变量 r_1，r_2 的滑杆，改变两圆半径，保持两圆外离，探究点 C 的位置特征(教师引导，学生在网络画板上操作)，填写实验记录。

13．拖动点 C_1 或 C_2 运动或者拖动变量 r_1，r_2 的滑杆，改变两圆半径，使得两圆内含，如图 7.9.8 所示，反复多次实验，探究、验证猜测。

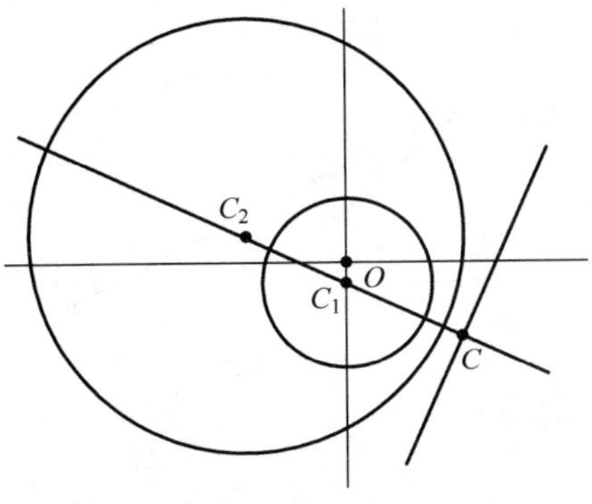

图 7.9.8

14. 拖动点 C_1 或 C_2 运动或者拖动变量 r_1, r_2 的滑杆，改变两圆半径，保持两圆外离，探究点 C 的位置特征（教师引导，学生在网络画板上操作），填写实验记录。

实验 7.10　探究直线和圆中的最值问题

解析几何中的直线与圆是高考的核心考点，其中，涉及直线与圆的最值问题，考查频率颇高，命题灵活，蕴含的数学思想方法非常丰富。在解决这类问题时最主要的就是画出合适的图形，根据学过的几何知识通过数形分析、转化寻求最值的求解方法，得出最终的结果。

【实验目标】

1. 进一步理解并掌握两点连线斜率、点到直线距离的几何意义。

2. 能够结合待求距离或式子的几何意义，数形结合转化为直线与直线或直线与圆的位置关系求解。

【实验流程】

（一）复习引入

1. 两点连线斜率公式。

2. 点到直线距离公式。

（二）新课教学

例 1　已知 x, y 满足 $x+2y-5=0$，则 $(x-1)^2+(y-1)^2$ 的最小值为________。

【解析】　由 $x+2y-5=0$，得 $x=5-2y$，代入 $(x-1)^2+(y-1)^2$ 并整理可得 $(5-2y-1)^2+(y-1)^2=4(y-2)^2+(y-1)^2=5y^2-18y+17=5\left(y-\frac{9}{5}\right)^2+\frac{4}{5}$，所以可得最小值为 $\frac{4}{5}$。

思考：1. 式子 $(x-1)^2+(y-1)^2$ 有没有几何意义？

2. $(x-1)^2+(y-1)^2$ 的最小值有没有其他求解方法？

【实验过程】

1. 浏览器地址栏输入 https://www.netpad.net.cn/svg.html#posts/198442，打开课件。

2. 单击上侧“全屏”工具，全屏打开课件，如图 7.10.1 所示。

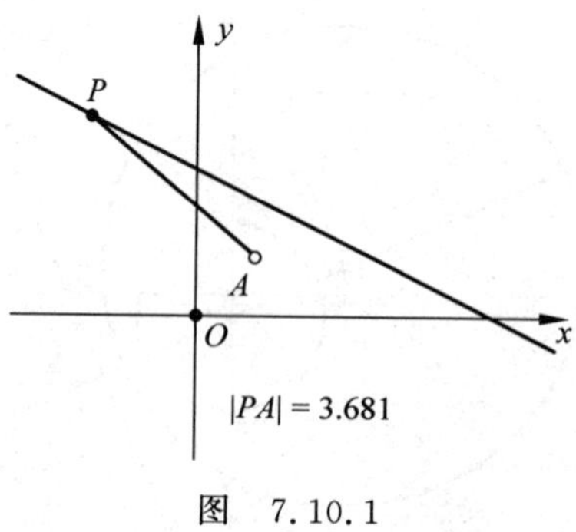

图　7.10.1

3. 拖动点 P，探究 $|PA|$ 取最小值的条件，解答问题。

$(x-1)^2+(y-1)^2$ 表示点 $P(x, y)$ 到点 $Q(1,1)$ 的距离的平方。

由已知可知点 P 在直线 l：$x+2y-5=0$ 上，所以 PQ 的最小值为点 Q 到直线 l 的距离，即 $d=\frac{|1+2\times1-5|}{\sqrt{1+2^2}}=\frac{2\sqrt{5}}{5}$，所以 $(x-1)^2+(y-1)^2$ 的最小值为 $d^2=\frac{4}{5}$。

例 2　在平面直角坐标系 xOy 中，圆 C 的方程为 $x^2+y^2-8x+15=0$，若直线 $y=kx-2$ 上至少存在一点，使得以该点为圆心，1 为半径的圆与圆 C 有公共点，则 k 的最大值是________。

【实验过程】

1. 单击按钮，进入下一课件，如图 7.10.2 所示。

2. 拖动变量 k 的滑杆，改变 k 的值；拖动点 P，考察圆 P 与圆 C 是否有公共点。

3. 反复实验，探究直线 $y=kx-2$ 上至少存在一点，使得以该点为圆心，1 为半径的圆与圆 C 有公共点的几何意义，解答问题。

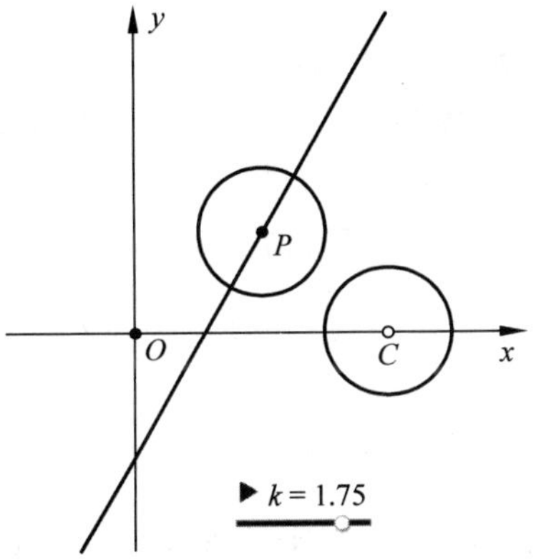

图　7.10.2

【解析】　可转化为圆 C 的圆心到直线 $y=kx-2$ 的距离不大于 2。圆 C 的标准方程为 $(x-4)^2+y^2=1$，圆心为 $(4,0)$。

由题意知圆心 $(4,0)$ 到 $kx-y-2=0$ 的距离应不大于 2，即 $\frac{|4k-2|}{\sqrt{k^2+1}}\leqslant 2$，整理，得 $3k^2-4k\leqslant 0$，解得 $0\leqslant k\leqslant\frac{4}{3}$。故 k 的最大值是 $\frac{4}{3}$。

例 3　由直线 $y=x+2$ 上的点 P 向圆 C：$(x-4)^2+(y+2)^2=1$ 引切线 PT（T 为切点），当 PT 的长最小时，点 P 的坐标是________。

【实验过程】

1. 单击按钮，进入下一课件，如图 7.10.3 所示。

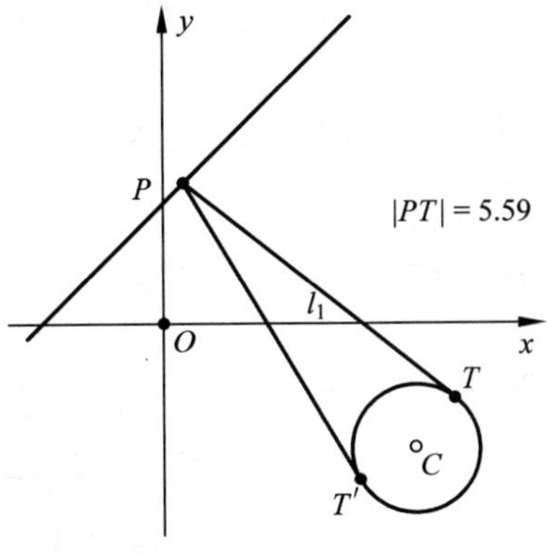

图　7.10.3

2. 拖动点 P，考察 PT 长度变化，探究 $|PT|$ 最小时点 P 的位置及相应位置关系，解答问题。

【解析】 如图 7.10.3 所示，$PT=\sqrt{PC^2-1}$，故 PT 最小时，PC 最小，此时 PC 垂直于直线 $y=x+2$，则直线 PC 的方程为 $y+2=-(x-4)$，即 $y=-x+2$，联立方程 $\begin{cases}y=x+2,\\y=-x+2,\end{cases}$ 解得点 P 的坐标为 $(0,2)$。

例 4 与直线 l：$x-y-4=0$ 和圆 C：$x^2+y^2+2x-2y=0$ 都相切的半径最小的圆 M 的方程是________。

【实验过程】

1. 单击按钮，进入下一课件，如图 7.10.4 所示。

2. 拖动点 M，探究圆 M 半径的最小值及取得最值的条件，解答问题。

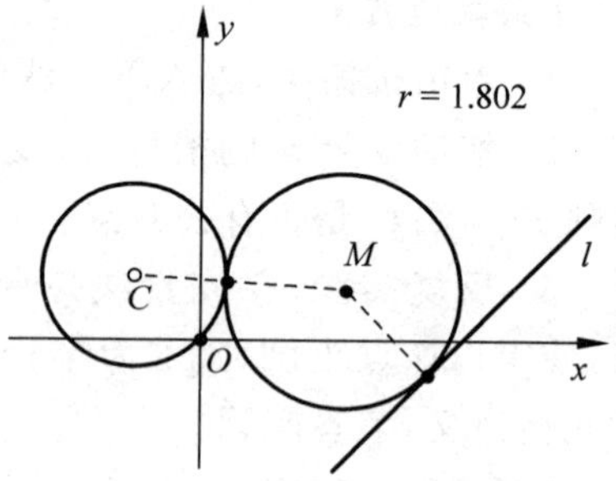

图 7.10.4

【解析】 易知所求圆 M 的圆心在直线 $y=-x$ 上，故设其坐标为 $M(c,-c)$。

又其直径为圆 C 的圆心 $C(-1,1)$ 到直线 $x-y-4=0$ 的距离减去圆 A 的半径，即 $2r=\dfrac{6}{\sqrt{2}}-\sqrt{2}=2\sqrt{2}\Rightarrow r=\sqrt{2}$，即圆心 C 到直线 $x-y-4=0$ 的距离等于 $\sqrt{2}$，故有 $\dfrac{|2c-4|}{\sqrt{2}}=\sqrt{2}\Rightarrow c=3$ 或 $c=1$，结合图形当 $c=3$ 时，圆 C 在直线 $x-y-4=0$ 下方，不符合题意，故所求圆的方程为 $(x-1)^2+(y+1)^2=2$。

例 5 已知点 $P(x,y)$ 是圆 C：$(x-1)^2+(y+1)^2=2$ 上任意一点。

(1) 求点 P 到直线 l：$3x+4y+12=0$ 的距离的最大值和最小值；

(2) 求 $\dfrac{y-2}{x-4}$ 的最大值和最小值。

【实验过程】

1. 单击按钮，进入下一课件，如图 7.10.5 所示。

2. 拖动点 P 在圆 C 上运动，考察点 P 到直线 l 的距离 $|PQ|$ 的变化，探究 $|PQ|$ 最大或最小的条件，解答问题(1)。

3. 考察 $\dfrac{y-2}{x-4}$ 的几何意义，单击按钮“问题 2”，进入问题 2，如图 7.10.6 所示。

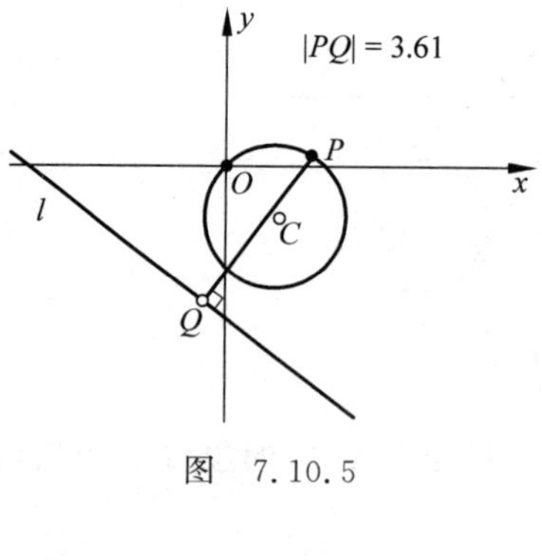

图 7.10.5

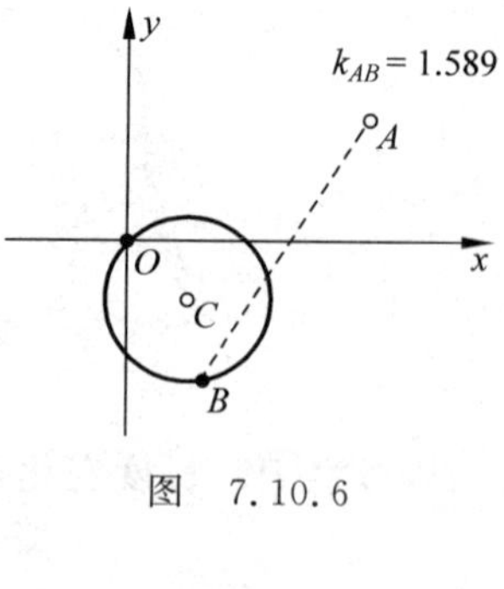

图 7.10.6

4. 拖动点 B 在圆 C 上运动，考察直线 AB 斜率 k_{AB} 的变化，探究 k_{AB} 取得最大、最小值的条件，解答问题(2)。

【解析】　(1) 圆心 $C(1,-1)$ 到直线 $3x+4y+12=0$ 的距离为 $d=\frac{|3\times1+4\times(-1)+12|}{\sqrt{3^2+4^2}}=\frac{11}{5}$。所以点 P 到直线 $3x+4y+12=0$ 的距离的最大值为 $d+r=\frac{11}{5}+\sqrt{2}$，最小值为 $d-r=\frac{11}{5}-\sqrt{2}$。

(2) 设 $k=\frac{y-2}{x-4}$，则直线 $kx-y-4k+2=0$ 与圆 $(x-1)^2+(y+1)^2=2$ 有公共点，即 $\frac{|-3k+3|}{\sqrt{k^2+1}}\leqslant\sqrt{2}$，$\frac{9-4\sqrt{2}}{7}\leqslant k\leqslant\frac{9+4\sqrt{2}}{7}$，则 $k_{\max}=\frac{9+4\sqrt{2}}{7}$，$k_{\min}=\frac{9-4\sqrt{2}}{7}$。

即 $\frac{y-2}{x-4}$ 的最大值为 $\frac{9+4\sqrt{2}}{7}$，最小值为 $\frac{9-4\sqrt{2}}{7}$。

例 6　已知圆 O：$x^2+y^2=1$(O 为坐标原点)，圆 C：$(x-3)^2+(y-4)^2=4$，过动点 M 分别作圆 O 的切线 MA，MB，圆 C 的切线 MP，MQ(A，B，P，Q 为切点)，若 $MP=MA$，则 $\cos\angle PMQ$ 的最小值为________。

【实验过程】

1. 单击按钮，进入下一课件，如图 7.10.7 所示。
2. 拖动点 M 运动，考察 $\cos\angle PMQ$ 的变化。
3. 用鼠标右键单击点 M，在弹出的菜单选择【跟踪】，拖动 M 运动，考察点 M 的轨迹。
4. 根据问题的几何意义，探究 $\cos\angle PMQ$ 取得最大值或最小值的条件，解答问题。

【解析】　如图 7.10.8 所示，连接 CM，CP，设 $M(x,y)$。

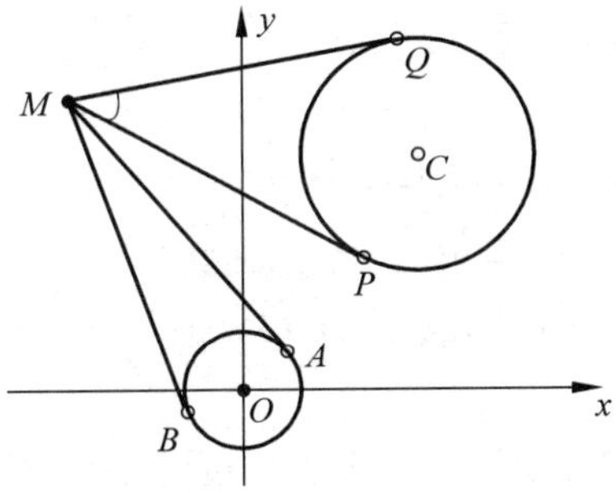

图　7.10.7

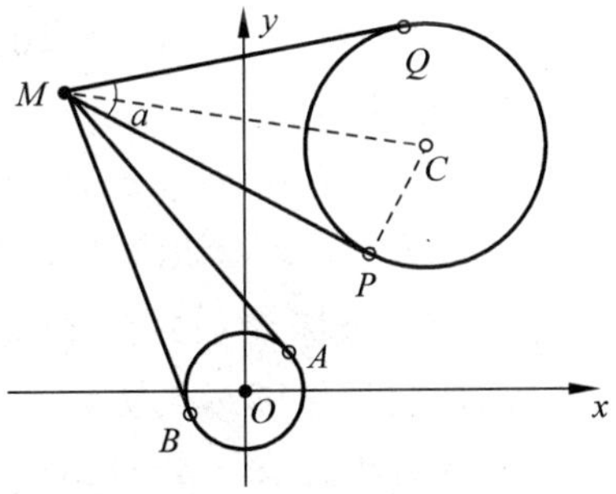

图　7.10.8

由 $MP=MA$ 可得点 M 的轨迹方程为 $3x+4y-11=0$，设 $\angle PMQ=2\theta$，$\cos\angle PMQ=\cos2\theta$。

在 Rt$\triangle CPM$ 中，$\cos2\theta=1-2\sin^2\theta=1-2\left(\frac{CP}{CM}\right)^2=1-2\cdot\frac{4}{CM^2}$，点 C 到直线 $3x+4y-11=0$ 的距离 $d=\frac{3\times3+4\times4-11}{\sqrt{3^2+4^2}}=\frac{14}{5}$，则 CM 的最小值为 $\frac{14}{5}$。

故 $\cos\angle PMQ$ 的最小值为 $-\frac{1}{49}$。

【总结提高】

（1）主要类型：

① 圆外一点与圆上任一点间距离的最值。

② 直线与圆相离，圆上的点到直线的距离的最值。

③ 过圆内一定点的直线被圆截得的弦长的最值。

④ 直线与圆相离，过直线上一点作圆的切线，切线段长的最小值问题。

⑤ 两圆相离，两圆上点的距离的最值。

⑥ 已知圆上的动点 $Q(x,y)$，求与点 Q 的坐标有关的式子的最值，如求 $ax+by$，$\frac{ax+by}{cx+dy}$等的最值，转化为直线与圆的位置关系。

（2）解题思路：

① 数形结合法：一般结合待求距离或式子的几何意义，数形结合转化为直线与直线或直线与圆的位置关系求解。

② 函数法：引入变量构建函数，转化为函数的最值求解。

（3）注意事项：

① 准确理解待求量的几何意义，准确转化为直线与直线或直线与圆的相应的位置关系。

② 涉及切线段长的最值时，要注意切线，圆心与切点的连线及圆心与切线段另一端点的连线组成一个直角三角形。

【课后作业】

1. 若动点 A，B 分别在直线 l_1：$x+y-7=0$ 和 l_2：$x+y-5=0$ 上移动，则 AB 的中点 M 到原点的距离的最小值为________。

2. 已知点 M 是直线 $3x+4y-2=0$ 上的动点，点 N 为圆 $(x+1)^2+(y+1)^2=1$ 上的动点，则 MN 的最小值是________。

3. 已知 P 是直线 l：$3x-4y+11=0$ 上的动点，PA，PB 是圆 $x^2+y^2-2x-2y+1=0$ 的两条切线，C 是圆心，那么四边形 $PACB$ 面积的最小值是________。

4. 已知平面直角坐标系 xOy 中 O 是坐标原点，$A(6,2\sqrt{3})$，$B(8,0)$。

（1）求△OAB 的外接圆 C 的方程。

（2）设圆 N 的方程为 $(x-4-7\cos\theta)^2+(y-7\sin\theta)^2=1(\theta\in\mathbf{R})$，过圆 N 上的任意一点 P 作圆 C 的两条切线 PE，PF，切点为 E，F，求 $\overrightarrow{CE}\cdot\overrightarrow{CF}$ 的最大值与最小值。

【参考答案】

1. **【解析】** 依题意知，AB 的中点 M 的集合是与直线 l_1：$x+y-7=0$ 和 l_2：$x+y-5=0$ 距离都相等的直线，则 M 到原点的距离的最小值为原点到该直线的距离。设点 M 所在直线的方程为 l：$x+y+m=0$，根据平行线间的距离公式得 $\frac{|m+7|}{\sqrt{2}}=\frac{|m+5|}{\sqrt{2}}\Rightarrow|m+7|=|m+5|\Rightarrow m=-6$，即 l：$x+y-6=0$，根据点到直线的距离公式，得 M 到原点的距离的最小值为 $\frac{|-6|}{\sqrt{2}}=3\sqrt{2}$。

2.【解析】 圆心$(-1,-1)$到点M的距离的最小值为点$(-1,-1)$到直线的距离$d=\frac{|-3-4-2|}{5}=\frac{9}{5}$,故点$N$到点$M$的距离的最小值为$d-1=\frac{4}{5}$。

3.【解析】 圆的标准方程为$(x-1)^2+(y-1)^2=1$,圆心为$C(1,1)$,半径为$r=1$。

根据对称性可知四边形$PACB$面积等于$2S_{\triangle APC}=2\times\frac{1}{2}PA\cdot r=PA$。

故PA最小时,四边形$PACB$的面积最小,由于$PA=\sqrt{PC^2-1}$,故PC最小时,PA最小,此时,直线CP垂直于直线l:$3x-4y+11=0$。

故PC的最小值为圆心C到直线l:$3x-4y+11=0$的距离$d=\frac{|3-4+11|}{\sqrt{3^2+4^2}}=\frac{10}{5}=2$,

所以$PA=\sqrt{PC^2-1}=\sqrt{2^2-1}=\sqrt{3}$。故四边形$PACB$面积的最小值为$\sqrt{3}$。

4.【解析】(1) $(x-4)^2+y^2=16$。

(2) 由圆的参数方程可得点N在以$(4,0)$为圆心,7为半径的圆上。

设$\angle\overrightarrow{CE},\overrightarrow{CF}\geqslant 2\theta$,由于$|\overrightarrow{CE}|=|\overrightarrow{CF}|=4$,

则$\overrightarrow{CE}\cdot\overrightarrow{CF}=16\cos 2\theta=32\frac{16}{CP^2}-16$,$\overrightarrow{CE}\cdot\overrightarrow{CF}$的最大(小)值就是求$CP$的最小(大)值。

因为$CN=7$,所以CP的最小值为6,最大值为8。

故$\overrightarrow{CE}\cdot\overrightarrow{CF}$的最大值为$-\frac{16}{9}$,最小值为$-8$。

实验 7.11 探究与圆有关的轨迹问题

本节课是高中数学必修2第4章第139页的“信息技术应用”课题,是在学生学习了“直线与方程”“圆与方程”这两章课本知识后,基于对“曲线与方程”的思想有了较好的理解和掌握的前提下,教材安排的一节“信息技术应用”课程。

【实验目标】

1. 初步理解用代数方法处理几何问题的思想—坐标法。
2. 初步学习用代入法,定义法求点的轨迹方程,了解求点的轨迹方程的方法、步骤。

【实验流程】

(一) 提出问题、引入概念

1. 你能说出我们已经学习过的常见轨迹有哪些吗?
2. 圆的标准方程。

(二) 尝试操作,探究轨迹

例 1 过圆$x^2+y^2=16$与y轴正半轴的交点A,作圆的切线l,点M为切线上任一点,过M作圆的另一切线,切点为Q,求$\triangle AMQ$的垂心H的轨迹方程。

【实验过程】

1. 浏览器地址栏输入 https://www.netpad.net.cn/svg.html#posts/198580,打开课件。

2. 单击上侧“全屏”工具，全屏打开课件，如图 7.11.1 所示。

3. 拖动点 M 运动，考察点 H 的轨迹。

4. 用鼠标右键单击点 H，在弹出的菜单选择【跟踪】，拖动点 M 运动，探究点 H 的轨迹。

5. 反复拖动点 M 运动，适当添加辅助线，探究图中的几何关系，求点 H 的轨迹方程。

【解析】 连接 OQ，AH，如图 7.11.2 所示。

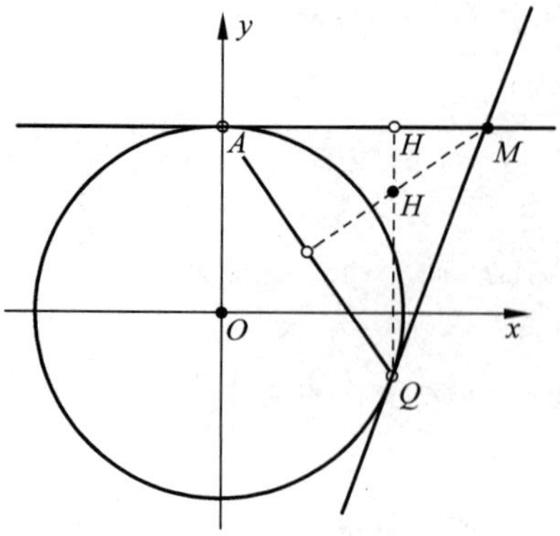

图 7.11.1

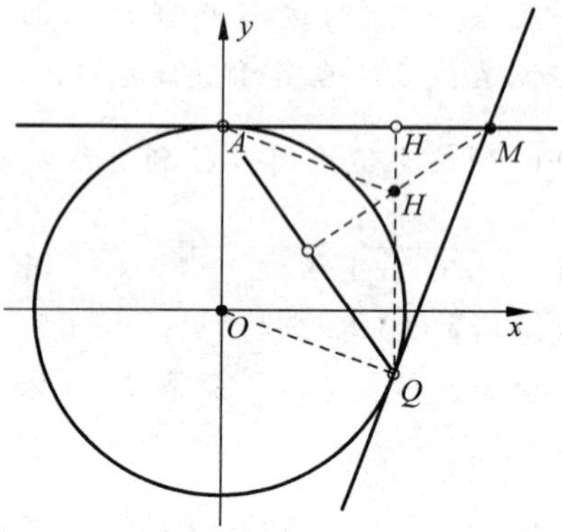

图 7.11.2

由条件 $QH \perp AM$，$OA \perp AM$，所以 $OA // QH$，又 $OQ \perp MQ$，$AH \perp QM$，所以 $OQ // AH$，又 $OA = OQ$，故四边形 $OQHA$ 为菱形，所以 $AH = OA = 4$。

设 $H(x, y)$，则 $x^2 + (y-4)^2 = 16$。

因为 M 与 A 重合时，$\triangle AMQ$ 不存在，所以 $x \neq 0$，故点 H 的轨迹方程为 $x^2 + (y-4)^2 = 16(x \neq 0)$。

例 2 已知平行四边形 $ABCD$ 的顶点 A 在圆 $x^2 + y^2 = 4$ 上运动，B，C 的坐标分别为 $(4,0)$、$(5,5)$，求顶点 D 的轨迹方程。

【实验过程】

1. 单击按钮，进入下一课件，如图 7.11.3 所示。

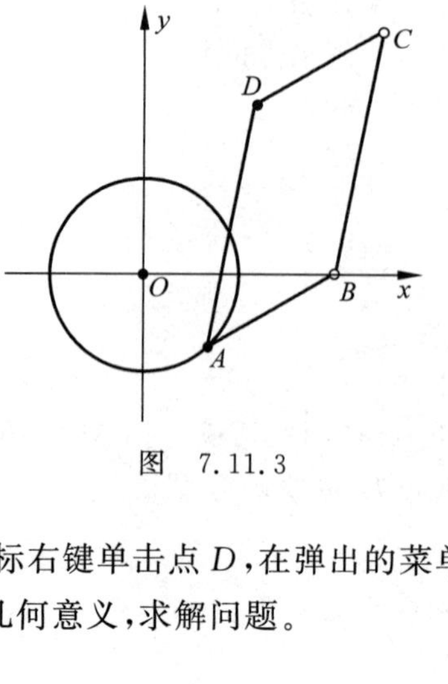

图 7.11.3

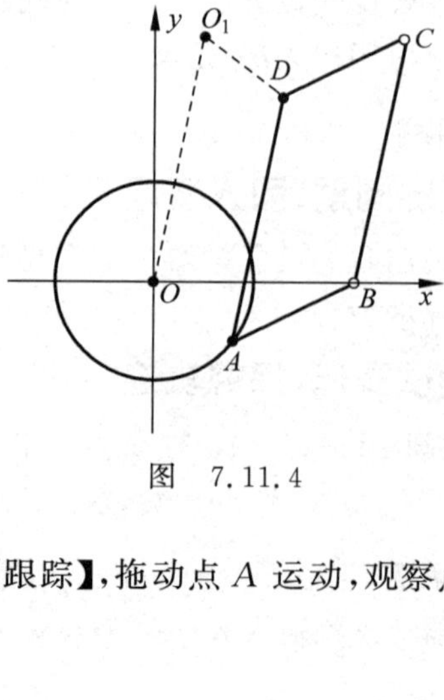

图 7.11.4

2. 用鼠标右键单击点 D，在弹出的菜单选择【跟踪】，拖动点 A 运动，观察点 D 的轨迹，探究其中的几何意义，求解问题。

【解析】 设 $D(x,y)$，过 O 作 OO_1 平行且等于 BC，则 O_1 坐标为 $(1,5)$，连接 O_1D，OA，如图 7.11.4 所示。

因为四边形 $ABCD$ 是平行四边形，所以 AD 平行且等于 BC，则四边形 $OADO_1$ 是平行四边形，所以 $O_1D=OA=2$，故 $(x-1)^2+(y-5)^2=4$。

小结：从这两道例题我们可以看出在寻找等量关系时，尽量挖掘图形的几何性质可以简化思路，证明完备性时要细心、周密。一般来说，在求轨迹方程的过程中，如果根据已知条件列出代数式，化简变形过程中每一步是等价变形，则所求轨迹方程是既纯粹又完备；如果不是等价变形，就要考虑所求轨迹的完备性和纯粹性。这与解方程过程中不等价变形会产生增根是同一道理。

例 3 已知圆 $x^2+y^2=4$ 上一定点 $A(2,0)$，$B(1,1)$ 为圆内一点，P，Q 为圆上的动点。

(1) 求线段 AP 中点的轨迹方程；

(2) 若 $\angle PBQ=90°$，求线段 PQ 中点的轨迹方程。

【实验过程】

1. 单击按钮，进入下一课件，如图 7.11.5 所示。

2. 拖动点 P 在圆 O 上运动，考察点 M 的轨迹。

3. 用鼠标右键单击点 M，在弹出的菜单选择【跟踪】，拖动点 P 在圆 O 上运动，观察点 M 的轨迹，探究相关的几何性质（可适当添加辅助线），解答问题(1)。

4. 双击鼠标，消除跟踪，单击按钮"问题 2"，如图 7.11.6 所示，拖动点 P 在圆 O 上运动，考察点 N 的轨迹。

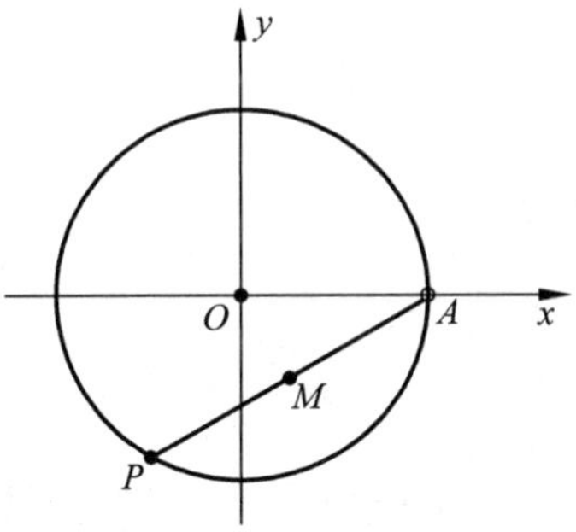

图 7.11.5

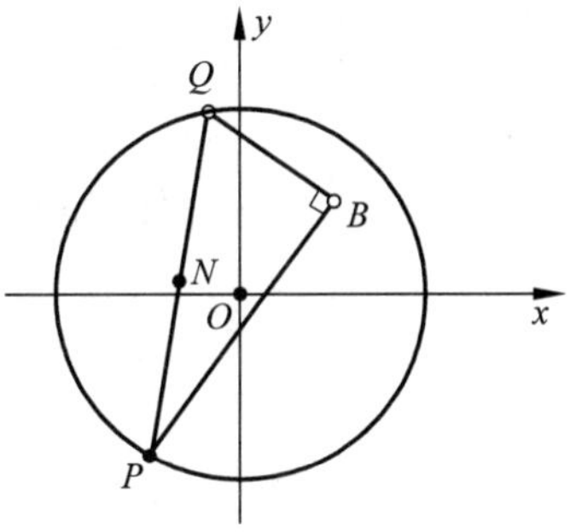

图 7.11.6

5. 用鼠标右键单击点 N，在弹出的菜单选择【跟踪】，拖动点 P 在圆 O 上运动，观察点 N 的轨迹，探究相关的几何性质（可适当添加辅助线），解答问题(2)。

【解析】 (1) 设 AP 的中点为 $M(x,y)$，$C(1,0)$。

连接 MC，则 $\triangle POA$ 中有 $MO//PO$ 且 $|MC|=\frac{1}{2}|PO|=1$，故线段 AP 中点的轨迹方程为 $(x-1)^2+y^2=1$。

(2) 设 PQ 的中点为 $N(x,y)$，在 $\text{Rt}\triangle PBQ$ 中，$|PN|=|BN|$。

设 O 为坐标原点，连接 ON，则 $ON\perp PQ$，所以 $|OP|^2=|ON|^2+|PN|^2=|ON|^2+$

$|BN|^2$，$x^2+y^2+(x-1)^2+(y-1)^2=4$，故线段 PQ 中点的轨迹方程为 $x^2+y^2-x-y-1=0$。

例 4 已知点 $A(-1,0)$，$B(1,0)$，C 是圆 $x^2+y^2=1$ 上的动点，连接 BC 并延长至 D，使得 $|CD|=|BC|$，求 AC 与 OD 的交点 P 的轨迹方程。

【实验过程】

1. 单击按钮，进入下一课件，如图 7.11.7 所示。

2. 拖动点 C 在圆 O 上运动，考察点 P 的轨迹。

3. 用鼠标右键单击点 P，在弹出的菜单选择【跟踪】，拖动点 C 在圆 O 上运动，观察点 P 的轨迹，探究相关的几何性质(可适当添加辅助线)，解答问题。

【解析】 设动点 $P(x,y)$，由题意知 P 是 $\triangle ABD$ 的重心。

由 $A(-1,0)$，$B(1,0)$，令动点 $C(x_0,y_0)$，则 $D(2x_0-1,2y_0)$，由重心坐标公式得

$$\begin{cases}x=\dfrac{-1+1+2x_0-1}{3}\\ y=\dfrac{2y_0}{3}\end{cases}，\quad 则\begin{cases}x_0=\dfrac{3x+1}{2}\\ y_0=\dfrac{3y}{2}(y\neq0)\end{cases}。$$

代入 $x^2+y^2=1$，整理得 $\left(x+\dfrac{1}{3}\right)^2+y^2=\dfrac{4}{9}(y\neq0)$，故所求轨迹方程为 $\left(x+\dfrac{1}{3}\right)^2+y^2=\dfrac{4}{9}(y\neq0)$。

例 5 已知直角坐标平面上点 $Q(2,0)$ 和圆 C：$x^2+y^2=1$，动点 M 到圆 C 的切线长与 $|MQ|$ 的比等于常数 2，求动点 M 的轨迹方程。

【实验过程】

1. 单击按钮，进入下一课件，如图 7.11.8 所示。

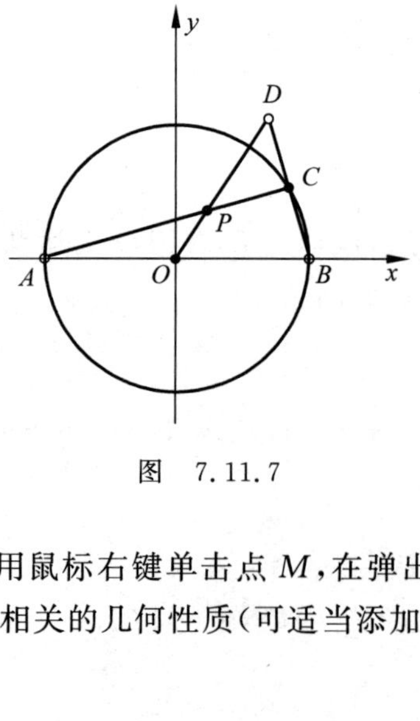

图 7.11.7

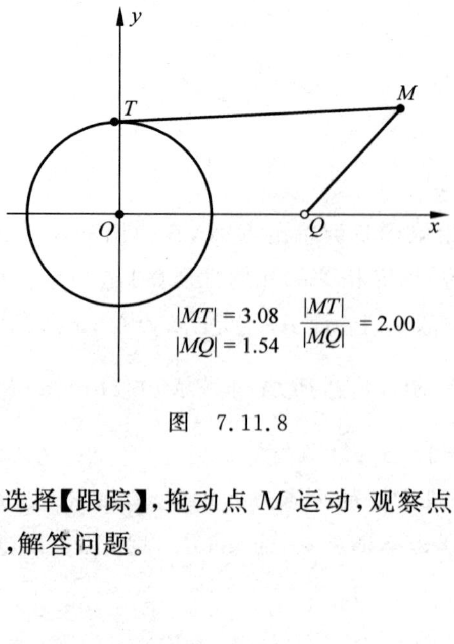

图 7.11.8

2. 用鼠标右键单击点 M，在弹出的菜单选择【跟踪】，拖动点 M 运动，观察点 M 的轨迹，探究相关的几何性质(可适当添加辅助线)，解答问题。

【解析】 设 $M(x,y)$，直线 MN 切圆于 T，则有 $\frac{|MT|}{|MQ|}=2$，即 $\frac{\sqrt{|MO|^2-|OT|^2}}{|MQ|}=2$，即 $\frac{\sqrt{x^2+y^2-1}}{\sqrt{(x-2)^2+y^2}}=2$，整理得 $3x^2+3y^2-16x+17=0$，即为所求动点 M 的轨迹方程。

【课堂小结】

求与圆有关的轨迹问题时，根据题设条件的不同常采用以下方法：

1. 直接法：直接根据题目提供的条件列出方程。

2. 定义法：根据直线、圆、圆锥曲线等定义列方程。

3. 几何法：利用圆与圆的几何性质列方程。

4. 代入法：找到要求点与已知点的关系，代入已知点满足的关系式等。

5. 求轨迹方程过程中找等量关系时应尽量挖掘出图形的几何性质，简化思路、优化解题。

【课后作业】

1. 已知弦 AB 在圆 $(x-1)^2+(y+2)^2=9$ 内运动，且 $|AB|=2$，则 AB 中点 M 的轨迹为________。

2. 已知点 $P(2,2)$，圆 C：$x^2+y^2-8y=0$，过点 P 的动直线 l 与圆 C 交于 A，B 两点，线段 AB 的中点为 M，O 为坐标原点。

(1) 求 M 的轨迹方程；

(2) 当 $|OP|=|OM|$ 时，求动直线 l 的方程及 $\triangle POM$ 的面积。

3. 已知线段 AB 的端点 B 在圆 C_1：$x^2+(y-4)^2=16$ 上运动，端点 A 的坐标为 $(4,0)$，线段 AB 的中点为 M。

(1) 试求 M 点的轨迹 C_2 的方程；

(2) 若圆 C_1 与曲线 C_2 交于 C，D 两点，试求线段 CD 的长。

【参考答案】

1.【解析】 连接 OM，则 $OM\perp AB$，连接 OA。

$|OA|^2=|OM|^2+|AM|^2$，所以 $(x-1)^2+(y+2)^2+1=9$，即 $(x-1)^2+(y+2)^2=8$。

故 M 的轨迹是以 $(1,-2)$ 为圆心，$2\sqrt{2}$ 为半径的圆。

2.【解析】 (1) 圆 C 的方程可化为 $x^2+(y-4)^2=16$，所以圆心为 $C(0,4)$，半径为 4。

设 $M(x,y)$，则 $\overrightarrow{CM}=(x,y-4)$，$\overrightarrow{MP}=(2-x,2-y)$。

由题设知 $\overrightarrow{CM}\cdot\overrightarrow{MP}=\mathbf{0}$，故 $x(2-x)+(y-4)(2-y)=0$，即 $(x-1)^2+(y-3)^2=2$。

由于点 P 在圆 C 的内部，所以 M 的轨迹方程是 $(x-1)^2+(y-3)^2=2$。

(2) 由(1)可知 M 的轨迹是以点 $N(1,3)$ 为圆心，$\sqrt{2}$ 为半径的圆。由于 $|OP|=|OM|$，故 O 在线段 PM 的垂直平分线上，又 P 在圆 N 上，从而 $ON\perp PM$。

因为 ON 的斜率为 3，所以 l 的斜率为 $-\frac{1}{3}$，故 l 的方程为 $x+3y-8=0$，又 $|OM|=|OP|=2\sqrt{2}$，O 到 l 的距离为 $\frac{4\sqrt{10}}{5}$，所以 $|PM|=\frac{4\sqrt{10}}{5}$，$S_{\triangle POM}=\frac{1}{2}\times\frac{4\sqrt{10}}{5}\times\frac{4\sqrt{10}}{5}=\frac{16}{5}$，

故$\triangle POM$的面积为$\frac{16}{5}$。

3.【解析】(1)设$M(x,y)$，$B(x',y')$，则由题意可得$\begin{cases}x=\frac{x'+4}{2}\\ y=\frac{y'}{2}\end{cases}$，解得$\begin{cases}x'=2x-4\\ y'=2y\end{cases}$。

因为点B在圆C_1：$x^2+(y-4)^2=16$上，所以$(2x-4)^2+(2y-4)^2=16$，即$(x-2)^2+(y-2)^2=4$。

故M点的轨迹C_2的方程为$(x-2)^2+(y-2)^2=4$。

(2)由方程组$\begin{cases}(x-2)^2+(y-2)^2=4\\ x^2+(y-4)^2=16\end{cases}$，可得直线$CD$的方程为$x-y-1=0$，圆$C_1$的圆心$C_1(0,4)$到直线$CD$的距离$d=\frac{|-4-1|}{\sqrt{2}}=\frac{5\sqrt{2}}{2}$，又圆$C_1$的半径为4，故线段$CD$的长为$2\sqrt{4^2-\left(\frac{5\sqrt{2}}{2}\right)^2}=\sqrt{14}$。

实验 7.12　阿波罗尼斯圆性质及其应用

阿波罗尼斯是古希腊著名数学家，与欧几里得、阿基米德被称为亚历山大时期数学三巨匠，他对圆锥曲线有深刻而系统的研究，主要研究成果集中在他的代表作《圆锥曲线》一书，阿波罗尼斯圆是他的研究成果之一。在近几年的高考中，以阿波罗尼斯圆为背景的考题不断出现，备受命题者的青睐。

【实验目标】

1. 能够利用网络画板探究阿波罗尼斯圆的性质。
2. 会用阿波罗尼斯圆解决相关问题。

【实验流程】

(一)认识阿波罗尼斯圆

问题1　在平面上给定两点A，B，设P点在同一平面上且满足$\frac{PA}{PB}=\lambda(\lambda>0)$，求$P$点的轨迹。

【实验过程】

1. 浏览器地址栏输入 https://www.netpad.net.cn/svg.html#posts/203371，打开课件。
2. 单击上侧“全屏”工具，全屏打开课件，如图 7.12.1 所示。
3. 单击按钮“动画”或拖动点P运动，观察PA，PB及$\frac{PA}{PB}$的值，探究点P的轨迹，拖动

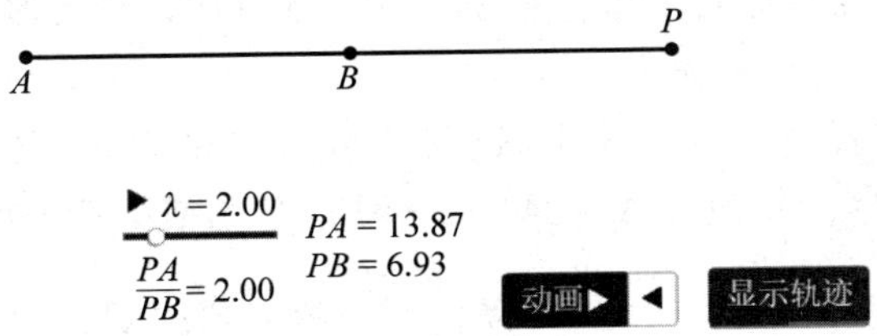

图 7.12.1

变量λ的滑杆改变λ的值，再次实验。

4. 单击按钮"显示轨迹"，即显示点P的轨迹。

【解析】 设$AB=2m(m>0)$，$PA=PB$，以AB中点为原点，直线AB为x轴建立平面直角坐标系，则$A(m,0)$，$B(-m,0)$。

设$P(x,y)$，则由$\dfrac{PA}{PB}=\lambda$得$\sqrt{(x+m)^2+y^2}=\lambda\sqrt{(x-m)^2+y^2}$，两边平方并化简整理得：$(\lambda^2-1)x^2-2m(\lambda^2+1)x+(\lambda^2-1)y^2=m^2(1-\lambda^2)$。

当$\lambda=1$时，$x=0$，轨迹为线段AB的垂直平分线；当$\lambda>0$且$\lambda\neq1$时，$\left(x-\dfrac{\lambda^2+1}{\lambda^2-1}m\right)^2+y^2=\dfrac{4\lambda^2m^2}{(\lambda^2-1)^2}$，轨迹为以点$\left(\dfrac{\lambda^2+1}{\lambda^2-1}m,0\right)$为圆心，以$\left|\dfrac{2\lambda m}{\lambda^2-1}\right|$为半径的圆。

阿波罗尼斯轨迹定理：

在平面上给定两点A，B，设P点在同一平面上且满足$\dfrac{PA}{PB}=\lambda$，当$\lambda>0$且$\lambda\neq1$时，P点的轨迹是个圆，称之为阿波罗尼斯圆，简称阿氏圆。设$AB=2m(m>0)$，则圆心坐标为$\left(\dfrac{\lambda^2+1}{\lambda^2-1}m,0\right)$，半径$r=\left|\dfrac{2\lambda m}{\lambda^2-1}\right|$。

($\lambda=1$时P点的轨迹是线段AB的中垂线)。

例 1 (2016 四川)已知两点$A(-2,0)$，$B(1,0)$，如果动点P满足$|PA|=2|PB|$，则点P的轨迹所围成的图形的面积是________。

【解析】 方法1：设$P(x,y)$，因为$|PA|=2|PB|$，所以$\sqrt{(x+2)^2+y^2}=2\sqrt{(-1)^2+y^2}$，化简得$x^2+y^2-4x=0$，即$(x-2)^2+y^2=4$。故点$P$的轨迹是以$(2,0)$为圆心，2为半径的圆，点$P$的轨迹所围成的图形的面积是$4\pi$。

方法2：利用阿氏圆可知，点P的轨迹是阿氏圆，其中$m=\dfrac{3}{2}$，$\lambda=2$，$r=\dfrac{6}{3}=2$，故点P的轨迹所围成的图形的面积是4π。

例 2 (2008 江苏)若$AB=2$，$AC=\sqrt{2}BC$，则$S_{\triangle ABC}$的最大值是________。

【解析】 以AB所在直线为x轴，线段AB中垂线为y轴建立平面直角坐标系。

因为$AB=2$，$AC=\sqrt{2}BC$，所以点C在以$(3,0)$为圆心，$2\sqrt{2}$为半径的圆上。

点C到AB的距离的最大值为半径$2\sqrt{2}$，故$S_{\triangle ABC}$的最大值是$\dfrac{1}{2}\times2\times2\sqrt{2}=2\sqrt{2}$。

例 3 (2013 江苏)在平面直角坐标系 xOy 中,点 $A(0,3)$,直线 l: $y=2x-4$。设圆 C 的半径为 1,圆心在 l 上。

(1) 若圆心 C 也在直线 $y=x-1$ 上,过点 A 作圆 C 的切线,求切线方程;

(2) 若圆 C 上存在点 M,使 $MA=2MO$,求圆心 C 的横坐标 a 的取值范围。

【解析】 (1) 由方程组 $\begin{cases}y=2x-4\\y=x-1\end{cases}$ 解得 $\begin{cases}x=3\\y=2\end{cases}$,所以圆心 $C(3,2)$。

设切线方程为 $y=kx+3$,则 $\dfrac{3k+1}{\sqrt{k^2+1}}=1$,解得 $k=0$ 或 $k=-\dfrac{2}{3}$。

故切线方程为 $y=3$ 或 $y=-\dfrac{2}{3}x+3$。

(2) 因为圆心在直线 $y=2x-4$ 上,所以圆 C 的方程为 $(x-a)^2+[y-2(a-2)]^2=1$。

设点 $M(x,y)$,代入 $MA=2MO$,$\sqrt{x^2+(y-3)^2}=2\sqrt{x^2+y^2}$,化简得 $x^2+(y+1)^2=4$,则点 M 在以 $N(0,-1)$为圆心,2 为半径的圆上。

由题意,点 $M(x,y)$在圆 C 上,即圆 C 与圆 N 有公共点,则 $2-1\leqslant CD\leqslant 2+1$,即 $1\leqslant \sqrt{a^2+(2a-3)^2}\leqslant 3$,$a\in\mathbf{R}$,解得 $0\leqslant a\leqslant \dfrac{12}{5}$。

故圆心 C 的横坐标 a 的取值范围为 $\left[0,\dfrac{12}{5}\right]$。

(二) 探究阿波罗尼斯圆的性质

【实验过程】

1. 单击按钮“性质探究”,如图 7.12.2 所示。

2. 选中点圆、x 轴,单击下侧工具栏的“交点”工具,构造圆与 x 轴的交点。单击上侧工具栏的“显示”工具,选择【批量标签】,如图 7.12.3 所示,弹出的对话框中设置【起始标签】为 P_1,如图 7.12.4 所示,设置两交点标签 P_1,P_2,如图 7.12.5 所示。

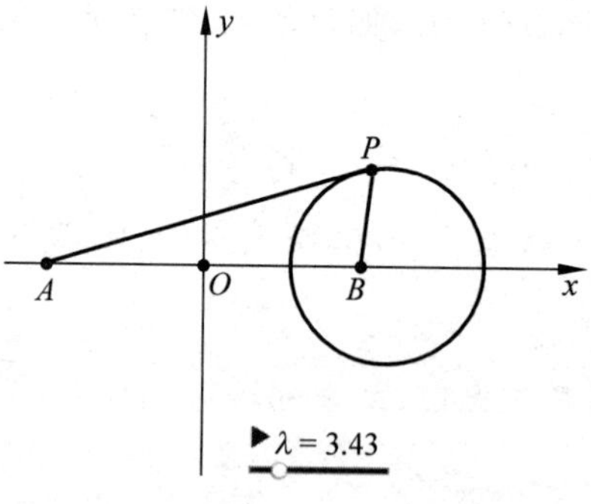

图 7.12.2

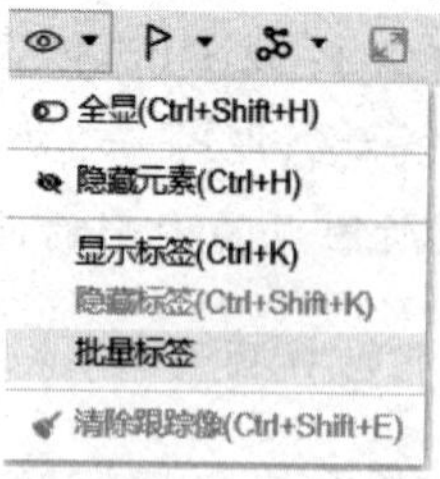

图 7.12.3

3. 依次选中点 P_1,P_2,单击下侧工具栏中的“中点|中心”工具,构造线段 P_1P_2 中点,并命名为 C。

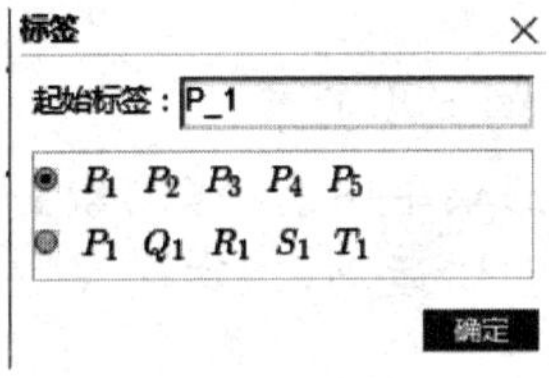

图 7.12.4

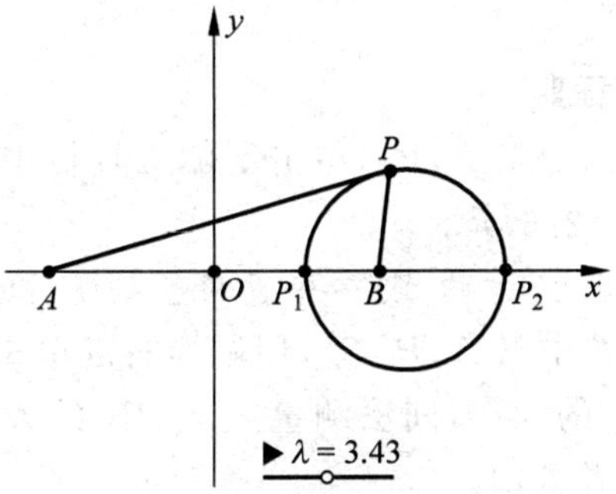

图 7.12.5

4. 拖动变量λ的滑杆，改变λ的值，探究点A，B与圆O的位置关系，填写实验记录。

实验记录	
实验结论	1. 点A、B在圆心C的________侧(填同或异)。 2. 当$\lambda\in$________时，点B在圆内，点A在圆外；当$\lambda\in$________时，点A在圆内，点B在圆外
证明	

教师展示学生获得的结论与证明：

【解析】 由前知，$A(-m,0)$，$B(m,0)$，圆C的圆心坐标为$C\left(\dfrac{\lambda^2+1}{\lambda^2-1}m,0\right)$，半径$r=\left|\dfrac{2\lambda m}{\lambda^2-1}\right|$。

① 当$\lambda>1$时，$\dfrac{\lambda^2+1}{\lambda^2-1}m-m=\dfrac{2m}{\lambda^2-1}>0$，则$\dfrac{\lambda^2+1}{\lambda^2-1}m>m$，即点$C$在点$B$的右侧，当然也在点$A$的右侧。

$\left(m-\dfrac{\lambda^2+1}{\lambda^2-1}m\right)^2=\left(\dfrac{2m}{\lambda^2-1}\right)^2<\left(\dfrac{2\lambda m}{\lambda^2-1}\right)^2$，即点$B$在圆$C$的内部；$\left(-m-\dfrac{\lambda^2+1}{\lambda^2-1}m\right)^2=\left(\dfrac{2\lambda^2 m}{\lambda^2-1}\right)^2>\left(\dfrac{2\lambda m}{\lambda^2-1}\right)^2$，即点$A$在圆$C$的外部。

② 当$0<\lambda<1$时，$\dfrac{\lambda^2+1}{\lambda^2-1}m-(-m)=\dfrac{2\lambda^2 m}{\lambda^2-1}<0$，则$\dfrac{\lambda^2+1}{\lambda^2-1}m<-m$，即点$C$在点$A$的左侧，当然也在点$B$的左侧。

$\left(m-\dfrac{\lambda^2+1}{\lambda^2-1}m\right)^2=\left(\dfrac{2m}{\lambda^2-1}\right)^2>\left(\dfrac{2\lambda m}{\lambda^2-1}\right)^2$，即点$B$在圆$C$的外部；$\left(-m-\dfrac{\lambda^2+1}{\lambda^2-1}m\right)^2=\left(\dfrac{2\lambda^2 m}{\lambda^2-1}\right)^2<\left(\dfrac{2\lambda m}{\lambda^2-1}\right)^2$，即点$A$在圆$C$的内部。

阿波罗尼斯圆性质1：

点A，B在圆心C的同侧：

当$\lambda>1$时，点B在圆C内，点A在圆C外；当$0<\lambda<1$时，点A在圆C内，点B在圆

C 外。

【实验过程】

1. 依次选中点 P，P_1，单击下侧工具栏中的“线段”工具，构造线段 PP_1，同法构造 PP_2，如图 7.12.6 所示。

2. 拖动点 P 运动，观察并猜测 $\angle APP_1$ 与 $\angle BPP_1$ 的大小关系。

3. 依次选中点 A，P，P_1，用鼠标右键单击，在弹出的菜单中选择【测量】—【劣角弧度】得到 $\angle APP_1$ 的大小，同法测量 $\angle P_1PB$ 的大小，拖动点 P 运动，观察 $\angle APP_1$ 与 $\angle BPP_1$ 的大小关系，并证明。

4. 同上探究 PP_2 与 $\angle APB$ 的关系，并证明。

阿波罗尼斯圆性质 2：

设点 P 是圆 C 上不同于点 P_1，P_2 的任意一点，连接 PA，PP_1，PB，PP_2，则 PP_1、PP_2 分别是 $\angle APB$ 的内、外角平分线。

【解析】 由阿氏圆的定义知，$\frac{PA}{PB}=\frac{P_1A}{P_1B}$，所以 PP_1 平分 $\angle APB$。同理：$\frac{PA}{PB}=\frac{P_2A}{P_2B}$，故 PP_1 平分 $\angle APB$ 的外角。

【实验过程】

1. 单击左侧工具栏的“智能画笔”工具，用鼠标单击点 B，竖直向上拖动鼠标，待出现提示【平行相交】时松开鼠标，如图 7.12.7 所示，构造圆上一点并命名为 M；选中点 A，M，单击下侧工具栏中的“线段”工具，构造线段 AM；同法构造线段 CM，如图 7.12.8 所示。

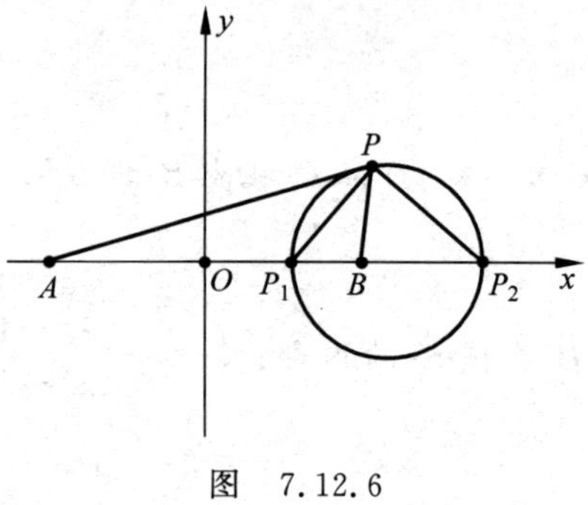

图 7.12.6

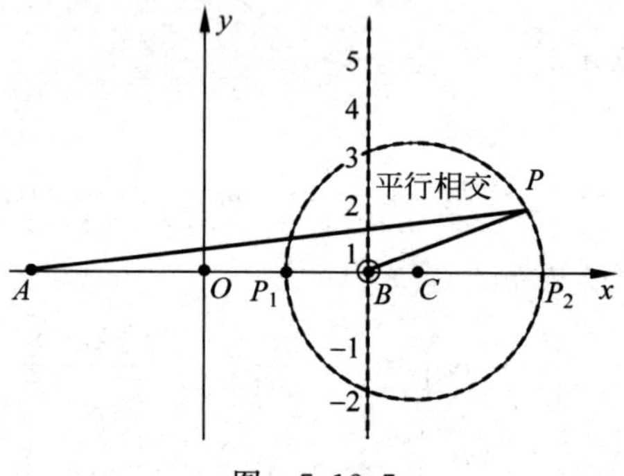

图 7.12.7

2. 选中点 P，线段 PA，PB，按 Ctrl+H 隐藏。

3. 拖动变量 λ 的滑杆改变 λ 的值，探究 AM 与 CM 的位置关系并证明。

阿波罗尼斯圆性质 3：$AB\cdot BC=r^2$。

【解析】 当 $\lambda\neq1$ 时，$AC\cdot BC=\left(\frac{\lambda^2+1}{\lambda^2-1}a+a\right)\left(\frac{\lambda^2+1}{\lambda^2-1}a-a\right)=\frac{\lambda^4+2\lambda^2+1}{(\lambda^2-1)^2}a^2-a^2=\frac{4\lambda^2a^2}{(\lambda^2-1)^2}=r^2$，其几何特征如图 7.12.8 所示。

阿波罗尼斯圆性质 4：$AB\cdot AC=AP_1\cdot AP_2$。

【解析】 由性质 3 可得 $AB\cdot BC=AC\cdot(AC-AB)=AC^2-AC\cdot AB=r^2$，故 $AB\cdot AC=AC^2-r^2=(AC-r)(AC+r)=AP_1\cdot AP_2$。

【实验过程】

1. 单击左侧工具栏的“智能画笔”工具，用鼠标单击圆上一点，拖动鼠标，待出现提示【过点交于线】时松开鼠标，如图 7.12.9 所示，分别为两点命名为 E，F。

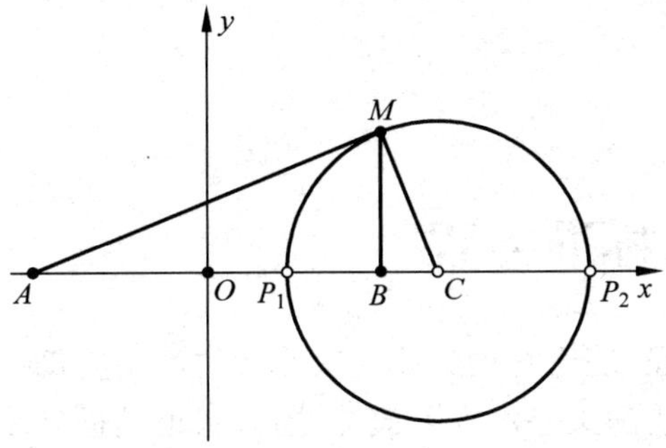

图　7.12.8

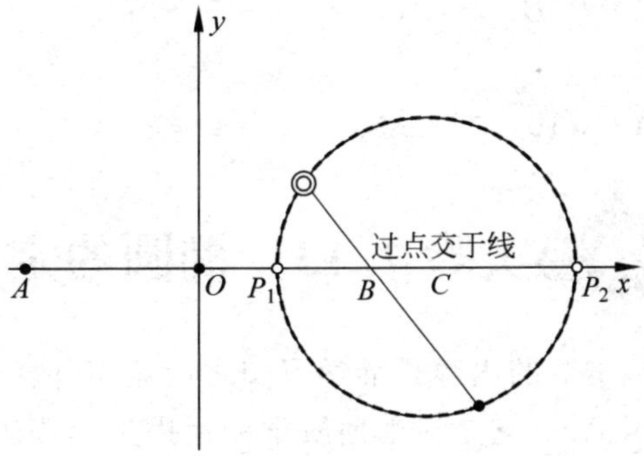

图　7.12.9

2. 选中点 A，E，单击下侧工具栏中的“线段”工具，构造线段 AE；同法构造线段 AF，如实验 7.12.10 所示。

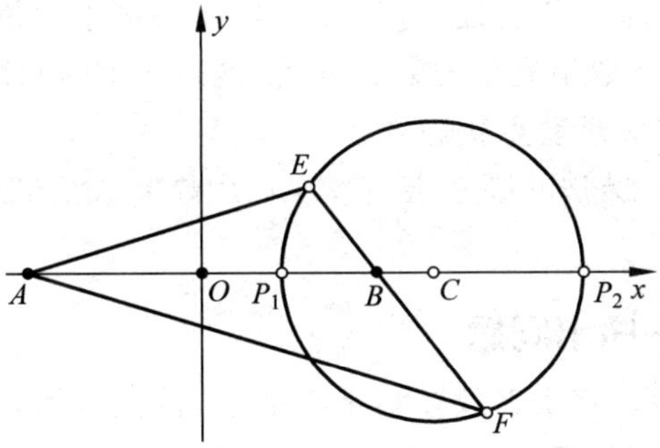

图　7.12.10

3. 拖动点 E 运动，探究直线 AB 与 $\angle EAF$ 的关系，并证明。

阿波罗尼斯圆性质 5：过点 B 作圆 C 的不与 P_1P_2 重合的弦 EF，则 AB 平分 $\angle EAF$。

【解析】 如图 7.12.10 所示，$\dfrac{EA}{EB}=\dfrac{FA}{FB}$，则 $\dfrac{EA}{FA}=\dfrac{EB}{FB}$，$AB$ 平分 $\angle EAF$。

例 4 已知 $A(-2,0)$，P 是圆 C：$(x+4)^2+y^2=16$ 上任意一点，若点 B 满足：$\dfrac{PA}{PB}=\dfrac{1}{2}$，则点 B 的坐标是________。

【解析】 方法 1：由性质 3 可得 $AC\cdot BC=16$，所以 $BC=8$，故 $B(4,0)$。

方法 2：利用性质 1 可得 $\lambda=\dfrac{1}{2}$，$r=4$，所以 $\dfrac{2\lambda a}{1-\lambda^2}=4$，$a=3$，$AB=6$，故 $B(4,0)$。

例 5 已知圆 O：$x^2+y^2=1$，点 $B\left(-\dfrac{1}{2},0\right)$，$M(1,1)$，$P$ 为圆 O 上动点，则 $2PB+PM$ 的最小值为(　　)。

A. $\sqrt{6}$　　B. $\sqrt{7}$　　C. $\sqrt{10}$　　D. $\sqrt{11}$

【解析】 设 x 轴上 $A(a,0)$，对于圆 O 上任一点 P 满足 $\frac{PA}{PB}=2$，圆 O 与 x 轴交于点 P_1，则 $\frac{P_1A}{P_1B}=\frac{-1-a}{\frac{1}{2}}=2$，所以 $a=-2$。故 $A(-2,0)$，$PM+2PB=PM+PA\geqslant MA=\sqrt{10}$。

实验 7.13 椭圆的定义及标准方程

本节的内容是继学习圆之后运用“曲线和方程”理论解决具体二次曲线的又一实例。从知识上说，它是对前面所学的运用坐标法研究曲线的又一次实际演练，同时它也是进一步研究椭圆几何性质的基础；从方法上说，它为我们研究双曲线、抛物线这两种圆锥曲线提供了基本模式和理论基础。

【实验目标】

1. 让学生经历椭圆概念的产生过程，学习从具体实例中提炼数学概念的方法，由形象到抽象，从具体到一般，掌握数学概念的数学本质，提高学生的归纳概括能力。

2. 巩固用坐标化的方法求动点轨迹方程。

3. 对学生进行数学思想方法的渗透，培养学生利用数学思想方法分析和解决问题的意识。

【实验流程】

（一）创设情境——提出问题

用圆柱状水杯盛半杯水，将水杯放在水平桌面上，截面为圆形。当端起水杯喝水时，水杯倾斜，再观察水平面，此时截面为椭圆形。由此看来，椭圆是与圆有着密切关系的一种曲线，圆是到定点距离等于定长的点的轨迹，根据圆的定义，用一根细绳就可画出一个圆。

【实验过程】

1. 浏览器地址栏输入 https://www.netpad.net.cn/svg.html#posts/204439，打开课件。

2. 单击上侧“全屏”工具，全屏打开课件，如图 7.13.1 所示。

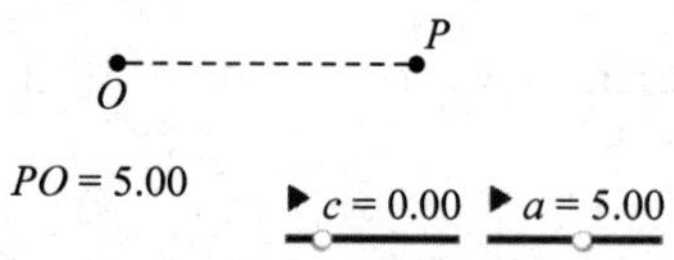

图 7.13.1

3. 拖动点 P，观察 PO 的变化及点 P 的轨迹。

问题 1 将圆心从点 O“分裂”成两点 F_1，F_2，点 P 的轨迹是什么图形？

设计意图：使学生产生学习兴趣和探索欲望。

（二）学生实验——体验数学

【实验过程】

1. 拖动变量 c 的滑杆改变实数 c 的值，将点 O“分裂”成两点 F_1，F_2。

2. 拖动点 P 运动，考察 PF_1，PF_2 及 PF_1+PF_2 的变化，探究点 P 的轨迹，如图 7.13.2 所示。

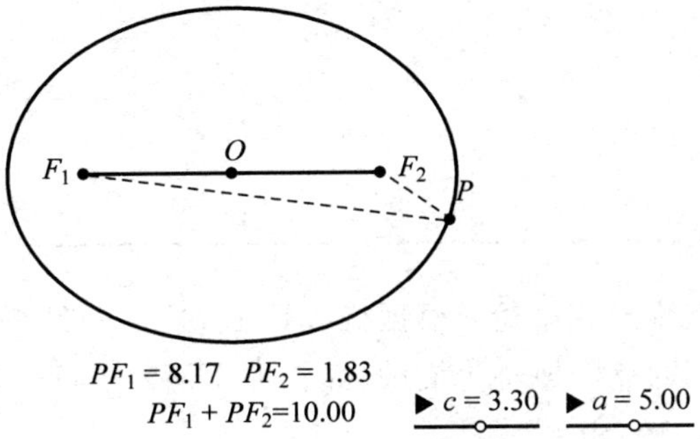

图　7.13.2

3. 单击按钮，进入下一课件，如图 7.13.3 所示。

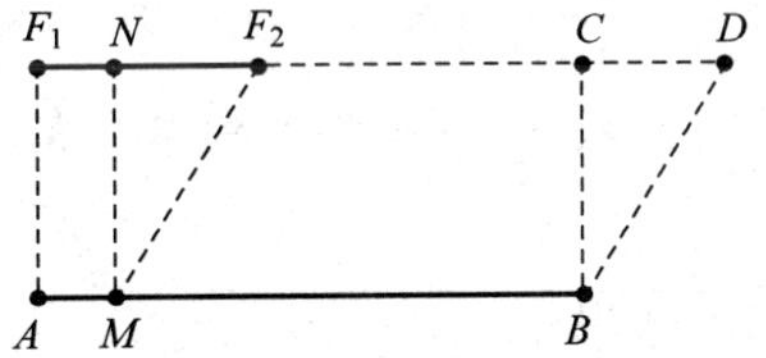

图　7.13.3

4. 考察 F_1N 与 AM，F_2D 与 MB 的长度关系。

5. 单击按钮，作出以 F_1 为圆心，F_1N 为半径的圆及以 F_2 为圆心，F_2D 为半径的圆。

6. 拖动点 M 运动，构造两圆的交点 P，如图 7.13.4 所示，探究点 PF_1+PF_2 与 AB 的关系。

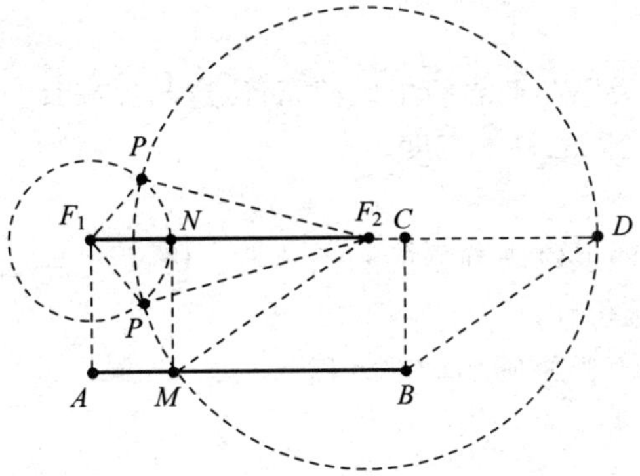

图　7.13.4

7. 单击按钮，拖动点 M 运动，探究点 P 的轨迹。

8. 单击按钮，显示点 P 的轨迹。

9. 小组合作：归纳椭圆的定义，填写实验记录。

实验记录
点 P 运动过程中，F_1F_2 的长度________；PF_1+PF_2 的长度________
椭圆的定义：

请学生代表本小组交流探究结论：根据椭圆画法，从中归纳椭圆定义——与两个定点的距离之和为定长(绳长)的点的轨迹为椭圆(绳长大于两定点间距离)。

(三) 形成理论——建立数学

【实验过程】

1. 单击按钮，单击按钮【移动点 F_2】，点 F_2 逐渐移动到点 C，观察椭圆的变化，填写实验记录。

2. 再次单击按钮【移动点 F_2】，点 F_2 逐渐移动到点 C 的右边，观察椭圆的变化，填写实验记录。

3. 向左拖动点 F_2 到点 C 的左边。

实验记录
点 F_2 向点 C 移动，椭圆越来越________；当 F_2 与点 C 重合时，轨迹变成了________，此时 F_1F_2 ________ AB；当 F_2 在点 C 右边时，轨迹________，此时 F_1F_2 ________ AB

问题 2 上面椭圆的定义的基础上需要加上什么限制条件吗？

1. 请学生给出经过修改的椭圆定义，教师用幻灯片给出完善的椭圆定义，并介绍焦点、焦距的定义。

设计意图：使学生经历椭圆概念的生成和完善过程，提高其归纳概括能力，加深对椭圆本质的认识，并逐渐培养严谨的科学态度。

2. 椭圆的标准方程

(1) 回顾用坐标法求动点轨迹方程的一般步骤：建系设点、写出动点满足的几何约束条件、坐标化、化简、证明等价性。

(2) 建立焦点在 x 轴上的椭圆的标准方程。

① 建系设点。

【实验过程】

再次单击按钮【观察椭圆】，如图 7.13.5 所示，观察椭圆的几何特征，思考如何建系能使方程更简洁？

以直线 F_1F_2 为 x 轴，以线段 F_1F_2 的垂直平分线为 y 轴，建立平面直角坐标系，如图 7.13.6 所示。

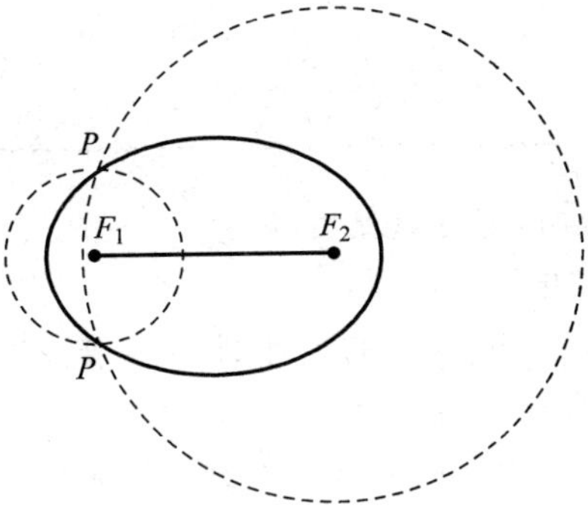

图　7.13.5

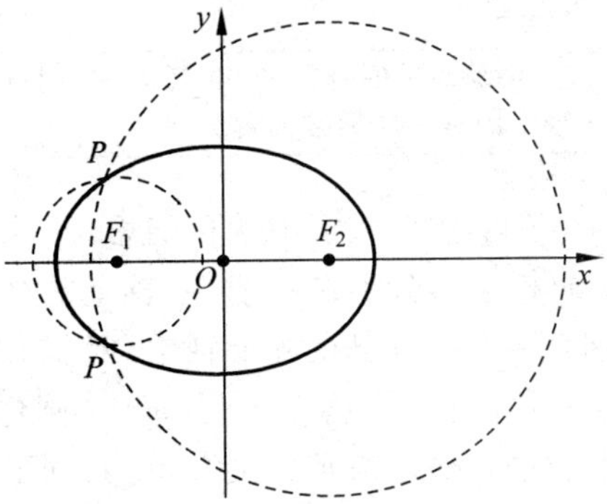

图　7.13.6

设焦距为 $2c(c>0)$，则 $F_1(-c,0)$，$F_2(c,0)$，设 $P(x,y)$ 为椭圆上任意一点，点 P 与点 F_1，F_2 的距离之和为 $2a(2a>2c)$。

② 动点 P 为两圆 F_1，F_2 的交点。

③ 坐标化：圆 F_1：$(x+c)^2+y^2=r^2(1)$；圆 F_2：$(x-c)^2+y^2=(2a-r)^2(2)$。

④ 化简：方程(1)－(2)得 $r=\frac{cx}{a}+a$ 代入(1)得，$(a^2-c^2)x^2+a^2y^2=a^2(a^2-c^2)$。

令 $a^2-c^2=b^2$，得到焦点在 x 轴上的椭圆的标准方程为 $\frac{x^2}{a^2}+\frac{y^2}{b^2}=1(a>b>0)$。

设计意图：进一步熟悉用坐标法求动点轨迹方程的方法，提高运算能力，养成不怕困难的钻研精神，感受数学的简洁美、对称美。

(3) 建立焦点在 y 轴上的椭圆的标准方程。

要建立焦点在 y 轴上的椭圆的标准方程，又不想重复上述烦琐的化简过程，如何去做？

【实验过程】

1. 单击按钮，如图 7.13.7 所示为焦点在 x 轴上的椭圆，思考如何将椭圆焦点转化到 y 轴上。

2. 单击按钮“动画”，动态演示将焦点在 x 轴上的椭圆绕着原点按顺时针方向旋转 90°即可将焦点转化到 y 轴上，如图 7.13.8 所示，思考旋转后，椭圆上任意一点的坐标发生什么变化？填写实验记录。

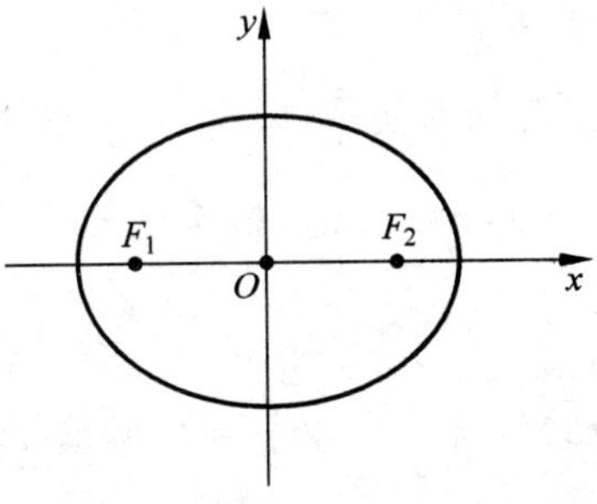

图　7.13.7

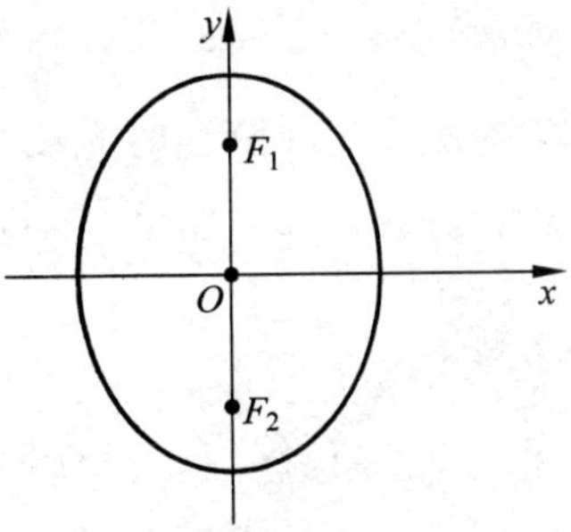

图　7.13.8

实验记录
点 $M(x,y)$，绕原点顺时针旋转 90°到点 N，则点 N 的坐标为________ 焦点在 y 轴上的椭圆的标准方程为______________

设计意图：体会数学中的化归思想，化未知为已知，避免重复劳动。

(4) 辨析焦点分别在 x 轴、y 轴上的椭圆的标准方程的异同点。

区别：要判断焦点在哪个轴上，只需比较 x^2 与 y^2 项分母的大小即可。若 x^2 项分母大，则焦点在 x 轴上；若 y^2 项分母大，则焦点在 y 轴上，反之亦然。

联系：它们都是二元二次方程，共同形式为 $Ax^2+By^2=1(A>0,B>0,A\neq B)$，两种情况中都有 $a^2-c^2=b^2$。

(四) 数学应用——巩固新知

例 1 判断分别满足下列条件的动点 M 的轨迹是否为椭圆。

(1) 到点 $F_1(-2,0)$和点 $F_2(2,0)$的距离之和为 6 的点的轨迹；(是)

(2) 到点 $F_1(-2,0)$和点 $F_2(2,0)$的距离之和为 4 的点的轨迹；(不是)

(3) 到点 $F_1(0,-2)$和点 $F_2(0,2)$的距离之和为 6 的点的轨迹；(是)

(4) 到点 $F_1(-2,0)$和点 $F_2(0,2)$的距离之和为 4 的点的轨迹；(不是)

探究：已知椭圆的方程为：$\frac{x^2}{36}+\frac{y^2}{100}=1$，则 $a=$________，$b=$________，$c=$________，焦点坐标为：________、________，焦距等于________。如果曲线上一点 P 到焦点 F_1 的距离为 8，则点 P 到另一个焦点 F_2 的距离等于________。

设计意图：巩固椭圆定义。

例 2 已知椭圆的两个焦点的坐标分别是 $F_1(-1,0)$，$F_2(1,0)$，椭圆上一点 M 到 F_1、F_2 的距离之和为 4，求该椭圆的标准方程。

【解析】 因为 $2a=4$，所以 $a=2$。

又 $c=1$，则 $b^2=a^2-c^2=3$，故椭圆的标准方程为$\frac{x^2}{4}+\frac{y^2}{3}=1$。

设计意图：学会用待定系数法求椭圆标准方程。

变式一：已知椭圆的两个焦点的坐标分别是 $F_1(0,-1)$，$F_2(0,1)$，椭圆上一点 M 到 F_1，F_2 的距离之和为 4，求该椭圆的标准方程。

【解析】 因为 $2a=4$，所以 $a=2$。

又 $c=1$，则 $b^2=a^2-c^2=3$，故椭圆的标准方程为$\frac{y^2}{4}+\frac{x^2}{3}=1$。

设计意图：提醒学生在解题时先要根据焦点位置判断使用哪种形式的椭圆标准方程。

变式二：已知椭圆的两个焦点分别是 $F_1(-1,0)$，$F_2(1,0)$，椭圆经过点 $M\left(1,\frac{3}{2}\right)$，求该椭圆的标准方程。

【解析】 因为 $2a=|MF_1|+|MF_2|=\sqrt{(1+1)^2+\left(\frac{3}{2}\right)^2}+\frac{3}{2}=4$，所以 $a=2$，又 $c=1$，则 $b^2=a^2-c^2=3$，故椭圆的标准方程为$\frac{y^2}{4}+\frac{x^2}{3}=1$。

设计意图：使学生体会椭圆定义在解题中的重要作用。

（五）回顾反思——归纳提炼

1. 一个知识点：椭圆的定义及其标准方程。

2. 两种方法：定义法和坐标法求动点轨迹方程。

3. 三种思想：数形结合思想、化归思想、不怕困难的思想。

设计意图：在总结时采用“一个知识点、两种方法、三种思想”的方式，目标明确，重点清晰，易于掌握所学内容，构建知识链。

（六）课后作业，巩固提高

课本106页习题8.1中1(2),2,3(1),(2)

实验 7.14 圆锥曲线的光学性质及其应用

本节课内容是人教A版数学选修2-1中《圆锥曲线与方程》章后的一段阅读与思考材料，重点介绍了椭圆、双曲线、抛物线的光学性质以及它们在生活生产中的广泛应用。它是圆锥曲线知识的进一步拓展，是数学知识与物理知识的综合，也是数学知识在实际生活中应用的典型案例。

【实验目标】

1. 了解三种圆锥曲线的光学性质，并能对抛物线的光学性质进行数学证明。

2. 能通过对一些生活现象的观察提出数学问题，再用数学的方法加以论证。

3. 通过对圆锥曲线光学性质的大量应用，感受数学与生活之间的密切联系，体会数学的抽象性及其广泛的应用性，同时用学到的数学原理进行创新设计的尝试。

【实验流程】

（一）创设情境，实例引入

小组讨论，网上搜索并猜测：

1. 奥运圣火的采集器是什么几何体？

2. 火炬应放在采集器的什么位置？

3. 奥运火炬为什么会被点燃？

4. 采集器应朝向哪里？为什么？

5. 光是如何反射的？这和数学有什么关系？

【实验过程】

1. 打开网页，进入百度(http://www.baidu.com)，输入“奥运圣火采集”，搜索有关奥运圣火采集的图片或视频，了解圣火采集相关知识。

2. 进入百度百科(https://baike.baidu.com/)，搜索“光的直线传播定律”，了解光的直线传播定律。

光的直线传播定律：在各向同性的均匀介质中，光沿着直线传播。

3. 在百度百科中搜索“光的反射定律”，了解光的反射定律。

光的反射定律：反射光线和入射光线与法线在同一平面上；反射光线和入射光线分居

在法线的两侧；反射角等于入射角。可归纳为："三线共面，两线分居，两角相等"。

4. 在百度百科中搜索"法线"，了解平面的法线。

法线：是指始终垂直于某平面的虚线。在数学几何中法线指平面上垂直于曲线在某点的切线的一条线。法线也应用于物理学上的平面镜反射上。

5. 浏览器地址栏输入 https://www.netpad.net.cn/svg.html#posts/204856，打开课件。

6. 单击上侧"全屏"工具，全屏打开课件，如图 7.14.1 所示。

7. 分别拖动点 A，B 运动，体会光的反射定律。

8. 拖动红点运动，反射面由平面变为曲面，如图 7.14.2 所示，体会光的反射定律。

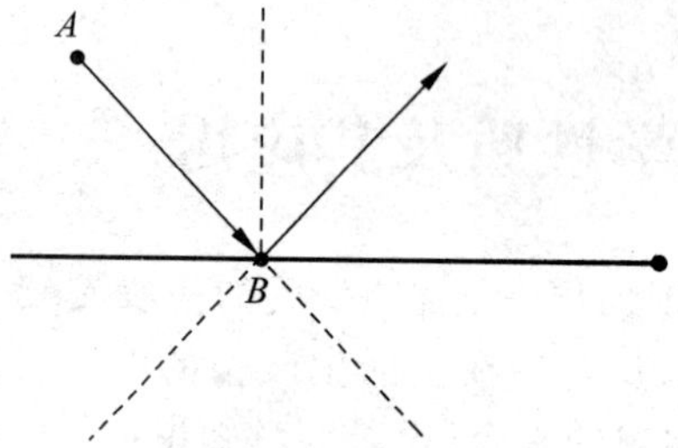

图 7.14.1

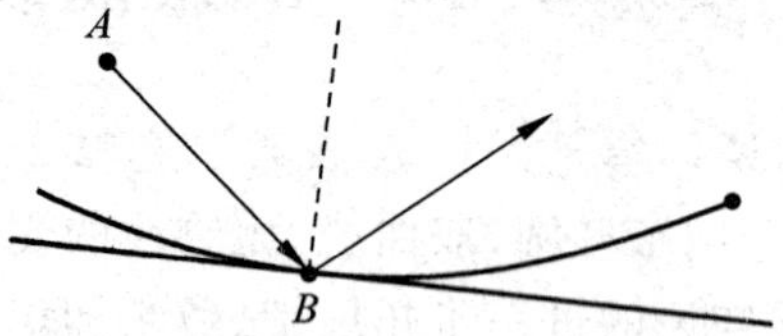

图 7.14.2

（二）探究椭圆的光学性质

【实验过程】

1. 单击按钮，如图 7.14.3 所示，拖动变量 a，b 的滑杆，可改变椭圆的长短半轴长。

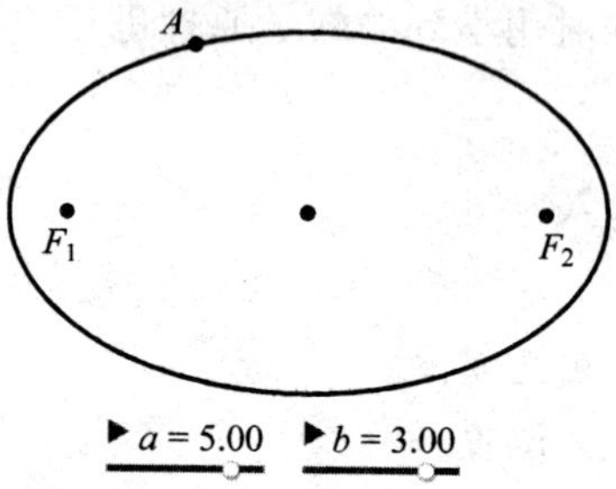

图 7.14.3

2. 依次选中点 F_1，A，单击下侧工具栏中的"线段"工具，构造线段 F_1A，单击右下侧【外观】，勾选【结束箭头】。

3. 依次选中点 A，椭圆，单击下侧工具栏的"切线|公切线"工具，构造椭圆在点 A 处的切线。

4. 依次选中点 A，切线，单击下侧工具栏中的"垂线"工具，构造过点 A 垂直于切线的直线，此即为法线。

5. 依次选中点 F_1，垂线，单击下侧工具栏的"轴对称"工具，构造点 F_1 关于垂线的对称点 F_3。

6. 依次选中 A，F_3，单击下侧工具栏的"直线"工具，构造直线 AF_3，则直线 AF_3 为反射光线所在直线。

7. 拖动点 A 在椭圆上运动，考察 AF_3 的特殊性，并探究法线、切线分别与 $\angle F_1AF_2$ 的关系，填写实验记录。

（三）探究双曲线的光学性质

【实验过程】

1. 选中点 A，按 Del 键删除，单击按钮，如图 7.14.4 所示，拖动变量 a，b 的滑杆，可改变双曲线的实半轴、虚半轴长。

2. 仿照椭圆光学性质探究方法，探究双曲线的光学性质，填写实验记录。

（四）探究抛物线的光学性质

【实验过程】

1. 选中点 A，按 Del 键删除，单击按钮，如图 7.14.5 所示，拖动变量 p 的滑杆，可改变抛物线的焦参数值。

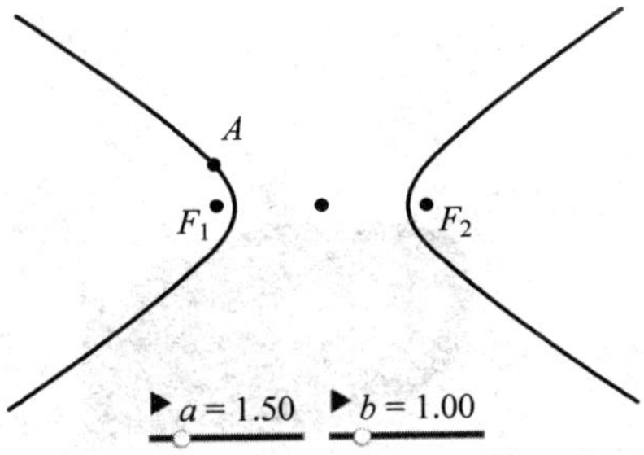

图 7.14.4

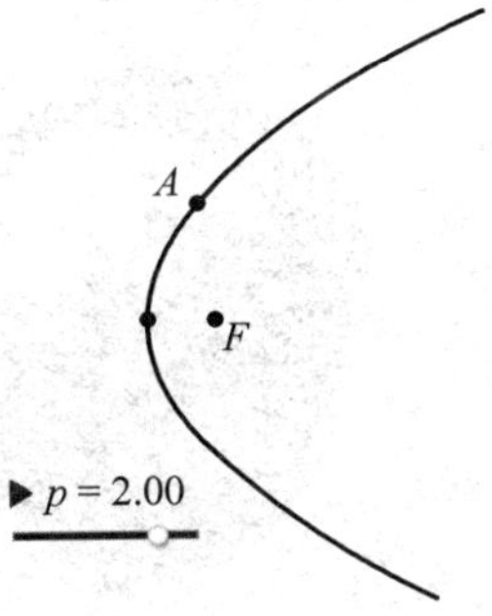

图 7.14.5

2. 仿照椭圆光学性质探究方法，探究抛物线的光学性质，填写实验记录。

	实验记录
椭圆	1. 从椭圆一个焦点发出的光，经过椭圆面反射后，反射光线都汇聚到________ 2. 法线是 $\angle F_1AF_2$ 的________；切线是 $\angle F_1AF_2$ 的________
双曲线	1. 从双曲线一个焦点发出的光，经过双曲线反射后，反射光线的反向延长线都汇聚到________ 2. 法线是 $\angle F_1AF_2$ 的________；切线是 $\angle F_1AF_2$ 的________
抛物线	1. 从抛物线的焦点发出的光，经过抛物线反射后，反射光线都________ 2. 法线是 $\angle F_1AF_2$ 的________；切线是 $\angle F_1AF_2$ 的________

【探究结果展示】

小组代表展示探究结果：

椭圆的光学性质：从椭圆一个焦点发出的光，经过椭圆面反射后，反射光线都汇聚到椭圆的另一个焦点上；法线、切线分别是 $\angle F_1AF_2$ 的内角、外角平分线。

双曲线的光学性质：从双曲线一个焦点发出的光，经过双曲线反射后，反射光线的反向延长线都汇聚到双曲线的另一个焦点上；法线、切线分别是 $\angle F_1AF_2$ 的内角、外角平分线。

抛物线的光学性质：从抛物线的焦点发出的光，经过抛物线反射后，反射光线都平行于抛物线的轴；法线、切线分别是$\angle F_1AF_2$的内角、外角平分线。

问题：如何证明圆锥曲线的光学性质？

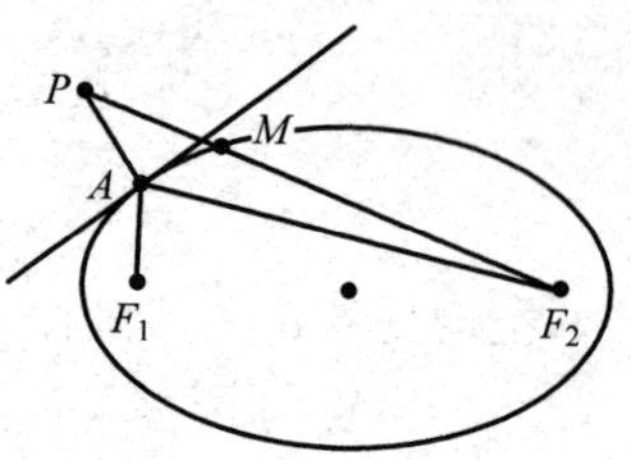

图 7.14.6

【解析】 设过点A的椭圆的切线为直线l，假如F_1关于切线l的对称点P不在F_2、A所在直线上，连接F_2，P交椭圆于M，如图7.14.6所示。则$|F_2P|=|MF_2|+|MP|$，$|F_2P|<|AF_2|+|AP|$。

由$|AF_1|+|AF_2|=2a$，$|AF_1|=|AP|$得$|AF_2|+|AP|=2a$，则$|F_2P|<2a$。

又由$|MF_1|+|MF_2|=2a$，$|MF_1|<|MP|$得$|MF_2|+|MP|>2a$，则$|F_2P|>2a$，这与上式矛盾，因此F_2，A，P三点共线。

依照上述椭圆的光学性质的证明，小组合作证明双曲线和抛物线的光学性质。

(五) 圆锥曲线光学性质的应用

1. 圆锥曲线光学性质在生活中的应用

2. 利用圆锥曲线光学性质解决数学问题

例 1 设抛物线C：$y^2=x$，一光线从点$A(5,2)$射出，平行于C的对称轴，射在C上的P点，经过反射后，又射到C上的Q点，则P点坐标为________，Q点坐标为________。

【解析】 直线AP平行于对称轴且$A(5,2)$，所以点P的坐标为$(4,2)$，则反射线PQ过点$F\left(\frac{1}{4},0\right)$。

设$Q(t^2,t)$，则$\dfrac{t}{t^2-\frac{1}{4}}=\dfrac{2}{4-\frac{1}{4}}=\dfrac{8}{15}$，解得$t=-\dfrac{1}{8}$，故$Q\left(\dfrac{1}{64},-\dfrac{1}{8}\right)$。

例 2 已知椭圆方程为$\dfrac{x^2}{25}+\dfrac{y^2}{16}=1$，若有光束自焦点$A(3,0)$射出，经二次反射回到$A$点，设二次反射点为$B$，$C$，则$\triangle ABC$的周长为________。

【解析】　因为自焦点 $A(3,0)$ 射出的光线 AB 反射后，反射光线 BC 一定过另一个焦点，所以 $\triangle ABC$ 的周长为 $4a=20$。

例 3　已知双曲线 C：$\frac{x^2}{8}-\frac{y^2}{8}=1$，又 $A\in C$，已知 $A(4,2\sqrt{2})$，$F(4,0)$，若由 F 射至 A 的光线被双曲线 C 反射，反射光通过 $P(8,k)$，则 $k=$________。

【解析】　因为入射线 FA 反射后得到的光线 AP 的反向延长线一定过双曲线的另一个焦点 $F'(-4,0)$，所以 $\frac{k}{12}=\frac{2\sqrt{2}}{8}$，故 $k=3\sqrt{2}$。

例 4　已知椭圆 C：$\frac{x^2}{25}+\frac{y^2}{9}=1$，$F_1$，$F_2$ 分别是其左右焦点，点 $Q(2,1)$，P 是 C 上的动点，求 $|PF_1|+|PQ|$ 的取值范围。

分析：根据光的直线传播规律，结合椭圆的光学性质，可得：从 F_1 射出被椭圆反射后经过点 Q 的光线所经过的路程往往是最短的。这种情况又分为两类，一是被上半椭圆反射，光线从 $F_1\to P_1\to Q$，如图 7.14.7 所示；二是被下半椭圆反射，光线从 $F_1\to P_2\to F_2\to Q$，如图 7.14.8 所示；两种情况合并如图 7.14.9 所示。

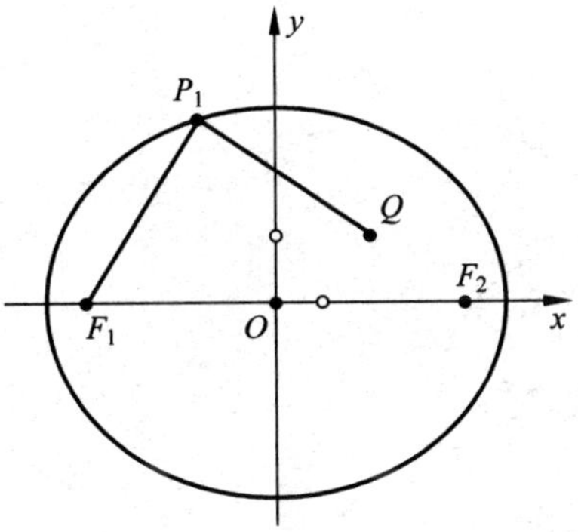

图　7.14.7

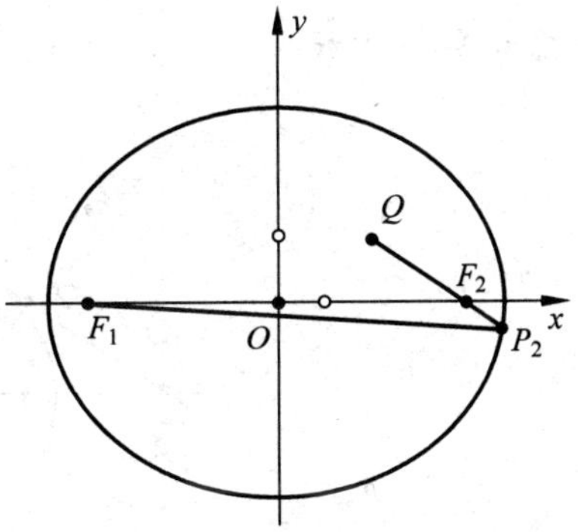

图　7.14.8

$|P_2Q|+|P_2F_1|+|P_1Q|+|P_1F_1|=4a$，$|P_1F_1|+|P_1Q|<2a$，猜测 $|P_1F_1|+|P_1Q|$ 就是最小值；$|P_2F_1|+|P_2Q|$ 就是最大值。

【解析】　如图 7.14.10 所示，设 P 是椭圆上任一点 P。

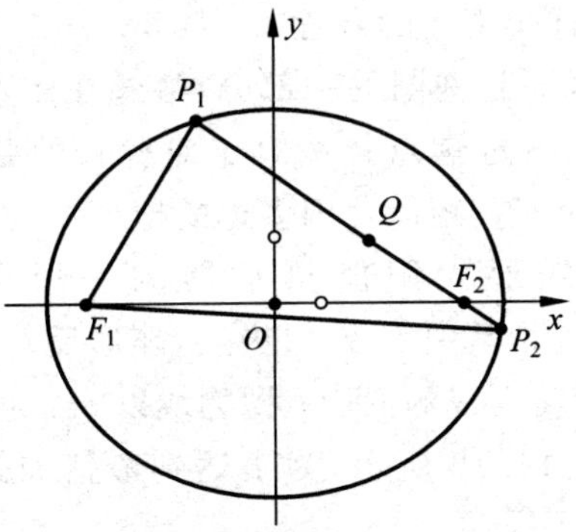

图　7.14.9

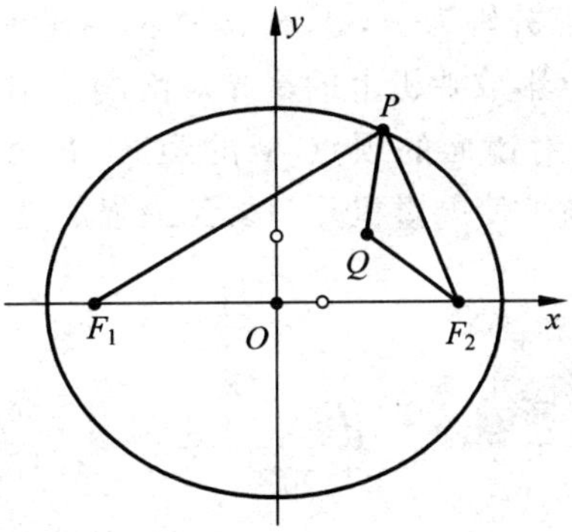

图　7.14.10

由椭圆定义知：$|PF_1|+|PQ|=2a-|PF_2|+|PQ|=2a+(|PQ|-|PF_2|)$，而$||PQ|-|PF_2||\leqslant|QF_2|$，当且仅当$P$、$Q$、$F_2$共线时取等号，则$2a-|QF_2|\leqslant|PF_1|+|PQ|\leqslant2a+|QF_2|$，$|QF_2|=\sqrt{(4-2)^2+4^2}=2\sqrt{10}$。

故$|PF_1|+|PQ|\in[10-2\sqrt{10},10+2\sqrt{10}]$。

例 5 已知l是过椭圆C：$\dfrac{x^2}{16}+\dfrac{y^2}{12}=1$上一动点$P$的椭圆$C$的切线，过$C$的左焦点$F_1$作$l$的垂线，求垂足$Q$的轨迹方程。

【实验过程】

以小组为单位在网络画板中探究点Q的轨迹。

【解析】 如图 7.14.11 所示，连接PF_1，PF_2，延长F_2P，F_1Q交于点M。

因为l是椭圆的切线，由椭圆的光学性质，又l是$\angle F_1PF_2$的外角平分线，$F_1Q\perp l$于Q，所以点M与点F_1关于直线l对称，又$|PM|=|PF_1|$，则$|F_2M|=|PM|+|PF_2|=|PF_1|+|PF_2|=8$。

因为Q，O分别是线段F_1M与F_1F_2的中点，所以$|OQ|=\dfrac{1}{2}|F_2M|=4$。

故点Q的轨迹方程为$x^2+y^2=16$。

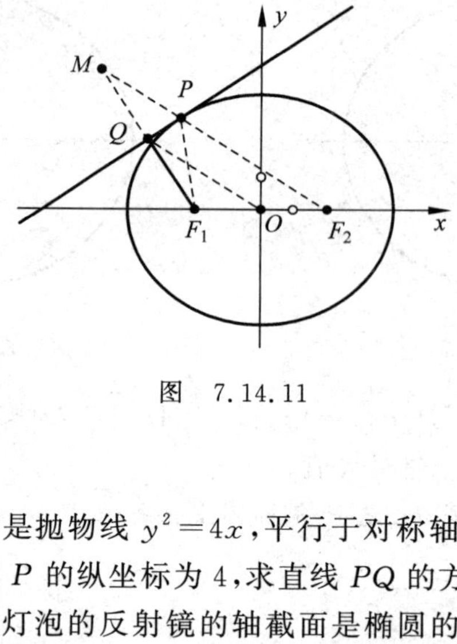

图 7.14.11

（六）课后作业

1. 已知探照灯的轴截面是抛物线$y^2=4x$，平行于对称轴的光线交此抛物线上的入射点、反射点分别为P，Q，设点P的纵坐标为4，求直线PQ的方程。

2. 电影放映机上的聚光灯泡的反射镜的轴截面是椭圆的一部分，灯丝在焦点处，而且灯丝与反射镜面的顶点A的距离$|F_2A|=1.5\text{cm}$，过焦点且垂直于对称轴的弦$|BC|=5.4\text{cm}$，为了使电影机片门得到最强的光线，灯泡应安在距离片门多远的地方？

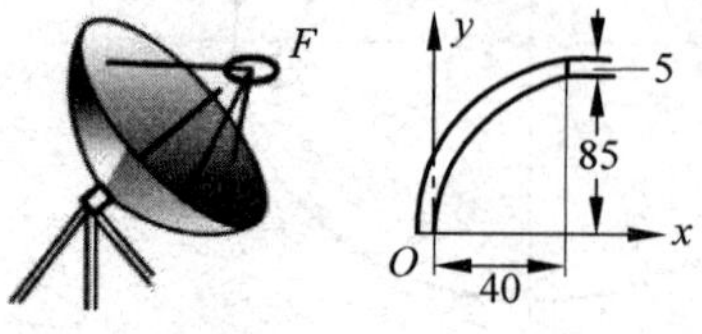

图 7.14.12

3. 某种碟形太阳能热水器的外形示意图如图 7.14.12 所示，其中F为加热点，碟形反射壁是抛物线绕对称轴旋转而成的曲面；抛物线以cm为单位的设计尺寸如图 7.14.12 所示，为了达到最佳加热效果，F应距碟底多少？

实验 7.15 圆锥曲线的统一定义

必修 2 已经学习了直线和圆的方程，前面我们又对曲线和方程的概念有了一些了解，并且也学过求圆锥曲线的标准方程和利用圆锥曲线方程研究曲线几何性质的初步知识。本节是在这个基础上学习圆锥曲线的统一定义，研究它们的共同性质，进一步熟悉和掌握坐标法。

本节课是学习完三种圆锥曲线几何性质之后的总结，总结的是椭圆、双曲线、抛物线的几何条件、标准方程及性质，然后从中归纳它们的共同性质，使学生比较清楚地掌握这三种曲线的特点，以及它们之间的区别与联系。

【实验目标】

1. 通过本节的学习，了解圆锥曲线的统一定义，掌握根据圆锥曲线的标准方程求准线方程的方法以及圆锥曲线的统一定义的简单应用。

2. 通过网络画板演示连接变化的圆锥曲线，让学生观察、类比、归纳自主总结得出圆锥曲线的统一定义，并能初步运用。

3. 通过本节的学习，培养学生观察、猜想、归纳、推理的能力，感受圆锥曲线的统一美。

【实验流程】

问题 1 运用网络画板探究：平面内到定点 F 的距离和到定直线 l（点 F 不在直线 l 上）的距离的比等于常数 $e(e>0)$ 的动点 P 的轨迹。

【实验过程】

1. 浏览器地址栏输入 https://www.netpad.net.cn/svg.html#posts/205527，打开课件。

2. 单击上侧“全屏”工具，全屏打开课件，如图 7.15.1 所示。

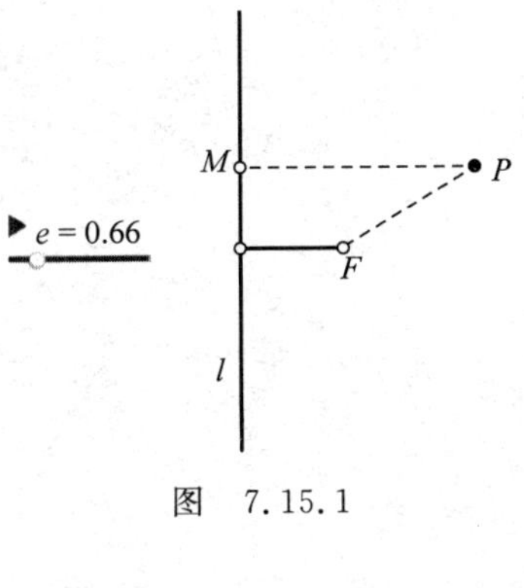

图 7.15.1

3. 单击按钮“提示”，拖动点 P 运动或单击按钮“观察”。观察 PF，PM 长度及 $\frac{PF}{PM}$ 值的变化，探究点 P 的轨迹形状；单击按钮“轨迹”即显示点 P 的轨迹。

4. 拖动变量 e 的滑杆或在变量 e 的数字后单击鼠标，输入 e 的值，重复第 3 步，反复实验，填写实验记录。

5. 小组合作，归纳、猜想点 P 的轨迹，填写实验记录。

实验	实验 1	实验 2	实验 3	实验 4	实验 5	实验 6	实验 7	实验 8	实验 9
$\frac{c}{a}$									
点 P 的轨迹									
实验结论									

6. 小组代表汇报实验结论：

平面内到定点 F 的距离和到定直线 l（点 F 不在直线 l 上）的距离的比等于常数 $e(e>0)$，若 $0<e<1$，则动点 P 的轨迹是椭圆；若 $e=1$，则动点 P 的轨迹是抛物线；若 $e=>1$，则动点 P 的轨迹是双曲线。

问题 2 如何证明这个结论？

【解析】 设 $P(x,y)$，根据题意可得 $\frac{|PF|}{|PM|}=\frac{\sqrt{(x-c)^2+y^2}}{\left|\frac{a^2}{c}-x\right|}=\frac{c}{a}$，化简得 $(a^2-c^2)x^2+a^2y^2=a^2(a^2-c^2)$。

(1) 若 $0<c<a$，令 $a^2-c^2=b^2$，上式可化为 $\frac{x^2}{a^2}+\frac{y^2}{b^2}=1(a>b>0)$，这是椭圆的标准方程。

(2) 若 $0<a<c$，令 $c^2-a^2=b^2$，上式可化为 $\frac{x^2}{a^2}-\frac{y^2}{b^2}=1$，这是双曲线的标准方程。

参考文献

[1] 王红权,李学军,朱成万.巧用极化恒等式,妙解一类向量题.中学教研(数学),2013.

[2] 单长松.平面向量中不得不提的一个恒等式.中学教研(数学),2014.

[3] 张志勇.基于 *GEOGEBRA* 的数学实验与可视化教学.长春：东北师范大学出版社,2018.

[4] 许书华.高中数学实验指南.北京：民主与建设出版社,2018.